范世乾／主编

QINGMIAOFAXUE LUNCONG

青苗法学论丛

（第3卷）

中国政法大学出版社

2023·北京

图书在版编目（ＣＩＰ）数据

青苗法学论丛. 第 3 卷/范世乾主编. —北京:中国政法大学出版社,2023.6
ISBN 978-7-5764-0929-1

Ⅰ.①青… Ⅱ.①范… Ⅲ.①法学－文集Ⅳ.①D90-53

中国版本图书馆 CIP 数据核字(2023)第 104338 号

出　版　者	中国政法大学出版社
地　　　址	北京市海淀区西土城路 25 号
邮寄地址	北京 100088 信箱 8034 分箱　邮编 100088
网　　　址	http://www.cuplpress.com (网络实名：中国政法大学出版社)
电　　　话	010−58908586(编辑部) 58908334(邮购部)
编辑邮箱	zhengfadch@126.com
承　　　印	北京九州迅驰传媒文化有限公司
开　　　本	720mm×960mm　　1/16
印　　　张	25.25
字　　　数	420 千字
版　　　次	2023 年 6 月第 1 版
印　　　次	2023 年 6 月第 1 次印刷
定　　　价	109.00 元

前 言

PREFACE

经过多年筹备，中国政法大学培训学院的工作逐渐步入正轨。作为经济法专业的一名教师，我经历了中国政法大学同等学力硕士研究生班改革的全过程，并有幸负责并全程参与了本次经济法专业同等学力硕士培养方案的制定工作。

收到这本论丛论文的那一刻，我的心情是愉悦而紧张的。愉悦是因为，我本人深度参与了本论丛的多项工作。首先，本论丛在我的建议之下分为多个栏目。其次，本论丛分为"专题研究""理论研讨""热点传递""实务分析""程序法专论""域外经验"等六个栏目，这些栏目的名称也是我确定的。其中"专题研究"主要收录大部头的论文，因此通常属于缺省状态；"理论研讨"主要收录一些具有一定理论性的文章；"热点传递"主要收录近些年来的社会热点问题；"实务分析"主要包括围绕司法案例和行政执法案例展开论述的文章，同时也包括主要围绕法律规范适用展开的研究；"程序法专论"为程序法论文留出空间，目前主要收录刑事诉讼法论文；"域外经验"则主要针对文中对域外经验的分析占到一定篇幅的文章。当然，上述分类是不完备的，很多文章兼具了多个栏目的特点；另外这种分类也会抹杀一些论文的特色。对此，我深表歉意。同时，欢迎各位读者提出更好的栏目分类意见和建议。最后，本专辑中收录的文章也是在我甄别后放入各个栏目的。当然，这难免具有我个人的主观性倾向，也许并不令人满意，请各位读者批评指正。

紧张之处在于，正如论丛名称"青苗"所示，很多文章还是略显稚嫩的。作为研究生研修班学员开始法学学术素养培养的练笔之作，文章中难免存在思虑不深、逻辑不够严谨、语言不畅等初学者必将遇到的诸多问题。但作为正式出版刊物，论文必须达到最基本的学术质量要求，所以有很多同学的文章并没有被收入。我们希望这些同学能够毫不气馁，继续加强写作锻炼，早日写出合格的法学论文。

最后，我相信作为全国法科排名第一的中国政法大学抽调精兵强将建立的培训学院，在全新的培养理念和办学宗旨指导之下，一定能够将同等学力研修班越办越好。各位同学一定能够在研修班收获满满。

中国政法大学民商经济法学院经济法研究所
支部书记、副所长　范世乾
于北京家中
2022 年 8 月 22 日

目　录

CONTENTS

◇ 理论研讨 ◇

◇ 实务分析 ◇

◇ 热点传递 ◇

◇ 域外经验 ◇

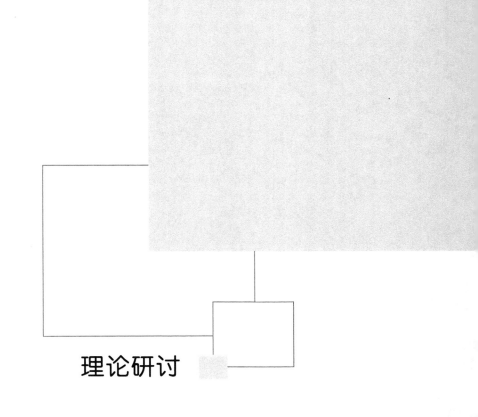

理论研讨

诚实信用原则及其展开

武文鑫*

（中国政法大学 北京 100088）

摘　要：诚实信冃原则作为我国《民法典》[1]的帝王原则对于权利行使、义务履行具有重要指导意义，它要求在法律层面的特别关联中，行为人须顾及相关人的利益，秉持诚信，恪守承诺。诚实信用原则是某些法律行为的解释依据，也是某些合同义务的来源。《民法典》第7条规定的诚实信用原则是基本原则，其后包含诚实信用的条文为概括条款，概括条款可直接作为裁判依据，基本原则不是裁判依据，不可直接用于裁判，法官须根据基本原则提出规则方可用于裁判。诚实信用原则与公序良俗原则都是基本原则，但在不同阶段发挥不同作用，产生不同法律效果，不可混淆。

关键词：诚实信用原则　基本原则　概括条款　公序良俗原则

一、诚实信用原则作为民法的帝王原则

我国《民法典》第7条规定了诚实信用原则，其是民法的帝王条款，[2]贯彻整个民法，在民法中具有最高的指导地位，行使权利、履行义务都要遵循诚实信用原则。"秉持诚实、恪守承诺"的文义要求主体在民事活动中不能仅考虑自己的利益，也要顾及利益相关人的利益。

诚实信用原则作为一项民法的基本原则，具有多重功能：可以作为法律

---

　　* 作者简介：武文鑫（1993- ），女，汉族，山东烟台人，中国政法大学同等学力研修班2022级学员，研究方向为民商法学。

　　〔1〕《民法典》，即《中华人民共和国民法典》，为表述方便，本书中涉及我国法律，直接使用简称，省去"中华人民共和国"字样，全书统一，后不赘述。

　　〔2〕 王泽鉴：《民法总则》，北京大学出版社2009年版，第441页。

的解释依据，法律行为内容不明确时遵循诚实信用原则进行补充解释；可以用于填补漏洞，没有无漏洞之法律，当出现漏洞时，法官可以根据诚实信用原则创设新规则来作出裁判；[1]具有修正功能，在适用具体规则会导致明显不公正的情况下，可以适用诚实信用原则排斥原规则的适用。这项基本原则增加了民法适用的灵活性，一定程度避免了社会飞速发展而民法更新不及时带来的尴尬，使法律适用更加公平公正。

二、诚实信用原则的体系内涵

（一）与公序良俗原则的区分

诚实信用原则与公序良俗原则都是民法的基本原则，都能起到弥补禁止性规定不足的作用，但它们的适用范围以及在请求权基础的检索中的检视阶段并不相同。

在适用范围上，公序良俗原则是"主体在其一切行为中均不得违背秩序及伦理底线"，该原则保护第三人及公众利益。而诚实信用原则仅适用于有特别关联的当事人之间，保护当事人的个体利益，没有特别关联的人之间不需要彼此承担诚实信用的义务，做到基本的互不侵害即可。

在检视阶段上，诚实信用原则是在权利行使阶段进行审查，弥补禁止性规定的不足。在权利行使、义务履行中，若行为主体未遵循诚实信用原则，该行为将不在特别关联人中发生约定的法律效果，并非使法律行为无效，行为主体遵循诚实信用原则后，权利义务则可正常行使。与此不同的是，公序良俗原则是在权利产生阶段进行审查，是对法律行为的内容进行"内容审查"，弥补了禁止性规定的不足。如果法律行为违背了公序良俗原则，该法律行为无效。[2]这两个基本原则在民法适用的不同阶段发挥作用，针对的主体亦不相同，产生不同的法律效果，不可混淆。

（二）"秉持诚实，恪守承诺"

民法活动中，两个自由主体产生特别关联要遵循诚实信用原则，"秉持诚信、恪守承诺"，以诚信对待他人，不欺骗，遵守自己作出的承诺，这是民法体系的重要原则。试想若在民事活动中不遵循这种原则，那么民事活动中作

---

〔1〕 徐国栋：《民法基本原则解释——成文法局限性之克服》，中国政法大学出版社1992年版。

〔2〕 于飞："公序良俗原则与诚实信用原则的区分"，载《中国社会科学》2015年第11期。

出的法律行为该被如何预期，社会秩序该如何平稳有序地正常运行。诚实信用原则的存在，是产生尊重和追求意思自治的自由主义秩序的民法的前提。正如雅赛所言："如果没有对法律的尊重，法律也是可能和可行的；没有对所承诺的道德约束力量的信念和关于违约可耻的信念，契约也是可能的和可行的，那样法律和契约的生存就是以强制性的制度安排为条件的，而强制性的制度安排最终是与一个自由主义秩序不相容的。"[1]

（三）法律行为的解释依据与合同义务的来源

《民法典》第 7 条诚实信用原则是我国民法中上位的、宽泛意义上的诚实信用原则，《民法典》第一章之后的有关诚实信用原则的条文，是诚实信用原则的概括条款。诚实信用原则具有作为法律行为解释依据的功能，合同条款有争议或者不明确之处，法官进行解释时，不能拘泥于死板的书面意思，要遵循诚实信用原则进行解释。如《民法典》第 142 条第 2 款规定，无相对人的意思表示的解释，不能完全限制于所用的词句，要依诚实信用原则进行解释。再如，第 466 条规定，当事人对合同内容有争议的，应当按照诚实信用原则确定争议的合同内容。

诚实信用原则也是某些合同义务的来源，如《民法典》第 500 条先合同义务的来源，当事人订立合同过程中违背诚实信用原则造成对方损失的，应当承担赔偿责任。再如，《民法典》第 558 条规定债权债务终止时，当事人要根据诚实信用原则，承担后合同义务，以及第 509 条第 2 款规定的基于诚实信用原则而产生的从给付义务。

三、诚实信用原则在司法适用中的问题及解决方案

（一）基本原则与概括条款区分的研究不足

我国《民法典》首章确定了诚实信用的基本原则，除了基本原则，还有涉及诚实信用的概括条款，[2]但是我国民法研究中，对于两者之间的运用与区分并不明晰，何时该用前面的基本原则，何时该用概括条款，略显混乱。理论研究不明晰，司法实践中必然更为混乱，诸多案例同时援引基本原则与概

---

[1] ［英］安东尼·德·雅赛：《重申自由主义：选择、契约、协议》，陈茅等译，中国社会科学出版社 1997 年版，第 87 页。

[2] 王利明：《民法总则研究》，中国人民大学出版社 2018 年版，第 90 页。

括条款，判决裁判的依据究竟是基本原则还是概括条款则更为模糊。[1]如果两者都是裁判依据，但是在判决中并没有发现同时援引两个诚实信用原则的技术理由。如果其中之一是裁判依据，那么并无援引另一个的必要。这就是基本原则与概括条款没有被明确区分所带来的混乱。

根据《德国民法典》第242条"基本原则与概括条款区分"的理论依据，也可将我国《民法典》中的诚实信用原则条款看成基本原则与概括条款的双层区分结构。我国《民法典》第132条、第142条、第466条、第500条、第509条第2款、第558条是诚实信用原则的概括条款，这些概括条款共同类推出核心为"法律上的特别关联中，行为人须顾及相关人利益"的诚实信用基本原则。法官可以以此创设新规则作出裁判，填补法律漏洞；修正具体规则严重不公正的情形。

（二）基本原则在裁判中的具体适用

司法实践中，适用诚实信用原则会导致忽略对具体规则的续造问题，仅追求个案的公正。法官适用基本原则进行裁判是对法律条文漏洞的补充，但立法者追求的不只是案例公正，而是要建立稳定且可重复适用的，在裁判中具有广泛意义的规则[2]，且由明确清晰的原则过渡为规则的过程推导是立法者对法官的要求。只有这样才能避免原则被滥用，保障公平公正及法律的稳定性和确定性。

概括条款本身已是规则，法官可将其直接适用于裁判，而无需提出新规则。然基本原则与此相反，不可直接将其适用于裁判中。《民法典》第7条规定的诚实信用基本原则要素过简，偏向于思想价值的阐述，而未提出应用之领域、解决之问题、缺乏具体之要件，亦无适用之效果，将其置于司法三段论推导中，无法得出相应结论。以上缘由也就对法官在基于基本原则作出裁判时提出了不同于概括条款的要求：法官不可直接适用基本原则作出裁判，而应从原则中解释出一个新规则，以新规则对案件作出裁判。基本原则还可用于修正规则，当适用原规则严重影响司法公正、与诚实信用原则相悖时，原规则不再作为裁判依据，此时一个法律漏洞即时产生，法官依据基本原则

---

[1] 参见辽宁省高级人民法院［2021］辽民终179号民事判决书；九江市中级人民法院［2020］赣04民终864号民事判决书。

[2] ［瑞］贝蒂娜·许莉蔓—高朴、耶尔格·施密特：《瑞士民法：基本原则与人法》，纪海龙译，中国政法大学出版社2015年版，第74页。

补充漏洞而产生的新规则代替原规则成为案件的裁判依据。[1]

由此可见，法官基于基本原则作出裁判亦是在进行新的立法活动，法官须分析案件所蕴含之多种价值，逐个考量其比重，在冲突原则之间进行取舍，产生一个基于原则确定的可重复性规则，而非仅实现个案公正。概括原则可直接适用，而基本原则须推导出稳定公正的新规则，这给法官带来了较适用概括条款更大的负担。且为了司法的稳定与公正，限制法官滥用原则立法裁判的过大权限，法官须在判决书中明确写出新规则从原则被推导出的全过程。

四、结论

诚实信用这种具有弹性的原则不同于《民法典》中其他的固定规则，它使《民法典》能相应地追上社会发展的脚步，不与时代相割裂，是《民法典》中"保护带"一般的存在。对诚实信用原则的研究应使其发挥自身的特点，对其加以充分利用，也要对其作出充分阐释，使其存在更加合理明确，在实际裁判中发挥自身的益处。诚实信用原则是对行为人以自己利益为核心的限制性规定，使得行为人也顾及特别关联人的利益，为某些法律行为的解释提供了依据，是某些合同义务的来源。

区分好基本原则与概括条款具有重要意义，概括条款可以被直接适用，基本原则则必须由法官创造出规则才能被适用于裁判。适用基本原则裁判，建立可重复性的规则更为重要，这有利于本土法资源的积累，也能避免法官滥用裁量权。

---

[1] 梁慧星：《民法总论》，法律出版社 2017 年版，第 46 页。

对《民法典》流质禁止规定的反思与适用

尹洪基*

（中国政法大学 北京 100088）

摘　要：关于流质禁止的规定，学界一直没有停止过争论，在司法实践中"同案不同判"的情况时有发生。随着我国社会的发展和法律的完善，禁止流质契约的正当性理由逐渐不合理，禁止流质契约之弊端越来越显现。我国新近施行之《民法典》对流质禁止的规定有所缓和，不再绝对禁止流质契约。在司法解释和法律适用上，应区分合同目的并结合有关合同法律规定对流质契约的效力予以认定，同时配以清算规则，从而实现当事人之间的公平，促进经济社会更好发展。

关键词：流质禁止　流质契约　民法典　效力

所谓流质契约，是指从质押权成立之时到债务到期日之前，出质人与质权人关于在主债权到期之时没有及时偿还的，质押财产之所有权变成债权人所有之约定。[1] 其在学说上又称为流质条款、质物代偿条款、绝押合同、流押契约等。本文采我国学界通说之称谓——流质契约。我国《民法典》第428条关于流质契约的规定，虽然不再使用"不得"签订流质契约字样，但对流质契约的效力仍没有明确的规定，在法律适用和司法实践中还有很大的解释空间，本文拟对《民法典》第428条流质禁止规定在现行法之下的缓和与适用进行初步的探讨。

---

* 作者简介：尹洪基（1986- ），男，蒙古族，内蒙古赤峰人，中国政法大学同等学力研修班2022级学员，研究方向为民商法学。
〔1〕 最高人民法院民法典贯彻实施工作领导小组主编：《中华人民共和国民法典物权编理解与适用》（下），人民法院出版社2020年版，第1181页。

一、流质禁止规定的正当性

（一）债务人保护说

此学说认为，保护债务人之利益是禁止流质契约立法之目的，这样规定是为了使债务人不会因处境紧急而利益受损。很多时候，借款人借款都有急用，出借人则利用此情形促使借款人与其订立流质契约，拿质押物之高价值担保借款之低额度，目的是在借款到期，借款人不偿还债务之时获取质押物之所有权，以此获取高额之暴利，故应禁止当事人订立流质契约。

（二）优先受偿权说

此学说认为，质押权只是一种优先受偿权，主债权到期未清偿时，质押权人有权将质押物变价来清偿所担保的主债权，变价质押物所得的价值优先于普通债权人受偿，但剩余的价值应返还给债务人以确保其他债权人也能够受偿。而流质契约将质押物所有权预先约定转移给质押权人所有，则有可能损害其他债权人的利益。[1]

（三）公平价值保护说

此学说认为，质押权是一种以质押物的交换价值为基础设定的他物权，是价值权。目的不是获得质押物之使用价值（即所有权），而是用来为主债权进行担保，故约定债权到期不能偿还时，债权人可以不经任何折价等程序直接获得质押物之所有权，与上述价值权的性质相违背，与担保物权的本质和功能不符，因此该学说认为流质契约应当禁止。

二、对流质禁止规定的反思

（一）流质禁止的弊端

（1）禁止流质契约违反民法中的意思自治原则。意思自治是民法的基本理念，是现代合同法的基本原则和本质要求，尊重当事人私事的自主决定权也是一国法治进步的表现。在私法领域，应当尽量避免国家公权力对私权之干预；对于当事人自由之约定，应最大限度给予尊重。如果抵押人与抵押权人在没有胁迫、欺诈之情形下签订流质契约，且其约定不损害公共利益、他

---

〔1〕 王明锁："禁止流质约款之合理性反思"，载《法律科学（西北政法大学学报）》2006 年第 1 期。

人利益，就应该认定其有效。

（2）订立流质契约并非都对质押人不公平。质押财产的价值并非一成不变，有可能出现设立质押时质押财产的价值远大于所担保的债权，而实现质押权时质押财产出现大幅贬值，反而远小于所担保的债权。如果质押权人就质押财产与质押人作了流质的约定，那么当质押权实现时质押财产价值跌落，债权人的利益反而受损。

（3）禁止流质契约增加抵押权实现成本。否定流质契约的效力，使当事人实现质押权的成本增加。为实现质押权，当事人需要花费大量的时间成本、人力成本等。相反，如果允许当事人订立流质契约并承认其效力，则有利于大大降低实现质押权的成本。

（二）流质禁止的规定应当在现行法之下得到缓和

（1）《民法典》规定显失公平的民事法律行为可被撤销。对于经济上的强者利用当事人危困状态与其签订流质契约以获取暴利的行为，《民法典》总则编与合同编的有关规定对该问题的处理较为合理，对于显失公平之民事法律行为，承认当事人有撤销的权力。这不但保护了弱者，还充分维护了当事人的意思自治，故采取禁止流质契约之规定并无必要。

（2）增加清算规则，明确优先受偿范围。对流质契约开禁，存在所有权直接归属变动产生的与原债务之间的差额，对此应配以相应的清算条款，明确其优先受偿的范围，以此来平衡当事人之间的利益差额。即将流质契约原来存在的对债务人一方显失公平的弊端予以清除，而使之焕发新生。这对促进融资、实现物尽其用具有重大意义。

（3）比较法上逐渐对流质契约开禁。从比较法来看，一个趋势是不再一味地禁止流质契约，而是逐渐解禁流质契约。《欧洲示范民法典草案》允许当事人流质的约定，[1]法国通过修订民法典承认了流质条款的效力，[2]西班牙也允许流质契约。[3]

---

〔1〕 欧洲民法典研究组、欧盟现行私法研究组编著：《欧洲示范民法典草案：欧洲私法的原则、定义和示范规则》，高圣平译，中国人民大学出版社2012年版，第386~387页。

〔2〕 杨祥："论我国商事担保制度的困境及建构思路"，载《金陵法律评论》2015年第2期。

〔3〕 孟强："《民法典物权编》应允许流质流抵"，载《当代法学》2018年第4期。

三、流质契约的效力及适用

对流质契约的效力如何认定，最能够体现对流质禁止持何种态度。

（一）法律禁止流质，可能导致质权无效

如果法律明确规定流质契约签订后无效，那么当事人之间质押担保的法律关系很可能也会被认定为无效，这将会否定该质权的效力，会使债权人的债权变成完全无担保的普通债权，这既不符合债权人与出质人之间的意思自治，也会造成债权人的利益失衡。

（二）我国民法典对流质禁止采取了比较缓和的规定

《民法典》第428条规定："质权人在债务履行期限届满前，与出质人约定债务人不履行到期债务时质押财产归债权人所有的，只能依法就质押财产优先受偿。"新规定未采用"不得"之用语，而改为构成要件与法律效果之规则模式。[1] 相较我国之前已失效的《担保法》《物权法》，禁止流质规定缓和了许多。是否能够依据此条款认定流质契约的效力呢？目前尚没有相关司法解释可以参照，学界对此看法不一。有观点认为：当事人订立流质条款的，当债务履行期限届满时，不发生质押财产所有权转移的效力，而是应当根据《民法典》第436条、第438条规定的实现质权的方式就质押财产优先受偿。[2] 也有观点认为：该条明确了债务到期前，出质人和质权人约定，当债务人不能按时偿还到期债务时，质押物之所有权属于债权人之情形，不能认定该契约无效，更不能认定该质权无效。[3]

（三）司法实践中应区分合同目的并结合有关合同法律规定对流质契约效力加以认定，同时配以清算规则

我国《物权法》第211条、《担保法》第66条及《最高人民法院关于适用〈中华人民共和国担保法〉若干问题的解释》第57条第1款、第96条的规定均表明流质契约无效。《民法典》实施后，当事人签订流质契约，应当如何认定其效力呢？本文认为，不能一味地肯定和否定，应当区分合同目的并结合有关合同的法律规定加以认定。如果质权人设立质权的目的在于取得质

---

〔1〕 孙宪忠、朱广新：《民法典评注·物权编》，中国法制出版社2020年版，第308页。

〔2〕 黄薇主编：《中华人民共和国民法典物权编解读》，中国法制出版社2020年版，第755页。

〔3〕 最高人民法院民法典贯彻实施工作领导小组主编：《中华人民共和国民法典物权编理解与适用》（下），人民法院出版社2020版，第1183页。

押财产的所有权，则应当否定流质契约的效力，认定流质契约无效；如果质权人设立质权的目的在于支配质押财产的交换价值而使债权获得清偿，而不是取得质押财产的所有权，流质契约同时满足《民法典》总则编、合同编对有效合同规定的，则应当认定为有效。

认定流质契约有效，尚需解决因所有权直接变动带来的与原债务的差额部分。本文认为可以在《民法典》解释中规定相关清算规则，明确清算义务人。通过清算评估质押物价值与原债务之间的差额，对当事人进行补偿。如若债权人取得了质押物的所有权，清算义务由债权人承担较为合适。但一般情况下债权人无需主动进行清算，只有当债务人或担保人认为其权益受损时才可以主张对质押物进行清算，并承担相应举证责任。

四、结论

流质禁止应在现行法律之下得到缓和，目前我国《民法典》没有规定当事人不得签订流质契约，对流质契约的效力也未作出明确规定，立法、司法机关对此应当在《民法典》解释中予以明确。可以区分合同目的，结合合同有关法律规定对流质契约的效力加以认定。认定流质契约有效应配以清算规则，清算义务由债权人承担，只有当债务人或担保人认为其权益受损时方可主张对质押物进行清算，并承担举证责任。通过质押物清算可以消除流质契约的弊端，平衡当事人之间的利益关系，实现真正的公平。

论离婚损害赔偿的性质和适用

丁翔*

（中国政法大学 北京 100088）

摘　要：《民法典》婚姻家庭编在我国《婚姻法》原有的离婚救济制度的基础上构建了更加多元化的离婚救济制度，尤其对家务贡献补偿、离婚经济帮助和离婚损害赔偿制度分别从法定情形、请求基础等方面进行了延伸和拓展。同时，结合最高人民法院《关于适用〈中华人民共和国民法典〉婚姻家庭编的解释（一）》（以下简称《婚姻家庭编司法解释一》）的规定，让纷繁复杂的离婚纠纷案件在实务上具备了更加具体的法理基础。但随着社会不断发展，引发夫妻感情纠纷的原因层出不穷，离婚损害赔偿制度旨在保护婚姻关系中无过错方的权益，在理论和司法实践中仍暴露出一些问题。就离婚损害赔偿制度的性质来说，综合考虑解释力、适用性等因素，违约责任说似乎更加贴合。

关键词：离婚纠纷　离婚损害赔偿　违约责任　侵权责任

　　2001 年修改的《婚姻法》（已失效）首次在我国的离婚制度中引入了离婚救济的理念，[1]离婚损害赔偿制度（第 46 条）初次进入民众的视线。在2021 年开始施行的《民法典》中，立法者对该制度进行了更加具体的规定。《民法典》以第 1043 条夫妻应当在婚姻关系存续期间遵守忠实义务为原则展开，在第 1087 条中规定了判决离婚中照顾无过错方的原则；第 1091 条通过列举性规定与概况性规定相结合的方式，增加了"其他重大过错"的兜底情

---

　　* 作者简介：丁翔（1988－），男，汉族，浙江绍兴人，中国政法大学同等学力研修班 2022 级学员，研究方向为民商法学。

　　[1]　薛宁兰："我国离婚损害赔偿制度的完善"，载《法律适用》2004 年第 10 期。

形，突破了原有《婚姻法》规定的局限性，扩大了无过错一方主张损害赔偿的事由，在实务中为法院认定一方过错和支持无过错一方的请求提供了自由裁量的法律基础，较大程度上解决了《婚姻法》中支持离婚损害赔偿缺乏法律依据、无过错一方的诉请难以被支持的桎梏。不过在理论界，对于离婚损害赔偿的性质和适用，仍存在不同的学说和看法。

一、离婚损害赔偿的本质之争

目前，对于离婚损害赔偿的本质问题，主要存在违约责任说和侵权责任说之争。

（一）违约责任说

该学说认为"结婚是一种以男女双方共同生活为目的的约定，而因一方过错导致的离婚则是对约定的破坏（类似合同关系中一方的根本违约），过错方应向无过错方承担赔偿责任"。[1]

（二）侵权责任说

学者林秀雄把离婚之损害分为离因损害和离婚损害，前者顾名思义即因过错一方的行为导致离婚，其过错行为给另一方造成的损害；后者即离婚这一事实对无过错方造成的损害。至于过错一方损害了无过错方的何种权利，有的主张认为损害的是无过错一方的配偶权，也有的主张认为损害的是无过错方的人身权、财产权等。

（三）离婚损害赔偿本质之我见

上述关于离婚损害赔偿本质的争论，在配偶一方因存在出轨情形而导致感情破裂的案件中，区别尤为明显，并且基于不同的本质会产生完全不同的结论，如第三者明知出轨方有家庭的情形下，第三者是否需要对无过错一方承担赔偿责任。在侵权责任说的前提下，过错一方和第三者属于共同侵权（配偶权），显然是需要承担赔偿责任的；而在违约责任说的语境中，根据契约关系的相对性，第三人无需向无过错一方进行损害赔偿，仅由过错一方在离婚时承担损害赔偿责任即可。根据目前的实务判例，法院在离婚诉讼中，一般不会支持无过错一方要求第三方承担离婚损害赔偿的诉求，因此本文的观点更倾向于违约责任说。

---

[1] 郭丽红："论离婚损害赔偿之诉"，载《河北法学》2002年第5期。

二、离婚损害赔偿的违约损害赔偿特点

我国《民法典》第 1043 条明确规定了夫妻双方负有互相忠实、互相尊重、互相关爱的义务，同样的，《法国民法典》第 212 条、《瑞典婚姻法》第 5 章第 1 条和《日本民法典》第 752 条也有类似规定。无论从立法目的，还是从积极维护社会公序良俗的角度出发，忠实义务是配偶双方基于法定的亲属身份的应有之意，也是双方的法定义务，这一观念在理论和实务中已经得到了普遍的认同，体现了国家和社会意志对婚姻的保护。因此，但凡有一方破坏了这种"契约身份关系"，就应当产生相应的惩戒措施。我国《民法典》第 577 条对违约责任进行了一般性规定，合同一方当事人不履行合同约定的义务或者履行义务不符合约定的，守约方即可主张，要求违约方承担违约责任。从条文的内容来看，违约损害赔偿的请求较之侵权损害赔偿在实务中无过错一方负担的举证责任较轻。此外，《民法典》第 464 条第 2 款规定，婚姻、收养、监护等有关身份关系的协议，适用有关该身份关系的法律规定；没有规定的，可以根据其性质参照适用本编（指合同编）规定。在前文将离婚损害赔偿认定为违约损害赔偿的思路下，离婚损害赔偿请求权的适用可以依其性质参照适用合同编的违约规则。

但较之违约损害赔偿，离婚损害赔偿也有其特殊性。其实际损害难以被证明，在因果关系上并不要求义务违反行为和损害结果之间存在因果关系，而是要求义务违反行为和无过错方提出离婚请求之间存在因果关系。因而在实务中，只要无过错方提出离婚的情形属于该条文下规定的法定情形，或者符合与重婚、与他人同居、家庭暴力、虐待家庭成员等具有同等严重性的"其他重大过错"，即可向法院主张，要求过错方承担离婚损害赔偿，并不要求无过错方对是否存在实际损害、损害结果和过错方的行为间存在因果关系等进行举证。

三、离婚损害赔偿的适用

（一）离婚损害赔偿的损害赔偿范围

对于离婚损害赔偿的赔偿范围，我国主要存在以下两种学说："精神损害说"与"物质损害和精神损害说"。前者的主要理由是：婚姻成立的前提是男女双方情感及人格的结合，并因结婚登记发生法律效力从而产生的相对性和

对世性。发生这两种权利的基础是男女双方具有民事行为能力，出于双方意愿结合为夫妻的真实意思表示，且不存在婚姻无效的事由。正是基于这样的基础，夫妻之间具有了相互的配偶权、身份权、人身权等权利，若一方违反了夫妻间的义务，就构成了对另一方的精神损害。[1]如果无过错方就健康权、自由权等人身权受到侵犯提起诉讼，可依据《民法典》侵权责任编的有关规定请求赔偿；如果因过错方的行为导致无过错方的财产权益减少，则可依据《民法典》第1092条的规定请求赔偿。

在后一学说中，在物质损害方面又可分为直接损失说、直接损失和消极损失说、直接损失和部分消极损失说。物质损害方面包括"财产方面已发生的现实损害""夫妻共同财产可预期利益的丧失"、已经符合法定扶养条件时"应得的扶养费"等；就精神损害方面而言，一般认为"离婚非财产损害，包括人身损害和精神损害"。前者指无过错方的人身权利受到的损害，后者包括精神利益（如名誉权、自由权等）的损害和精神创伤两个部分。精神创伤是指因过错方实施存在重婚、与他人同居、虐待、遗弃、其他重大过错行为等情形，致双方感情破裂而离婚，造成无过错方精神上的痛苦。[2]

（二）双方都有过错的，无法主张损害赔偿

如在违约损害赔偿说的语境下，就《民法典》第592条而言，双方都违反约定的，应当各自承担相应的责任，并且可以根据双方过错程度的大小相抵，而根据对《婚姻家庭编司法解释一》相关规定的理解，明显无法得出相似的结果。同时在侵权责任说的语境下，《民法典》第1165条规定了因过错给他人造成损害的，应当承担侵权责任，与《民法典》第1091条规定的夫妻双方都存在过错情形的，从侵权责任说的角度切入仍存在理解和适用上的差异。

可以看出，无论将离婚损害赔偿解释为违约责任还是侵权责任，对于"双方都有过错的，不得主张离婚损害赔偿"这一点都难以作出融洽的解释。结合最高人民法院相关司法解释来看，离婚损害赔偿是针对无过错方的经济赔偿，其目的是在一定程度上以物质形式来弥补无过错方遭受的伤害，并且

---

〔1〕 都本有："谈离婚损害赔偿制度在司法实践中的运用"，载《当代法学》2001年第10期。

〔2〕 陈苇："离婚损害赔偿法律适用若干问题探讨"，载《法商研究（中南财经政法大学学报）》2002年第2期。

以经济手段惩罚过错一方。但是在双方都有过错的情形下，无论双方的过错程度大小，只要符合《民法典》第 1091 条规定的过错情形，法院都不能就任意一方提出的损害赔偿请求予以支持。这源自离婚损害赔偿制度的特殊制度目的，无论将其解释为侵权责任还是违约责任都无法涵盖。

（三）离婚损害赔偿与夫妻财产分割中照顾无过错方原则的适用关系

有部分学者认为，《民法典》第 1087 条规定的照顾无过错方原则和第 1091 条规定的离婚损害赔偿制度，是对过错方的同一种错误行为的重复评价。[1]本文对该观点持否定态度，认为两者不存在重复评价的情况。首先，在诉讼离婚的夫妻共同财产分割中，第 1087 条的照顾无过错方原则体现出立法者对过错方的惩罚倾向，裁判者需要根据审理中查明的事实主动适用，该条规定实际上具有一般意义上的惩罚性质，它是夫妻共同财产分割适用的原则之一。而第 1091 条规定的离婚损害赔偿制度，是离婚时因一方的过错对另一方的合法权益造成了损害，无过错方可以请求的救济，体现的是对一方权益受损后的弥补，无过错方行使的是债权请求权。如果不赔偿，无过错方的权益就会在客观上存在实际缺失。

四、结语

恩格斯说过：“如果说只有以爱情为基础的婚姻才是合乎道德的，那么也只有继续保持爱情的婚姻才合乎道德……如果感情确实已经消失或者已经被新的热烈的爱情所排挤，那就会使离婚无论对于双方或对于社会都成为幸事，而从不幸婚姻中解脱出来的当事人可以继续追求新的爱情和婚姻。”[2]所以，失去婚姻本身并非不幸，重要的是无过错一方是否能通过合理的途径维护自身的合法权益。从法律与社会的关系来看，现行《民法典》虽然已经对离婚损害赔偿制度进行了规定，但尚存模糊之处。与此同时，司法解释也未能提供足够明确的实务指导。社会和民众仍期待对相关内容的完善，由此实现婚姻家庭立法应有的文化承载与制度价值，实现法律对婚姻关系及婚姻关系当事人的尊重与关怀。

---

〔1〕 冉克平：“《民法典》离婚救济制度的体系化阐释”，载《政法论丛》2021 年第 5 期。

〔2〕 ［德］恩格斯：《家庭、私有制和国家的起源》，中共中央马克思恩格斯列宁斯大林著作编译局译，人民出版社 2003 年版，第 84～85 页。

论一般过错侵权责任的构成要件

陈靖*

（中国政法大学 北京 100088）

摘　要： 1987 年施行的《民法通则》首次通过独立章节以民事责任的模式对侵权行为进行了明确的规定，2010 年施行的《侵权责任法》逐步搭建并完善了我国的侵权法律规范体系。我国民事立法体系在经历了不断完善和系统化改进后，《民法典》的颁布使我国社会主义法律体系的完整性得到进一步的飞跃，侵权责任也伴随着我国的民事法律系统的健全历经了从建立到成熟的多个发展阶段。

关键词： 侵权责任　过错原则　权益保护范围　过错责任与违法性

一、侵权责任一般条款的必要性

纵观我国侵权责任的发展史，《民法通则》（已失效）的颁布有着重大的意义。在该部法律中首次通过独立章节以民事责任的模式对侵权行为进行了明确的规定，采用了在第一节中通过一般规定对一般侵权行为进行整体规范，在其他章节中对各类特殊侵权行为进行具体规范的立法模式。同时该部法律还通过以过错责任为基础责任，以无过错责任和公平原则为例外原则的规范模式，搭建了我国侵权责任的归责事由体系，为之后的立法者奠定了重要的法律基础。2010 年实施的《侵权责任法》（已失效）则是完成了将侵权责任从民事责任中彻底剥离出来的重要一步，这为我国侵权法律规范体系的持续搭建与完善提供了重要的支撑。由此可见，侵权行为基础性规范的一般条款

＊ 作者简介：陈靖（1984-），女，汉族，北京人，中国政法大学同等学力研修班 2022 级学员，研究方向为民商法学。

在整体侵权法律规范体系中有着无法替代的重要作用，张新宝教授将侵权行为法的一般条款界定为："在成文侵权行为法中居于核心地位的，作为一切侵权请求权之基础的法律规范。"[1]

鉴于此，侵权责任一般条款的实质可被归纳理解为，是其他具体侵权行为法律规定的依据和指引，一般条款与其他具体侵权行为之间，实际上是构成了一种一般法与特别法的法律关系模式。所以，在侵权责任中制定一般条款对于法律的适用有着极为重要和积极的意义。《民法典》第七编侵权责任编继续沿用了一般条款的规定，明确地将侵害民事权益产生的民事关系界定为侵权行为，对过错原则、无过错原则、权益损害、责任承担方式以及共同侵权等方面的规定，较之前法律规定更为精准和严谨。

二、权益保护范围的确定

在我国《侵权责任法》的历史沿革中，法律明确规定了其保护的对象为被侵权人的合法权利或权益。民法中的权利，以其效力所及的范围为标准，可分为绝对权和相对权。其中，绝对权，是指其效力可及于一切人的权利，即绝对权可以约束除权利人以外的任何人，且权利人仅凭借其自身就可以行使权利而无须通过他人。例如，物权、人身权、继承权和知识产权等均属于绝对权。相对权，是指其效力只可及于特定相对方的权利，即受约束的义务主体是特定的，而权利主体自身是无法直接实现其权利的，必须通过这个特定的义务主体履行其义务方可实现其权利。例如，债权就是典型的相对权。所以，通过我国侵权法律对于权益保护范围的列举式的规定，可以很清楚地知悉权益保护的范围限于绝对权。反观之，正因为相对权其自身有着鲜明的特性，即权利人主张的权利和义务都只能向相对人主张，使其更倾向于适用合同相对性以及违约责任的相关规定，所以，如果我国《侵权责任法》对相对权进行了规定和约束，势必会对双方当事人的自由、平等、协商的意志造成一定的限制和制约。我国学者也认为，在特定的合同关系中所产生的合同利益被侵害时，应当主要通过违约之诉来解决，《侵权责任法》并无该项功能。[2]

---

[1] 张新宝："侵权行为法的一般条款"，载《法学研究》2001年第4期。

[2] 朱晓哲："债之相对性的突破——以第三人侵害债权为中心"，载《华东政法学院学报》1999年第5期。

当然，社会是不断发展的，没有哪一种事物是可以永恒不变的。所以，《侵权责任法》所保护的权益范围势必也会与时俱进地改变。譬如，在最初的侵权法律中主要将物权作为保护的对象，并将损害赔偿作为首要的责任承担形式，认为在财产型侵害行为中通过此种方式进行的补救是最为公平、公正的。但是，随着民事权利的不断丰富和发展，侵权法也逐渐从主要保护物权向保护知识产权、人格权等其他绝对权扩张，最终扩大到对债权等相对权的保护。[1]最为显著的便是新颁布的《民法典》，该法典已将与侵权责任类相关的规范扩展到了其他编章节以及其他与民事权利相关内容的条款中，使其内容不仅限于侵权责任编内，在其他编章中，例如"物权编"的物权保护"人格权编"的人格权保护等也对相关的权利进行了具体救济措施、保护方式及内容的规定。

三、违法性和过错的关系

研究侵权行为不可避免地就要针对侵权责任的构成要件进行理解和探讨，在侵权法的发展史中各国对此部分也有着不同的看法，较为著名的为法国的三要件说与德国的四要件说。其区别主要在于侵权行为构成要件中是否包含违法性。法国的三要件说源于《法国民法典》第1382条规定："任何行为使他人受损害时，因自己的过失而致行为发生之人对该他人负赔偿的责任。"即构成要件为"损害、过错、因果关系"；而德国的四要件说源于《德国民法典》第823条规定，"因故意或过失不法侵害他人的生命、身体、健康、自由、所有权或其他权利者，对被害人负赔偿损害的义务"，增加了"不法"。由此，构成要件包括"损害、过错、违法性及因果关系"。

（一）一般过错侵权责任三要件说

我国支持三要件说，支持以《法国民法典》为该学说代表的学者认为："行为的不法性已包含在过错概念中……过错和不法不是彼此分离的两个责任要件，而是结合在一起的一个责任要件。"[2]此种说法中，行为过错无法与违法性相分离，彼此间是一种融合的关系，甚至是一种吸收与被吸收的关系，即行为如果违法，那么它本身就是有过错的，所以过错吸收了行为的不法性。此种学说普遍认为，对行为人主观过错的判断是判断该行为是否侵权的前提，

---

〔1〕 王利明："论我国《侵权责任法》保护范围的特色"，载《中国人民大学学报》2010年第4期。
〔2〕 王家福主编：《中国民法学·民法债权》，法律出版社1991年版，第462页。

即其主观上是否有过错，是否尽到了应注意的义务。因此在三要件说中，违法性是无法独立存在的，其不能成为一个独立的构成要件。

（二）一般过错侵权责任四要件说

相对而言，支持以《德国民法典》为代表的四要件说的学者则认为，违法性应当作为一个独立的侵权要件，共同构成侵权行为成立的判定标准。其理由包括：第一，法律中对于"侵害国家的、集体的财产，侵害他人财产、人身的"等规定的"侵害"，即可理解为是违法的意思，因为"侵害"了他人合法的民事权益本身就已经违反了法律，因此虽然法律中未明确表明"违法性"字样，但是上述规定已经清楚地表达了侵权行为是需要具有违法性的；第二，过错源于行为人的主观意识，违法则来源于客观行为本身，如果行为人的行为已经违反了法律，那么无论其主观是否有过错均需要对其行为承担相应的法律责任，由此才可以体现法律的公平、公正；第三，违法性可以为过错提供判断的标准，当行为人的行为无法判定是否有过错时，可以参考其行为是否违反法律，因此，违法性应当与过错责任一样，作为侵权行为的一个独立的构成要件。

（三）违法性和过错关系之我见

本文认同过错责任原则的侵权行为三要件说。与《物权法》《知识产权法》等权利法的功能不同，《侵权责任法》从其功能性来讲，首要便是救济功能，是为了保护受害人的合法权益，弥补其所受到的损失，并对加害人进行惩罚。其次，《侵权责任法》含有补偿功能，即其可以对受害人的损失进行赔偿，包括财产损失和精神损失的赔偿。因此，如果加入了违法性要件，则在侵权行为认定的过程中增加了难度，进而增加了对被害人救济的难度，这是与《侵权责任法》的功能相违背的。

除此以外，随着社会日新月异的发展，新生事物不断诞生，法律难免存在一定的滞后性。因此，以"违法"作为是否侵权的界定，会使侵权责任构成的判断也具有滞后性，毕竟法律无法超前预判所有的违法行为，而当法律没有明确的规定时，就可能使得一种正在发生的侵害行为因不满足侵权构成要件而无法被定性，使受害人的权益无法得到保障，从而丧失了《侵权责任法》的功能。

四、结语

当国家的法制越来越完善，人民的法律意识越来越健全，对于侵权行为的理解和认知也将逐步提升。面对着每时每刻都可能发生的损害自身利益的行为，如何通过法律的武器保护自己，并最大限度地弥补损害带来的损失，是现在及未来人们关注的重点。由此，关注、学习并研究侵权责任，包括其权益保护的范围、适用的构成要件与其他法律制度的关联及竞合是未来的长期课题，其目的在于使我国的侵权责任体系得到进一步完善。

论雇主责任的适用

何妍*

（中国政法大学 北京 100088）

摘　　要：司法实务中除存在大量劳动关系用工模式外，雇佣关系在实践中也是非常普遍的一种用工模式，并在民事案件中占有相当的比例。本文主要是对《民法典》第 1191 条之中，雇主对外如何承担责任展开论述，并就雇主责任问题发表自己的看法。

关键词：雇主责任　归责原则　追偿权

一、雇主责任概述

（一）雇主责任的概念

雇主责任也常常被称为使用人责任或者用人者责任，通常指的是雇主对雇员行为所承担的侵权损害赔偿责任。雇主的概念指的是任用雇员并运用下达指示的方式从而有计划地对雇员的行为进行控制的人。

（二）雇主责任的流变

在《民法典》实施以前，2003 年发布的《最高人民法院关于审理人身损害赔偿案件适用法律若干问题的解释》（以下简称《人身损害赔偿解释》）第 9 条第 1 款规定："雇员在从事雇佣活动中致人损害的，雇主应当承担赔偿责任；雇员因故意或者重大过失致人损害的，应当与雇主承担连带赔偿责任。雇主承担连带赔偿责任的，可以向雇员追偿。"此条款主要针对的是造成第三人损害时，雇主如何承担责任的问题，在司法实践中常被运于解决具体法律纠

* 作者简介：何妍（1982- ），女，汉族，河南漯河人，中国政法大学同等学力研修班 2022 级学员，研究方向为民商法学。

纷。后在和《民法典》同日实施的 2020 年《人身损害赔偿解释》中被删除。

《侵权责任法》（已失效）第 34 条第 1 款规定："用人单位的工作人员因执行工作任务造成他人损害的，由用人单位承担侵权责任。"《民法典》第 1191 条第 1 款规定："用人单位的工作人员因执行工作任务造成他人损害的，由用人单位承担侵权责任。用人单位承担侵权责任后，可以向有故意或者重大过失的工作人员追偿。"工作人员造成他人损害，并且是因执行工作的原因，此时损害责任就由用人单位承担。在该情形下，雇主毫无疑问需要对第三人承担责任。

二、雇主责任的正当性与归责原则

（一）雇主责任的正当性

就雇佣关系而言，从经济方面来看，雇员的收入由雇主发放，雇员没有独立的经济收入，对雇主的依赖性非常大，雇主处于更加强势且有利的地位，而雇员相对较弱，双方地位完全不平衡。从事雇佣工作是雇员维持生活不可或缺的条件，只有不断为雇主提供服务，雇员才能源源不断地获得收入。对雇主而言，其使用雇员就是为其工作、提供相应的服务，以此达到追求经济利益的目的，因此产生相应的经营风险，雇主需要负责。[1]所以，实际上雇主在向第三人承担侵权赔偿责任时，有时不仅仅只有雇员一人存在过错，雇主在该侵权赔偿责任中也可能存在一定的过错。而雇主要想对其雇员进行追偿，就必须举证证明雇员在实施对第三人的侵权行为时是故意的，或者雇员对侵权行为的产生具有过失，且该过失还要符合重大的情形，一般过失不能达到雇主向雇员追偿的标准。此时，雇主需要先承担证明雇员存在故意或重大过失行为这样一个举证证明责任。将举证证明责任分配给雇主，有利于保护本身就处于弱势地位的雇员，有利于更好地平衡雇主与雇员的地位。雇主相对于雇员来说，经济实力也更加雄厚，对被侵权人而言也更加方便拿到切实的赔偿。

（二）比较法的归责原则

就雇主责任这一问题，各个国家所采用的归责原则不尽相同。过错责任这一归责原则被德国法所运用，德国法认为，雇主对雇员行为负责需要满足

---

[1] 参见张民安："雇主替代责任在我国未来侵权法中的地位"，载《中国法学》2009 年第 3 期。

雇主存在如下过错，比如在选任方面存在过错，在监督方面没有尽到应有的监督责任，在雇员从事工作时没有为雇员配备相应的配套工具等，只有满足这些过错情形，雇主才应当负责任。并在此基础之上，为了更好地保护受害人的利益，德国法进一步运用过错推定的方式进行归责。雇主责任的根源仍是雇主自身的行为，故被称为"自己责任"或"过错责任。法国法与德国法有所不同，即使雇主能够提供证据对自己在挑选、任用雇员时谨慎注意，也无法免除自己的责任，因为这与法国法对雇主责任的性质认定有关，法国法认为雇主责任不仅仅是无过失责任，而且具有担保性质。不为他人行为负责是普通法的大原则，但也有例外，这就是替代责任，主要适用于雇佣和代理。英国法上，雇主的替代责任以雇员的侵权行为成立为要件，不允许雇主举证免责。英国与法国的做法相同。

（二）我国的归责原则

我国《民法典》第 1191 条第 1 款规定："用人单位……追偿。"[1]可知，我国目前运用的归责原则实际上是严格的无过错责任。

三、雇主承担责任的构成要件

（一）存在雇佣关系

如何判断双方是不是雇佣关系，关键是要看双方有没有签订书面形式的雇佣合同，如已签订，则可认定双方存在雇佣关系，否则，需要进一步进行判断，比如判断的一个重要标准就是看雇工提供劳务有没有获得劳动报酬。当然，我们还可以从控制力等其他多个方面进行评判。

（二）在执行工作过程中给他人造成损害

侵权行为发生的时间是在执行事务时所实施的还是其他时间实施的这一点至关重要，是判断是否成立雇主责任的一个关键性因素，因为雇主所承担的侵权责任仅仅限于雇工在执行其所委托事务的过程中所造成的损害。在司法实践当中，如何认定雇工是不是执行的委托事务，仍是一个难题。解决这一问题需要以雇主及雇工二者的主观意思方面为视角进行探究。就雇主主观意思而言，当雇员执行事务的行为在雇主对其下达指示的范围之内造成损害，雇主需负责；当雇员的行为不在此范围内时，雇主无需对损害负责。就雇工

---

〔1〕 邹海林、朱广新主编：《民法典评注：侵权责任编》，中国法制出版社 2020 年版，第 299 页。

主观意思而言，雇员只要在雇主指示的范围内执行事务，或者是为了达成指示内容而采取的行为，均可以认为是执行事务。

（三）雇工之行为是侵权行为[1]

侵权行为的一般构成要件有四个：首先，行为必须是侵害行为；其次，构成侵权行为之后，还要有造成损害的相关事实；再次，行为导致结果，即二者之间有因果关系；最后，行为人对结果的发生存在过错。以上四个构成要件可用于判断雇工的行为是否构成侵权，四个要件缺一不可。否则，雇主无需承担任何侵权赔偿责任。

四、雇主追偿权问题

（1）对于雇主是否享有追偿权的问题。我国《民法典》在第 1191 条第 1 款已作出明确规定，即法律赋予雇主追偿权。只是该追偿权的行使存在先决条件，即雇主必须能够证明雇员对侵权事实的发生具有故意或重大过失的情形，如果雇主无法证明，那么就无法实现追偿，但不管是否能够证明均不影响雇主享有追偿权这一法定权利。

（2）对于雇主何时享有追偿权的问题。雇主开始享有追偿权的时间是在其承担侵权责任之后，在雇主未实际承担侵权责任前，雇主是不享有追偿权的。那么，当雇主侵权赔偿责任未全部履行完毕之前，雇主是否享有追偿权呢？本文认为，答案是肯定的，即使雇主只履行了部分侵权赔偿责任，在剩余部分尚未全部履行完毕之前，雇主就已履行部分享有追偿权，可以就已履行部分向雇员进行追偿。

（3）如雇主与雇员事先就排除雇主追偿权达成一致合意，该合意是否有效问题。《民法典》规定的是"可以"追偿，该规定并非强制性法律规定，雇主与雇员之间就事先达成排除雇主追偿权的合意并不违反法律、行政法规的规定，也不存在其他法定无效的情形，故本文认为，应属有效。[2]

五、结语

随着时代的发展，法治也在不断进步。《民法典》第 1191 条第 1 款已就

---

[1] 张新宝：《侵权责任法原理》，中国人民大学出版社 2000 年版，第 151 页。

[2] 反对观点可以参见 [2013] 徐民再终字第 0004 号民事判决书，"段继友诉徐州机械公司内部规章制度免除用人单位法定责任无效案"，[2015] 参阅案例 34 号。

雇员执行工作中对第三人的侵权责任承担进行了进一步明确的规定，该规定对雇员、被侵权人权利的维护均具有重要意义，也更加体现出"以人为本"的法治理念。

浅析离婚冷静期制度

王昭君*

（中国政法大学 北京 10088）

摘　要： 自计划生育政策实施以来，我国结婚率、出生率逐年下降，而离结比、离婚率却逐年上升，冲动结婚、冲动离婚现象频发，婚姻家庭关系的不稳定，导致人口老龄化现象，"一室之不治，何以天下家国为？"除了实施全面两孩、鼓励三孩政策，对于年轻夫妻冲动离婚现象的控制，也引起各界学者的研究和探讨，相关立法也在不断摸索中逐渐落地并实施。

关键字： 离结比　冷静期　激情离婚　家庭暴力

一、离婚冷静期制度的提出背景

自马寅初先生提出"计划生育"这一主张后，20 世纪 80 年代至 21 世纪初这二十年间，计划生育被作为基本国策，在全国范围内严格推行，因而导致 20 世纪 90 年代出生的新生儿大多为独生子女。时间推进到 2015 年后，"90 后"独生子女满足结婚法定年龄并逐渐步入晚婚晚育时期，"双独婚姻"现象也日益显现出来。由"情感自由论"主导的 20 世纪 90 年代独生子女，既不惧怕爱情亦不惧怕婚姻失败引发的离婚这一后果，快餐式爱情带来的"闪婚""闪离"现象异常普遍。根据我国民政部于 2019 年、2020 年发布的"2018 年、2019 年民政事业发展统计公报"显示，2018 年结婚登记 1010.8 万对，离婚登记 446.1 万对，离结比高达 44.1%；2019 年结婚登记 927.3 万对，

---

* 作者简介：王昭君（1993-），女，汉族，湖南娄底人，中国政法大学同等学力研修班 2022 级学员，研究方向为民商法学。

离婚登记 470.1 万对，离结比高达 50.7%。[1]

从古代的男尊女卑到现代社会的男女平等，再到女权主义盛行，男女身份地位的转换也是造成我国离婚率、不婚率居高不下的重要原因之一，女性地位的提高让女性不再依附于男性而活，独立的思想、工作、生活能力让女性在面临婚姻的不公或不忿时毅然决然选择离婚，当然这其中也不免出现大量"激情"离婚的现象。

因此，基于我国社会的"激情"离婚的背景来看，通过法律设定离婚冷静期制度具有现实必要性和紧迫性。

二、离婚冷静期制度的立法回顾

21 世纪以来，我国立法机关及各界法律从业人员一直对离婚制度进行着各项探讨和讨论。

2003 年以前，法律规定离婚需要经过一个月的审批期，即所谓"离婚审批期"。司法实践证明，现实中确实有不少因"激情"离婚的夫妻在离婚审批期内经过冷静理性思考之后放弃离婚并且重归于好。

2003 年，我国国务院颁布的《婚姻登记条例》第 10 条取消了"离婚审批期"这一审批期的规定，这一立法变革让我国变成了世界上离婚手续最简便、最快捷的国家之一，随之而来的是自 2003 年起至今，我国离婚率已连续 18 年上涨。

2018 年 7 月 18 日颁布的《最高人民法院关于进一步深化家事审判方式和工作机制改革的意见（试行）》（已被修改，以下简称《家事审判意见》）第 40 条明确规定了人民法院审理离婚案件，经双方当事人同意，可以设置不超过 3 个月的冷静期。但需要注意的是，《家事审判意见》规定的是诉讼离婚程序中的冷静期，而诉讼离婚有较为严格的程序性要求，时间上具有持续性，不能像自愿离婚一样即时办理，因此该规定与本文讨论的自愿协商离婚的冷静期制度仍有不同之处。

2018 年 8 月 27 日，《民法典分则各编（草案·第一次审议稿）》首次正式

---

[1] 《2018 年 4 季度民政统计季报》，载 https://www.mca.gov.cn/article/sj/tjjb/qgsj/2018/20181201301328.html；《2019 年 4 季度民政统计季报》，载 https://www.mca.gov.cn/article/sj/tjjb/qgsj/2019/th20200804201904.html，最后访问日期：2021 年 10 月 15 日。

提出了 30 日的离婚冷静期的规定。

2020 年 5 月 28 日，《民法典》婚姻家庭编第 1077 条规定自婚姻登记机关收到离婚登记申请之日起 30 日内，任何一方不愿意离婚的，可以向婚姻登记机关撤回离婚登记申请。前款规定期间届满 30 日内，双方应当亲自到婚姻登记机关申请发给离婚证；未申请的，视为撤回离婚登记申请。至此，我国离婚 "冷静期制度" 最终确定。

本文认为我国离婚 "冷静期制度" 可以被区分为两部分。其中，第一个 "30 日" 给予各离婚申请人 "积极" 反悔的权利，即夫妻任一方均可自行主动向登记机关要求撤回离婚登记申请；第二个 "30 日" 给予各离婚申请人 "消极" 反悔的权利，即如果夫妻二人已经错过了第一个 "30 日" 撤回申请的期限，但双方在第二个 "30 日" 内重归于好放弃离婚，二人仅需静等第二个 "30 日" 期限经过后，便会视作撤回离婚申请。

三、离婚冷静期制度的现实意义与具体适用

（一）离婚冷静期制度的设立是社会问题的实际需求

离婚冷静期制度源于离婚率居高不下的现实问题，其适用初衷在于想让冲动离婚的夫妻能够冷静思考，不被情感左右而作出令自己后悔的决定，[1] 最终目的在于调处和化解婚姻纠纷，将没有达到离婚程度的病态婚姻扼杀在摇篮里，同时也引导大家真诚缔造婚姻、用心经营婚姻、慎重解除婚姻，维护婚姻家庭关系的稳定，更好地实现社会氛围的和谐。

离婚冷静期制度在《民法典分则各编（草案·第一次审议稿）》被首次正式提出之时，便引起了众多反对意见，主要在于大量的年轻人认为离婚冷静期制度限制了婚姻自由中的离婚自由。其实不然，我国离婚冷静期的设置奠定在尊重离婚自由原则的基础之上。[2] 离婚自由不是绝对自由，而是相对自由，是法定范围内的自由。法律规定离婚冷静期，不是限制婚姻当事人的离婚自由，而是充分尊重当事人的意思自治，在离婚两愿的前提下，给出适当的时间让其冷静思考，避免当事人因一时冲动而草率离婚。

---

〔1〕 徐圆圆："法院实施离婚冷静期制度情况探析——以 A 省 B 市人民法院为例"，载《法制与经济》2020 年第 8 期。

〔2〕 王晓琳："婚姻家庭编草案：构建和谐稳定的婚姻家庭制度"，载《中国人大》2020 年第 3 期。

（二） 离婚冷静期制度的适用与完善

目前我国《民法典》对于离婚冷静期制度的规定有待完善，在规则的具体适用中还有许多细节问题亟待立法和司法做出回应。

目前离婚冷静期制度不区分具体情况，均统一为 30 日，本文认为这也是值得反思之处。目前婚姻家庭矛盾频出，既有因三观不合引起的家庭琐事纠纷，亦有家庭暴力、出轨重婚等无视伦理道德的恶性矛盾，更需考虑到有利于子女成长的因素，本文认为应当区分情况设置离婚冷静期期限。

对于普通家庭琐事纠纷引发的冲动离婚，夫妻二人往往是因为一时丧失理性才决定离婚，为维护家庭和睦和婚姻稳定，建议继续设置 30 日甚至可视客观情况适当延长的离婚冷静期，同时在婚姻登记机关设置中立的第三方机构为离婚当事人提供免费或付费的专业咨询，就夫妻关系、婚姻问题、家庭纠纷、离婚意向等提供心理、法律及政策方面的辅导及建议，使当事人尽量在冷静期内回归理性思考，综合生活、工作、子女、父母等多因素进行利益衡量，对自己的婚姻作出最有利的决定。

对于存在家庭暴力、出轨重婚、遗弃、恶意转移财产等恶性矛盾，特别是家庭暴力矛盾，应当考虑取消离婚冷静期制度。[1]特别是对于存在家庭暴力行为的当事人，如不加区别地一律适用离婚冷静期，会延长施暴方对受害方的暴力行为，增加受害方的痛苦，而离婚是给予受害方的最好保护，是对施暴方最有力的教育和惩罚。[2]对此，可以借鉴韩国对家庭暴力等紧急情形予以特别处置的经验，如受害方可提供基础证据证明家庭暴力行为的存在，待确认属实之后，应立即办理离婚登记手续。

对于未成年子女的利益保护问题也应当作重点考虑。[3]夫妻离婚的最大受害者实际上是其未成年子女，双方在协商离婚的过程中更多考虑的往往是自身的利益，却忽略了未成年子女的心理状况及利益，为了减少离婚给未成年子女带来的精神和物质方面的负面影响，设置离婚冷静期应该关注未成年子女利益的最大化，指导当事人帮助未成年子女调整心理状况，监督当事人妥善安排并承担抚养费，保障未成年子女的物质生活。

---

〔1〕 杨立新、蒋晓华："对民法典婚姻家庭编草案规定离婚冷静期的立法评估"，载《河南社会科学》2019 年第 6 期。

〔2〕 王心禾："家暴引发离婚诉讼宜慎用冷静期"，载《检察日报》2018 年 11 月 26 日。

〔3〕 马忆南："离婚冷静期是对轻率离婚的限制和约束"，载《妇女研究论丛》2020 年第 4 期。

四、结语

离婚冷静期制度的设立，是我国社会婚育关系不稳定、人口老龄化问题在某些层面的折射，在经过多年的探讨和研究之后最终虽然以《民法典》第1077 条规定了离婚冷静期制度，但仍无法完全解决我国的社会问题，且该制度的具体实施细则仍需完善。

浅析《民法典》中的"自甘风险"规则

吴家辉*

（中国政法大学 北京 100088）

摘　要：《民法典》侵权责任编之自甘风险制度相对于《侵权责任法》更加细化及明确了某一大类场景所发生人身或者财产损害的裁判规则，但该条款并未列明具体的适用范围，因此存在理解差异，明确适用范围以及兼容性条件能够有效使裁判者获取正确标准、作出相对客观公正的裁判。从制度定位出发，立法者的目的在于鼓励人们积极参加文体活动。与其他侵权责任相比，自甘风险应属特定的免责事由，具有正当性。理论和实务不能盲目扩张自甘风险的适用范围。

关键词：自甘风险　制度定位　免责事由　适用范围

一、自甘风险的正当性和功能

"自甘风险"一词应当解释为明知且自愿加入冒险行为，当损害结果发生的时候，应视为已做好承担其损害结果的准备，其正当性表现有二：其一，行为人主观上有明知和自愿；其二，任何行为人加入任何活动均存在不可控性。行为人从事的活动只要不违反法律、行政法规的相关规定、不违背公序良俗，其所从事的活动应视为正常活动，完全民事行为能力人应当对自身所从事的活动有基本的认知，包括该活动是否具有一定的风险，即使是无民事行为能力人或限制民事行为能力人在监护人的监护下从事文体或其他活动也应当视为已经做好自甘风险的准备，明知和自愿恰恰体现了"自甘风险"的

---

*　作者简介：吴家辉（1993-），男，汉族，河南正阳人，中国政法大学同等学力研修班 2022 级学员，研究方向为民商法学。

正当性即意思自治，一言以蔽之，行为人应当对自己的行为负责。

在 2009 年实施的《侵权责任法》中，"自甘风险"尚未被列入减轻责任或免除责任的法定理由，有些裁判依据过错责任原则或公平原则判决被告承担一定的责任，一定程度上不利于文体活动的开展，也限制了人们的正常交往。自甘风险的重要功能通过抗辩从而达到免除侵权责任的效果，推进了实体裁判的客观性和公正性。

二、自甘风险的制度定位

（一）与侵权编其他制度的区分

1. 和与有过失的区分

与有过失可以释义为促成过失、过失相抵或者受害人过错，其含义是被侵权人对自己的安全失于通常的注意。依我国立法本意，自甘风险的法律效果应当是免除侵权人责任而非减轻侵权人责任。美国法中，初级自甘风险实质是加害人对被害人并不负有注意义务，是独立于与有过失抗辩事由而存在的，不存在加害人是否违反注意义务。加害人的行为不论是否符合理性人标准，都不构成侵权行为。[1]我国法律将与有过失规则规定于《民法典》第七编侵权责任第 1173 条。从损害后果判断，主要是比较侵权人与被侵权人各自的过失程度，其次是比较原因力的大小，该条文重点比较过失程度和原因力是否相同，如相同则应承担同等责任。而侵权人的过失程度和原因力大于被侵权人的则需承担主要责任，反之承担次要责任。

"自甘风险"中受害人自愿加入风险活动的，侵权人首先不应当在主观上存在过错，否则不应适用自甘风险规则，在上述条件下，侵权人已尽其告知风险或在醒目处进行风险提示等义务，被侵权人在上述行为中存在过错制造或者加大风险行为的，属于受害人过错情形，应当由被侵权人自行承担损害结果。以体育活动为例，《民法典》第 1176 条明确"其他参加者对损害的发生有故意或者重大过失的除外"这一排除性条件，是对体育活动正常对抗的立法保护及对体育活动本身规律的尊重。囿于体育运动的创造性、丰富性、复杂性，以及体育赛事结果的不可预知性，技战术运用灵活多变的基本特征，

---

〔1〕 See Stephen D. Sugarman, "Assumption of Risk", *Valparaiso University Law Review 31*, pp. 842~843（1997）.

在司法实践中，或者说在实际操作层面，如何依据具体的运动技能运用情形展开具体分析，客观界定行为人对损害的发生存在"故意或者重大过失"的情形，成为一个绕不过的实践难题。[1]

从立法者本意出发，"自甘风险"原则主要适用于文体活动，与其他情形下的侵权责任相比，有过失的被侵权人显然与自甘风险中被侵权人所承担的法律责任在实体认定上存在显著差异。

2. 与受害人同意的区分

受害人同意指受害人以其自身行为明确表示愿意承担某种损害后果的发生，加害人未超出被害人意愿承担的范围而实施的不法侵害，不对其损害结果承担责任，受害人主观认知和意愿是受害人同意的基础条件，而客观因素的多样化使得自甘风险情形下受害人并非都是自愿承担最终的损害后果，而是在特定法基础上加害人的一般过失行为应当得以免除侵权责任。自甘风险是否成立虽然需要考虑受害人是否自愿参与文体活动等主观因素，但在自愿参与的基础上，其是否在主观上自愿承受侵害行为以及损害结果并不重要，重要的是其他参加者对行为界限的合理期待以及相关法政策的考量。[2]

自甘风险的适用，是基于所进行的活动不能违反法律、行政法规的正常活动这一前提，并非类似签署"生死状"之后不能再追究加害人的相关责任的情形，与《民法典》其他侵权责任相比，如果出现受害人同意承担损害结果之情形，但加害人违反法律、行政法规的相关规定仍需追究加害人法律责任。"自甘风险"下受害人同意应当视为正常的文体活动下的同意，此同意应当是受害人的真实意思表示且符合法律规定。

（二）在侵权编内的体系定位

1. 不法性阻却事由说

有观点认为，自甘风险属于不法性阻却事由，其在侵权构成要件上阻却了违法性，因而行为人无需承担侵权责任。[3]常见的不法阻却事由有正当防卫、紧急避险、被害人承诺等。判断行为人是否构成侵权，目前盛行的通说

---

〔1〕 黄璐："体育活动侵权适用自甘风险条款的规制与限度——基于《民法典》第1176条的分析"，载《河北体育学院学报》2021年第2期。

〔2〕 See Restatement（Third）of Torts：Apportionment of Liability § 2 Reporters' Note to Comment j（2000）.

〔3〕 赵峰、刘忠伟："论体育活动中自甘风险的适用范围"，载《法律适用》2021年第11期。

认为应当采用二阶层理论，即"违法性+有责性"。而二阶层理论中有违法阻却事由和责任阻却事由两道防线，全部突破了才构成侵权。

2. 免责事由说

自甘风险本身是一个比较宽泛的概念，首先要区分责任减轻与免除的差异，免责事由是受害人自愿承担风险所致的损害。例如，受害人走路去被告公司索要工程款时，前方正在进行建筑爆破，道路周边设置了明显的危险警示标志，但受害人仍然进入危险区域，以致被爆破时炸飞的石头砸伤。再如，受害人明知出租车司机在车内饮酒，仍然搭乘该司机车辆，最后发生危险事故。虽然受害人明知司机饮酒可能会导致出现事故，但饮酒与事故发生之间只是一种或然关系，受害人明知却又心存侥幸，考虑到该司机危险发生具有较大的可能性，因此，可以认为受害人具有自甘风险的意愿。损害结果的发生在可能性上存在高低，主观认定概率较低时，即使受害人加入，也并不能以此界定属于自甘风险，不能认为只要受害人认识到风险的存在且仍加入其活动就认定受害人是自甘风险，而应通过危险活动发生损害的概率进行判断；概率越高，表明其自甘风险的可能性越大。在社会生活中，因为交往关系导致损害的原因十分复杂，如果受害人的自甘风险行为的确是构成损害的重大事由，则法官可以酌情将其作为责任的减免事由，以倡导按照妥当的行为标准行为。[1]

三、自甘风险的实践适用

关于自甘风险，在我国审判实务中出现的相关案例大致包括：①文体活动中的比赛选手、观众、有关比赛的其他人员发生的人身损害；②驾驶人违反法律规定，行为人自愿搭乘；③商业活动履行合同时产生的风险；④饭局中受害人饮酒过量；⑤自行进入带有警示标志的危险区域；⑥参加危险的工作或活动；⑦利用他人违法物品所引发的自身损害等。该条款下实务案例种类颇具多样性，偏离立法者设计初衷，扩张适用情形严重，再者，法庭审判语义中的"自甘风险"概念相对宽泛，其中既包括了受害人自愿加入风险视为同意、无过失，又包括判断不足而有过失等。法律效果上可以免除责任或者减轻责任，对组织者的责任认定较为严格，没有较好地区分受害人同意、自

---

[1] 王利明："论受害人自甘冒险"，载《比较法研究》2019年第2期。

甘风险、与有过失等规则。[1]

四、结语

　　《民法典》下自甘风险的立法本意是促进文体活动的蓬勃发展，作为一种独立的抗辩事由，有利于保障民事主体的行为自由，鼓励人们积极参加文体活动而不受侵权责任之困扰；作为一项新增条款，相关司法解释应当细化其构成要件，便于实际裁判不偏离立法者本意。我国《民法典》的出台是基于中国国情的真切需求，以适用《民法典》第1176条为基础，类推适用《民法典》的其他相关规定，能够促进司法者对风险活动中发生的活动事故责任进行正确分配，保护所有自愿参加风险活动的人以及风险活动组织者的合法权益。

---

　　[1]　石记伟："自甘风险的法教义学构造"，载《北方法学》2022年第1期。

论双务合同效力瑕疵时的折价补偿与不当得利规则

陈士博*

（中国政法大学 北京 100088）

摘　要：《民法典》第 157 条后段确定了合同效力瑕疵时返还不能的折价补偿规则，该规则的内容可由不当得利制度细化及填补。介于双务合同无效后的返还具有特殊性，需要考虑原合同的牵连性关系，因而在返还不能时需考量合同效力瑕疵的原因，类型化地确定是否适用得利丧失抗辩，以此有效解决合同瑕疵后的财产处置问题。

关键词：双务合同　效力瑕疵　折价补偿　不当得利

近年来，随着我国经济和社会的飞速发展，全国统一大市场的加快建设，市场主体对于重要交易工具的合同效力有了更多的关注。合同一旦被认定存在效力瑕疵后，如何进行后续处理就成为司法实践中面临的现实问题。最为困难的是，确认合同效力存在瑕疵后，因合同履行而已经发生转移给付的财产能否请求返还以及如何请求返还。

一、问题的提出

我国《民法典》第 157 条前段规定，合同被撤销后，当事人应返还因该合同而取得的财产或折价补偿；后段确定了合同效力瑕疵时返还不能的折价补偿规则。合同因存在瑕疵被撤销或无效后，当事人因合同而取得的财产会

---

* 作者简介：陈士博（1983- ），男，汉族，河南唐河人，中国政法大学同等学力研修班 2022 级学员，研究方向为民商法学。

被认定为属于不当得利，应当予以返还，无法返还时，需进行折价补偿。折价补偿是指在财产不能返还或没有必要返还时以价额形式予以偿还。合同效力瑕疵的折价补偿从其内容上来看，与不当得利十分相似，然而，折价补偿究竟是否应当适用不当得利，无论在理论上还是实践中，均尚存诸多争论。

二、《民法典》第 157 条后段关于返还不能时请求权的性质之争

《民法典》第 157 条的性质问题一直是学术界争议的焦点。由于所支持的物权变动模式不同，对于无效后返还请求权存在物上请求权和不当得利请求权之争。采意思主义物权变动模式的学者认为，无效后的原物返还应为物上请求权，当合同被确认无效后，合同标的物的所有权不发生流转效力。根据所有权的追及效力，当事人应当返还财产，权利人可以请求返还。采形式主义物权变动的学者则认为，合同无效或被撤销后，基于合同产生的债权债务虽然归于消灭，但是独立于债权之外的物权行为之效力不受债权行为的影响，其仍然有效并发生物权的变动效力。因此，已经履行给付的合同当事人，只能行使不当得利返还请求权，要求合同另一方当事人返还财产。

合同无效的财产返还请求权的性质似乎既构成不当得利，也符合物上请求权，本文认为，不当得利请求权要明显优于物上请求权，合同被确认无效后，受领标的物的当事人对标的物的占有、使用、收益或处分均失去了合法根据，并造成合同给付人的财产损失。因此，合同被确认无效后，此时受领人继续占有标的物符合不当得利的构成要件，无权占有不动产或者动产的，权利人可以请求返还原物。

当原物不存在时，自然也无物上请求权存在的空间，因而对于折价补偿请求权的性质不受论者所支持的不同物权变动模式观点的影响。但对于折价补偿请求权的性质，还存在不当得利说和特别规范说两种观点。采不当得利说的学者认为，折价补偿请求权是一种特别的不当得利规范，第 157 条后段的适用需要区分给付和非给付型不当得利。[1] 而采特别规范说的学者则认为，折价补偿请求权是独立于不当得利的特别规范，二者适用范围存在差异。即使

---

[1] 王洪亮："《民法典》中得利返还请求权基础的体系与适用"，载《法学家》2021 年第 3 期。

存在漏洞，也仅能通过类推适用的方法进行填补。[1]也有观点认为，当合同被确认无效，对于不能返还的给付，作为一种特殊的类合同请求权的折价返还请求权与不当得利请求权竞合。具体行使何种权利请求返还财产，由当事人选择。

另外，对于第157条规范的性质，还存在着"引致规范说"，即认为第157条并不具备独立的请求权基础，而是引致规范，需要依据不当得利的类型区分进行规范适用。[2]

三、双务合同效力瑕疵返还的特殊性

在不当得利理论中存在着大量对合同无效后不当得利规则的适用，然而对于双务合同来说，不当得利规则的适用显然有其特殊性。

（一）双务合同的牵连性

在双务合同中，当事人双方互为债权人和债务人，均负有给付义务，彼此的给付作为给付与对待给付相对应。[3]双方的给付义务具有牵连性，一方不履行或其给付义务消灭，则另一方不必再如约履行，这一安排对于履行方的利益相对有利。

双务合同中当事人的债权债务属于对价关系，即当事人间存在互负债务、互享债权的牵连关系。双务合同生效后，当事人即因合同负有给付义务，在法律上该义务虽然不必以相对人的对待给付作为义务的成立条件，但一方负担的债务实际上以他方负担的债务为前提，故相互间仍具备牵连性。就债权的行使和存续而言，这种牵连性可分为关于履行的牵连和关于存续的牵连。关于履行的牵连成为同时履行抗辩的理论基础，而关于存续的牵连则成为危险负担等理论的基础。

（二）返还不能时的牵连性问题

双务合同中的给付义务与对待给付义务不是独立存在的，而是具有牵连性。本质上是双务合同牵连性是否并且应当如何纳入不当得利体系的问题。

---

〔1〕 潘运华、李明明："论合同无效后返还的请求权基础"，载《大连海事大学学报（社会科学版）》2022年第3期。

〔2〕 茅少伟："民法典的规则供给与规范配置 基于《民法总则》的观察与批评"，载《中外法学》2018年第1期。

〔3〕 韩世远：《合同法总论》，法律出版社2018年版。

对于无效但已履行的双务合同，其清算的核心问题在于双务合同的牵连性是否需要维持。如果无需维持，受领物灭失一方可以主张得利丧失，即不负返还责任。在德国的不当得利法中，人们通常用不当得利返还请求权说来解决这一问题，其结果即非因过失导致标的物灭失的一方仍能获得其给付的返还，而另一方则一无所获。

这种结果显然有违公平理念，因而通过有关不当得利的判例，德国帝国法院确立了旨在维持对待性的差额说。该说的核心在于在无效情形下也维持了双务合同的风险负担。

差额说认为，双方给付构成一个整体，故不当得利请求权只有一个，其内容是自动计算双方给付之差额（抽象利益），本质上排除了善意得利人对得利丧失抗辩的适用。其出发点在于，物之受领人承接了受领之物的风险，即使合同无效，受领人也要受到这一约束，而不能转嫁损害结果。[1]晚近德国联邦最高法院又回到古典差额说的立场。[2]

（三）双务合同效力瑕疵时返还请求权的独立性

虽然在不当得利体系内的差额说看似已经解决了双务合同返还的不公平问题，然而由于其本质在于维持双务合同的牵连性，虽然合同无效或者被撤销，其返还时仍旧要像合同已经生效那样发生牵连，在一些特殊的情形中并不具有正当性。

能否适用得利丧失抗辩，并不仅仅取决于得利人的善意或恶意。在相对人欺诈情形下，如买受人因处置财产行为导致标的物毁损灭失，且该行为并未受欺诈行为影响，此时其作为善意得利人仍不能主张得利丧失抗辩；在相对人胁迫的情形下，买受人为恶意得利人，但当标的物因意外而灭失，仍应认为其可以主张得利丧失抗辩。弗卢梅认为，得利丧失抗辩不在于保护善意得利人，而是回归到衡平功能，注重抽象的整体财产，不能仅依据善意或恶意进行判断，故虽然被不法胁迫之人系恶意得利人，其仍有可能主张仅返还现存利益。第三人欺诈且出卖人不知情时，理应由买受人承担标的物灭失风险；第三人胁迫情形下，无论出卖人知情与否，认定由买受人承担标的物灭失之风险更为妥当。双务合同效力瑕疵时的返还请求权相较于不当得利有其

---

〔1〕 ［德］汉斯·约瑟夫·威灵：《德国不当得利法》，薛启明译，中国法制出版社 2021 年版。

〔2〕 滕佳一："合同无效时返还规则的适用"，载《法学家》2020 年第 6 期。

独立性。

由于双务合同存在瑕疵后的返还具有特殊性，折价补偿需要考虑原合同是否具有牵连关系，在返还不能时考量合同效力瑕疵产生的原因、类型，从而确定是否适用得利丧失抗辩。就折价规则的运用及返还的适用，还需要在实践中明确，比如是"全部返还"还是"部分返还"？原物的孳息如何返还等问题，应充分考虑受领人的主观状态以及受领人与给付人之间的利益、返还的范围等。

四、结语

《民法典》第157条后段的折价补偿请求权与不当得利请求权的关系一直是理论和实务所关注的疑难问题。折价补偿请求权应视为不当得利请求权的特殊化。在合同效力存在瑕疵时，需要区分无效或被撤销的原因来确定是否应当适用善意得利人的得利丧失抗辩。以不当得利规则填补合同效力存在瑕疵时的返还规则应当慎重，综合考虑受领人善恶意、风险负担规则以及效力瑕疵产生的原因类型等。

《民法典》高空抛物致人损害规则的正当性及其适用

张卫方*

（中国政法大学 北京 100088）

摘　要： 近年来，全国各地高空抛物、坠物事件时有发生，成为人民群众"头顶上的威胁"，对于此类事件的责任认定一直是疑难问题。我国《民法典》第 1254 条在原《侵权责任法》规定的高空抛物责任的适用条件的基础上进行了修正和完善，强化了限制高空抛物致害责任的观念，存在一定的正当性，对高空抛物、坠物案件具有重要的指导价值。然而，《民法典》的规定难以包罗司法实践中的所有情形，司法实践中仍然存在一些关于高空抛物致人损害责任规则适用的争议和纠纷，在不确定具体侵权人时以社会本位为出发点由可能侵权的建筑物使用人予以补偿的规则应当被限制适用。

关键词： 高空抛物　责任认定　正当性　限制适用

一、高空抛物致人损害规则的性质

《民法典》第 1254 条第 1 款在承袭《侵权责任法》第 87 条关于可能加害的建筑物使用人承担补偿义务的基础上做了进一步的明确和释义，首先就实际侵权人的侵权责任承担作了更为详细的规定，其次又阐明了在无法查明具体侵权人的情形下的补偿规则，使得高空抛物、坠物责任划分更加清晰。

该条所规定的"补偿"并非是《侵权责任法》上构成一般过错侵权后具

---

　　* 作者简介：张卫方（1985-），女，汉族，山东济南人，中国政法大学等同学力研修班 2022 级学员，研究方向为民商法学。

体侵权人的"赔偿"责任，而是公平原则基础上兼顾各方利益的风险分配方案，[1]与一般侵权构成所承担的过错赔偿责任有着天壤之别。事实上，该"补偿"的表述是指行为人本身并无过错，仅仅是出于一种人文层面的道义对受害人的损失进行的一种补偿。[2]换言之，行为人补偿义务是法律基于公平原则施加给其他可能存在加害行为的建筑物使用人的一种具有一定道义性质的法定义务，而非具有负面价值评判的侵权责任。[3]所以，此处的"补偿义务"绝非"赔偿责任"。

二、高空抛物致人损害规则的正当性

首先，《民法典》第1254条第1款承袭了原《侵权责任法》一般过错侵权责任的构成原理，对实际侵权责任人的责任承担作了进一步的确认和阐述，严格落实了谁侵权谁担责的理念，符合法律本身的体系与逻辑构成，符合法的基本价值。

其次，该条款在确认了实际侵权人担责的基础上又对无法查明具体侵权人时的情形作了延伸规定，更多的是从社会公平与正义的层面出发，优先保护受害人的利益，更加强调法的社会价值，拓宽了受害人利益保护的救济途径，更好地维护了社会和谐与稳定。该规定同时增加了高空抛物行为致害的道德成本，对于预防和减少此类行为的发生具有一定的积极意义。

最后，从对司法实践的指导意义来说，该条款相较于原《侵权责任法》的相关规定有了很大的进步，更加具有参考价值。原《侵权责任法》第87条规定的"由可能加害的建筑物使用人承担责任"过于随意和模糊，很容易导致司法实践中对于该条款的滥用，易将"补偿"条款视作"赔偿"责任，从而将此种补充性责任视作高空抛物侵权的原则性规定，给可能没有实施侵权行为而最终也要分担部分损失的建筑物使用人造成诸多困扰。容易使得法官形成固化思维，在司法实践中遇到类似案件时会简化审判思维逻辑，根据此

---

〔1〕 凌捷："高空抛物致人损害救济规则研究——兼论《侵权责任法》第87条'社会本位'趋势"，载《行政与法》2016年第8期。

〔2〕 姚辉、金骑锋："民法典高空抛物致人损害责任的解释论展开"，载《法律适用》2021年第7期。

〔3〕 姚辉、金骑锋："民法典高空抛物致人损害责任的解释论展开"，载《法律适用》2021年第7期。

条款作出脱离实际的裁判。同时，这也很容易使得部分受害人脱离事实真相径直将所有的建筑物使用人列为共同被告，[1]大大增加了司法成本和案件复杂度。

《民法典》第1254条对于高空抛物致害责任分情形的具体释义填充了原《侵权法》规定的不足，在底层逻辑和法律适用上仍然强调具体侵权人作为侵权主体应当承担侵权赔偿责任，使得法律规定更加明晰，适用依据更加明确，高空抛物救济规则更加具有正当性。既维护了法律的科学性和严肃性，又充分保护了受害人的利益，兼顾了社会公平与正义，合理分散了损失，促进了社会和谐稳定。

三、高空抛物致人损害规则的适用

《民法典》第1254条关于高空抛物致害规则的规定在立法上优先考虑的是对受害人利益的保护和社会整体的公平稳定，容易产生一些利益冲突和误解。因为让可能存在侵权的建筑物使用人担责本身就是突破了传统侵权责任的一般构成，更是与传统的诉讼证明责任规定背道而驰，更多地远离了法律的严密逻辑性，增加了政策强制性的色彩。这种不确定的加害人责任本身就具有一定的局限性，所以注定了其不能像其他具有严密逻辑的法律条款一样被常态化地普遍适用，否则会使实际上并没有实施侵权行为却要承担补偿义务的建筑物使用人心生不满，给社会带来更多的不安定因素。鉴于此，在司法实践中，要慎重适用这种不确定加害人的责任认定规则，结合公权力的介入等尽量查明具体侵权责任人，在确实无法查明责任主体的情况下综合考量案件事实、因果关系以及举证责任划分等内容作出裁判。总之，对于该条款的适用应当保持慎重和理性，避免过度使用该条款中的补偿义务规则而带来更多的纠纷和矛盾。

同时，作为公平责任条款，《民法典》第1254条还应增加适用的前提性条件，即"如果受害人无法得到充分救济"。如果受害人能够通过该种规则之外的其他渠道获得充分救济的，就没有必要再适用该补偿责任。其他救济渠道包括民政帮扶、社会捐助，也包括社会保险等。[2]

---

〔1〕 姚辉、金骑锋："民法典高空抛物致人损害责任的解释论展开"，载《法律适用》2021年第7期。

〔2〕 王竹："《民法典》高空抛物坠物责任新增规则评述"，载《厦门大学学报（哲学社会科学版）》2021年第3期。

《民法典》作为一部基本法律，决定了其只能具有指导意义上的高度概括性，不可能针对实践中所有的具体案件情形作出特别详细具体的规定。尽管《民法典》第1254条的相关规定在适用上存在一定的漏洞和局限性，但是这并不能否定该条款整体意义上的积极性和进步性，也并非不存在漏洞填补方式，司法解释、意见、批复等对高空抛物致害责任规则的适用就显得尤为重要。[1]另外，该条的局限性必然就暗含了在具体的司法实践中必须要赋予法官一定的自由裁量权，要允许法官充分综合案件具体情形对案件结果作出合理预判和分析，充分把握分析案件事实，对于其他相关建筑物使用人的责任认定和查明一定要严谨、慎重，对于其责任的承担与划分应当恰当、充分。[2]通过准确把握责任主体、免责事由、补偿责任三个方面的尺度，尽量限制适用该责任规则，既要保证受害人的利益得到充分的保护，又要让其他的建筑物使用人感受到公平与正义。做到法理与人情的兼顾，逻辑与价值的统一，使得案件尽量趋向公平合理。[3]

四、结论

《民法典》第1254条对于高空抛物致害责任规则的明确界定是在原《侵权责任法》基础上的重大进步，看似简短的调整和填充，却对法律解释和司法实践产生了无比重要的影响。该条款不仅明晰了具体侵权人的侵权责任，同时还增加了物业服务企业等建筑物管理人在未履行安全保障义务时的侵权责任，以及公安等机关应当依法及时调查、查清具体责任人等内容，使得受害人利益得到了最大化的保障，从客观上最大程度地避免了概念模糊带来的困扰，矫正了原《侵权责任法》第87条的局限性，为妥善解决高空抛物致人损害问题提供了立法支撑。

但是，鉴于《民法典》本身定位的原则性，其不可能对具体的案件情形一一作出释义，因此《民法典》第1254条在司法实践适用中必然会存在一定

〔1〕 冯恺："民法典高空抛物致害责任规则的体系性解读：局限与克服"，载《比较法研究》2021年第1期。

〔2〕 冯恺："民法典高空抛物致害责任规则的体系性解读：局限与克服"，载《比较法研究》2021年第1期。

〔3〕 王竹："《民法典》高空抛物坠物责任新增规则评述"，载《厦门大学学报（哲学社会科学版）》2021年第3期。

的漏洞和局限。这就需要允许法官可以基于个案作出判定，要求法官充分准确地发挥好自由裁量权，既要与公安等机关配合好，尽量找到具体的侵权人，也要在不能查明具体侵权人时综合考量案件事实情况以及各方责任主体的利益，充分把握好"补偿义务"和"赔偿责任"的界定，严格限制对"补偿"条款的适用，作出公正合理的裁判，从而实现个案公平正义和类案社会效果的统一，真正做到既能兼顾社会公平又能维护社会正义，共同守卫人民群众"头顶上的安全"。

论信息披露对侵权责任理论的影响

陈桂琴*

（中国政法大学 北京 100088）

摘　要：基于证券市场的特殊性，证券交易已无法再通过意思表示制度解决交易过程中存在的信息不对称问题。信息披露制度的引入能够解决意思表示制度无法解决的证券交易信息不对称问题，更好地保护投资者的权益。同时，信息披露制度的引入使得发行人不满足披露标准的虚假陈述行为产生了完全不同的法律后果，产生了虚假陈述侵权责任。虚假陈述侵权责任与普通侵权责任在构成要件方面存在着极大的差别，变革了传统侵权责任构成要件的内容。

关键词：意思表示　信息披露　虚假陈述　侵权责任

数字信息的洪流构建了当下各类云服务的平台基础，同时，个人信息的高曝光度使得置身其中的个体很难有隐私可言。在大数据技术全方位开启全新生活、工作、娱乐模式的背景下，机械地禁止个人信息的交互显然与时代的发展方向相悖，如何在适应时代发展的前提下使个人信息得到有效的保护就成了学界关注的问题。

一、证券市场的特殊性

（一）证券交易标的的特殊性

证券从本质上来说也是一种商品。与传统民法中的商品买卖相比，证券商品的交易存在着特殊性。其中，决定了证券交易区别于普通商品交易的是

---

　　* 作者简介：陈桂琴：（1982-），汉族，广东湛江人，中国政法大学同等学力研修班 2021 级学员，研究方向为民商法学。

证券交易标的的特殊性。证券交易的标的包括股票和债权。其中，大多数投资者投资的对象是股票。为了了解股票的质量和真正价值，就必须检查它所代表的公司的价值，了解公司的财务状况、经营状况与发展前景等。但是这些信息都掌握在公司的手中，投资者很难通过自己的力量了解。因此，发行股票的公司与投资者之间就存在着严重的信息不对称。基于双方的信息不对称，投资者便无法像传统商品交易那样进行证券交易。

（二）意思表示与信息披露

为了解决投资者与发行人之间的信息不对称问题，促进证券市场的有效运行与发展，证券法设立了信息披露制度。在传统民法中，为解决信息不对称问题采用的是意思表示制度。在意思表示制度下，传统民事法律关系的当事人将其意欲发生一定法律效果的意思表示出来后，民事法律行为成立与生效最重要的一个条件就满足了。同时，意思表示的欠缺与瑕疵制度从反面约束着意思表示内容的真实性。在传统一对一的民事法律关系中，这样的装置设计就能够满足消除当事人之间信息不对称问题的要求。但是到了现代金融领域，尤其是随着信息技术的发展，意思表示制度已不能够解决大范围电子化场景下证券交易的信息披露问题，专为证券交易设立的信息披露制度成为必要。

二、信息披露对传统民法意思表示理论的影响

（一）民法理论对意思表示的要求

民事法律制度对意思表示的首要要求为"真实"，意思表示真实是民事法律行为的生效要件，意思表示不真实，民事法律行为即不能发生效力。同时，民事法律制度对于民事法律行为无效和可撤销制度的设立也从反面对意思表示进行了要求。

（二）证券法对信息披露的要求

与意思表示制度类似，证券法对信息披露的首要要求也是"真实"。只有发行人披露的信息是真实的，才能保证信息披露的消除信息不对称的功能。新修订的《证券法》第 78 条第 2 款规定："信息披露义务人披露的信息，应当真实、准确、完整，简明清晰，通俗易懂，不得有虚假陈述、误导性陈述或者重大遗漏。"这一条对信息披露的标准在传统理论"真实、准确、完整"的基础上新增加了"简明清晰、通俗易懂"的要求，使之更加全面。

三、虚假陈述侵权责任制度对侵权责任制度的影响

在信息大爆炸的时代，井喷式的信息收集和交互的需求，使得获取同意的难度和工作量超出想象。同时，个人在面对知情同意提示中的大量专业术语时，往往达不到"知情"的要求，对于是否"同意"更加无所适从。因此，知情同意原则在我国适用的过程中面临着同意偏离初衷、知情成本太高、同意能力欠缺三方面的困境。

（一）信息披露制度下的证券侵权民事责任

在证券市场中，发行人违反信息披露义务的行为统称为虚假陈述行为。发行人的虚假陈述行为的法律后果并非类似意思表示制度中的导致法律行为的可撤销或者无效，而是将引起侵权责任，即虚假陈述侵权责任。基于证券法中特殊的信息披露制度，虚假陈述侵权责任的构成要件与传统侵权责任的构成要件存在着不同。

（二）虚假陈述侵权行为

根据我国《证券法》和最高人民法院司法解释的规定，我国证券市场虚假陈述形态包括虚假记载、误导性陈述、遗漏和不当披露。[1]

在传统民法制度中，欺诈是指当事人一方故意编造虚假或歪曲的事实或故意隐匿事实真相，使表意人陷于错误而为意思表示的行为。因欺诈而作出的意思表示为有瑕疵的意思表示，受欺诈方有权请求人民法院或仲裁机构予以撤销。欺诈行为所影响的是意思表示的效力。而在证券交易过程中，发行人在信息披露过程中的欺诈行为所针对的对象是不特定的，只要发行人将相关信息进行披露，所有人都能够获取虚假信息并受虚假信息的影响作出决策。当投资者因虚假信息而购买发行人的股票后，股票的价格并不会固定在其购买时的价格，而是处于不断的变动之中，这就排除了传统民法理论中撤销效力的适用范围。因为股票价格处于不断的变动之中，投资者即使卖掉股票，也很难恢复购买之前的财产状态。

如果径直适用传统民法制度中的瑕疵意思表示的撤销效力，那么就只能要求发行人以投资者购买其股票的价格回购投资者手中的股票。但是发行人

---

〔1〕 郭锋："证券市场虚假陈述及其民事赔偿责任——兼评最高法院关于虚假陈述民事赔偿的司法解释"，载《法学家》2003年第2期。

的回购行为又将会影响到股东、其他投资者等多方主体的利益，受到商事法律制度的严格规范，且涉及的投资者众多，因此没有适用的可能性。基于此情况，在证券交易中，发行人的虚假陈述行为一旦作出就有可能即时产生侵害投资者权益的后果，发行人的虚假陈述行为在满足违法性和重大性要求后就足以构成侵权行为，需要发行人承担侵权责任。

（三）虚假陈述侵权责任的因果关系

（1）虚假陈述侵权责任中因果关系的特殊性。在证券市场中，影响股票价格的因素有很多，股票价格的波动也是必然的，投资者因买卖股票而导致损失是证券市场中的常见现象。在此种情况下，找出具体影响股票价格的因素就是一件困难的事情，更不必说证明是发行人的虚假陈述行为导致了投资者的损失。

虚假陈述行为与投资者损失的因果关系链条具体包括：发行人实施了包含虚假利好消息的虚假陈述行为，投资者因相信发行人的利好消息而购买了股票，发行人的虚假陈述行为被揭露从而导致股票价格下跌，投资者因虚假陈述行为的揭露而抛售股票，投资者因高买低卖股票而遭受投资损失。在这一因果关系链条中，包含了许多不确定的因素。不论是让投资者证明因果关系的成立还是让发行人反证因果关系的不成立都将是十分困难的。在因果关系几乎不能证明的情况下，相关责任制度的设计也就失去了意义。因此，证券市场虚假陈述侵权行为很难适用传统民法中的相当因果关系理论。

（2）我国虚假陈述侵权责任因果关系的立法实践。我国最高人民法院出台的司法解释对投资者损失与上市公司行为之间因果关系证明的规定借鉴了美国证券民事赔偿制度的欺诈市场理论。《最高人民法院关于审理证券市场因虚假陈述引发的民事赔偿案件的若干规定》（已失效）第 18 条和第 19 条对此进行了规定。这两条规定在借鉴欺诈市场理论的基础上，对因果关系的证明进行了简化处理。原告为证明因果关系的存在，其需要举证的主要内容是其买卖相关证券的日期，这样的规定符合我国股票投资者以中小散户投资者为主的市场现状，对于投资者的保护具有重大的意义。而这也是信息披露制度对传统民法制度所带来的重大变革之一。

（四）虚假陈述侵权导致的损害后果

在证券侵权中，投资者的损害后果为财产损害而不包括非财产损害，因此此处讨论的对象仅限于财产损害。与传统民法侵权行为中的财产损害相比，证券侵权行为中投资者所遭受的财产损害的计算十分复杂。

在证券市场中，影响股票价格的因素非常多，各个股票的价格无时无刻不在波动。因此，很难说正是某个因素直接导致了股票价格的变动。虽然借助欺诈市场理论可以建立起发行人的虚假陈述行为与投资者损失之间责任成立的因果关系。但是发行人同样也可以主张投资者的损失，或者说投资者买卖股票期间股票价格的差价，是由其他因素部分甚至是全部引起的，例如证券市场本身所存在的系统风险等因素。

《最高人民法院关于审理证券市场因虚假陈述引发的民事赔偿案件的若干规定》认可了系统风险等其他因素对投资者损失可能造成的影响。例如，2015 年我国股市发生了异常波动，在此之后，国内各级法院受理了大量涉及市场异常波动期间的虚假陈述民事损害赔偿案件。在这期间的一些典型案例中，人民法院均肯定了 2015 年股市异常波动期间证券市场出现了整体性波动，同时对于系统风险是否存在、系统风险是否造成了投资者全部或部分的损失进行了认定。[1]

---

〔1〕 谢贵春、邹露、武俊桥：“也论虚假陈述民事案件系统风险的认定与扣减——以因果关系证明的回归为讨论中心”，载《证券法苑》2019 年第 1 期。

论共同担保的追偿权

陈欣*

（中国政法大学 北京 100088）

摘　要： 如何适用共同担保追偿权是一道涉及公平、效率、自由等民法基本价值判断的难题，有效解决这个难题首先应当尊重当事人的意思自治，《民法典》第 392 条和《民法典担保制度解释》第 13 条的规定彰显了意思自治精神，这无疑是正确的、合理的。但在实践中，担保人往往没有约定共同担保追偿或约定不明确，因而缺乏有效约定来保障担保人之间的追偿权。

关键词： 共同担保　追偿权　物保人与保证人

一、问题的提出

金融交易总是伴随着风险，建立和规范担保制度是降低金融交易风险、在不确定中寻找确定的重要途径。但是，在连带担保中，承担担保责任的第三人能否就超出其担保份额的部分从其他担保中予以追偿，一直是理论和实践中的重点和难点。这场从物权法时代到民法典时代的争论，一直没有定论。回想我国规范法律担保制度的过程，先后经历了 1995 年的《担保法》（已失效）、2000 年的《最高人民法院关于适用〈中华人民共和国担保法〉若干问题的解释》（已失效，以下简称《担保法解释》）、2007 年的《物权法》（已失效）、2019 年的《全国法院民事审判工作会议纪要》、2020 年的《民法典》和 2021 年的《最高人民法院关于适用〈中华人民共和国民法典〉有关担保制度的解释》（以下简称《民法典担保制度解释》）这一系列法律的调整并逐

---

* 作者简介：陈欣（1994-），女，汉族，四川成都人，中国政法大学同等学力研修班 2022 级学员，研究方向为民商法学。

步完善。

信用是金融世界的基础。保险是随着商品经济的发展而出现的重要民法制度，是保证债权行使的重要手段。建立保障体系对于维护和促进社会主义基本经济制度建设、改善营商环境具有重要作用。它提供了促进金融一体化和贸易的机构，确保了债权人的权利，并减少了麻烦，降低了成本，有利于中小企业融资，保护当事人的合法权益。近几十年来，伴随中小企业的成长和新兴经济体的发展，这些经济实体增加了对融资的需求，并提出了保障投资收益和投资安全两个要求，保障体系的重要性更加凸显。

为了尽可能避免债务人违约的风险，债权人通常需要为债务人提供多种担保组合，其中对债权人来说最可取的是人寿保险和财产保险相结合的模式。连带担保的一个特点是，对被担保人的担保属于债权人的权利范围，而财产担保属于对物权利的类型，二者具有不同的权利特征，涉及面广、案件数量多、复杂性高。首次承担连带保险责任的保险人能否向其他保险人追偿超过其分担责任的部分是实务中反复出现的问题。对此，应明确共同担保人之间的关系，平衡各方利益，进一步完善共同担保制度。

当债权人的权利实现时，债权人的自由选择对保证人之间的利益平衡会产生一定的影响。如果两方关系处理不好，担保人将蒙受巨大损失。在债务人仅针对特定事物提供担保的情况下，信用的实现将受到限制。保证人一旦承担责任，只能向债务人追偿，与保证人之间的责任无关。

共同担保的追偿，是指保证人承担保证责任后有权向主债务人追债，或者要求其他保证人分担。

首先，保证人可以行使追偿权。其次，追偿权只能对不负责任的保证人行使。最后，只能在自己的职责范围内行使。在连带担保中，大多数担保人负责保护债权人的权利。两者在共同担保中的地位相同，都向债务人提供财产，同时还冒着失去财产的风险，一次有效，不可重复。[1]

二、共同担保内部追偿权的证立

（一）对否定说的辩驳

对于共同担保人的追偿权，学术界主要存在两种观点：肯定论和否定论，

---

[1] 贺剑："担保人内部追偿权之向死而生一个法律和经济分析"，载《中外法学》2021年第1期。

妥协论本质上属于否定论。消极的观点是，每个担保人在为贷款人设立担保物时，并不知道其他担保人的存在，所以此时应该做好自行承担担保物责任的所有风险的准备。尽管了解债权人的信用担保要求，但当担保人发现有其他担保人不符合其初始担保的原意时，此担保人便有权要求向其他担保人进行追偿。如果债权人未来无法偿还债务，担保人必须承担所有义务。此外，担保人愿意提供抵押品是因为他们对贷款人的信用和个人信用有足够的信心。担保人往往不认为债务人最终一定要独自偿还债务。[1]另外，债权人与保证人在每份保证协议中，通常会写明："尽管债权人的权利上存在其他保证人，但不影响保证人的优先权责任。"在司法实践中，根据法院的判决，许多法院支持这种解释债权行使程序的"协议"。但是，当单独的担保人与债权人签订单方面担保协议的，"其他债权担保情况下的担保；有几个连带保证人和几个保证人，每个保证人必须承担一定比例的担保"。[2]可见，该协议违反合同隐私，对其他保证人无效。最后，只要保证人意识到需要其他保证人，无论保证成立或承担哪个阶段，保证人都有望与保证人合作，获得利益，避免损害和分担责任，保证不侵犯当事人的自由。

（二）对连带债务说的审思

确定保证人之间是否存在追偿权的关键在于保证人之间是否存在法律关系以及这种法律关系能否成立。在理论界，许多学者以连带债务为理论依据来论证担保人的积累，将各个担保人之间的法律关系描述为连带债务（责任）关系。在共同担保中，各保证人与债权人订立保证合同提供保证，但各保证人所保证的债权人的权利相同，保证的目的也相同。当债权人无力偿付时，行使债权人的选择权可被视为担保物。[3]

（三）代位权的解释路径

追偿权是指财产交付给他人后追回的权利。最常见的是两种追偿方式：第一种方式是一个共同债务人或两个或两个以上债权人共同对债权人的权利负责。例如，集体收藏；集体催收和集体催收权是收取集体债务的一部分及其超出部分的权利。第二种方式是保证人偿清债务后，保证人享有清偿权和

---

〔1〕 崔建远："论保证规则的变化"，载《中州学刊》2021 年第 1 期。
〔2〕 贺剑："担保人内部追偿权之向死而生：一个法律和经济分析"，载《中外法学》2021 年第 1 期。
〔3〕 杨代雄："《民法典》共同担保人相互追偿权解释论"，载《法学》2021 年第 5 期。

追偿权，这意味着保证人有权偿还债务人的债务；获得追偿权，债权人有权向债务人追偿。原因是在担保中，担保人无法从债务人那里收回担保。

三、共同担保追偿权的制度设计

（一）肯定共同担保人间的追偿权

共同担保制度的具体设计应平衡各方利益。考虑到制度的经济性和效率，保证人对保护债权人的贡献，应充分考虑其权益。共同担保属于私法范畴，必须充分保障当事人的意思自治，尊重当事人的自由意志。在存在多个共同担保人的情况下，如果债权人对执行规则有约定，则通常按照约定。赔偿协议的具体规则包括以下三点：保证人可以明示同意相互追偿的权利和各保证人各自的份额作为计算相互赔偿的依据，部分连带保证和单独保证包括：《民法典担保制度解释》关于提供恢复条件的规定。只有保证人有权向债务人追偿，否则债务人无法追偿。如果当事人没有约定或者约定不明确，虽然《民法典担保制度解释》对相互追偿的条款进行了严格限制。在实践中，确保交易和管理债权人会议是困难的。

（二）担保人追偿顺序的行使

对于承担恢复过程担保责任的担保人，"限制令论"规定，承担保证人责任的保证人只有在不能向债务人收取债权的情况下，才能要求其他担保人还款。原因是：一方面，担保人先承担担保人的责任，再向其他担保人索要份额，最后将自己从债务人身边逐出，程序复杂不经济，使用"有序约束"有利于简化法律关系。这是合适的。另一方面，它为担保人的理赔提供了一定的保障。《担保法解释》第 13 条的规定在一定程度上支持了限令论，这在一定程度上符合立法机关禁止同担保人之间无意联系追偿的习惯性权利。[1]

实践中，保证人难以向债务人追偿。否则，债权人将直接要求主债务人清偿债务，担保人承担担保责任。问题虽然简单，但不方便担保人对担保人行使追偿权。当然，担保人有权选择一家偿债能力强、超过其在抵押债务份额中的公司。再者，担保人追偿权的核心是平衡当事人之间的利益分配，不必对担保人追偿权的行使设置多重障碍。

---

[1] 齐恩平、宋子琪："混合共同担保人内部追偿权之制度检视——基于债务人信用的视角"，载《学术交流》2021 年第 10 期。

四、结论

共同担保作为社会经济生活中的一种重要担保形式，随着商品经营和社会的发展，变得越来越重要。学术上关于共同担保制度的讨论主要涉及两个方面：一方面，必须明确同为担保人的上诉问题，即理论和司法实践的难点和重点，以及冲突等问题。具体而言，厘清双方纠纷是完善连带担保制度的基础。连带责任的划分问题确立了人寿保险与财产保险的平等原则；核心是连带责任人就债权的实现达成一致。如果不能达成协议，法律会优先考虑债权人，所要达到的担保水平理论上争议较小，但一些细节仍有待澄清。另一方面，连带担保人的使用是学术和法律研究的难点，关系各方利益的平衡、法律关系的复杂性和法律规定的适用冲突。

浅析未成年人犯罪的法律体系建设

陈鑫[*]

（中国政法大学 北京 100088）

摘　要： 随着社会的快速发展，未成年人犯罪呈现出了明显的低龄化特征。由于未成年人在身心并未达到成熟状态，处理未成年人案件时需更加注重对于未成年人的教育、感化以及合法权益的保障。为预防未成年人犯罪，保障未成年人权益，我国制定了相关法律法规。但从司法实践效果来看，仍然存在着一些问题。本文通过对我国未成年人刑事诉讼制度的研究分析，针对立法、司法、制度三个层面的问题，提出相应的完善建议。

关键词： 未成年人犯罪　立法　司法

一、未成年人犯罪的现状

近年来的未成年人犯罪趋于低龄化、故意犯罪。2019 年的"大连男孩奸杀女童案"、2020 年"朗溪 13 岁男孩杀害堂妹案"，这些恶性案件屡屡见报，引发了人们对于犯罪低龄化的广泛讨论，《刑法修正案（十一）》亦将最低刑事责任年龄向下调整至 12 周岁。这些都昭示着犯罪低龄化现象已经引起了社会的重视。未成年人是一个民族的未来，对这一群体的犯罪行为我们应给予高度重视。根据最高人民检察院发布的《未成年人检察工作白皮书（2021）》数据显示，未满 16 周岁被起诉的未成年人案件占比在 2018 年和 2019 年分别约为 9%、10%。2021 年平均未满 16 周岁的初中生在未成年人犯罪案件中占比甚至高达 68.1%。这些数据无一不说明了年龄较小的未成年人的犯

---

* 作者简介：陈鑫（1993-），男，汉族，甘肃定西人，中国政法大学同等学力研修班 2022 级学员，研究方向为刑法学。

罪概率正在上升。[1]

网络高度发达的今天，未成年人有各种便捷的条件接触到各种各样的信息和人，年纪越小的未成年人明辨是非的能力相对较弱，容易受到环境及亲友的影响。[2]同时，相较于成年人而言，低龄的未成年人更容易被感化、教育、塑造，未来更具可期待性。

二、我国未成年犯罪法律体系存在的问题

（一）立法层面——缺少独立法典

目前我国未成年刑事诉讼制度规定于《刑事诉讼法》中，且内容主要是附条件不起诉、封存记录等制度，而对于心理疏导、法律普及、帮教等亟须立法予以明确的内容鲜有涉及，同时，对于如何具体在诉讼过程中适用各项制度规定不够全面。[3]虽然《未成年人保护法》《预防未成年人犯罪法》也为保护未成年人提供法律保障，但上述这些法律法规的很多规定相对笼统。由于对未成年人犯罪的治理，无论是从国家发展、社会政策、法律程序层面都应当具备与治理成年人犯罪不同的独立体系，其治理应更加注重的是对未成年人的保护、矫正、教育，而非惩戒、报复，对应的原则和规则的设置也不尽相同，因此需要独立成典。

（二）司法层面——少年法庭难以满足诉讼需求

我国少年法庭是设立在基层人民法院内部的只负责未成年人刑事案件的法庭，并不是单独存在的法院。实务中成年人刑事案件比未成年人刑事案件数量多，这就导致有些时候少年法庭的法官也需要审理成年人刑事案件，会分散注意力。并且在司法实践中由于没有统一的标准，不同法院对少年法庭的设置可能不同，容易造成混乱。此外，未成年人刑事案件需要进行社会调查，仅仅依靠少年法庭的工作人员进行这项工作可能会导致司法质量的降低。[4]

（三）制度层面——附条件起诉制度不完善

刑罚作为保障社会安稳的一种手段，虽然能够在一定程度上减少犯罪的

---

〔1〕 参见最高人民检察院发布的《未成年人检察工作白皮书（2021）》。

〔2〕 参见邬雨岑：“犯罪低龄化的原因及其预防”，载《犯罪与改造研究》2020年第4期。

〔3〕 参见邱子芮：“未成年人犯罪低龄化趋势分析与法律的完善”，载《现代交际》2020年第14期。

〔4〕 参见徐淏馨：“未成年人刑事司法保护制度的思考”，载《法制博览》2019年第3期。

发生，但对于一些较轻的罪行若是一味地惩罚，可能会导致逆反情绪。有条件地选择不起诉适应当前未成年人身心发展过程，能够帮助其去除犯罪标签，司法资源也能被更合理地配置。未成年人走上犯罪的诱因很多，实践中最主要的是长辈监管力度不足，且未成年人自身明辨是非的能力不足，容易被有害信息影响。附条件不起诉制度针对未成年人容易被教化这一特点而诞生，有利于加速其改正错误，回归社会。

目前，我国《刑事诉讼法》为未成年人保护配备了附条件不起诉制度，然而该制度的实践贯彻并不到位。其一，该制度的适用条件十分严格，仅适用于有期徒刑1年以下的侵犯人身权利、财产权利及妨害社会管理秩序的三类较为轻微的犯罪，但现实生活当中，未成年人犯罪案件类型越来越多样化，这就导致了实务当中难以真正适用附条件不起诉制度，其作用难以被真正发挥。[1]其二，为了更好地教育和帮助未成年人，我国设立了附条件不起诉制度，但《刑事诉讼法》目前只规定了监护人有管教的职责，对于其他的社会机构，比如学校、教育机构等则没有明确规定其义务。然而，对未成年人的管教只单纯依赖监护人是远远不足的，相应适配附条件不起诉制度的措施也应及时改进，以使附条件不起诉制度的作用得到最大程度的发挥。

三、我国未成年人犯罪法律体系的完善建议

（一）制定专门法典

我们可以借鉴外国，制定一部专门的只适用于未成年人的刑事诉讼法典，将"教育为主，惩罚为辅"的原则贯穿全法典，同时将保护未成年人隐私、未成年人利益最大化两项作为原则加入法典予以明确，坚持审判不公开和限制逮捕原则，从而达到保护未成年人利益的目的。明确各项诉讼权利的具体适用规则，细化各项程序的起始条件和限制范围，要求指派的律师要覆盖诉讼全过程，保证未成年人获得法律援助。将犯罪记录封存、附条件不起诉、社会调查等主要制度加以进一步的改善，使得未成年刑事诉讼制度更加详细化、具体化、合理化以适应我国未成年犯罪低龄化趋势。

（二）建立独立的少年法院

可以优先考虑在市一级的行政区域内设置少年法院作为一审法院，在组

---

〔1〕 参见刘凡镇："未成年人犯罪刑事诉讼权利保护问题浅析"，载《中共济南市委党校学报》2019年第3期。

成人员上优先考虑有教育学、心理学背景的法官及审判人员，必要时可以选取教师、心理学专家、教育学专家以及未成年人居住地的居委会成员等与未成年人息息相关的人员作为陪审人员。他们不仅要负责恰当的定罪量刑，在服刑期间以及释放后的一段时期，还应当定期派出代表对未成年人进行引导、教育，帮助其改正，实现人生价值。在设置少年法院的时候还应当考虑当地的经济水平、人口数量以及未成年人案件的占比。可以先在我国经济发达的北京、上海、广州等地建立试点，根据实践效果进行调整完善。

（三）完善附条件不起诉制度

本文认为，除了主观恶性较强的故意杀人、强奸、危害国家安全等罪，像危险驾驶罪、扰乱公共秩序罪等社会危害性相对而言较低的罪名都可以考虑纳入适用范围。另外，结合刑法分则的量刑幅度来看，3年有期徒刑为一个分水岭，低于该标准的通常被认为是轻罪，相反则认为是重罪。因此，将适用的刑罚幅度扩大为3年有期徒刑以下刑罚相较而言会更加合理。

检察机关在对未成年人的行为表现进行考察期间，如何更好地感化和教育未成年人是重点任务。首先，检察机关作为唯一考察主体，应当考虑到未成年人教育惩治的规律，针对性地制定独一无二的帮教方案，结合案件的具体危害程度以及未成年人犯罪行为的特点开展帮教工作。其次，在帮教过程中不能过于死板，要学会动态评估，根据具体情况调整帮教的方案，对于过程中发生的特殊情形要及时关注，及时干预，对再犯风险要敏感察觉，及时帮助矫正错误行为和思想。此外，还可以通过进行心理辅导、法律普及、社会帮助、调整期限、建立一定的奖惩机制等多种形式帮助涉案未成年人及时矫正错误认知，以期积极鼓励未成年人接受教育改造，以更好的面貌回归社会。

有限公司股东清算责任研究

冯毅*

（中国政法大学 北京 100088）

摘　要： 有限责任公司在注销时，虽然已完成市场监督部门的相关手续，但其债务是否已实际清偿并未可知。公司注销后，一方面债权人维权难度增加，另一方面由于未就股东的清算责任进行区分，导致在权衡收益与风险后，部分资金不再投入公司中，也将对市场经济的有序发展产生不利影响。本文从问题的提出入手，就不同情形下股东清算责任的法律依据进行分析，并就当前股东清算责任的问题提出完善建议，希望使清算中的股东责任更加明确，从而更好地促进市场经济的良性发展，并解决"僵尸公司"的现实难题。

关键词： 公司注销　未清偿债务　责任承担

一、问题的提出

伴随着经济快速发展，公司设立条件进一步简化等便利条件，我国新注册的公司数量快速、大量增加，这些公司的蓬勃发展为我国的经济整体迅速发展注入了新鲜血液。然而，也有大量的公司因自身经营无法适应市场的激烈竞争，经济效益不高，不得不清算注销，如此类公司未有序退出市场，将影响市场的和谐稳定，最终将有碍市场经济的健康发展，也会给经济发展带来不可预估的负面影响。

未经清算，公司不能终止，其目的是实现对债权人利益、股东利益和社

---

*　作者简介：冯毅（1988-），女，汉族，天津人，中国政法大学同等学力研修班 2022 级学员，研究方向为经济法学。

会秩序的有效保护。[1]现实生活中有限责任公司股东在采用清算的方式注销公司时，市场监督部门一般仅对注销材料进行形式审查，这就导致实践中股东利用清算方式注销公司恶意规避债务的现象屡有发生。在此种情况下，债权人主张债权时往往因公司已注销从而无法进行有效的仲裁或诉讼，即使可以再主张由未履行清算义务的股东承担责任，也往往因为时间长、影响因素多、公司财产已分配完毕等导致债权无法得到实现。[2]如公司注销后，任由遗漏债权债务消灭而不提供任何司法救济，公司的注销制度将沦为股东逃避债务、侵害合法权益的挡箭牌，大大增加了道德风险。[3]

因此，必须完善有限公司注销后股东就未清偿债务的责任承担制度，并就不同种类的股东及其承担的责任属性、责任范围进行区分，从而更好地保障债权人因公司未依法清算注销导致的债权无法实现的现实权利；同时就不同种类的股东进行责任属性及责任范围的区分也会对清算事务的稳步推进及市场秩序的有序发展起到双重促进的保障作用。

二、当前有限公司股东清算责任的法律分析

在目前追究股东清算责任的案件中，一般会区分股东未清算的责任以及股东在清算中未通知债权人的责任，两类责任适用的法条也不一样，因此也要就有限公司股东清算责任的不同类型找出对应的法律依据。

（一）股东未清算的法律责任

《公司法》第183条、第189条作为股东未清算的责任依据，首先，可以看出有限公司的全体股东是清算组的成员，且未对清算组中的不同类型股东进行区分，即实际经营公司的控股股东和未参与经营的小股东都是清算组的成员；其次，可以得出实际经营公司的控股股东和未参与经营的小股东都需要对公司消极的不作为行为承担清算赔偿责任，并就不履行清算义务导致公司无法清算时，对公司债务承担连带清偿责任。

（二）股东已清算但未通知债权人的法律责任

《最高人民法院关于适用〈中华人民共和国公司法〉若干问题的规定

---

[1] 王刚："公司的注销与清算责任"，载《新疆警官高等专科学校学报》2004年第2期。

[2] 李巧毅："论公司注销后股东对债权人的民事责任"，载《广东工业大学学报（社会科学版）》2009年第2期。

[3] 柳龙超："公司注销中清算赔偿责任的司法审查"，载《人民司法》2010年第2期。

（二）》第 11 条作为股东已清算但未通知债权人的责任依据，应理解为清算组书面通知已知债权人并进行公告是清算组应尽的义务。股东作为清算义务人对债权人实际损失承担的赔偿责任应认定为侵权责任，股东的赔偿责任既不受股东有限责任制度的保护，也不应以股东在公司清算中获得的剩余财产为限。公司注销后只是其法人资格消灭，并不意味着公司对外债务也随之消灭，此时股东仍具有清偿义务，如股东在清算时欲不承担法律责任逃避债务或者企图通过恶意注销方式侵占公司剩余财产的，需要对公司债务承担无限连带责任。此种情况下，即使股东未因公司注销而获得任何利益，因股东未依法履行清算的法定职责，同样需要对公司债务承担无限连带责任。

根据前文就不同情形下有限公司股东清算责任范围的分析可以得出如下结论：有限公司股东作为清算组成员，无论是未清算就注销还是清算时未通知到债权人以及在公司注销登记时是否就公司剩余财产进行了分配，所有股东均应对公司债务承担无限连带责任，并不需要对股东进行区分，即控制经营管理的大股东与未参与经营的小股东在公司注销责任承担这个问题上承担的责任是同等的。控制经营管理的大股东并没有因其日常对公司的经营主导承担更多的责任，而未参与经营的小股东也并没有因其小股东的身份而豁免公司部分债务。此时未参与经营的小股东在清算责任中的较重义务与其对公司责任承担的预期将出现较大出入，那么未参与经营的小股东的清算责任是否过重以及是否合理成为关键问题。

三、有限公司股东清算责任的问题与完善

有限公司是一种人合性与资合性结合得比较充分的公司类型，人合性强调股东之间因为信任达到一种紧密关系，并赋予股东可以在法律允许的前提下通过公司章程的形式就相关问题另行约定的权利，股东信赖尤为重要；资合性强调股东向公司出资并以出资额为限对公司负责，资本信用尤为重要，这两种信用的结合是有限公司的类型优势。但与此同时，人合性与资合性的矛盾是不可避免的，体现在如下几点：首先，当公司发展到一定规模时，既要维持资本的充实与确定，又要兼顾股东自身之间的关系，从长远看难免无法恰当平衡；其次，因有限公司股东以其出资为限对公司债务承担有限责任，有限公司的股东人数相对较少，不具有股份公司较强开放性的特点，因此股东之间容易出现凭借彼此信赖的关系串通或者某一股东利用该信赖关系或优

势地位对其他股东进行欺诈的现象，侵犯其他股东和债权人的利益。

控制经营的大股东恶意注销公司，并对公司债务等情况进行虚假陈述，小股东因其本身未参与公司经营管理，对公司经营、负债等情况并不熟知，基于对大股东的信任通过了注销公司的决议。此时小股东作为清算组成员，需要就公司债务承担与大股东同等的连带责任，但在此种情况下，小股东的责任风险与投资风险相比，因涉及了公司经营情况这个不确定因素，其在公司注销时承担的无限连带责任与对公司债务在出资范围内承担有限责任极不匹配的情况就较突出地展现出来，虽然法律赋予了小股东对清算中不承担责任相关事由进行抗辩的权利，但在实际中抗辩提供证据的证据能力及证明力有待研究。在这种情况下，在保障债权人权益的基础上对小股东承担的清算责任进行调整和限制，可以更好地吸收资本，使更多的资本愿意进入到公司领域从而盘活整体经济，也可以有效改善目前"僵尸公司"大量存在的现状。如何区分有限公司清算中股东的责任以及如何调整和限制小股东承担清算责任，可以考虑如下几种解决方案：

（一）设立公司清算保障金制度

为解决有限公司注销后债权人无法得到清偿的情况，可以设立清算保障金制度。为防止各股东在注销阶段互相推诿，可按照股东认缴出资比例的10%这一客观标准要求股东在注销时向市场监督部门缴纳注销保障金。该笔费用一方面用于清偿注销后仍未得到清偿的债权人的债权；另一方面也可用于清偿在注销时不易被发现的公司侵权行为造成的债权人损失，如环境侵权案件需要较长的时间才能发现侵权后果。自公司注销之日起3年后，清算保障金仍有剩余的，市场监督部门将剩余款项返还给各股东。该制度不仅为公司剩余债务的清偿提供了费用保障，同时也对不同股东的责任进行了区分，使责任承担范围更为合理。

（二）视条件启动"注销恢复"制度

在设立清算保障金制度的基础上，如果经调查发现各股东通过注销公司的方式逃避债务情节恶劣的，或者该逃避债务的行为造成严重社会负面影响的，可以启动"注销恢复"制度，由市场监督部门对注销予以撤销，使公司重新恢复法人资格，将各纠纷恢复到注销前的状态，从而便于债权人维权，也使纠纷处于更明确的关系中。

通过上述方案，不仅更大限度地保障了债权人的权益，使债权人有分配到更多款项的可能；同时对公司注销中不同类型股东的责任进行了区分，更好地解决了清算责任中各股东相互推诿的情况，另外对小股东的清算责任进行调整，在收益与风险匹配的前提下，使得更多的资本愿意投入市场，从而盘活整体经济。

股权激励制度法律问题研究

郭蕊*

（中国政法大学 北京 100088）

摘　要： 股权激励作为一种长期激励制度，有助于公司长期挽留公司人才，因其取得的正向激励效果，在短时间内便得到了广泛的发展。但我国资本市场发展较晚，法律制度建设有待完善，在实际操作中仍然存在一些问题。随着市场经济的发展，我国需要不断地建立健全相关法律制度，从而使资本市场有法可依，规范上市公司治理，促进股权激励的健康发展。

关键词： 股权激励　公司治理

一、股权激励的缘由及我国现状

股权激励是指公司建立的一种可以将公司发展与员工利益绑定的激励机制，该激励制度在某种程度上既可以缓解公司的部分资金压力，也可以将员工与公司进行深入绑定，从而达到"荣辱与共、风险共担"的效果，提高员工的积极性和归属感，有利于公司的长远发展。经营者激励与约束机制有多种形式，而理论和实践证明，股权激励制度是一种相对有效的方法。[1]

支持股权激励最早起源于中国的学者普遍认为，股权激励起源于中国晋商的身股制度，认为其非常接近现代股权激励概念，在激励和约束商帮成员方面发挥了巨大作用。

---

* 作者简介：郭蕊（1986-），女，汉族，河北唐山人，中国政法大学同等学力研修班 2022 级学员，研究方向为经济法学。

[1] 孙堂港、强培："股权激励的机理及理论溯源研究"，载《江苏商论》2010 年第 4 期。

现代股权激励机制目前被公认起源于20世纪50年代的美国。[1]1952年，美国菲泽尔公司（又名美国辉瑞制药）设计并推出了世界上第一个股票期权计划，但令人意想不到的是最早的股权激励的起因却并非为了提高企业竞争力与留住人才，而是当时美国个人所得税太高，极大地打击了管理者的积极性，为了避免公司高管的薪酬被征收高额所得税，菲泽尔公司多方寻求合理的避税手段，于是推出了股权激励机制，但实践证明激励效果明显大于避税效果。

我国与西方的一些国家相比，股权激励计划实施较晚，当时股权激励方面的相关政策也并不完备。我国现代股权激励的发展始于1993年，万科首先聘请香港律师实施了股权激励，万科发展到现在历经了四次股权激励计划，有挫折也有成功，积累了丰富的经验。中间虽颁行过一些制度试图促进股权激励的实行，但一直不够完善。终于经过资本市场的一系列的探索，我国于2005年颁布了《上市公司股权激励计划管理办法（试行）》，自此我国上市公司实施股权激励有了法律依据。[2]2006年2月，财政部发布了《企业会计准则第11号——股份支付》，这是针对我国股份支付会计实务发展而新增的一项具体准则。随后各部门为了支持和发展股权激励，出台了一系列政策，包括2014年6月发布的《关于上市公司实施员工持股计划试点的指导意见》、2022年1月发布的《深圳证券交易所上市公司自律监管指引第1号—主板上市公司规范运作》等一系列法律法规及交易所指引等文件，这些相关法规政策的完善，推动了股权激励的进一步发展，同时也标志着我国的股权激励机制正式建立。

近年来，A股市场每年公告的股权激励计划数量整体呈缓慢增长态势。相比2017年至2020年每年500个左右的公告数量，2021年A股市场公告的股权激励计划数量出现明显井喷，从2020年的502个上升到911个，上升了81.47%。

二、我国股权激励存在的问题

虽然股权激励具有可以激发员工的积极性，助其实现自身价值，吸引和留住高素质管理和科研人才，有效提高员工对公司的忠诚度等优点，但是我

---

[1] 薛孝东：“股权激励的法律适用与实施”，载《法制与社会》2020年第6期。
[2] 袁丰：“《企业会计准则第11号——股份支付》解析”，载《财会月刊》2006年第19期。

国资本市场发展不够成熟，相关法治建设不够完善，依然存在一系列问题。

（一）法律制度不够健全

《上市公司股权激励管理办法》第 23 条第 1 款规定，限制性股票的授予价格不得低于股票票面金额，且原则上不得低于"股权激励计划草案公布前 1 个交易日的公司股票交易均价的 50%；股权激励计划草案公布前 20 个交易日、60 个交易日或者 120 个交易日的公司股票交易均价之一的 50%"两者中的较高者。采用其他方法确定限制性股票授予价格的，应当在股权激励计划中对定价依据及定价方式作出说明。虽然法律规定了基本授予价格的拟定，但是仍然有"例外"条款，这导致有些上市公司在实际操作中，出现了低价授予甚至票面金额授予的情况，这种操作虽可极大鼓舞被激励对象的工作热情，但却可能在一定程度上有损上市公司本身及其股东的利益，因上市公司需考虑激励成本以及未来所得。如此低价授予，难免让各方质疑是否存在利益输送。

（二）股权激励方案设计不合理、税费沉重

股权激励方案如在设计中未充分考虑到公司的发展前景及行业特性，极有可能导致最后无法实际实施。股权激励方案最核心的问题就是进入机制、考核机制与退出机制。由于错误认识企业的发展情况，会导致股权激励方案设计不合理，加上行权时产生的各种税费，有些被激励对象甚至出现亏钱的情况，我国在股权激励方面的税收政策尚不够完善和稳定，且并未表现出明显的倾斜政策，以上原因导致有些上市公司的股权激励最终虎头蛇尾，无法落地。

根据国家统计局数据显示，2018 年 A 股有 399 家上市公司共计公告 409 个股权激励计划，而 2018 年全年共有 124 家 A 股上市公司宣布终止实施股权激励计划，终止的比例高达 31.08%。

（三）公司治理不够完善

由于个人利益驱使，股权激励不仅会提升高级管理人员的工作热情和积极性，可能也会诱使其通过操纵公司内幕信息、低买高卖的方式获得高收益。因为我国资本市场发展较晚，在股权激励的应用上，公司法与证券法都稍显不足，有时候存在人为操作股市的情况，在股权激励管制、方案设计、配套措施等方面尚存不足，约束监督机制偏弱。

三、解决措施

（一）完善相关法律制度

随着我国资本市场的逐步完善和实践，需要不断完善《公司法》《证券法》及各单行法律制度，以避免有些上市公司利用其法律漏洞或者对某些条款进行扩大化的解释，从而造成中小投资者的损失。另外，需不断完善相关监管部门的职能，增强监管力度，加大上市公司或者其董监高的试错成本。

（二）提高方案设计水平、完善相关税法

在股权激励方案的设计上，要不断结合行业的发展情况和公司的发展前景，合理地设置考核机制，从源头上避免其可能出现的无法落地的情况。另外，股权激励行权时各种税费沉重，需要不断完善相关税法，从税收方面加大对股权激励制度的支持，如股权激励想要达到预期的效果，相应的税法优惠的推动是必不可少的。

（三）健全公司治理结构

上市公司是公众公司也是关系到广大中小投资者利益的公司，其必须结合相关法律制度不断建立健全公司的治理结构，确保财务的真实性和信息披露的透明性，在进行市值管理的过程中，应遵守《公司法》及其相关法律法规，自觉接受国家有关部门的监督，避免违规操作，保证公司合规发展，促进资本市场健康成长，确保股权激励制度可以真正地促使公司高管及被激励对象通过努力工作而驱动公司业绩，从而提升公司的整体价值。

我国的股权激励一直处于不断的发展与探索阶段，为探索适合中国特色的股权激励制度，国家也通过出台一系列的政策来引导企业作出适合自己的股权激励工具，从 2010 年开始股权激励案例数不断上升，在 2015 年取消证监会备案以及 2016 年《上市公司股权激励管理办法》正式出台的背景下，2017 年开始呈现爆发式增长。尽管我国法律法规在鼓励股权激励方面做了有益的尝试和一定程度的政策放宽，但是探索保障股权激励的成熟的法律制度仍然是一项艰巨的任务。期待着我国在实践中不断完善股权激励制度，由法律来保障我国社会主义市场经济在股权激励方面的稳定快速发展。

"一带一路"企业海外投资的法律风险

韩潇*

（中国政法大学 北京 100080）

摘　要：2013 年，中国开创性地提出了"一带一路"的伟大倡议，倡议沿线各国在该倡议的建设过程中均获得了可观的收益。然而，有利益就会有冲突，有收益必然有风险，法律风险在企业投资过程中尤为突出。法律风险不解决，企业无论是"走出去"还是"引进来"都会矛盾重重，"一带一路"建设也难以达到预期的目标。为企业提供充足的法律保障构建安全的投资平台是化解法律风险的首选之策，法律保障就是要建立一个规则体系，企业在该规则体系下公平有序地竞争。"一带一路"伟大倡议必须增强规则制定能力，应以平衡保护投资企业与东道国利益为前提对投资规则重新审视与修订。

关键词："一带一路"　海外投资　法律风险

一、"一带一路"建设中的企业海外投资及其法律风险

（一）"一带一路"背景下企业"走出去"和"引进来"的现状

1. 企业"走出去"的现状

中国制造业在全球所占比重超过 20%，一些行业产能严重过剩，中国企业"走出去"是中国经济进一步发展的必然选择。在此背景下，中国提出"一带一路"倡议，中国企业"走出去"的步伐进一步加快加大，截至 2019 年，中国企业向"一带一路"沿线国家的投资已经累计超过 1000 亿美元。"一带一路"作为跨境倡议，近几年因疫情原因受到很大影响，面临很大挑

---

　*　作者简介：韩潇（1994-），女，汉族，山东青岛人，中国政法大学同等学力研修班 2022 级学员，研究方向为经济法学。

战。2022年1月1日，《区域全面经济伙伴关系协定》（RCEP）生效实施，这有助于"一带一路"倡议克服疫情影响，将赋能贸易，促进亚太地区经济增长。[1]商务部数据显示，2022年1~5月，我国企业在"一带一路"沿线国家非金融类直接投资527.1亿元人民币，同比增长9.4%（折合81.9亿美元，同比增长10.2%），占同期总额的18.4%，较上年同期上升了1.2%。我国企业跨国投资虽取得了长足进步，但仍存在着挑战和风险。

2. 外资企业"引进来"的现状

中国从20世纪80年代实行改革开放的基本国策以来，吸引外资便成为其中的一项重要内容和任务。2013年以来，我国已分批次设立21个自由贸易试验区，建设海南自由贸易港，形成了东西南北中协调、陆海统筹的开放新态势。2021年我国实际使用外资达到1.15万亿元人民币，在全球吸收外资的数量的东道国排名中持续保持第二，仅次于美国，有力地验证了中国的大门不会关闭，只会越开越大。将外国投资企业"引进来"是一方面，能将"引进来"的外资企业想办法留住才是关键，而留得住的一个重要法宝就是盈利。如今全球经济风云变幻，在国际金融危机带来巨大挑战的大背景下，来华投资的盈利企业占比在逐年增加，充分反映了中国这个规模巨大的市场的投资环境在不断优化，其中一部分原因得益于"一带一路"伟大倡议的提出。

（二）企业海外投资的法律风险

1. 投资母国企业的法律风险

"一带一路"建设横跨亚欧非大陆，沿线涉及60多个国家和地区，[2]世界上五大法系均涵盖其中，沿线国家的法治建设水平和法律文化背景存在较大差距。越是整体比较发达的国家，对于法律法规的制定能力越强，其法律法规也就越健全，但是"一带一路"沿线国家多为新兴经济体和发展中国家，系统制定法律法规的能力较差，加上政局动荡等问题，法律法规变动频繁，因此法律环境较差，法律风险问题较为突出。

2. 投资东道国的法律风险

随着我国经济的发展和国情的变化，传统的"超国民待遇"优惠政策所

---

[1] 商务部："2022年前5月我国对'一带一路'沿线国家投资合作情况"，载 https://www.yidaiyilu.gov.cn/jcsj/zgsj/dwdz/261678.htm，最后访问日期：2022年7月16日。

[2] 李玉璧、王兰："'一带一路'建设中的法律风险识别及应对策略"，载《国家行政学院学报》2017年第2期。

带来的问题不断凸显。国内劳动力成本飙升以及环境保护方面法律政策的不断提高和完善，部分以中国为加工工厂的出口型外资企业面对生产成本增加和环保标准提高，选择将工厂转移至生产成本更低的欠发达国家，对此我国面临着资本外流的风险。

另外，随着中国近几年的发展壮大，国内储备和外汇储备都已相当充足，满足投资不存在问题，无需高代价的优惠政策引进外资，因此优惠的法律政策逐渐被取消，针对外资法律政策的改革朝着国民待遇方向发展，对于只想分得"超国民待遇"一杯羹的外资企业存在着严重的逃离风险，在"一带一路"倡议的大背景下，中国应重新规划吸引外资企业的筹码与引进外资的类型。我国在经过了 30 多年的高速发展之后，正面临着国民经济的转型升级，因此我们应规划有针对性的法律政策将准备撤资的优质外资企业"留下来"，将准备投资并促进我国产业升级的外资企业"引进来"。

二、企业海外投资法律保障的现状和不足

（一）企业海外投资法律保障现状

习近平总书记指出，各国应该通过"参与全球治理和公共产品供给"为"一带一路"建设构建法律保障体系。[1]沿线国家多为发展中国家，经济相对不发达，法制不够健全，社会存在一定的不稳定性，有的国家政府动员、协调社会资源的能力有限，很多项目在协调沟通方面效率低、程序乱、成本高。在这一特定场域中，无论是司法救济的共享度，还是法律规范的衔接性，抑或法律制度的协调性均处于相对落后的水平，成为"一带一路"倡议合作发展模式的风险与挑战。通过法律规范来协调投资双方的利益关系、整合彼此的价值冲突，防范不必要的法律风险成为我们当下研究的重要课题。

（二）企业海外投资法律保障的不足

"一带一路"是新的时代背景下国家的顶层倡议，是造福沿线各国的大计，同时海外投资又是"一带一路"倡议下的重要举措，应给予尽可能多的法律支持。在"一带一路"建设的探索过程中我们提出了相关的纲领和政策，但却缺少系统的法律保障体系。"一带一路"是开放的平台，海外投资是跨国贸易，这就使得法律保护存在多样性，难以形成系统的法律保障机制，因此

---

〔1〕 李雅云："'一带一路'投资风险的法治防控"，载《治理现代化研究》2018 年第 4 期。

当下我国海外投资国内法保护机制和国际法保护机制都存在不足。

1. 企业海外投资保障国内法方面的不足

对于"一带一路"倡议下的企业海外投资，国内法律保障体系十分不健全，无法应对投资过程中面临的各种法律风险，阻碍了"一带一路"的深入发展。从现有法律规定来看，我国针对海外投资的法律政策大多以原则性规定为主，缺乏细则性的保护措施，在具体的实践操作中面对海外投资风险时难以全身而退。

2. 企业海外投资国际法保障的不足

"一带一路"倡议和海外投资都具有国际性，因此需要借助国际法和国际条约加以规范和保护，改革开放以来我国签订了大量的多边条约和双边协定，但"一带一路"倡议是在新形势下提出的，之前签订的条约和协定存在一定的滞后性，缺陷也日益突出。

自从"一带一路"倡议提出后，中国企业到海外投资项目的数量在突飞猛进地增长，同时面临和遭遇的法律风险也在与日俱增，正如上文所述当我国企业在海外投资过程中因遭遇法律风险而使利益受到损失时，惯用的方法是我国政府与投资东道国政府进行磋商，很少运用双方政府先前达成的双边保护协定，并且我国签订的双边保护协定的大部分内容以原则性规定为主，对于具体的问题缺乏可操作性。

国际经济规则对"一带一路"区域性投资具有一定的借鉴作用，但是国际经济规则的缔约国中沿线国家的数量很少，而且这些规则大都是由发达国家参与并针对发达国家发展情况制定的，没考虑到发展中国家的国情和利益诉求，所以直接适用会出现水土不服的现象。

三、企业海外投资法律保障体系的完善

同之前的经济规划相比，"一带一路"倡议更加新颖，战略目标更加明确并且契合当下的经济环境，在整个规划建设过程中，需要沿线各国共同努力，强调"战略共建"。同时中国并非想构建自己独嗅的"后花园"，而是建设成各国共赏的"百花园"，是参与国家共同出力构建的发展利益及责任共同体。但是由于"一带一路"倡议沿线各个国家的法律环境大相径庭，给"一带一路"倡议的实施增添了许多潜在的法律风险。在处理这些风险时，健全的法律保障体系能够提高海外投资交易的可预见性，降低交易成本，合理的设定投资者权利、义务和责任，最大限度地保障法律风险得到妥善处理。

企业海外投资活动受东道国法、投资母国法，相关的国际规则，多边条约、双边条约以及投资双方签订的大量合同的同时调整和支配。整个企业海外投资活动就是在这三个法律框架体系内运行的，因此，想要健全和完善为"一带一路"倡议背景下的企业海外投资保驾护航的法律保障体系，必须完善这三个法律框架。

试论我国死刑制度的基本立场

何婧媛*

（中国政法大学 北京 100088）

摘　要：死刑是刑罚手段之一，是行刑者根据其所具有的法律赋予其的权力而依据法律法规的要求和规定结束犯人的生命。本文介绍了死刑制度的存废之争，当今世界上对于死刑制度存废的争议，我国对待死刑制度的立场以及该如何完善我国的死刑制度。本文将通过研究和分析国内外死刑相关制度和案例，了解其内在意义，在结合我国国情的情况下，更好地得出死刑制度对于我国的优劣点。

关键词：死刑　存在　废止　限制

一、死刑制度

死刑，是目前世界上最古老的刑罚之一，它主要是指一个行刑者基于一般的刑事法律所赋予其的司法权力，去结束一个犯人的所有权利和生命。在一定程度上，死刑制度是人类社会发展到一定阶段的特征。

（一）死刑制度的价值

死刑具有公正性和人道性两种价值。

（1）死刑的公正性。公正性是死刑的首要价值，判断一种刑罚是否具有公正性的关键是看被惩罚剥夺的犯罪者的利益是否等于犯罪者所侵犯的利益。若相等，则刑罚明显地具有历史公正性，反之，则刑罚不明显地具有历史公正性。因此，死刑对犯罪人来说具有明显的公正性，这就使死刑如同我国

---

　* 作者介绍：何婧媛（1998-），福建泉州人，中国政法大学同等学力研修班 2022 级学员，研究方向为刑法学。

"杀人偿命"的传统观点一样。

（2）死刑的人道性。死刑是否人道？实际上是指死刑是否完全符合了人道主义的要求和人道主义理念？如果死刑惩罚的是由罪行恶劣、犯罪影响极大的罪犯所直接反映的自由意志的犯罪，且只以死亡为主要目的限制，而不需要额外的痛苦和额外的精神折磨，本文认为，此种犯罪的死刑本身就是人道的、合法的、不会侵犯和违背其人权的。严格意义上来说，其所惩罚的只是作为犯罪人的自由意志所体现出来的犯罪，而不是不人道地剥夺其生命权。由此可以得出，死刑是为保护这个社会中的社会成员免受侵害所必需的，因此本文认为死刑是人道的。

（二）死刑制度的弊端

任何事情都有其两面性，死刑同样也具有弊端。死刑的弊端体现在两个方面：

（1）生命权的丧失是无法挽回的。死刑剥夺了一个人生来最重要的权利，即"生命权"。生命权与其他个体权利不同，一旦被剥夺便无法恢复。因此，一旦被判处死刑，犯罪者不仅会失去生命权，依附于生命权而存在的其他人身权利亦不复存在。若发生冤假错案，那么对于已经被执行死刑的"犯罪者"来说就没有任何挽回余地了。

（2）犯罪的矫正效果为零。在我国的刑罚中，刑罚矫正的目的就是对于罪犯的身体进行刑罚矫正，使其完全消除再继续从事其他犯罪的可能性和意图，促使其在将来的生活中能够真正成为一个遵纪守法的公民，以良好的姿态重返和谐的社会。死刑在一定程度上违背了此目的，断绝了罪犯改过自新的路；这一方法虽然果断、干脆，但后续也给社会造成了一定程度的精神与物质损失，且很大程度上没有达到刑罚矫正的目的。

二、关于死刑存废的争议

死刑应继续存在还是应被废止，从本质上来说，是一个关于人道主义的争议。关于死刑存废的问题不仅应从国际大趋势、人道主义等方面考虑，最重要的还是要依据本国国情来决定。就我国来说，要解决死刑问题，首先就必须了解社会各界对于死刑的态度。

（一）立法界的看法

对于立法界而言，存在着保留还是废止死刑两种不同的声音。

（1）保留死刑。从目前中国形成法治社会的历史和现实角度出发，基于国情民意还有其他国家和地区的社会法律政策条件，得出的结论是：尽管保留死刑现如今已经受到了来自国际各方面的舆论质疑和挑战，但由于我国目前全面废止死刑的各项法律政策条件都还不成熟，社会上目前对于反对废除死刑的声音还是占大多数，且如今我国社会仍处于转型期，犯罪率与治安形势还没有得到完全控制，还需死刑进行威慑。若短期内就不顾民意而强行废除死刑，对于国家的发展及社会的稳定都是不利的。

（2）废止死刑。如今的趋势是在考虑人权的法律基础上逐步废除死刑，且这一做法已得到越来越多国家的认可，成为世界性的政治潮流和发展趋势。基于人道主义的考虑，应该废除死刑。

（二）司法界的看法

对于司法界来说，保留死刑和废除死刑同样是一个具有争议的问题。

（1）保留死刑。对于罪行极其恶劣，主观故意且手段残忍的罪犯来说，他们所犯的罪行给社会造成了恶劣的影响，给受害者及其亲属造成了无法弥补的伤害，甚至一些特定的犯罪给国家造成了巨大损失。对于这些罪犯来说，若不判处死刑，不但难以平息民众的怒火，弥补对国家、社会和受害者及其亲属造成的极大伤害，还会使民众对法律失去信心，对法律的公正性产生怀疑。

（2）废止死刑。我国刑法中现有 46 个罪名设有死刑，对于一些事出有因的犯罪，虽造成了严重的后果，却情有可原，这种情况若依据法律判处死刑未免过于不近人情，且司法审判程序又过于复杂。因此，应限制或废止死刑。

三、如何完善我国死刑制度

我国对于死刑持保留态度，立即废止死刑是不可能的。所以，若要真正废止适用死刑，必须首先严格限制适用死刑的数量。对此，我们可以从以下几方面进行完善。

（一）限制死刑制度的适用条件

本文认为，有必要进一步坚持"罪刑法定原则"、刑法对适用死刑的排除性规定并符合罪责刑相适应的要求，将犯罪者行为的社会危害性及其人身危险性结合起来加以考虑并决定是否适用死刑。若犯罪者存在"自首""立功"等情况，存在法定从轻、减轻处罚情节的，则不适用死刑，并做到坚持少杀，防止错杀。

（二）限制死刑制度的适用对象

我国现行《刑法》规定"犯罪时未满十八周岁的人""审判时怀孕的妇女"和"审判时已年满七十五周岁的人"不适用死刑。本文认为，有必要在现有法律基础上进一步加以限制，例如，增加"尚在哺乳期的妇女"不适用死刑的限制。对于"审判时已满七十五周岁的人"以特别残忍手段致人死亡，罪行极其严重，仍适用死刑。

（三）完善死刑的适用程序

《刑法修正案（九）》取消了9个适用死刑的罪名，截至目前，我国《刑法》现存的46个适用死刑的罪名主要涉及危害社会主义国家安全、危害社会主义公共安全、破坏社会主义市场经济、侵犯其他公民的人身和民主权利、妨害国家和社会的管理和秩序、危害国防战略利益、贪污贿赂、侵犯国家财产和对军人违反其职责这九个主要方面。本文认为，对于非暴力性的刑事犯罪和侵犯国家财产方面的其他相关刑事犯罪可以不适用死刑，但应当通过适当地提高法定刑及并处剥夺其他权利的方式来对其进行惩罚，真正地做到少用、慎用死刑。[1]

四、结论

综上所述，基于我国目前的国情，我国对于死刑制度只能进行限制而不能废止，死刑制度的存在对于我国来说还是有至关重要的作用的，可以对人们进行一定程度的威慑，使其不敢犯罪。且我国目前尚不具备立即废除死刑的条件，无论是社会条件还是文化经济条件，要随着社会的发展而发展，不能一蹴而就。我们要顺应国际潮流、国际大趋势，但也应结合本国国情去建立一个更适合本国的死刑制度。因此，我国死刑制度不能废止，但应该在现今基础上对其进行一定条件的限制，使其能够更好地成为一项惩罚手段、威慑手段，从而使得我国法律制度能够更加完善、进步。

---

[1] 参见王晖："死刑利弊及其存废问题刍议"，载《法制与社会报》2008年第30期。

浅析居住权的法律性质及构造

贾国亮*

（中国政法大学 北京 100088）

摘　要： 在当下经济快速发展、人口增长速度放缓的背景下，购买住宅的成本上升、人口老龄化压力增大，为应对实务中常常发生的自发性创设居住权而引起纠纷的现实需求，《民法典》设立了有关居住权的相关规定。但《民法典》中有关居住权的规定仅有 6 条，对此应从学理上对此进行补充。本文将从居住权的性质以及居住权规范建构的必要性两方面详细展开，对居住权制度进行阐释和细化。

关键词： 居住权　住有所居　人役权

罗马时代就已出现居住权，它原本是为解决无夫权婚姻中的妻和解放的奴隶的居住问题而在丈夫或家主的房屋上设置的供其居住的权利，属于人役权的范围。[1]直到查士丁尼时期，居住权才独立作为一种规范出现。

我国在制定《物权法》时，对居住权的理论研究就存在很大争议，焦点集中于"保护弱者"方面，却忽视了其本身的物权属性。自 2002 年我国首次提出居住权这一概念，直到《民法典》颁行之后才规定了居住权。

一、居住权的性质

（一）居住权的客体

关于居住权的客体，《民法典》规定的是"住宅"，居住权设立满足的需

---

　* 作者简介：贾国亮（1992-　），男，汉族，山东潍坊人，中国政法大学同等学力研修班 2022 级学员，研究方向为民商法学。

　[1]　周枏：《罗马法原论》（上），商务印书馆 1994 年版，第 361~376 页。

求是生活居住，因而只要能够满足生活居住这一需求的建筑物、房屋、住宅等应皆属于"住宅"的范畴。

使用权人能否就他人的住宅设立居住权？此种情形仅出现在房屋租赁中，我国学者对此持有不同的看法。一种观点认为，在公房制度的情况下，公房在分配时往往会考虑到是否已婚、是否育有子女等同住人的需求情况，故在公房分配时会以此为依据调整公房分配的面积、户型等因素，因此对于居住在公房内的非承租人对公房的租赁和使用有一定的参与和决定因素。例如，在夫妻离婚时，非承租人的一方仍可以设立公房的居住权。[1]另外，还有一种观点认为，房屋租赁属于债的关系，根据租赁的法律规定，未经出租人同意，承租人不得将租赁物转租。从"举轻以明重"的规则考虑，既然未经出租人同意，债的关系无法成立，则未经出租人同意，承租人也当然不能就租赁物设置居住权。[2]如果经过出租人的同意，承租人能否就租赁物设立居住权？本文持肯定态度，一方面，同意承租人在租赁物上设立居住权，系出租人的意思自治。另一方面，从出租的目的来看，承租人是否在租赁物上设立居住权并不影响租赁合同的履行和租赁目的的实现，亦不影响出租人租金的收取，但居住期限不能超过租赁期限。

（二）居住权的主体

《民法典》对居住权的主体并无界定，应对其范围加以明确。本文认为，需从以下的角度对其加以明确：

1. 居住权人是否只包括自然人

在《民法典》编纂的过程中，对于居住权人的范围问题有不同的见解。一种认为，自然人、法人、非法人组织都可以享有居住权，成为居住权人；[3]另一种认为，居住权人限于自然人，法人、非法人组织无权成为居住权人。[4]《民法典》第367条规定居住权合同包括"当事人的姓名或名称"，这可以认为是对居住权人范围的宽泛界定，从字面理解"姓名或名称"，应当认定居住权人包括法人和非法人组织，但就居住权实现的意义来看，居住权的设立是为了满足生活居住的需要，因而不能简单通过《民法典》第367条

---

〔1〕 刘阅春："居住权的源流及立法借鉴意义"，载《现代法学》2004年第6期。

〔2〕 房绍坤："论民法典中的居住权"，载《现代法学》2020年第4期。

〔3〕 申卫星、杨旭："中国民法典应如何规定居住权？"，载《比较法研究》2019年第6期。

〔4〕 王利明："论民法典物权编中居住权的若干问题"，载《学术月刊》2019年第7期。

的规定认定居住权人包括法人和非法人组织。

2. 居住权人是否只限于本人

我国学者在理论上对此持不同的见解。一种认为，居住权人应当是家庭关系中确有居住需要的人；[1]另一种认为，在居住权中，要区分居住权人和实际居住人。[2]本文认为，上述第二种观点是可采的，与所有权人订立合同的人应当是实际居住人，若二者不一，有违立法精神且难以在实际生活中进行界定。因此，居住权人应当限于与所有权人订立合同的人。

3. 自然人作为居住权人是否具有限制

本文认为自然人被视为居住权主体时，应当具有范围限制。首先，居住权人不限于与所有权人有家庭或亲属关系的人。虽然罗马法中规定居住权限于家长（家主）为家庭成员设立，但是，本文认为就我国的现实情况而言，不论自然人、法人或者非法人组织都有权设立居住权，并有自由选择设立居住权主体的自由。其次，居住权人应当限于无房者。《民法典》规定居住权设立的目的为"满足生活居住的需要"，有房者与之不符，因此可以否定为有房者设立居住权。最后，居住权可以就同一住宅对两个以上的自然人共同设立。

（三）居住权具有无偿性

《民法典》规定居住权无偿设立，但是当事人另有约定的除外。居住权具有无偿性，因此居住权不等同于房屋租赁。房屋租赁是一方以合理对价支付另一方并获得房屋使用权的行为，二者具有本质的区别。本文认为，在居住权制度尚不规范的情况下，可以参考房屋租赁中对于房屋的使用权利与义务的相关规定。

二、居住权的规范缺失

《民法典》对于居住权的规定仅有 6 条，过于简单的规定无法使居住权体系化、规范化，因此有必要从以下几个方面加以完善：

（一）居住权的产生方式有欠缺

《民法典》规定居住权可以通过合同、遗嘱两种方式设立。

---

[1] 鲁晓明："论我国居住权立法制之必要性及以物权性为主的立法模式——兼及完善我国民法典物权编草案居住权制度规范的建议"，载《政治与法律》2019 年第 3 期。

[2] 曾大鹏："居住权的司法困境、功能嬗变与立法重构"，载《法学》2019 年第 12 期。

遗嘱须由自然人依照《民法典》相关规定设立以处分个人财产，但现实情况复杂且居住权始增设于民法，自然人设立遗嘱时不知该权利的设立或者由于意外等其他事由死亡而未立遗嘱的情形一旦出现，特殊继承人的居住权便无法设立。

（二）居住权人是否应当承担以及如何承担居住过程中的费用规定不明

在罗马法上，房屋的"必要维修费、修缮费与赋税"属于居住权人的日常负担，房屋的"大修费"（如翻修房屋或更换梁柱的费用）则仍由所有权人承担。[1]我国《民法典》对于居住权人在住宅居住过程中产生的花费没有明确的规定，应当予以补充。

（三）居住权的消灭原因列举不完全

各个国家和地区基本没有具体规定居住权的消灭事由，我国《民法典》中具体规定的居住权消灭原因为期间届满和居住人死亡两种情形。《物权法（草案）》中曾列举了六种居住权的消灭事由，[2]《民法典》只采用了其中一种并增设了居住人死亡这一情形。本文认为，居住权的消灭还应包含其他的情形。

三、对居住权规范的完善建议

（一）创立法定居住权

为了真正实现人民"住有所居"，本文认为可以将住宅延伸出的居住权规定于法定继承中，对生活有特殊困难又缺乏劳动能力的继承人，在继承住宅的继承人无异议的情况下，享有法定居住权，使特殊人群真正能够实现"住有所居"。

（二）以用益物权的一般规定来处理因居住产生的费用问题

本文认为，基于房屋本身所存在的问题须花费巨大修缮费用的，应当由所有权人承担；基于日常生活支出的花费，比如物业费等，应由居住人承担。当然，若支出是由所有权人或者居住权人一方责任导致的，应当由负有责任的一方承担费用。

所有权人有权在居住期限内对住宅进行检查，并就居住权人的恶意损坏

---

〔1〕 周枏：《罗马法原论》（上），商务印书馆 1994 年版，第 374 页。

〔2〕 全国人大常委会法制工作委员会民法室编著：《物权法（草案）参考》，中国民主法制出版社 2005 年版，第 45 页。

主张赔偿。同一住宅设立多个居住权的时候，共同承担恶意损害的赔偿，可参照共有相关的规定；基于合理损耗不承担赔偿责任。

（三）增加居住权的消灭事由

综合居住权的性质、我国实际以及相关资料，本文认为居住权的消灭事由增设以下两种情形：

（1）住宅灭失。居住权是以生活居住为目的，通过利用住宅实现该目的的用益物权。住宅是否存在对于该目的的实现具有决定性作用，住宅一旦灭失，生活居住的目的便无法实现。《民法典》第367条对居住权合同的条款明确规定"（一）当事人的姓名或者名称和住所"，该住所是特定物，若特定物灭失，合同自然无法继续履行，居住权应当随之消灭。若住宅灭失后被重建，居住权合同应当重新订立；若住宅部分灭失，剩下部分能够继续满足生活居住需要的，应当视为居住权未消灭，剩余部分无法满足生活居住需要的，应当视为居住权灭失。

根据我国的现实情况，住宅灭失后大都会获得第三人或者保险赔偿，居住权人能否获得该赔偿应当由法律予以规定。本文认为住宅灭失非因居住权人造成的，居住权人可以获得一定的赔偿。

（2）居住权人放弃居住权。居住权人自行放弃居住权的，居住权消灭。党的十九大报告明确指出未来的住房制度是以"实现全体人民住有所居为最终目标，以加快建立多主体供给、多渠道保障、租购并举的住宅制度"。比如，政府可以作为所有人与居住权人订立书面合同，由政府提供住宅，居住权恰是解决无法取得房屋专有权的特殊群体的居住问题，若居住权人自行放弃居住权，政府便可收回该住宅并将该住宅"分配"给需要生活居住的"新居住权人"，使"无所居者"有"所居"。

四、结语

在当今社会，住房已然成为民众基本的生活资料。大众观念已经由"居住有其屋"转变为"住有所居""住有宜居"，居住权的设立为维护社会稳定、满足民众生活需要发挥着重要的作用。作为一项古老的制度，居住权在我国的设立不仅需要借鉴国外的实践经验，更要结合自身国情，解决我国当下与住房相关的现实问题。

浅析高校网络诈骗犯罪

李柠君*

（中国政法大学 北京 100088）

摘 要： 随着科学技术的不断发展，网络已逐步推广应用，高效便捷的网络使得社会各方面的效率得到极大提升，同样也给依附于网络的诈骗犯罪活动提供了便利。尤其伴随现代大学生对网络的依存度的提高，发生在大学生群体中的网络诈骗犯罪也呈上升态势。本文基于对高校管理现状和网络诈骗的种类的分析，结合网络诈骗犯罪基本特点以及大学校园的现状，分析大学校园网络诈骗犯罪形势，探索防范大学校园网络诈骗犯罪的方法。

关键词： 电信网络诈骗 大学生 成因及防控

网络技术的迅速发展和普及，既给人类社会生活带来了极大的便利，也因其虚拟的特征为违法犯罪提供了新的方法和途径。网络诈骗罪就是这种典型的犯罪形式。网络诈骗罪，是以非法占有为目的，利用互联网采用虚拟事实或者隐瞒事实真相的方法，骗取数额较大的公私财物的行为。大学校园作为使用网络的高密度区域，大学生群体便成为首选目标。

考虑到校园管理和校园安全，多数高校采用封闭或半封闭方式进行管理，在缺乏对外社交的情况下，大学生群体对网络的依赖度进一步提高。而许多高校此前并没有一套科学完善的网络安全教育体系，网络安全教育存在严重缺失，加之大学生社会阅历浅，网络安全意识相对薄弱，导致了近年来大学校园网络安全事故频发。因此，探索建立大学校园网络安全教育防范体制，提高大学生运用网络的安全防范意识，是营造和谐安全大学校园教育生活环

---

* 作者介绍：李柠君（1993-）女，汉族，江西九江人，中国政法大学同等学力研修班 2022 年学员，研究方向为刑法学。

境的重要任务。

一、高校网络安全的现状

利用网络学习、社交和购物已经成为大学生生活学习的一部分。在网络平台或 APP 软件中，存在或涉嫌存在诈骗的信息屡见不鲜。

（一）网络诈骗多样性

网络诈骗犯罪依附于网络，在社会生活中扮演多重角色。网络诈骗行为借助网络高开放度、快速传播、信息验证存在时间差等特点，令大学生一时难辨真假，一旦被不法分子的诈骗信息吸引，很容易造成严重后果。

（二）高校网络监管不到位

多数大学生群体对网络安全缺乏有效认知，但众多高校在不断探索开放式管理校园的过程中，尚未对高校大学生网络安全管理给予合理的认识，网络安全管理存在缺位，导致大学生网络安全缺乏外部保障。

二、高校网络诈骗犯罪常见的种类

（一）网络游戏诈骗

近年来通过虚拟网络游戏实施的诈骗案件不断增多，常见的诈骗方式有两种：一是通过各种渠道散布低价销售游戏点币或装备的信息，利用团体成员"帮腔"做托的方式骗取受害人信任，在实施交易阶段不履约或"跳价"；二是在热门游戏的微信群、贴吧或论坛上发布提供代练信息，通过各种伪造先例或现场代练骗得受害人账号和费用，之后退隐消失。

（二）微信诈骗

微信成为人们常用的交流方式，犯罪分子利用技术手段窃取当事人微信账号密码，直接盗用受害人账号内余额或绑定的银行卡中的存款，甚至冒充当事人与其微信好友沟通聊天，以各种借口骗取钱财。

（三）网络购物诈骗

网络购物是大学生常用的购物方式，也是网络诈骗案件的重灾区。其常见的表现形式有：一是通过植入虚假链接方式，将受害人带入虚假购物平台；二是在最终支付阶段以新付费渠道推广有优惠或其他理由拒绝使用购物平台安全支付；三是用假冒伪劣产品冒充正品实施欺诈；四是在申请退换货阶段，以订单金额小为由哄骗受害人再次支付相关费用以触发所谓"无理由退换货"

规定实施诈骗。

（四）"网络钓鱼"诈骗

"网络钓鱼"利用欺骗性的电子邮件或含有木马病毒的邮件，利用大学生涉世未深的特点，获得受害者相关财务信息进而实施诈骗，造成受害者财产损失。

（五）非法代考诈骗

随着社会就业压力加大，不法分子通过虚构相关信息进行带入引导，诱骗大学生通过其虚假代考的方式进行诈骗犯罪。一方面这是高校教学及学术管理趋严导致的现象，另一方面也容易使大学生被代考诈骗所利用。

三、高校应对网络诈骗的举措

（一）建立健全高校网络安全教育机制

需要重点突出大学生网络安全教育工作的意义，认真制定和落实网络安全教育制度，培养储备一批适应新时代网络安全要求的人才队伍，稳步推进高校网络安全教育工作。同时可以成立学校"防范电信网络诈骗"工作小组，加强防范电信网络诈骗工作全覆盖宣传教育力度。

（二）在日常教学中开展多种形式的网络安全教育

要培养大学生良好的网络安全意识，离不开高素质的教师。高校教师应具备搜集网络热点信息和管理网络信息的能力，并将网络应用于大学生的日常管理中，对学生可能遇到的网络状况做出必要的教育和引导，帮助学生提高防范意识和自我保护能力。在意识形态方面，相关专业课教师应结合教学内容，引导学生对现实社会生活和网络虚拟世界进行辩证认知，帮助大学生辨识网络诈骗犯罪，提高大学生在诈骗犯罪发生后直面违法犯罪的能力；定期开展班级防诈骗安全教育，创新形式，通过真实案例和学生的现身说法，使其学习了解最新的诈骗手法，增强学生的防范意识，提升学生的防范能力。[1]

（三）遭遇诈骗后的及时救济

如果校园内师生出现被诈骗的情况，"校园110"应立刻启动应急预案，协助被骗师生立即到当地派出所报案，做好备案笔录，提供相关线索，协助

---

〔1〕 参见张文波、郑锐、李灵雁："投资型电信网络诈骗案件办理难点及应对——以 A 省 L 市检察机关办案实践为样本"，载《人民检察》2019 年第 16 期。

警方抓捕罪犯，努力挽回经济损失。

四、加强防范网络诈骗犯罪法制建设

（一）加强网络诈骗法制宣传

打击犯罪是手段，加强防范才是治理网络诈骗犯罪的根本。司法机关应加强网络诈骗法制宣传，增强在校大学生的法律意识，提高大学生的识骗能力和防骗意识。着重引导大学生意识到个人信息的重要性，尤其是使用手机软件时注意防范个人信息被盗用。指导大学生在发现自己上当受骗时及时终止交易，保存相关证据，并及时向公安机关报案。

（二）完善网络诈骗犯罪的法律法规

网络诈骗犯罪伴随网络技术的发展不断更新迭代，导致目前刑事法律规范相较于网络诈骗犯罪相对滞后。"从一定意义上讲，网络犯罪是现代的，而应对网络犯罪的对策还是传统的"，因此，应尽快出台、完善相关的法律法规以震慑、预防和打击网络诈骗犯罪的发生。

（三）加强打击网络犯罪专业人才队伍建设

我国网络警察队伍在打击网络诈骗犯罪方面发挥着重要作用，但在社会层面预防和打击网络诈骗犯罪的影响力略显不足。面对大数据时代的到来，网络诈骗犯罪在我国各个领域日趋严重，要应对利用新兴科技且在前沿领域实施的网络诈骗犯罪，必须组建一支具有较高业务水平的专业化网络警察队伍。

（四）强化多部门协同，建立一体化协作机制

诈骗犯罪利用网络，突破了地域和行业限制，司法机关调查取证难度较大、成本较高，因此有必要加强与相关公安机关、信息管理乃至金融管理等部门的协作，形成合力，提升对网络诈骗犯罪的发现与打击能力。

五、总结

当今网络时代的飞速发展，大学生对网络空间的依存度的增加，既为接触社会提供了便利，但也给不法分子以可乘之机。因此，为大学生提供良好的网络学习空间，需要推进高校加强自身网络安全教育，完善网络管理制度，健全相关法制，司法部门也要紧跟网络发展步伐，加强部门间、区域间的协作，为大学生的健康发展保驾护航。

试论自行清算中股东的清算义务与责任承担

李玮[*]

（中国政法大学 北京 100088）

摘　要： 目前《公司法》和《最高人民法院关于适用〈中华人民共和国公司法〉若干问题的规定（二）》对清算义务人这一身份的认定范围主要限于公司股东。当债权人对有限公司债权无法得到清偿，则可以《最高人民法院关于适用〈中华人民共和国公司法〉若干问题的规定（二）》为依据要求股东承担相应责任。清算义务人承担责任的前提是违反了相应义务，需要厘清其义务范围、把握债权人损失与其行为之间的关系等，避免不当扩大股东责任。

关键词： 自行清算　清算义务人　侵权责任

一、问题提出

近年来，关于有限公司自行清算并解散公司的事情引发了债权人提出各类诉讼要求公司股东承担责任。债权人所依据的法律主要围绕《最高人民法院关于适用〈中华人民共和国公司法〉若干问题的规定（二）》（下称《公司法解释二》）第 18 条、第 19 条等展开。债权人认为，股东利用优势地位，怠于开展清算工作，或者因为股东故意造成了公司重要财产、财务文件的毁损灭失致无法清算，使得债权人权利受到了极大的损害。

由于某些案件存在着部分法院将全部股东认定为清算义务人，并且只因这一理由就要求股东承担公司债务无法清偿的责任，不合理地扩大了股东责任范围。最高人民法院于 2019 年印发的《全国法院民商事审判工作会议纪

---

*　作者简介：李玮（1991- ），女，汉族，广东广州人，中国政法大学同等学力研修班 2022 级学员，研究方向为经济法学。

要》（以下简称《九民纪要》）明确规定，股东证明其已经为履行清算义务并采取了积极措施，或者小股东证明其既没有在公司任职且从未参与公司经营管理，不以"怠于履行义务"为由为公司债务承担责任。

二、清算义务人的范围与义务

清算义务人的概念并非自始就有，起初我国法律只规定了清算组由股东组成，从而引发了清算义务人与清算组两个概念的混淆。明确清算义务人的主体和义务范围是认定清算义务人责任的前提。

（一）清算义务人的主体界定

清算义务人的身份起初体现在法院裁判中，比如 2003 年《广东省高级人民法院关于企业法人解散后的诉讼主体资格及其民事责任承担问题的指导意见》第 4 条，直到 2012 年最高人民法院第 9 号指导性案例正式引入"清算义务人"概念。[1] 至此，在司法实践中明确股东系清算义务人有了较为统一的意见。另外，根据我国《公司法》和《公司法解释二》也可总结出，清算义务人一般是指有限公司的股东。但《民法总则》（已失效）第 70 条第 2 款将法人的董事、理事等成员规定为清算义务人，这也被《民法典》全面吸收。从案例中不难看出，目前各地法院多数仍是以《公司法解释二》规定的股东主体进行认定和裁判。

不难看出，股东正在卸下清算义务人这一身份。在有限公司的治理结构中，公司股东参与公司活动通过股东会来行使，股东会是公司的权力机构，但应依照《公司法》行使职权，并受到限制。[2]股东与公司是两个独立主体，除缴纳出资外，股东对公司与债权人不承担其他任何责任，这也意味着股东无需履行清算义务。[3]若仅因股东这一身份，恐与公司独立法人人格原则、股东有限责任原则相冲突。

另，《公司法》亦规定，清算组的人员组成可以从公司股东、董事等人员中选择。虽然清算义务人和清算组成员可能存在身份上的重合，但二者并非同一概念，责任和义务更是千差万别。

---

〔1〕 赵吟："公司清算义务人侵权责任的体系解构——兼论《民法典》第 70 条与《公司法司法解释二》相关规定的适用关系"，载《法学研究》2020 年第 6 期。

〔2〕 梁上上："有限公司股东清算义务人地位质疑"，载《中国法学》2019 年第 2 期。

〔3〕 叶林、徐佩菱："关于我国公司清算制度的评述"，载《法律适用》2015 年第 1 期。

（二）清算义务人的义务范围

清算义务人通常是指在法定期限内负有启动清算程序的责任主体。而清算组是指清算义务人启动清算程序后，主要负责清算工作的执行机构。清算义务人和清算组出现在清算程序的不同阶段，清算义务人的义务完结于清算组成立之始，随后是清算组的清算工作，这也就意味着清算义务人有着区别于清算组的义务。

根据《公司法》第183条规定，清算义务人最重要的义务即法定期限内成立清算组启动清算程序。

也有观点认为，清算义务人负有保管公司财务账册及财产等的义务。[1]《公司法解释二》第18条的规定也就意味着赋予了清算义务人在清算组成立之前对公司财产和财务账册等的保管义务。也因如此，不少案例中债权人以该条规定为依据要求股东承担责任。虽然在有限公司中，股东可以委派董事或者高管参与公司经营管理，公司财产一定程度上会被理解为股东有能力控制，但成立清算组后，公司账务、财务由清算组接管，其保管如何、是否灭失不应再由清算义务人负责。

三、清算义务人对公司债务承担的要件分析

《公司法解释二》第18条和第19条要求股东承担责任规定，其法理依据系侵权责任是基于债权人损失与清算义务人没有正确履行义务之间的因果关系。清算义务人构成侵权责任并承担责任必须满足如下要件：客观上清算义务人实施了积极或消极的侵权行为、公司出现无法清算的情况、公司无法清算与清算义务人行为之间存在因果关系、清算义务人存在主观过错。

（一）清算义务人的侵权行为

清算义务人的侵权行为分为积极行为和消极行为。积极行为即实施了诸如隐匿、破坏、损毁公司财产、财务账册的行为。而消极行为需要考虑多个方面。其一，要正确理解"怠于履行义务"。《九民纪要》第14条明确规定，"怠于履行义务"是指有限责任公司的股东在法定清算事由出现后，在能够履行清算义务的情况下，故意拖延、拒绝履行清算义务，或者因过失导致无法进行清算的消极行为。其二，必须造成公司主要财产、账册、重要文件灭失

---

〔1〕 翟雨桐："公司清算义务人的责任探讨"，载《法律适用》2020年第22期。

的后果。其三，需要恰当理解"无法进行清算"之意。参考《最高人民法院印发〈关于审理公司强制清算案件工作座谈会纪要〉的通知》第 14 条关于无法清算案件的审理的规定，对于没有任何财产、账册、重要文件，被申请人人员下落不明的，应当以无法清算为由终结强制清算程序。该条是以负面清单的形式确立了"无法清算"的情况，在个案中则考虑实际是否无法清算，还是经过了法院宣告破产并终结破产程序的，若如此则不便再认定为无法清算了。

（二）公司财务等灭失、无法清算并且致债权人损失

当公司开始清算时，如公司的财产被股东恶意处置、资产减少甚至灭失，债权人得不到清偿致其利益受损，或者公司怠于清算的，债权人亦可依据《公司法》第 183 条之规定向法院要求强制清算。如此时因公司财产、账册、重要文件等灭失致不能清算的，法院会作出终结清算程序的裁定，债权人也可因此获得有力证明。

虽然在一般侵权责任中需要由举证人承担举证责任，但是在这类纠纷中，债权人作为外部人员，很难清楚了解公司内部的运营情况，除非公司自行注销并在工商部门办理了登记手续，债权人可以通过查询得知。因此，清算义务人的侵权责任应当适用过错推定的归责原则，即债权人只需提供相当的线索或者基础证明，由公司和清算义务人出示证据证明其没有怠于履行义务，并且"公司无法清算"属于消极的客观事实状态，消极事实无需举证，只要债权人有证据初步证明，法院就基本可认定其"无法进行清算"。

（三）公司无法清算与清算义务人的行为间存在因果关系

因果关系是认定清算义务人承担责任的重要构成要件，因果关系在公司清算程序启动的时间点与公司无法清算的原因的先后顺序上也需要考量。若在公司发生清算事由前已经资不抵债、无法清算，则债权人无法请求清算义务人承担责任，比如公司在清算前已经实际歇业、出现多项执行终本、无财产可供分配等。若至清算程序启动前，公司出现财产贬值、账册丢失等情况，并且清算义务人恶意处置或者隐藏不移交给清算组的，债权人可以请求清算义务人承担责任。若清算程序启动后，公司出现财产毁损灭失的，则此时应为清算组负责，除非有证据证明系清算义务人为之。

《九民纪要》第 15 条也对清算义务人责任因果关系的抗辩进行了强调，即便股东可能"怠于履行义务"，但其证明了与"公司主要财产、账册、重要文件等灭失，无法进行清算"的结果之间不存在因果关系，就不应对公司债

务承担连带清偿责任。

（四）清算义务人有主观过错

清算义务人在主观上应当有故意或重大过失，股东无论是作为权力机关，还是清算义务人，都负有勤勉尽职的义务。清算义务人的主管过错也体现在其行为之中。

新型财产与民法回应

摘　要： 随着时代发展，财产的内涵也在不断扩大，从传统财产到新型财产，变化的不仅仅是财产的种类，更包括规制财产的民事法律，个人信息和虚拟财产就是其中的重要一点。民法是否应当承认个人信息和虚拟财产的财产属性，应当对其采取何种保护手段，值得思考。

关键词： 财产 个人信息　数据　财产属性

一、信息时代下的新型财产

（一）传统观念与新型财产

财产，是指由具有金钱价值的权利所构成的集合体。在传统的民法观念中，财产通常是指具有一定价值的有体物。同时，知识产权因为具有一定的经济价值和实用性并且可以采用一定的形式来表征，也已经被接受为民法中财产的一种。然而随着经济社会的变化与互联网的迅速发展，越来越多的新型财产出现在社会中。这些新型财产之所以被称为财产，或者说其与传统观念中的财产的相同之处在于它们对于特定的民事主体来说具有实用性和经济价值。与传统观念中的财产相比，这些新型财产主要的特征在于不具有一定的物质实体，如网络虚拟财产、数据等。

（二）民法中的财产

民事法律制度中的物权法律制度与知识产权法律制度是民事法律制度对

---

　* 作者介绍：李毅（1994- ），男，汉族，海南海口人，中国政法大学同等学力研修班 2022 级学员，研究方向为民法学。

上述传统财产观念的回应。其中，源自德国的物权法律制度将其调整的范围限定为不动产和动产并一直沿用至今。例如，《民法典》第208条规定，不动产物权的设立、变更、转让和消灭，应当依照法律规定登记。动产物权的设立和转让，应当依照法律规定交付。从这一条规定可以看出，我国的物权法律制度仅将动产和不动产等有体物作为调整对象，而未将一些新型财产纳入保护范围。

与物权法律制度不同的是，《民法典》在第一编总则的第五章民事权利部分将一些新型财产作为民事权利的客体纳入其规范范围，具体包括：第111条的自然人的个人信息，第125条的股权和其他投资性权利，第127条的数据、网络虚拟财产。此外，第113条"民事主体的财产权利受法律平等保护"可以看作对财产权的兜底性保护，从而使《民法典》足以应对新型财产。根据这些规定可以认为《民法典》对社会中出现的新型财产作出了初步回应。但是将这些新型财产列入民事权利客体的范围仅仅是第一步，伴随新型财产出现的社会问题还需要民事法律制度作出进一步的解答。

二、具有财产性的个人信息

（一）个人信息的过去与现在

个人信息是指与一个身份已经被识别或者身份可以被识别的自然人相关的任何信息。在进入信息社会之前，个人信息（如姓名、身份证号码、手机号码等）就已经存在，并被政府、企业等主体收集、保管、分析和使用。但是，在进入信息社会前，不仅个人信息的类型相对简单，产生的渠道也有限。同时，这一时期个人信息并没有表现出较强的价值性，不被认为是财产。而到了互联网时代，营销模式从早期大规模营销转向定向营销，这一转向过程伴随着经营者收集和利用消费者个人信息能力的提高。通过利用互联网收集信息，使经营者精确了解消费者需求和偏好成为可能。在大数据技术迅速发展的背景下，通过互联网积累的巨量个人信息被称为"新石油"，个人信息交易已经形成一定规模，成为名副其实的数字经济的货币。个人信息已经成为一种稀缺资源，能够为特定主体创造价值，具有了一定的财产性。

在上述背景下，将个人信息财产化的观点应运而生。然而并不是所有的学者都认同将个人信息视为财产。反对将个人信息财产权化的观点主要是：第一，个人信息权属于人格权，若人格权物化，人将毫无尊严可言。第二，个人信息因可被利用而具有财产利益，但其本身是人格利益的一部分。不可否认的是，从个人信息发展的现状来看，个人信息具有财产利益，是可被商品化的，并且也已经被商品化了。基于此，民事法律制度十分有必要将其作为财产适用特定的手段加以保护，不能仅仅依据逻辑推理的理由而无视个人信息已被财产化与商品化的社会现状。

（二）财产性个人信息的民法回应

我国《民法典》第111条规定"个人信息受法律保护"。但是观察该法条的位置与其他法条的前后关系可以发现，该条规定是与人格权的相关规定放在一起的。该法条的前一条规定了各种具体人格权，后一条规定了"因婚姻家庭关系等产生的人身权利"。这样的排列方式表明我国民法将个人信息看作人身权的客体，是依附于自然人的，其最突出的特点是人格性而不是财产性。而在《民法典》分则部分，"隐私权和个人信息保护"作为单独的一章被放在人格权编当中，这部分的内容更加侧重于对自然人个人信息安全的保护。除此之外，《民法典》没有规定自然人个人信息商业使用的相关内容。在这种情况下，将个人信息作为自然人的财产加以保护只能依靠侵权责任编的相关规定。然而因为个人信息在商业领域所表现出的特殊性以及侵权方式的独特性，仅仅依靠侵权责任法律制度的保护显然是不够的。

有学者认为，通过侵权责任法律制度保护个人信息财产权将会遇到以下问题：第一，侵权责任制度的保护方法过于消极，不能够使主体积极行使权利，不利于信息产业的健康快速发展。一些个人信息的公开和转让不仅不会有损人格尊严，还能够带来经济利益。如果承认个人对信息商业价值的财产权，当事人双方便可以通过协商确定商业过程中个人信息的价值，通过市场机制促进个人信息商业价值的积极利用。第二，侵权制度的保护是针对个人进行的事后消极的救济方法，不能为交易方提供一套明确和清晰的行为规范，不利于规范和引导人们的行为。[1]

在互联网时代，不断发展的信息技术使得个人信息不再局限于传统的适用范围，具有前所未有的商业价值。可以说，个人信息是互联网时代的血液与货币。因此，作为对社会现状的回应，民事法律制度有必要承认个人信息的财产权属性，从而为个人信息的规范与合法交易以及可能产生的纠纷的解

---

〔1〕 刘德良："个人信息的财产权保护"，载《法学研究》2007年第3期。

决提供相应的法律规范，以更好地适应互联网时代的社会现实。

三、数据与网络虚拟财产

伴随互联网的发展产生的另一类典型的新型财产是数据与网络虚拟财产。与个人信息不同的是，数据与网络虚拟财产在互联网产生之前是完全不存在的。它们完全依附于互联网而存在，在互联网中表现出一定的形态并具有一定的价值。同时，与个人信息相比，数据与网络虚拟财产具有更为明显的财产性，并且也主要是作为一种财产而看待。目前，对数据与网络虚拟财产的争论主要集中于这种虚拟的财产是否具有现实的价值，是否要纳入民事法律制度的保护范围。

有学者认为，数据没有特定性、独立性，不属于无形物，不能归于民事权利客体。同时，数据没有独立的经济价值，其交易性受制于信息的内容，且其价值实现依赖于数据安全和自我控制保护，因此也不宜将其独立视作财产。[1]这种观点从逻辑分析的角度来讲是有道理的。但是，数据与网络虚拟财产在社会中已经完全作为一种独立的财产发挥作用并参与商业交易。以网络虚拟财产的主要形态游戏币和游戏装备为例，目前主要的网络游戏均已建设了以人民币计价的游戏币与游戏装备交易平台，交易人员与成交额居高不下。就数据来说，随着大数据的快速发展，各种大数据交易所也不断设立。作为一个专门设立交易所来进行交易的客体，如果仅仅因为逻辑推理而不被民事法律制度承认为权利客体将是一件十分荒谬的事情。

《民法典》第 127 条规定："法律对数据、网络虚拟财产的保护有规定的，依照其规定。" 可以看出，《民法典》已经认可数据与网络虚拟财产的现实价值并将其列入保护范围之内。但是《民法典》除了这条规定之外，并没有再对数据与网络虚拟财产作出进一步的规定。这也说明了对数据和网络虚拟财产进行规范的复杂性。数据和网络虚拟财产纳入《民法典》之中也有助于平息关于数据和网络虚拟财产能否作为独立财产的争论，推动学者们的讨论转向对数据和网络虚拟财产保护的具体制度设计。

---

[1] 梅夏英："数据的法律属性及其民法定位"，载《中国社会科学》2016 年第 9 期。

浅议工会的法律地位

刘春海*

（中国政法大学 北京 100088）

摘　要： 工会组织在我国是随着经济的发展而逐步发展的。中华人民共和国成立初期，计划经济下的国营体制一家独大，企业与职工均为企业主体，是企业的主人，所以工会在这种体系下主要是企业行政体系的一个组成部分。改革开放后，伴随国有企业的现代化改造，以及经济主体的多元化发展，使得劳动关系成为企业必须面对的问题。为适应社会的发展，《劳动法》《劳动合同法》相继出台，《公司法》《工会法》等也相继改定，这些法律规范确立了工会组织在公司的法律地位，对企业的合规经营也提出了更加严格的要求。

关键词： 劳动争议　民主程序　劳动关系

在具体的司法实践中，民主程序越来越受到重视，成为司法裁判的一个重要依据。在裁判文书网中输入关键字"民主程序"，显示 2011 年有 89 件，到 2021 年的十年间猛增至 4633 件。这足显民主程序在劳动关系争议中的作用。企业工会是"民主程序"中关键的一环，工会组织负有法定义务，依法享有法定权利。本文试图从法律层面阐述企业工会的法律权利和义务，增强企业基层工会组织的自信心，进一步发挥基层企业工会在和谐劳动关系建设以及企业合规经营中的作用。

一、回顾工会的历史变迁

中国的工会运动开始于半殖民地半封建社会的旧中国，中国共产党诞生

---

* 作者介绍：刘春海（1969-），男，汉族，河南民权人，中国政法大学同等学力研修班 2022 级学员，研究方向为社会法学。

之后，工会运动开始进入现代化工会的转变时期。中华人民共和国成立之后，工会工作成为社会主义建设当中一个重要的组成部分，获得了长足的发展。尤其是在改革开放以后经济主体的多元化使得工会工作显得愈发重要。时代发展到今天，工会在创建和谐劳动关系建设当中的作用和地位更加显著。这就要求工会主席和工会组织要充分理解自己在法律当中的权利和地位，积极履行义务，成为推进建设和谐劳动关系的生力军。

二、我国法律上给予的保护规定分析

工会法的立法依据是《宪法》。最早在1982年12月通过的《宪法》明确了我国的国体和政体，人民依照法律的规定，通过各种途径和形式，享有结社自由。工会组织就是依据宪法，按照职工自愿结合的方式所形成的区别于其他社会组织的工人阶级群众组织，这就明确了工会组织在整个国家建设和经济建设过程当中所具备的法律地位和享有的法律权利以及相应的义务。这是开展工会工作的前提和基础。

《工会法》具体明确了工会组织的相关权利义务，公司应当为本公司工会提供必要的活动条件。公司工会代表职工就职工的劳动报酬、工作时间、福利、保险和劳动安全卫生等事项依法与公司签订集体合同。公司依照《公司法》和有关法律的规定，通过职工代表大会或者其他形式，实行民主管理。公司研究决定改制以及经营方面的重大问题、制定重要的规章制度时，应当听取公司工会的意见，并通过职工代表大会或者其他形式听取职工的意见和建议。

三、目前基层企业工会在推进和谐劳动关系建设中的法律难题

虽然法律上有明确的规定，但在工作推进过程中仍会面临诸多难点，需要工会组织和工会主席发挥聪明才智，创造性地开展工作，迎难而上才能更好地为职工服务，为企业发展创造良好的环境。具体来说有以下几点：

（一）基层工会建会不足的问题

根据国家统计局2021年发布的数据，截至2020年底全国基层工会的建会数是247.6万家，而全国的企业法人组织约2500万家。简单一对比，工会建会仅占大约1/10。如果加上机关法人和事业法人（约100万家），这个数字还会更小。巧妇难为无米之炊，基层工会建会率偏低问题，需要国家、企业、

职工三方合力共同促进，主力是全国总工会。

（二）专职工会人员严重不足的问题

根据国家统计局 2021 年发布的数据，截至 2020 年底，全国基层工会组织一共 247.5 万家，其中配有专职人员 90.2 万人，占比 36%，仅有 1/3 多一些。依据《工会法》第 13 条中有关 200 人以上的企事业单位可以设专职主席的相关规定，应当积极推动工会主席的专职化建设。这样才能提升工会主席的专业技能，提升工会组织的战斗力，从而有底气有决心开展相关工作。

（三）基层职工的劳动保障不均衡的问题

根据国家统计局公布的数据，2021 年，全国缴纳养老保险的人数大约在 10 亿人。然而缴纳失业保险的约有 2 亿人，缴纳工伤保险的是 2 亿 8000 万人左右。这个数据就显示，养老保险的缴纳人数与失业和工伤保险之间存在严重的差距，很不均衡。图 1 显示的是连续 5 年的社会保险交纳情况，可以发现近五年基本保持在同一水平。因此，需要工会发挥作用。

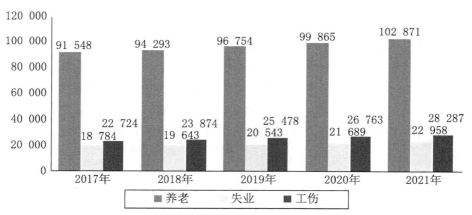

图 1　近五年三项社会保险参保人数（单位：万人）

四、打开困局的思路

（1）加强与同级党组织的联系，保持信息共享。在组建工会时把优秀的党员吸纳进入工会委员会内成为工会委员。在群众中威信高、值得信赖的党员同志则要积极取得委员会的信任，成为工会主席。这样就解决了组织建设中党工共建和同级党组织对工会的领导作用的要求，同时又能获得党组织强有力的支持，对工会行使权力，履行义务会有很大的帮助。

（2）加强与上级工会的交流。上级工会担负着对基层工会工作的具体指导和帮扶工作，以定期的工作汇报，积极参加地区工会的各项活动以及邀请上级工会领导到场参观指导工作等方式增加相互的信任，在此基础上问题共享、责任共担、共谋发展。

（3）加强同业间的工会交流。同业间的工会所面临的问题有一定的共同性。在解决这些问题的时候所采取的方法和对策也有一定的关联性。例如，在制定女职工保护的一些改善措施等方案的时候，需要在同业之间进行走访调查，相互信息共享，如此才能够制定出一个企业、职工和当地政府三方都认同的方案，有利于工会开展工作。

（4）加强工会委员会的学习能力，自觉地去吸收新的政策和新的知识。工会委员会要积极地去安排并且邀请一些在劳动法以及工会法方面的专家学者到工会举办讲座，尤其是作为工会主席要积极带头，成为努力学习的标兵，在业务上尤其是在工会法相关的政策法规方面成为行家里手，这样才能在解决劳动关系争议以及与企业经营方进行集体协商的时候有理、有利、有节。目前苏州的一些做法是新的工会主席选出来之后必须参加上级工会所举办的工会主席培训班。培训中会对工会的相关业务、法律法规、政策规章、具体案例作出说明教育。同时也借这样一个机会使得工会主席之间能够建立相互联系，形成一个强有力的团队。并且还能与相关的专家建立联系，遇到问题就可以向他们咨询，避免处理问题出了漏洞之后再来补救。

（5）加强与职工的沟通和协调。工会作为维护职工合法权益的强有力组织要善于倾听来自一线职工的声音，要定期地与职工进行直接的沟通，听取他们的需求，并加以分析研判。在这个过程当中对于职工的一些错误想法也可以给予及时的纠正，避免问题扩大化。苏州有一些企业就建立起三阶层沟通协调会议的制度。所谓的三阶层就是职工、基层管理人员以及工会主席三个阶层。在这个会议中对一些小难题、小矛盾通过工会主席的介入，就可以得到及时地调整，也使得职工的一些疑惑或者怨言在这个场合得到化解，将问题解决在爆发之前。

五、结论

综上所述，依法维护劳动者的合法利益的工会组织以及法定代表人工会主席，是企业民主管理建设的法定主体之一，是职工的代言人、企业经营者的好伙伴、合规的好帮手。所以，工会主席要信心满满，带领职工在创建和谐劳动关系的道路上踔厉奋发、再创新高。

论房企破产中的债权人利益衡平

蒋科萍*

（中国政法大学 北京 100088）

摘　要：近年来，随着经济形势及国家政策的变化，房地产开发企业（以下简称"房企"）在经过大规模扩张后，遭遇了资金链断裂等危机，部分房企面临破产清算。在房企破产清算程序中，存在购房人、工程施工人、抵押权人、民间借贷人等不同性质的债权人，关系错综复杂，权益冲突时有发生。这要求破产管理人在破产债权认定中厘清债权性质及各方关系，遵从权利保护优先位阶等级，尤其要注意甄别购房人权益保护的界限，以期平衡各方利益。本文试对商品房消费者、建设工程价款优先权人、抵押权人权益保护及优先效力等问题加以分析，以期为房企破产管理人审核债权提供思路。

关键词：房企破产债权　商品房消费者　物权期待权　建设工程价款优先权

一、房企破产中不同性质的债权保护及优先权顺位

（一）商品房消费者的物权期待权保护

商品房消费者基于生存权、物权期待权所享有的债权，在房企破产债权认定中具有超脱于其他债权的优先地位。

生存性债权是指自然人享有的直接与维持其所必需的健康和生活紧密相关的债权，[1] 商品房消费者享有的债权系生存性债权。从宪法到法律法规，国家对于公民生存权进行了多维度的保护，而房企破产中对这一基本权利的

---

* 作者简介：蒋科萍（1989-），女，汉族，江苏省无锡市人，中国政法大学同等学力在读研究生，研究方向为民商法学。

〔1〕 代贞奎："执行程序中生存性债权的优先保护"，载《人民司法》2020年第5期。

保护尤为突出。

《最高人民法院关于人民法院办理执行异议和复议案件若干问题的规定》（以下简称《执行异议复议规定》）第 29 条赋予了商品房消费者物权期待权。最高人民法院释义时指出，《执行异议复议规定》第 28、29、30 条分别是关于无过错不动产买受人物权期待权、房屋消费者物权期待权、不动产预告登记权利人物权期待权的保护条件。[1] 商品房消费者作为案外人可据此请求法院排除强制执行。《全国法院民商事审判工作会议纪要》（以下简称《九民纪要》）第 125 条对审判实践中依据《执行异议复议规定》第 29 条认定商品房消费者进行了指导；第 126 条对商品房消费者的权利优先于抵押权作出了限制性规定，要求审判实践中严格认定，避免扩大适用。《执行异议复议规定》《九民纪要》成为执行异议之诉案件、房企破产债权认定等审判实践及实务处理的重要依据。

（二）建设工程价款优先权的保护

破产房企往往面临大量的工程款债权，《民法典》第 807 条对建设工程价款的优先受偿权作出了规定，《最高人民法院关于审理建设工程施工合同纠纷案件适用法律问题的解释（一）》规定其优先于抵押权和其他债权。建设工程价款优先受偿权的认定折射出的法益是法律对于承包人特别是其背后处于弱势的农民工权益的保护，同时兼顾维护社会稳定，具有重要意义。

2002 年 6 月，最高人民法院发布《最高人民法院关于建设工程价款优先受偿权问题的批复》，该批复对建设工程价款优先受偿权制度进行了细化，明确了优先受偿权的效力、适用范围、期限。在处理商品房消费者物权期待权和建设工程价款优先受偿权冲突时，明确建设工程价款优先受偿权不能对抗交付了全部或大部分款项的商品房消费者。现该批复已经失效。

（三）优先权顺位适用准则

根据《民法典》《执行异议复议规定》《九民纪要》等法律法规、司法解释以及背后折射的法益保护精神，为维系各方债权人利益，解决权益冲突，管理人在认定破产房企债权时应适用如下准则：第一，商品房消费者基于生存权、物权期待权所享有的债权优先于建设工程价款优先受偿权、抵押权及

---

〔1〕 江必新、刘贵祥主编：《最高人民法院〈关于人民法院办理执行异议和复议案件若干问题规定〉理解与适用》，人民法院出版社 2015 年版，第 421、431、439 页。

其他债权；第二，建设工程价款优先受偿权优先于抵押权及其他债权；第三，抵押权优先于普通债权。

二、房企破产债权认定存在失衡

购房人作为房企破产中拥有"超然地位"的债权人，对其权益的保护存在扩张的趋势，导致购房人、建设工程价款优先受偿权人、抵押权人以及其他债权人之间权益的失衡。缘于保护弱势购房人生存权益的物权期待权在破产实践中往往面临着被"维稳"的加持，导致管理人将部分不能认定为商品房消费者的其他类型购房人直接或"变通"地作出实质性的优先顺位安排。

相较于担保物权经过公示取得对抗效力的物权属性，和较担保物权更为优先的建设工程价款优先权，购房人破产债权优先顺位的确立突破了物权优于债权的一般原则。同时，物权期待权的优先性也突破了物权公示公信效力。一方面，买受人仅享有防御之盾，却无进攻之矛，无法自由处分其法律地位，根本不符合物权支配性的要求。另一方面，脱离于不动产登记簿的期待权构成实质意义上的秘密优先权，不仅打破物权的公示公信原则，而且有被第三人滥用之可能。[1]购房人此种不对外公示的"秘密"债权，对交易安全造成了冲击，也会导致在建工程由于背负了过多的"债务负担"（购房人物权期待权衍生的交房办证、退款、赔偿违约金等义务）而不受投资人青睐，甚至造成在建工程和代履行的商品房预售合同捆绑变价，仅能以变价款清偿购房人债权，损害其他债权人利益。

三、房企破产中债权人利益衡平路径思考

（一）完善不动产物权期待权民事实体法立法

中国式不动产物权期待权生成的直接原因，在于最高人民法院以及司法实践将案外人享有的民事权益的实体法性质和效力作为排除执行的唯一判断依据，在不动产受让人享有的债权不足以排除执行程序的背景下，不得不借助于不动产物权期待权的概念以获得实体法上的正当性。[2]《执行异议复议规

---

[1] 庄加园："不动产买受人的实体法地位辨析——兼谈《异议复议规定》第28条"，载《法治研究》2018年第5期。

[2] 庄诗岳："中国式不动产物权期待权的批判与反思"，载《河北法学》2021年第11期。

定》属民事执行法，其与《九民纪要》等司法解释或批复能否设置实体权利值得商榷。《民法典》的出台也未就这一立法空白作出填补，商品房消费者的物权期待权仍然存在民事实体法与民事执行法的断裂。实体法的缺失是不动产物权期待权存在诸多理论及实践问题的重要原因。推动不动产物权期待权民事实体法的立法工作尤为重要，也需要立法司法机关、专家学者对此制度带来更多理论上的回应。

另外，基于生存权享有的购房人居住权利也需要准确定义其内涵和外延，精确界定"合法有效的书面合同""用于居住且买受人名下无其他用于居住的房屋""付款额超过总价款50%"等衡量标准，使破产房企中购房人权益的保护更为贴合生存利益保障的本意，避免过度倾斜，达到各项权益的衡平。

（二）充分发挥预售商品房预告登记制度以及网签备案制度的功能

前文已经阐述购房人物权期待权的优先性突破了物权优于债权以及物权公示公信效力，那么如何从制度方面弥补这一"缺陷"，赋予购房人权利能够对抗第三人的物权或准物权效力是一个关键问题。《民法典》第221条及《不动产登记暂行条例实施细则》第85条第1款对于商品房预售过程中的预告登记的规定，能补足权利公示方面的需求。

实践中，为了融资需要，大多房企会将土地、在建工程抵押给银行等机构，同时房企也伴随着工程款的拖延支付问题，在预售商品房已有土地抵押、在建工程抵押、建设工程价款优先受偿等权利负担的基础上，如何权衡各方利益使得在建工程发挥最大效用呢？房屋和土地管理部门往往要求房企在办理商品房预售许可或商品房网签合同备案时需经前述抵押权人、优先权人同意。房企为尽可能取得前述权利人的同意，往往会考虑其他路径比如通过"购房款质押"等新的担保措施，来促成商品房预售的顺利进行，同时实现购房人与其他权利人的利益平衡。

《民法典》充分尊重当事人意思自治，第406条明确抵押财产可以转让，当事人另有约定的，从其约定。相较于《物权法》"抵押人不得擅自转让抵押财产"的规定，《民法典》对于担保制度的修改更好地为上述制度的运行提供了法律依据。而对于《民法典》出台后，与之冲突的法规、部门规章等的修改或废止工作，相信在不久的将来也会逐步启动。如《不动产登记暂行条例实施细则》第86条与《民法典》的规定存在冲突，需进行调整。

商品房网签备案制度经过房地产市场的发展现如今已较为完善，其初衷是防范房企一房二卖，保障购房人的物权期待权。虽属于行政监管措施，但其具有即时性，能第一时间给购房人穿上权利保护的"外衣"，其与预售商品房预告登记制度相互配合，能尽可能让购房人安然度过实现所有权之前的漫长等待期，对于平衡购房人和其他债权人的利益具有重要意义。

债权审核认定是房企破产管理人的重要工作，管理人应准确把握不同性质债权人的利益保护尺度以平衡各方利益，综合作出权利顺位的安排，以期达到良好的法律效果和社会效果。虽面临较多困境，但笔者相信通过我国不动产物权期待权、预售商品房预告登记、网签备案等制度的不断完善，以及理论界和破产实务的不断探索，中国房企破产制度会愈加完善，甚而为破产房企重整提供新的思路，使其重新焕发生机，促进房地产市场的良性循环。

论夫妻债务的认定标准

于超*

（中国政法大学 北京 100088）

摘　要： 夫妻债务作为夫妻财产关系的重要组成部分，在我国司法实践中一直是备受争议的热点问题。夫妻债务纠纷是一个兼具身份和财产双重关系的纠纷，解决夫妻债务纠纷有利于社会和谐稳定，而解决夫妻债务纠纷的前提则需要厘清夫妻债务的认定标准。从 1950 年的《婚姻法》到如今的《民法典》，夫妻债务的认定标准不断变化且不断完善。本文首先从夫妻债务的历史沿革分析变化的原因，然后从《民法典》中分析和阐述夫妻债务的认定标准，最后针对《民法典》时代下夫妻债务的认定标准的困境以及完善举措进行浅析。文章最后还对全文进行了总结，重申了夫妻债务认定标准对于当今社会生活的重要性。

关键词： 夫妻共同债务　认定标准　共同意思表示　举证责任

为了更好地适应当前社会经济的高速发展，夫妻债务制度经历了多次变化。夫妻债务的性质决定了其将不同于其他债务，夫妻债务兼具人身与财产关系的双重属性，不能简单地将其按照普通债务看待。2021 年 1 月 1 日《民法典》开始施行后，对夫妻债务的认定标准也变得更加完善。

一、夫妻债务的历史沿革

夫妻债务在我国法律中的第一次出现是在 1950 年的《婚姻法》（已失效）第 24 条中，该条规定不仅界定了夫妻共同债务的认定标准，还确定了夫妻共

---

* 作者简介：于超（1994-），男，汉族，河北定州人，中国政法大学同等学力研修班 2022 级学员，研究方向为民商法学。

同债务和一方个人债务的清偿原则。[1]由于历史原因，还确立了若夫妻共同债务无法清偿时，由男方清偿的特殊规则。之后，1980年出台了新的《婚姻法》，其第32条规定了夫妻共同债务的认定标准，仍然将"为夫妻共同生活所负"作为唯一标准。直到1993年最高人民法院出台《关于人民法院审理离婚案件处理财产分割问题的若干具体意见》（已失效），才进一步明确了夫妻共同债务的认定标准。虽然2001年对《婚姻法》又进行了修改，但并未对夫妻共同债务的认定标准作出较大的改动。随着社会经济生活的发展，夫妻在婚姻存续期间发生债权债务纠纷的情形不断增加。为防止夫妻双方通过离婚恶意转移财产、逃避债务，侵害债权人利益，最高人民法院于2003年作出了《关于适用〈中华人民共和国婚姻法〉若干问题的解释（二）》（已失效），其第24条对于遏制当时出现的一些夫妻恶意逃债损害债权人利益的现象起到了限制作用，还较好地维护了市场交易安全。后来最高人民法院于2017年2月作出了《关于适用〈中华人民共和国婚姻法〉若干问题的解释（二）的补充规定》（已失效），明确规定未经审判程序不得要求未举债的夫妻一方承担民事责任。最高人民法院又于2018年作出了《关于审理涉及夫妻债务纠纷案件适用法律有关问题的解释》（已失效），主要明确了在合同类纠纷中对夫妻共同债务的认定标准和规则。2021年1月1日《民法典》开始施行，进一步丰富完善了夫妻债务的认定标准。

二、夫妻债务的认定标准

根据《民法典》有关规定，夫妻债务的认定标准可以归纳为如下三个方面：

（一）夫妻双方共同的意思表示所负的债务

这种情况的主要表现形式一般来说有两种：其一为债务发生前双方共同签字确认，其二为债务发生后，夫或妻中的一方对债务也予以认可。这种情况下最重要的一个方面就是需要夫妻双方共同决定共同认可方才可以认定为夫妻债务，即"共债共签"制度，这一制度更加符合民法意思自治原则和合同相对性原理。

---

〔1〕 薛宁兰："中国民法典夫妻债务制度研究——基于财产权平等保护的讨论"，载《妇女研究论丛》2018年第3期。

（二）夫或妻中一方为日常家庭生活需要所负的债务

日常家庭生活需要是一个比较宽泛的概念，夫或妻在共同生活中就不可避免地需要负担债务，通常表现为日常家事代理。日常家事代理是认定夫妻因日常家庭生活需要所负债务性质的根据。此类债务主要是日常家事代理范畴所负的债务，为夫妻共同生活过程中产生，以婚姻关系为基础，一般包括正常的吃穿用度、子女抚养教育经费、老人赡养费、家庭成员医疗费等，[1]是最典型的夫妻共同债务，夫妻双方应当共同承担连带责任。

（三）若夫或妻中一方所负债务超出家庭日常生活需要且债权人又不能举证证明该债务用于夫妻共同生活、共同生产经营或者基于夫妻双方共同意思表示[2]

婚姻是夫妻生活的共同体，具有长期性和连续性。在夫妻婚姻关系存续期间，除可能因为日常生活需要所负债务，还会与第三人形成其他债权债务关系，例如大额借贷、赠与、不动产买卖等。这种情况下，另一方配偶可能对此并不知情，所以我国法律规定需要债权人尽到举证责任，方可认定为夫妻共同债务，否则为夫妻个人债务。[3]这也是为了保护弱势的另一方配偶的合法权益。

三、《民法典》时代下夫妻债务认定标准的现存困境与完善对策

（一）民法典时代下夫妻债务认定标准的现存困境

2021年1月1日《民法典》施行后，夫妻债务的认定标准得以不断完善，吸收了之前司法解释中的合理规定。但是在我国的司法实践中仍然存在一些不足之处。

（1）举证责任分配不均。目前我国《民事诉讼法》中的证据规则为"谁主张，谁举证"。这一举证规则在普通诉讼中可以正常适用，但是在夫妻债务案件中，就会显得有些许不足。如果债权人无法举证证明夫或妻中另一方有共同生活需要，则推定为不是夫妻共同债务，这可能会对债权人不利，从而无法维护其合法权益。

---

〔1〕 陈晨："《流金岁月》中的借贷关系应如何认定"，载《中国商报》2021年2月23日。
〔2〕 韩美琪："《民法典》日常家事代理权制度研究"，吉林大学2021年硕士学位论文。
〔3〕 陈维瀚："论夫妻共同债务的认定"，厦门大学2019年硕士学位论文。

（2）家事代理权范围狭窄。我国《民法典》第 1062 条第 2 款规定："夫妻对共同财产，有平等的处理权。"夫妻双方作为平等的主体，有权对夫妻共同财产享有平等的处理权。尤其是针对一些共同生活需要或者家庭生活开支，均需要从夫妻共同财产中进行处理。根据国家统计局有关调查资料显示，我国城镇居民家庭消费种类可以分为如下八大类：食品、衣着、家庭设备用品、居住、医疗保健、交通和通信、教育文化娱乐服务、其他等。在司法实践中，日常的家庭生活需要可以参考上述八大类。

（二）《民法典》时代下夫妻债务认定标准的完善对策

（1）合理分配举证责任。为了更好地合理分配举证责任，需要不断完善程序法，对各方当事人的举证责任予以明确，以便于司法实践的需要，尽最大的努力保证公平公正。主要表现如下：

对于债权人而言：首先，需要保证债权的合法性，不合法的债权是不受法律保护的。其次，在债权人举证责任上需要降低举证难度，由于婚姻生活具有私密性，一般不为外人所知，因此应减轻债权人的举证压力。例如，在债权人仅能举证证明是夫妻其中一方对外负债的，但是符合"家庭日常生活需要"的性质，则可以直接推定该债务是夫妻共同债务。最后，如果夫或妻一方在另一方不知情的情况下对外举债，而且超出了家庭日常生活范围，原则上不作为夫妻债务。这种情况下，需要债权人对夫妻一方超出家庭日常生活需要所负的债务用于夫妻共同生活、共同生产经营承担相应的举证责任。

对于债务人而言：首先，对于夫妻共同签字确认或者夫妻一方对方负债，另一方对其进行追认的债务，夫妻双方在此种情况下，若夫妻主张该债务并不存在，则举证责任较为严格，除非可以证明并非其真实意思表示。其次，夫或妻中一方为日常家庭生活需要所负的债务，夫妻双方在此种情况下，若主张该债务并不存在，同样要求较为严格苛刻，除非可以证明并不是为日常家庭生活需要所负的债务。最后，夫或妻一方单独对外负债的，为防止夫或妻一方与债权人恶意串通，则需要夫或妻对外负债的一方举证证明夫或妻另一方对该债务是明知的且享受到了该债务带来的利益。

（2）家事代理权范围适当扩张。现如今家事代理已经不仅是过去的柴米油盐酱醋茶等日常生活的需要，而是包括一些重大财产和不动产的处分等相关事宜。为了更好地适应社会的需要，将家事代理权划分为日常家事代理权和重大事项家事代理权两种则更有利于司法实践的需要。对日常家事代理权可以参照我国城镇居民家庭消费的范围予以认定，而对于重大事项家事代理权只需一些概括性规定，然后由法官进行自由裁量即可。

（3）建立夫妻财产公示制度。夫妻财产公示制度主要指的是可以建立类似于个人征信系统的夫妻财产公示系统，针对合法登记的夫妻，需要其将财产分配方式进行公示，便于第三人查询。在公示系统建立后，债权人可以通过公示系统验证并确认债务人的经济状况。同时对夫妻双方而言，在发生争议纠纷后，可以避免无法举证证明财产未用于夫妻共同生活而面临的败诉风险。

四、结论

由于因夫妻债务的认定与承担相关问题引起的争议纠纷不断增加，国家对夫妻债务的认定和承担的相关法律规定进行了多次修改，以求不断适应当前社会的需要。但是在司法实践中，还是会或多或少地出现一些审判困境，这就需要我们不断完善相关的认定标准，从而维护婚姻家庭的稳定，也切实保障各方当事人的合法权益。

论合同僵局中违约方解除权之正当性

王硕通*

（中国政法大学 北京 100088）

摘　要：《民法典》第 580 条第 2 款规定了违约方关于面临"合同僵局"困境下享有司法解除权之规定，这无疑是为解决当下司法实践中确实存在的现实问题，而民法学界对此条款的增设褒贬不一。例如，违约方解除权在此前的《民法典》编纂期间，便几经曲折，易数其稿，足见其制定之路命途多舛。尽管该条款随着《民法典》实施已尘埃落定，但丝毫不减民法学界对此的高度关注和激烈争论。从条款本身看，纵观世界民法均无此先例，这是根据我国现实需求所作出的理论与制度创新，更加诠释了《民法典》具有的中国特色、实践特色、时代特色。从立法目的看，无疑为破解"合同僵局"提供了一种解决途径，填补了立法上的空白。但仍需注意的是，违约方解除合同无论在法律或是道德上均存在缺陷，故对此条款在个案中的理解与适用应遵循谨慎、合理的原则。

关键词：违约方　解除权　民法典　合同僵局　履行不能

一、问题的提出

违约方在合同僵局的困境下是否享有司法解除权？关于这一问题，最早可溯源至 2006 年最高人民法院的一则公报案例。[1]审理该案的一审法院认为，合同履行期间，作为合同双方缔约基础的客观情况发生了缔约时不能预

　＊ 作者简介：王硕通（1990-），男，汉族，北京人，中国政法大学同等学力在读研究生，研究方向为民商法学。

　〔1〕 "新宇公司诉冯玉梅商铺买卖合同纠纷案"，载《最高人民法院公报》2006 年第 6 期。

见的异常变化致使继续履行明显有违《合同法》（已失效）第5条、第6条规定的公平原则与诚实信用原则，据此判令解除双方合同。随后，被告冯某梅提起上诉，二审法院审理认为，新宇公司构成违约，但在此情形下若仍继续履行合同，冯某梅的合同目的亦无法实现，遂依据《合同法》第110条第2项，该案情形属于不适用继续履行的"履行费用过高"一情形，维持一审判决解除双方合同。

该案判决引发了民法学界的热议，自此关于违约方解除权的争论便拉开序幕。本文认为，值得肯定的是，当在履行合同所支出的成本费用明显超出预期收益的前提下，合同确已无任何继续履行之必要，继续履行合同反而会导致社会资源无法被有效利用，同时在不影响违约方承担赔偿责任的情况下，需要找寻破解合同僵局之路亦是无可厚非。而围绕该案，学界争论的主要矛盾点在于通过立法赋予违约方享有解除合同的权利以达到破解"合同僵局"之目的的方式是否为必要、合理的，争论矛盾进而转化为肯定说与否定说两派。

二、何为"合同僵局"

《民法典》第580条第2款规定违约方享有解除权，从立法目的上看，无疑是为破解"合同僵局"这一现实问题提供了一项举措。那么就很必要讨论"合同僵局"实为何种情形。但值得注意的是，原《合同法》乃至《民法典》均未对于"合同僵局"的内涵、特征作出清晰的界定，故明确合同僵局的含义，是讨论破解之道的前提。崔建远教授认为，合同僵局描述为当合同关系不宜继续履行或维持现状时，一方当事人拥有终止合同的权利却不行使，使双方僵持不下不能实现合同目的的，[1]其主要是从解除权人不行使解除权的角度出发进行定义。王利明教授认为，只有长期存续性合同才存有僵局发生的土壤，[2]其主要侧重从合同性质上考量。中国审判理论研究会民事审判理论专业委员会在解读《民法典》时，则更强调人民法院或者仲裁机构要严格把握僵局问题的实质条件，[3]必须要达到"不能实现合同目的"的程度。本文认为，学者们定义时所强调的重点有所不同，从检索案例的情况上看，的确

〔1〕 崔建远："关于合同僵局的破解之道"，载《东方法学》2020年第4期。
〔2〕 王利明："论合同僵局中违约方申请解约"，载《法学评论》2020年第1期。
〔3〕 中国审判理论研究会民事专业委员会编著：《民典合同编条文理解与司法适用》，法律出版社2020年版，第211页。

大多数陷入僵局的合同都具有持续性的特征，但也不能完全排除非长期合同存在僵局的可能，因此"合同僵局"与合同性质并无关系。另外，全国人大法工委在《民法典（二审稿）》中指出"个别合同僵局问题，可以考虑用情势变更制度或者其他途径解决"，也就是说，基于《民法典》第580条第2款规定所讨论的"合同僵局"情形，应在定义范围上作限缩解释。鉴于此，"合同僵局"是指成立并生效的合同，在履行期间出现了不属于情势变更的客观情况，且一方已出现履行不能的现实情况，而另一方怠于行使解除权，致使局面僵持，任何一方都无法实现订立合同时的初衷与目的。

梳理清"合同僵局"的内涵、特征后，下文将对破解僵局的规则即违约方解除权的必要性及合理性进行剖析。

三、探析违约方解除权的必要性

鉴于"合同僵局"在日常的交易行为中具有普遍性，那么只要存在交易，就可能会出现僵局之情形，降低解决僵局出现的成本，使得交易更加高效、流畅便成了完善法律制度的重要课题。而现有其他制度不能有效解决"合同僵局"问题。

（一）法定解除

相较于原《合同法》关于法定解除权的规定，《民法典》第563条新增了不定期合同中合同当事人的任意解除权。而此处"当事人"作为法定解除权的主体，并未区分违约方或非违约方。从文义解释的角度出发，"当事人"一词的含义较宽，为合同各方，那么理所当然应包含违约方与非违约方。但适用该条时若包含违约方，则相当于违约方可以以通知对方的方式任意解除合同，固然与立法原意相悖。所以，"当事人"仅指非违约方是其应有之义，由此必然推导出司法实践不能用法定解除的方式解决"合同僵局"问题。

（二）情势变更

情势变更制度是指合同订立的基础条件发生重大变化，而该种变化不能归因于商业风险。但当下社会商业风险与情势变更本就难以厘清，该制度在多年司法实践的适用中也不尽人意。且"合同僵局"问题的产生本就极为复杂，崔建远教授认为，用情势变更来解决僵局问题的设想是不成立的，因为情势变更适用于合同能履行但是显失公平的场景。而情势变更适用于合同成立后、作为合同成立基础的条件发生重大变化，而合同僵局制度多数不存在这样的重大变化。[1]王利明教授[2]、石佳友教授[3]也都赞同此种观点。所以，基于上述考虑，用情势变更制度来解决"合同僵局"问题亦不可行。

综上所述，基于现有的法律制度无法有效化解"合同僵局"问题，而想要切实有效地解决难题，需要对现有制度加以改进，违约方解除权便成为司法实践中演化出的必然产物。

四、探析违约方解除权的合理性

（一）解除权的性质

《民法典》第563条规定了法定解除权，即非违约方有权以通知的形式，在对方存在根本违约的情形下解除合同，从而尽可能地救济自身。而《民法典》第580条第2款规定，违约方解除合同采取的形式为启动诉讼或者仲裁程序，而不能采用通知对方的形式，全国人大法工委也将该条款定义为"司法解除权"，这无疑给违约方行使解除权束缚了枷锁。对违约方肆意解除合同加以限制，是对交易安全的考量，从而避免该救济措施在日常交易中被滥用，产生道德风险。同时，司法解除权尽管增加了程序上的负担，但这点确有必要，也使得该解除权的行使更加严格，防止被滥用。在《民法典》颁布实施以后，此项制度亦是对法官审判经验及法律功底的考量，最终合同是否予以解除，由法官行使司法审判权定夺。这也使得违约方解除权这项制度更加合理、完善。

（二）为破解合同僵局提升效率

无论从法理或者情理上看，违约方作为不按照合同约定履行义务的一方均应受到谴责，立法所规定合同法定解除权的初衷是要在合同履行过程中出现违约情形时，可以通过解除合同以保障非违约一方的权利，挽回其损失。而另一方面，若法律赋予合同违约方当然地享有解除权，不仅道德上总会使人意难平，而且也会使形成的交易习惯遭受冲击。此外，根据合同严守原则，各方当事人应当依照约定履行合同义务，保障交易安全，若赋予合同违约方解除权，势必会导致交易主体无法在现有的市场环境中建立起一个相互信任

---

〔1〕 崔建远："破解合同僵局制度也体现治理能力"，载 http://www.civillaw.com.cn/gg/t/? id = 36529，最后访问日期：2022年7月30日。

〔2〕 王利明："论合同僵局中违约方申请解约"，载《法学评论》2020年第1期。

〔3〕 石佳友、高郦梅："违约方申请解除合同权：争议与回应"，载《比较法研究》2019年第6期。

的基础，同时该制度本身也与鼓励交易的政策取向相背离。

对此，肯定说认为，合同严守原则并不是说合同在任何情况下都应被履行，故立法赋予违约方以解除权不当然与合同严守相抵触。且对于一个"自己不能获得利益同时将他人置于艰难境地"的人，法律应当如何评价此人是否合乎道德呢？[1]由此不难看出，对于合同生效后出现的一些客观情况，可能已远超当事人目力所及，在客观情况所造成损失远超预期所获得的利益时，亦不能对违约方过度苛责，在其履行违约责任后促使合同解除，更能够促进社会资源的有效利用，提升效率，亦能彰显《民法典》中的诚实信用原则、公平原则和绿色原则，符合立法本意。

五、司法适用之展望

法律的生命在于实施，既然立法规定了违约方解除权制度，那么如何妥善实施从而达到真正破解"合同僵局"问题便成为关键。本文认为，司法机关在受理违约方解除合同的相关案件后，应秉持中立，对个案事实情况深度分析，考虑到违约方解除合同确与传统法律、道德观念针锋相对，故更需谨慎适用该项制度，防止权利滥用。

在形式上，《民法典》第 564 条规定了解除权的行使受 1 年除斥期间的限制，但如何确定违约方行使解除权的起算时间点仍需要根据案件事实严格把握。在实质上，严格判断违约理由是否归责于违约方主观上的恶意，遵循诚实信用的基本原则，在确认合同不存在继续履行的基础上，平衡双方利益，合理适用该项制度，从而让"任何人不得从其非法行为中获利"这一法谚得到最基本的尊重。

就像前文所述的那样，《民法典》新增违约方合同解除制度是世界合同法史上的重大革新，该项制度贴合中国国情，同时具有中国特色、实践特色、时代特色，体现了中国的智慧与经验。诚然，《民法典》第 580 条第 2 款规定的范围较为宽泛、抽象，为实际适用带来了一定程度上的困难。因此，在司法实践中仍需要在汲取各方理论的基础上，通过具体的案例加以适用，确保该制度恰如其分地破解"合同僵局"的疑难问题。

---

[1] 孙良国："违约方合同解除制度的功能定位及其意义"，载《吉林大学社会科学学报》2021年第 3 期。

论所有权保留的法律性质

冯骏毅*

（中国政法大学 北京 100088）

摘 要：《民法典》及相关司法解释对所有权保留买卖的定义较为模糊，所有权保留买卖主要制度规定在《民法典》合同编内，相关表述可以解释为保留的所有权具有附条件的所有权转让性质。然而，与担保相关的制度又表明所有权保留制度具有担保功能，保留所有权为形式上的所有权，其实质为担保性权利。《民法典》和相关司法解释对保留的所有权有不同的定义，导致保留的所有权不可避免地带有双重性质。

关键词：所有权保留 买卖合同 法律行为 担保功能

一、问题的提出

所有权保留制度主要规定在《民法典》的买卖合同部分。一般而言，买卖合同作为双务合同，买卖双方应当同时履行各自义务。但在实践交易中买受人暂时无力履行全部付款义务、延期履行、分期履行价款情形较为普遍，而一般的抵押、质押、保证等担保方式又较为复杂。所以，所有权保留制度就成为平衡买卖双方风险、最大限度便捷交易的方式。

《民法典》第 641 条至第 643 条对所有权保留买卖作出了规定。《民法典》第 641 条规定，买卖合同当事人可以约定在买受人履行支付价款或者其他义务前，标的物的所有权不发生转移，出卖人仍然为标的物的所有权人。第 641 条第 2 款所规定的善意第三人条款，可以解释为对买受人尚未取得标的物所

---

* 作者简介：冯骏毅（1990- ），男，汉族，江苏苏州人，中国政法大学同等学力研修班 2020 级学员，研究方向为民商法学。

有权之前，再次出卖给第三人的行为构成"无权处分"的释明，《民法典》第 642 条第 1 款又赋予了出卖人取回权。至此《民法典》所有权保留制度似乎表明其含义为保留"实质性的所有权"。在所有权保留买卖中，出卖人仅转移标的物的占有、使用、收益权利，而保留标的物的所有权。然而，《民法典》第 642 条第 2 款规定，在出卖人无法取回标的物的情况下，出卖人又被赋予了实现担保物权性质的救济权利。《最高人民法院关于适用〈中华人民共和国民法典〉有关担保制度的解释》（以下简称《民法典担保制度解释》）第 56 条亦规定担保物权人是指"已经办理登记的所有权保留买卖的出卖人"，将所有权保留制度从具有担保功能的角度确认"所有权保留"的实质为担保物权。

一方面，从买卖合同角度，所有权保留制度具有附条件的所有权转移的外观；另一方面，从担保功能角度，《民法典》以及相关司法解释又赋予了所有权保留买卖的担保功能。这种双重的规定所造成的结果是，理论上对于出卖人保留的所有权定性为所有权还是担保物权存在很大的争议。

二、所有权保留的性质争议

（一）所有权保留实质为所有权

王轶教授认为，买卖合同中所有权保留条款是针对买卖合同中所有权转移的附生效条件条款，其他条款自合同成立时生效；在所有权移转生效条件成就之前，出卖人虽已向买受人交付标的物，但并非为出卖人履行移转所有权的义务，而是为了让买受人提前占有、使用标的物，待所有权移转条件成就之时，买受人基于简易交付取得所有权。[1] 在此观点下，保留所有权买卖中，在买受人完全履行价款债务前，买受人仅具有标的物所有权中的占有、使用、收益权。

当买受人未履行支付价款或者双方约定的其他义务之时，出卖人可以取回标的物。此项制度符合我国大多数出卖人的交易习惯，也符合大多数个人之间或个体工商户之间的交易习惯。大型企业之间的买卖交易，出卖人若需要担保买受人价款债务的履行，可以就标的物设立动产抵押权，而不必选用所有权保留这一具有理论争议和缺乏公示手段的担保方式。

---

〔1〕 王轶："论所有权保留的法律构成"，载《当代法学》2010 年第 2 期。

首先，从《民法典》体系上看，《民法典》有关所有权保留的基本规则位于合同编，这使得所有权保留制度形式上符合附条件的所有权转让规则。[1]其次，《民法典》第116条确立了物权法定原则，且仅规定了抵押权、质权、留置权这三种法定担保物权，若将所有权保留制度归为担保物权，不符合物权法定原则。

综上，将出卖人保留的所有权解释为实质性所有权并无不可，该解释既符合交易习惯，也符合《民法典》的表述。

（二）所有权保留性质为担保物权

《民法典》第388条及《民法典担保制度解释》等担保制度规则表明，所有权保留为担保物权。《民法典》第388条规定抵押合同、质押合同和其他具有担保功能的合同可以设立担保物权；已经办理登记的所有权保留买卖的出卖人可以适用《民法典担保制度解释》第56条担保物权"正常经营买受人"规则。《民法典》第643条规定当买受人履行原有债务之时，可以请求回赎标的物。此外《民法典》第643条第2款规定了与实现担保物权类似的清算程序。

杨立新教授认为，就《民法典》第388条而言，其他具有担保功能的合同产生的效果是产生意定担保物权，就是要打破刚性物权法定主义的藩篱，确立物权法定缓和，确认以合意为基础，不仅能够产生物权编规定典型意定担保物权即抵押权和质权，还能够通过其他具有担保功能的合同产生其他非典型意定担保物权。[2]从担保功能的制度规则上看，所有权保留与担保物权效果一致，《民法典》虽然将所有权保留制度规定于合同编，但从担保制度和担保功能的角度，应当认为所有权保留为担保物权。

三、所有权保留性质应当为担保性权利

（一）所有权保留并非所有权

从《民法典》的表述来看，将所有权保留制度定义为保留实质性所有权似乎符合《民法典》对于买卖合同的表述，但其不符合法律行为的解释规则。首先，出卖人订立所有权保留条款并非意图继续享有标的物所有权，出卖人

---

〔1〕 王立栋："《民法典》第641条（所有权保留买卖）评注"，载《法学家》2021年第3期。

〔2〕 杨立新："物权法定缓和的绝处逢生与继续完善——《民法典》规定'其他具有担保功能的合同'概念价值"，载《上海政府学院学报（法治论丛）》2021年第1期。

订立该条款的真实意思在于担保买受人（债务人）履行付款债务，买卖合同双方转让标的物所有权的合意真实。当前，我国法律中的物权变动一般模式为"买卖合同有效+处分权+不动产登记或动产交付=物权变动"。根据法律行为的解释规则和物权转让的变动模式，买卖合同双方转让标的物所有权的意思表示真实且一致，标的物已履行物权变动的公示程序；买卖合同双方对于通过在标的物上设立"所有权保留"来担保买受人（债务人）价款债务履行的意思表示亦真实且一致，应当认为转让标的物所有权和以标的物"所有权"为担保的这两个法律行为均成立并生效。虽然《民法典》第 642 条规定标的物的所有权转移前，出卖人具有取回的权利，该条文的表述看似标的物所有权未发生变动，但根据法律行为的解释规则，应当认定标的物所有权已经发生变动。因此，买受人已经取得标的物所有权。出卖人订立所有权保留条款并非保留实质性所有权。

（二）所有权保留性质为担保性权利

《民法典》第 388 条规定将担保物权从抵押权、质权等法定担保物权扩张到意定的"具有担保功能"的合同。《民法典担保制度解释》第 56 条、《民法典》第 641 条则表明"保留所有权"可以进行登记。所有权保留制度从功能上说十分接近于动产抵押制度，二者均为在动产之上设立的担保性权利。所有权保留虽然不是在他人之物上为债权人的权利实现所设定的担保，但是应当认可所有权保留具有担保性质，应当将所有权保留制度作为一类意定担保性权利，纳入统一的担保制度体系内。

出卖人在买卖合同中约定所有权保留条款的目的仅仅在于实现担保交易价款债权。当买受人不履行或不完全履行价款债务之时，出卖人可以选择取回标的物，督促买受人履行债务，买卖双方转让标的物所有权的同时在标的物上设立担保权利的合意真实有效。此外，根据《民法典》643 条"买受人消除出卖人取回标的物的事由的，可以请求回赎标的物"的规定，可知出卖人并非为标的物的完全所有权人，该取回权与所有权人的返还原物请求权存在本质差异。

四、结论

在复杂多变的商业交易中，如果坚守物权法定原则，将所有权保留制度认定为实质性所有权，将意定担保排除在担保制度之外会不可避免地产生各项制度错综复杂，适用标准不同一的不利后果，也不利于商业的发展。将所有权保留纳入我国的担保物权体系，此时的所有权，只是形式上的所有权，是一种对债务履行的担保，出卖人行使的取回权利不是返还原物请求权，而是实现担保物权的权利。将所有权保留制度依担保功能效果纳入担保体系之内，认可所有权保留为担保性权利，适用统一的担保制度，有助于体系化地解读担保制度体系。所有权保留制度具有很强的实践性特色，应当从交易双方订立所有权保留条款的目的出发，认定所有权保留的担保性权利。

关于完善商业秘密的法律保护

江畅 *

（中国政法大学 北京 100088）

摘　要： 我国立法对于商业秘密的保护具有局限性，主要体现在商业秘密界定不清、保护标准不明确、立法过于笼统和原则、民事赔偿数额难以确定等问题。因此必须尽快通过完善《反不正当竞争法》和《刑法》来加大对商业秘密侵权的打击力度

关键词： 商业秘密　保护体系

商业秘密是企业的无形资产，在市场经济中发挥着重要作用。随着科学技术的发展和市场竞争的日益激烈，商业秘密侵权案件层出不穷，对商业秘密的保护越来越重要。因此，应尽快完善商业秘密法律保护体系，健全侵犯商业秘密的民事救济制度，完善我国刑法中侵犯商业秘密罪的立法规定。

一、商业秘密的法律概念界定

根据我国《反不正当竞争法》第 9 条第 3 款规定："本法所称的商业秘密，是指不为公众所知悉、具有商业价值并经权利人采取相应保密措施的技术信息、经营信息等商业信息。"

（一）不为公众所知悉

《反不正当竞争法》第 9 条所称的"不为公众所知悉"，是指该信息或者其状态仅为有关领域的相关人员普遍知悉和容易获得。也就是说，在这个范围内，可以认为只要是现有的信息，就可以认定其不为公众所知悉。需要说明的是，

---

* 作者简介：江畅（1984-），女，汉族，湖南长沙人，中国政法大学同等学力研修班 2022 级学员，研究方向为民商法学。

商业秘密是否属于"不为公众所知悉"，取决于权利人是否采取了保密措施。

（二）具有商业价值

这里的"商业价值"，一般理解为市场价值，但笔者认为，应当是市场上已经公开销售的产品的价格。这一点，可以从美国法的相关规定中得到印证。美国《统一商业秘密法》第4条规定："关于获得、开发和维持一项信息（包括程序、产品或者服务）的费用，以该信息可能产生的经济利益或者竞争优势来计算。"而在我国《反不正当竞争法》中，对于"商业价值"这一概念并没有作出规定。因此，笔者认为应当将其修改为"具有商业价值"。同时，应当明确"具有商业价值"包括两个方面的内容：一是该信息能够带来经济利益；二是该信息具有竞争优势。前者是商业秘密的内在属性，后者则是商业秘密作为竞争优势的外在表现。

二、商业秘密法律保护存在的主要问题

相比英美国家，普通法系的国家对"商业秘密"的法律保护相对较晚，而且规定和制度相对滞后。逐步形成了一套以反不正当竞争法为核心的法律制度体系。[1]我国也是如此，但在司法实践中存在一定的问题。我国《反不正当竞争法》《民法典》等法律对商业秘密的规定，比较原则、笼统，可操作性差，在司法实践中难以操作。由于对商业秘密的界定不清，所以对其保护也就没有一个明确的标准，给侵犯商业秘密行为的认定和处罚带来困难。

在实际办案中，关于侵犯商业秘密案件的民事赔偿数额的确定存在很大困难。如果要确定侵犯商业秘密造成的损失数额就必须调查被告单位在过去一段时间内的销售额、销售额上升幅度、获利情况等。但由于我国商业秘密法律不够完善，现行《反不正当竞争法》在赔偿数额的确定方面规定得过于笼统、原则，无法可依；在适用《民法典》也没有明确其损失赔偿数额应当如何确定。目前，我国关于商业秘密法律保护的法律规定主要包括：《反不正当竞争法》《民法典》和《刑法》等法律。

从总体上看，我国侵犯商业秘密行为的民事救济制度相对不完善，在实践中往往缺乏可操作性。目前我国对于商业秘密侵权行为民事救济制度主要有以下几种：①以停止侵害为主；②以行政处罚为主；③以民事诉讼为主；

---

[1] 金洋："我国商业秘密法律保护的问题及完善"，载《法制博览》2019年第8期。

④以刑事处罚为辅。虽然在这些方法中对于停止侵害和行政处罚都有相应的规定，但对于侵犯商业秘密行为的民事救济来说，这几种方法往往都难以适用。

另外，我国《刑法》中对侵犯商业秘密罪规定得较轻。现行《刑法》中关于侵犯商业秘密罪有四种具体犯罪行为类型：盗窃商业秘密；使用非法获取的商业秘密；故意泄露、转让或提供给他人；教唆他人或帮助他人盗窃或提供给他人使用。但这些规定过于原则和概括，没有具体操作措施。

三、商业秘密刑事保护问题

我国刑法关于侵犯商业秘密罪的规定欠缺实践性和可操作性，不足以有效的发挥刑法作为补充法和保护法的作用。例如，犯商业秘密罪的立案标准不统一，实践中存在争议。在司法实践中，关于立案标准的问题争议较大。在我国刑法中，侵犯商业秘密罪的立案标准规定为"给商业秘密权利人造成重大损失"。《刑法》第 219 条规定的侵犯商业秘密罪中，侵犯的客体[1]是国家对知识产权的管理制度和权利人在市场竞争中的合法权益。但实践中对"重大损失"或"重大影响"的理解往往存在差异，有的认为是"给权利人造成重大经济损失"，有的认为是"严重后果"。对此，应当以国家有关管理制度和权利人在市场竞争中的合法权益为标准来确定《刑法》第 219 条所规定的"重大损失"或"重大影响"。

（一）对"给权利人造成重大损失"的理解

根据立法目的和立法者对本罪的立法本意，"给权利人造成重大损失"是指因侵犯商业秘密权利人造成直接经济损失数额在 50 万元以上或者使权利人的竞争优势丧失，或使权利人的生产经营活动陷入困境的情形。"给权利人造成重大损失"是指由于行为人的侵权行为导致权利人难以使用其拥有的商业秘密或者其合法拥有的商业秘密无法为其带来经济利益。"给权利人造成特别严重后果"是指因侵犯商业秘密造成权利人破产、倒闭、解散、市场份额减少等严重后果。

（二）对"重大影响"的认定

我国刑法中没有对"重大影响"的规定，但在司法实践中，可以根据行

---

〔1〕 李木子："商业秘密刑法保护的立法完善"，载《法制与社会》2015 年第 23 期。

为人的主观认识、客观行为及其造成的实际后果来认定其是否构成"重大影响"。首先，行为人对其所侵犯的商业秘密是否具有"重大影响"是明知的。如果行为人明知其侵犯的商业秘密属于他人商业秘密而仍然予以非法获取、使用、披露或者允许他人使用，就构成侵犯商业秘密罪。其次，行为人是否已经实际造成了重大影响，可以从行为人实施侵犯商业秘密行为所造成的后果来认定。例如，行为人违法获取了他人商业秘密，但没有将其非法获取的商业秘密用于生产经营或者将其非法获取的商业秘密予以披露、使用或者允许他人使用，也会造成重大影响。

四、完善我国商业秘密法律保护的对策和建议

（1）建立和完善商业秘密的法律保护体系，对商业秘密进行全面的立法保护。目前，我国已经制定了《反不正当竞争法》《劳动法》等有关商业秘密的法律法规，但这些法律法规相对分散，缺乏系统性和完整性。首先，对《反不正当竞争法》进行修订，增加有关商业秘密侵权行为的规定；其次，制定专门的《商业秘密保护法》，从立法上明确商业秘密保护的目的、范围、主体、客体和内容，规定商业秘密侵权行为的构成要件和具体形式；再次，应尽快制定《反不正当竞争法实施条例》，对侵犯商业秘密行为作出具体规定；最后，制定《商业秘密保护法》的实施细则等。

（2）加强司法保护力度。一是要完善我国现有知识产权法中有关商业秘密的规定；二是要完善《反不正当竞争法》和《刑法》中有关侵犯商业秘密罪的规定；三是要加强对民事救济程序的完善和司法保护力度。

（3）加强企业自身保护意识。由于该类案件涉罪的主体主要是公司员工和部分商业秘密使用人，故需要对上述群体加以提示、规范，构建企业、社会、刑事司法等多维度的商业秘密保护体系。可采取的措施主要包括：一是要制定企业保密制度和员工保密手册，规范企业内部人员行为；二是要明确企业员工对所知悉的企业内部信息及经营活动负有保密义务；三是要建立和完善内部泄密举报制度，鼓励员工举报侵犯商业秘密的行为。[1]

---

〔1〕 孙迪："保护知识产权亟需加强对商业秘密的保护——关于侵犯商业秘密罪的若干思考"，载《法制与社会》2015年第15期

犯罪主体问题研究

——以银行职务犯罪为例

潘俊洋*

（中国政法大学 北京 100088）

摘　要： 刑法具有预防和惩治犯罪的功能，在国家强力推进金融反腐的背景下，纪委监委向金融腐败重拳出击，本文专题研究银行职务犯罪有关犯罪主体方面的问题。然后从犯罪主体角度考虑对银行职务犯罪主体的刑法定罪要点进行归纳总结，侧重对罪名之间的差异性分析并对银行职务犯罪的相似罪名进行界定归纳，最后提炼有关银行职务犯罪的罪名差异，以此阐释办案机关在办理银行职务犯罪案件过程中需要关注的犯罪主体问题。

关键词： 刑法　银行　职务犯罪　犯罪主体

金融法治反腐离不开刑法的保障，刑法也应保障和完善金融法治建设。近年来，银行职务犯罪案件高发，在办案机关在查办的金融腐败案件中，银行职务犯罪案件最为突出典型。银行腐败分子在造成巨大金融风险的同时也具有较大的社会危害性。随着国家金融反腐力度的持续加大，银行系统被查处的干部涉及大型国有银行及一些地方性的城市商业银行、农商行等众多银行单位。相关银行单位及人员的职责存在着诸多差别，触犯的刑法罪名也有所区别。银行职务犯罪的普遍特点在于其犯罪主体职务的特殊性，属于特殊犯罪主体，因此以犯罪主体为切入点去研究归纳总结与银行相关的职务犯罪，可以有助于办案人员在具体实践中更好地把握这类犯罪的共性以及特点，进一步清晰明确相关银行职务犯罪构成的要点。

---

*　作者简介：潘俊洋（1990-），男，满族，辽宁本溪人，中国政法大学同等学力研修班 2022 级学员，研究方向为刑法学。

一、以犯罪主体为标准的银行职务犯罪分类

犯罪主体是刑法犯罪构成中的重要构成要件，银行职务犯罪要求主体行为人必须具有特殊身份，以犯罪主体为区别可以将银行职务犯罪分为两大类[1]：一类主要是由银行工作人员构成的自然人犯罪；另一类主要是由单位的领导机构按照单位的决策程序作出决定后，并由直接责任人具体负责执行实施的单位犯罪，这类犯罪大多以单位为名。自然人犯罪的主体常常指的就是银行工作人员，而银行单位犯罪的犯罪主体主要是指银行有关单位和内设机构及相关职能部门。

《刑法》第 171 条第 2 款 "金融工作人员购买假币、以假币换取货币罪" 就是在具体司法实践中比较典型突出的特殊犯罪主体的银行职务犯罪罪名。该罪名在条文中明确要求犯罪主体为银行或者其他金融机构的工作人员，即需要具有银行工作人员身份；该罪有关客观方面的犯罪行为主要表现为购买假币、以假币换取货币。该罪包含两个犯罪行为，即 "购买假币" 与 "以假币换真币"，因为两个行为都受刑罚规制，属于典型的选择性罪名，但结合现实来思考，银行工作人员购买假币显然要比普通犯罪主体购买假币的社会危害性更大，因为银行工作人员购买假币不仅侵害了有关金融管理秩序这一社会法益，同时也与自己作为银行工作人员的职业基本要求相悖。更有甚者，银行工作人员购买假币后利用职务便利以假币换取真币的犯罪就是典型的银行职务犯罪。银行工作人员在日常工作中具有经常接触单位货币的职务便利条件，因此刑法在这一方面需要对银行工作人员予以特别的限制，以体现出银行职务犯罪自然人主体本身的特殊性。

对于银行单位犯罪，有时候既可以是银行以单位名义实施，也可以是银行工作人员实施。例如，《刑法》第 186 条 "违法发放贷款罪"，第 187 条 "吸收客户资金不入帐罪"，第 188 条 "违规出具金融票证罪"，第 189 条 "对违法票据承兑、付款、保证罪" 规定的都是银行单位或者银行工作人员违反职务要求所实施的犯罪。因为违法发放贷款、吸收客户资金不入账、违法票据承兑、付款、保证都必然发生在具体的银行业务工作中，这类犯罪行为不

---

[1] 许鹤："金融法治建设的刑法途径——以银行职务犯罪为例"，载《金融法学家》2010 年第 2 辑。

仅可以由自然人作出也可以由单位作出，是一种典型的职务行为。另外，犯罪主体在实施这类犯罪行为时违反自身职务规范要求，故定罪的重要前提是对相关法律法规的违反。

二、银行职务犯罪中的自然人犯罪主体

银行职务犯罪中的自然人犯罪主体多要求自然人具有特殊身份，属于典型身份犯。特殊身份对定罪有影响的在刑法学理论研究中被称为"真正身份犯"，而主体行为人具有的特殊身份并非影响定罪而是直接影响量刑的轻重的在刑法学理论研究中被称为"不真正身份犯"。例如，《刑法》第171条"金融工作人员购买假币罪、以假币换取货币罪"要求犯罪主体必须是银行工作人员，如果主体不是银行工作人员，不能构成本罪。再如，《刑法》第187条"吸收客户资金不入帐罪"对犯罪主体行为人的要求也必须是银行工作人员，如果犯罪主体行为人不是银行工作人员，其行为也就不能构成"吸收客户资金不入账罪"。真正身份犯的犯罪主体行为人的特殊身份直接影响其行为是否构成犯罪。而不真正身份犯虽然并不绝对影响定罪，犯罪主体不具备特殊身份也不影响相关罪名的成立，但如果主体行为人具有特殊身份，那么将影响对行为人具体量刑的加重或减轻。笔者在对银行职务犯罪相关罪名进行归纳总结中发现，涉及的相关罪名都被划定于真正身份犯的范畴中，银行工作人员这一特殊身份是构成银行职务犯罪的必要构成要件，银行职务犯罪要求行为主体必须具有银行工作人员这一特殊资格，且这种资格需要保持一定的持续性。刑法界定身份犯时，均要求身份犯要有特殊身份，如果行为人具有特殊身份，那么就会承担相应的刑事责任，如果犯罪主体行为人不具有刑法罪名要求的特定身份，就应认定为其他犯罪。例如，在具体办案实践中，我们如果发现用假币换取真币的行为人不是银行工作人员，就应将其行为认定为盗窃罪、侵占罪。虽然在具体办案实践中银行职务犯罪主体的特定身份与其是否构成的具体犯罪罪名密切相关，但是对特定身份的限定也不能够过于细化。例如，对于"违法发放贷款罪"这一罪名，办案人员不能将犯罪主体仅仅限定在具有发放贷款职权的银行工作人员身份上，因为《刑法》条文对该罪的身份要求就是银行工作人员，如果将银行工作人员限定缩小为仅仅是具有发放贷款职权的银行工作人员，明显是将这一罪名有关的犯罪主体大大缩小，这并不是刑法立法的本意。总之，在具体办案中对特殊身份解释不能作

缩小解释，因为这种缩小解释会明显违背罪责刑相适应的刑法原则，违背公平正义的法律理念，与立法本意相悖，导致法律的公平正义价值无法实现。

三、银行职务犯罪主体中的单位犯罪

《刑法》第2章第4节第30条规定，公司、企业、事业单位、机关、团体实施的危害社会的行为，法律规定为单位犯罪的，应当负法律责任。由此可以看出，在银行职务犯罪中，银行等单位可以成为犯罪主体。单位犯罪一般均有法律明文规定，法律后果也具有一定的特殊性，因为一般要求对单位直接负责的主管人员和其他直接责任人员定罪处罚，但需要明确的是，银行职务犯罪中的单位犯罪一般是由直接责任人具体实施而不是银行各个成员构成的犯罪的集合。例如，《刑法》第188条第2款对"违规出具金融票证罪"的规定是："单位犯前款罪的，对单位判处罚金，并对其直接负责的主管人员和其他直接责任人员，依照前款的规定处罚。"这个条款对单位犯罪主体予以明确，条文中的"直接负责的主管人员"是指单位的主管负责人，包括法定代表人，其他直接责任人员，一般是在单位实施的犯罪行为过程中起决定、批准、授意、纵容、指挥等作用的人员，也就是在单位犯罪中具体实施犯罪并起较大作用的人员，既可以是单位的经营管理者，也可以是单位的职工，包括聘任、雇佣的人员。

另外，在我国的金融体系中，三大政策性银行专门从事国家政策性贷款活动，应排除在银行职务犯罪的特殊单位主体范围之外，因为其不参与具有市场经济性质的金融业务，不从事银行职务犯罪所规范的各项业务活动，因此，银行职务犯罪多为属于《刑法》分则第3章破坏社会主义市场经济秩序有关的第4节破坏金融管理秩序罪，而政策性银行的职务行为很多并不属于常规的市场经济行为，一般多属于对政府宏观调控和政策扶持的国家金融政策执行行为，对于政策性银行的职务犯罪不宜定为破坏社会主义市场经济秩序罪，可以依据《刑法》分则第8章贪污贿赂罪和第9章渎职罪定罪处罚。

需要注意的是，我们在研究银行单位职务犯罪过程中不能将单位的内涵做教条化的理解。因为商业银行在我国是作为一个金融体系存在，其组织架构包括总行、分行、支行等，是一个独立的法人单位，但分行与支行有的并不是独立法人。我们在具体办案过程中发现涉及银行单位职务犯罪的往往仅仅是银行的某个分支部门，例如，触犯"违法发放贷款罪"的大多是这个银

行的信贷部门。如此，这个银行的信贷部门就可以直接作为犯罪主体，并不涉及整个法人单位。因此，在刑法中对单位的理解不能仅仅教条局限地要求在独立法人这一条标准，应结合办案实际，按照刑法中适当扩大解释的方法将银行的内设机构和有关业务部门纳入刑法单位犯罪主体当中来。

对银行职务犯罪的研究离不开刑法学的基础理论，我们在具体案件办理过程中还应注意理论联系实际，在具体案件办理过程中不断总结归纳，不断强化精准意识，历练精准思维，不断提升自身的法律素养。

侵犯公民个人信息罪法益研究

唐志红*

（中国政法大学 北京 100088）

摘　要： 由于公民个人信息的权属界定不明确，刑法上对于侵犯公民个人信息罪的法益存在很大争议，形成了个人信息权说、个人人格权说、网络隐私权说、集体法益说、公共信息安全说五种立场。应确认侵犯公民个人信息罪的法益是个人信息权，明确公民个人信息的人身属性、财产属性和相关法益依附属性，进而为保护公民个人信息提供法律基础。

关键词： 刑法法益　信息自决权　侵犯公民个人信息罪

一、问题的提出

信息时代的来临加速经济的快速发展，人们可以快速简易获得信息，伴随而来的是随处可见的侵犯公民个人信息事件，此现象导致对公民生活安宁和社会秩序的破坏。目前我国的法律针对公民个人信息的法益权属界定不够清晰，无法准确打击"侵犯公民个人信息"犯罪案件。具体而言，在我国的司法实践中，公民个人信息犯罪案件数量巨大，获取个人信息的方式专业化和多样化；而在我国法律体系中，对公民个人信息的保护属于附属保护，立法现状为"先刑后民"，导致公民个人信息的法律属性难以被清晰界定，无法作为违法性判断的逻辑起点。在民法体系中，《个人信息保护法》只针对基本原则作出了规定，对于公民个人信息的范围和性质缺乏明确的法律规定。正式施行的《民法典》对于"公民个人信息"的界定，为"侵犯公民

---

* 作者简介：唐志红（1995-），女，瑶族，广东深圳人，中国政法大学同等学力研修班 2022 级学员，研究方向为民商法学。

个人信息罪"的法益确定提供了重要参考依据，[1]但也没有明确界定个人信息的权利属性。法益是违法性判断的逻辑起点，有必要对当前公民个人信息的概念进行深入解读，厘清公民个人信息罪的法益。通过明确法益内涵，确定公民个人信息的解释方向，对公民个人信息的刑法保护范围予以准确界定。

二、侵犯公民个人信息罪法益学说述评

为解决司法实践的困惑，需要对公民个人信息的保护法益进行更为清晰的诠释。当前侵犯公民个人信息罪的保护法益在学界中有五种观点：

（一）学界的已有观点

"侵犯公民个人信息罪"保护的法益是什么，学界对其争议不断，以下五种学说是其中具有代表性的学说。

（1）个人信息权说。个人信息权所保护的是个人对信息享有的支配权，并且不受他人侵害。[2]有学者指出，"本罪具体保护的个人法益是能够在网络信息时代保护公民个人信息权益的，作为新型权利的个人信息权，而不是以隐私权为代表的传统个人权利"。[3]上述观点认为侵犯公民个人信息罪保护的法益是个人信息权，强调民法与刑法概念的结合，将侵犯公民个人信息罪的法益框定在个人信息权范畴，在一定程度上为司法实践提供了刑法规范基础，但我国相关案件以侵犯群体个人信息为主，无法对应具体的公民权益。

（2）个人人格权说。有学者指出，"公民人格尊严和个人自由应该是侵犯公民个人信息罪所保护的法益"。[4]此观点参照《民法典》对人格权的解读，人格权包括生命权、健康权、隐私权、姓名权、肖像权、名誉权等，针对公民个人信息的保护，只能限制在关乎私人生活安宁的个人信息范畴。

（3）网络隐私权说。"网络隐私权"保护的是在网络中公民自由支配个人

〔1〕 马永强："侵犯公民个人信息罪的法益属性确证"，载《环球法律评论》2021年第2期。

〔2〕 参见齐爱民："论个人信息的法律保护"，载《苏州大学学报（哲学社会科学版）》2005年第2期。

〔3〕 刘艳红："侵犯公民个人信息罪法益：个人法益及新型权利之确证——以《个人信息保护法（草案）》为视角之分析"，载《中国刑事法杂志》2019年第5期。

〔4〕 高富平、王文祥："出售或提供公民个人信息入罪的边界——以侵犯公民个人信息罪所保护的法益为视角"，载《政治与法律》2017年第2期。

隐私的权益，若被他人侵犯隐私，可以使用法律武器保护自身合法权益。[1]该观点保护了在网络空间里的个人隐私权益，却没清晰区分隐私权和人格权。"隐私"与公共利益、群体利益无关，专属于个人，是不愿意被他人侵入的个人领域，而个人信息既包括"隐私"也包括公开的信息，例如，自行在网络上公开的信息虽然不属于隐私，但仍需要得到保护。而且隐私权是一项消极的权益，需要受到侵犯才能被保护，但个人信息权属于积极的权益，公民既可以主动交付他人使用，也可以在个人信息权利被侵犯时寻求法律的保护。按以上观点，只能保护涉及隐私的案件，属于个人信息的其他案件不能被保护，如此则不能精准打击此类型的犯罪案件。

（4）集体法益说。集体法益说针对具备实质权利内涵的集体法益和具体为信息专有权的法益进行保护能够更好地解决实践中的侵犯公民个人信息案件。[2]另一些观点认为，"针对个人信息安全的社会法益进行保护才是侵犯公民个人信息罪的法益，侵犯公民个人信息罪应该是超个人的，具有社会属性的"。[3]上述观点认为侵犯公民个人信息罪所保护的法益为集体法益。虽然侵犯公民个人信息案件可能会侵犯国家和社会利益，但在法律上设立"侵犯公民个人信息罪"的目的是保护公民个人的权益，因此"侵犯公民个人信息罪"的法益不是超个人的公共利益。

（5）公共信息安全说。该观点认为，应该在立法上将侵犯公民个人信息罪直接更名为侵犯公共信息安全罪，用社会法益取缔个人法益。[4]此观点虽然在一定程度上保护了公共信息的安全，却无法有效解决实际案件中针对单个个人信息的定罪问题，无法全面保护公民的个人利益。

（二）各学说存在的问题

随着社会的进步发展及法治观念的深入普及，人们对于个人信息的保护观念也随之增强，国家法律体系需要在法律层面保护自然人的信息权利。我国《民法典》规定"自然人的个人信息受法律保护"，但个人信息有个人信

〔1〕 徐翕明："网络隐私权刑法规制的应然选择——从'侵犯公民个人信息罪'切入"，载《东方法学》2018年第5期。

〔2〕 敬力嘉："大数据环境下侵犯公民个人信息罪法益的应然转向"，载《法学评论》2018年第2期。

〔3〕 江海洋："侵犯公民个人信息罪超个人法益之提倡"，载《交大法学》2018年第3期。

〔4〕 参见王肃之："被害人教义学核心原则的发展——基于侵犯公民个人信息罪法益的反思"，载《政治与法律》2017年第10期。

息权的概念和个人信息利益的概念，这里没有明确规定。从刑法的角度来看，刑法是侵犯公民个人信息犯罪的证成要件，应当保护与个人人身、财产权益相关的个人信息权利内容。

《刑法》第 253 条规定了侵犯公民个人信息罪的相关内容，但在司法实践中将理论与实际相结合较为困难。确定"侵犯公民个人信息罪"所保护的法益是确定犯罪构成的要件，对于"侵犯公民个人信息罪"解释上的争议主要来源于对"公民个人信息"的保护法益难以达成共识。虽然新罪之保护法益的证成规则需要做进一步的思考，却没有引起关注，导致新罪对保护法益有着不同的意见。当《刑法》增加一个新的罪名，必须确定新罪的保护法益用于指导司法。个罪之保护法益的论证问题涉及如何确定新罪之保护法益，还涉及个罪之保护法益的论证问题，两者相辅相成。[1]个罪之保护法益的论证旨在寻求一种具有权威性、融贯性、共识性的理论方案，只有尊重新罪保护法益之证成规则，避开导致法益论的一般理论与个罪之保护法益之间的紧张关系，才能站在客观的角度对新罪保护法益进行解读。在现阶段的学术讨论中，某些学者忽略了法益论中的一般理论与个罪之保护法益的结合，进而有关个罪之保护法益的讨论持续僵持，无法得出结论。对此应通过研究，分析出现这种现象的成因，检视现阶段的理论研究不足，寻找合适的解决办法。

三、侵犯公民个人信息罪的保护法益是个人信息权

基于以上各类学说的观点，可以得出关于公民个人信息罪所保护的是个人信息权，虽然伴随而来的是对其他权益的侵犯，但不影响对本罪的认定。以个人信息权作为"侵犯公民个人信息罪"的保护法益可以更好地进行犯罪认定。个人信息权不只是一种精神性权利，亦涵盖了隐私权的权利内容，信息数据可交易，可在实践中以商业用途换取利益，具有一定的财产价值。故公民个人信息既有精神权利的内容，也有财产权利的内容。当公民的个人信息被侵犯时，既侵犯了公民的隐私权利，也侵犯了公民自由支配信息的权利。

讨论"侵犯公民个人信息罪"这一较新罪名的保护法益具有实践与理论意义，刑法增设新法的合理化依据："为了给惩罚犯罪提供法律依据，增设新

---

〔1〕 姜涛："新罪之保护法益的证成规则——以侵犯公民个人信息罪的保护法益论证为例"，载《中国刑事法杂志》2021 年第 3 期。

罪时要明确法益，说明该行为影响的国民的生活利益。"〔1〕确定侵犯公民个人信息罪的法益不仅是刑法层面的问题，准确确定该罪法益还需要根据法律一体化的思维，整合《个人信息保护法》《民法总则》等有关国家法律法规，最后才能得出结论。〔2〕因此，侵犯公民个人信息罪保护的法益是个人法益，并且是个人法益中的个人信息权，将侵犯公民个人信息罪的保护法益确定为个人信息权能够有效应对现阶段侵犯公民个人信息的犯罪行为，保护公民信息权利的诉求，对比其他学说更加合理。

综上所述，个人信息权是一种综合性的权利，为了更能全面保护公民与信息有关的个人权益，应当将个人信息权作为侵犯公民个人信息罪的保护法益。

---

〔1〕 刘艳红："侵犯公民个人信息罪法益：个人法益及新型权利之确证——以《个人信息保护法（草案）》为视角之分析"，载《中国刑事法杂志》2019 年第 5 期。

〔2〕 刘艳红："侵犯公民个人信息罪法益：个人法益及新型权利之确证——以《个人信息保护法（草案）》为视角之分析"，载《中国刑事法杂志》2019 年第 5 期。

浅析索财行为与敲诈勒索罪的界限

陈永凯*

（中国政法大学 北京 100088）

摘　要：有权利基础的索财行为可能因符合敲诈勒索罪的构成要件而入罪，但这类行为具备自力救济的外在表现，具有合理性，应明确罪与非罪的界限。根据权利基础的类型，可以将这类索财行为分为三类：以习俗性权利为基础的索财行为可能构成敲诈勒索罪，有法定权利基础或道德权利基础的索财行为不应构成敲诈勒索罪。

关键词：权利行使　敲诈勒索　道德权利

一、问题的提出

权利是人类生存的基础，随着人类社会的进步，人们的维权意识逐渐增强。维权可以通过两种方式实现：一种是根据法律程序进行公力救济，一种是"来不及按照正式的法律程序等待国家公力机关的救助，而以自己的力量求得权利恢复的行为"，[1]即自救行为。

近年来，因自救维权过度被判敲诈勒索罪的情况时有发生，司法实践中对此类情况是否成立的认定存在不同的意见，出现入罪和无罪的反复，没有统一的定论，甚至出现同案不同判的情况。如"黄某天价笔记本电脑案""郭某奶粉有毒案"等。这种现状不禁令人思考，权利行使与敲诈勒索罪的界限如何划定？行为人如何在保护自己权利的同时又免遭牢狱之灾？

---

* 作者简介：陈永凯（1980- ），女，汉族，河南周口人，中国政法大学同等学力研修班 2022 级学员，研究方向为民商法学。

〔1〕 田宏杰：《刑法中的正当化行为》，中国检察出版社 2004 年版，第 527 页。

二、敲诈勒索罪的成立条件

《刑法》第274条敲诈勒索罪属于简单罪状，根据对该罪客观方面和主观方面的一般解读，[1]无法直接判断有权利基础的索财行为是否构成犯罪。

（一）敲诈勒索罪的客观方面

"所谓恐吓，通常是指为了使他人交付财物或财产上的利益对之实行胁迫，而尚未达到抑制他人反抗的程度。"[2]胁迫的内容很广，"其内涵应是不利于被害人的恶害。至于行为人是否真的想去实现所胁迫中的恶害，以及这种恶害在客观上是否真的具有实行的可能性，均不影响本罪的成立，只要行为人将恶害相告于被害人让被害人产生恐惧心理即可"。[3]恶害是否足以使被害人产生恐惧，应以一般人的认知为标准，"不仅要考虑行为的性质，而且要从周围的情况来看，根据经验法则，以是不是足以使一般人产生恐惧为标准，客观地进行判断"。[4]

那么，符合本罪构成要件的胁迫行为都以提出的恶害违法为前提吗？答案是否定的，"恶害的实现并不要求其自身是违法的，即使是包含正当权利的事项，如果作为使他人交付财物的手段来使用时，也可能成为胁迫行为"。[5]实践中，行为人会通过向媒体曝光、向法院起诉的形式维权，这些维权行为本身是正当的，但是作为向被害人要挟的筹码时，因会使对方产生恐惧具有胁迫性，仍然可能构成敲诈勒索罪。

（二）敲诈勒索罪的主观方面

敲诈勒索罪的主观方面是直接故意，除此之外还需具有非法占有的犯罪目的。[6]因此，敲诈勒索罪是目的犯，非法占有是此罪的犯罪目的。虽然国家没有像诈骗罪那样明确将"以非法占有为目的"规定在刑法条文中，

---

〔1〕《刑法》规定，敲诈勒索公私财物，数额较大或者多次敲诈勒索的，判处刑罚，这里并没有对敲诈勒索这个概念进行明确的规定。但是通说认为："敲诈勒索罪是指以非法占有公私财物或非法取得财产性利益为目的，对被害人以暴力或其他损害相胁迫，迫使其交付数额较大的公私财物或提供财产性利益的行为。"参见赵秉志：《侵犯财产罪》，中国人民公安大学出版社1999年版，第292、324页。

〔2〕董玉庭："行使权利的疆界：敲诈勒索罪与非罪的理论解析"，载《法律适用》2004年第9期。

〔3〕董文蕙："维权的界域：敲诈勒索罪与非罪的探讨"，载《社会科学家》2009年第4期。

〔4〕[日]大谷实：《刑法各论》，黎宏译，法律出版社2003年版，第206页。

〔5〕刘明祥：《财产罪比较研究》，中国政法大学出版社2001年版，第301页。

〔6〕高铭暄、马克昌主编：《刑法学》，北京大学出版社、高等教育出版社2000年版，第527页。

但是这并不影响理论界和司法实践中将非法占有作为成立敲诈勒索罪的必要条件。

以非法占有为目的是指没有合法根据以剥夺他人财产为目的，因为行为人通常不清楚自己能够合法索要的具体数额，因此有权利基础的索财行为人，常常会因为其索要的财物数额较大，而被认为其主观方面具有非法占有的目的。按照目前刑法学界的通说，目的犯中的目的是一种主观的超过因素，非法占有目的由于没有客观因素相对应，使得实践中存在判断难题，是导致很多争议产生的主要原因。

三、司法实践中对有权利基础的敲诈勒索案件认定的立场

行为人与被害人之间没有任何权益纠纷的案件，这司法认定中并没有争议。但是，实践中大量的敲诈勒索案件，行为人都认为自己有"正当理由"提出索赔，这类行为在犯罪认定中给实践和理论带来了很大困难。所谓"正当理由"，可以理解为存在某种权利基础，在法理上，权利存在不同的种类，可以分为法律性权利、习俗性权利和道德性权利等类型，[1]基于不同的权利类型，可能产生不同的"敲诈勒索"类行为。

法定权利是指法律明确规定的权利，有事实和法律的基础。在司法实践中，法院对存在法定权利的案件，如果认定了法定权利与敲诈勒索的内部关联，通常可以排除行为人非法占有之目的。法定权利包括：债权私力救济、消费维权等类型。比如，"黄某天价笔记本索赔案""郭某毒奶粉案"，有消费者权利的基础属于法定权利。这两个案件虽几经曲折，但最终都按照无罪处理，原因之一是行为人有法定权利基础。可见，司法界对存在法定权利的索赔行为持审慎态度，通常不作入罪化处理。

对于习俗性权利如赌债、高利贷等含有不法性质的债权，司法机关采取的是承认不保护的态度。行为人使用威胁、恐吓的手段逼迫债务人履行自然债务的，对此是否构成敲诈勒索罪，我国刑法理论界的立场较为统一：既然高利贷、赌债等不受法律保护，就表明行为人的行为不是行使权利，故而在敲诈勒索罪的认定中就不存在违法阻却事由。

---

〔1〕 ［加］L. W. 萨姆纳：《权利的道德基础》，李茂森译，中国人民大学出版社 2011 年版，第16页。

对于道德权利的主张，例如因恋爱分手主张的青春损失费，索取通奸私了款时的精神损失费，司法机关在进行是否成立敲诈勒索罪的认定中，存在两种截然相反的做法。有的判例倾向于否定具有道德权利基础的行为人主观上存在非法占有目的，如在"陈某敲诈勒索案"中，陈某殴打、威胁与其女朋友发生性关系且致其怀孕堕胎的孙某，要求其赔偿 2 万元。对此，司法机关认为，陈某主观上不存在敲诈勒索罪中的以非法占有为目的，其强力索财的行为系"事出有因"。[1] 有的判例则对行为人以所谓"精神损害"索赔的行为予以犯罪化处理。如在"刘某新敲诈勒索案"中，被告人刘某新在得知妻子被单位领导"性骚扰"后，对被害人实施殴打并以"精神损害"赔偿为由索要 16 万元。对此，被告人刘某新认为，其行为系"事出有因"的自力救济行为，主观上也没有以非法占有为目的，不符合敲诈勒索罪的构成要件。但法院却认为，即使被害人存在不当的侵权行为，其法律责任也应当由司法机关裁定，而不能由被告人通过私力救济的方式主张。最终，刘某新因犯敲诈勒索罪被判处有期徒刑 4 年。[2]

四、结论

综上所述，对于具有法定权利和习俗性权利的索财行为，在理论和实践中基本不存在分歧，而对于以道德权利为基础的索财行为是否构成犯罪，仍需要明确。

行为人具备道德权利基础向被害人索赔，即使数额巨大，被害人不同意，但仍属于正当行使权利的范畴，应不构成敲诈勒索罪。如手段超过必要限度，涉及其他犯罪时（如非法拘禁罪时）另当别论。然而，法律是一定条件下对人民生活的制约，但是实际生活中更多行为是出于对礼节、道德习惯的遵循。法出于礼，民法是意思自治的，利己的思想符合自助行为的特征，刑法具有谦抑性，在民法、行政法无法救济保障时，刑法才能进行干预。

范伯格认为，基于道德权利基础索要债务，在道德上是正当的，在法律上

---

〔1〕 参见于浩："如何判断'事出有因'型敲诈勒索案件中行为人的主观目的"，载《中国检察官》2010 年第 2 期。

〔2〕 刘立军、陈磊："北大刑法学博士'勒索'隐情披露——妻子两年间遭领导性骚扰——丈夫索要 16 万元精神损失费"，载《法治日报》2011 年 1 月 4 日。

亦应是，本质上其应属于"正当的敲诈"。[1]目前我国司法机关对于敲诈勒索罪的认定，呈形式化的扩张运动状态，入罪的主要根据通常从形式化的角度考察胁迫、交付财物等构成要件要素。唯有将表面的胁迫取财行为与深层的权利基础结合起来，才能作出更具司法智慧的判决。[2]

---

〔1〕 参见［美］乔尔·范伯格：《刑法的道德界限》（第4卷·无害的不法行为），方泉译，商务印书馆2015年版，第297页。

〔2〕 庄绪龙："道德权利理论与敲诈勒索罪的教义学限缩"，载《中外法学》2022年第2期。

经济法的特征及其在企业管理中的作用研究

宋佳伟*

（中国政法大学　北京　100088）

摘　要： 自改革开放以来，中国向世界敞开怀抱，开启了市场经济与对外贸易的宏伟时代。这一举措为我国经济体制带来了一场重大变革，为我国经济建设带来了质的飞跃，同时也出现了旧有制度可能限制甚至阻碍市场主体发展的不利局面。经济法的适用与演进，不仅能保障国内企业在法治的轨道下健康、有序发展，还能为我国市场经济的发展提供不可小觑的推动作用。本文以经济法的特征为切入点，就其在企业管理中所发挥的作用进行研究与分析，旨在为企业健康发展、经济有序运行增添裨益。

关键词： 改革开放　经济法　企业管理

一、经济法概述

经济法是我国法律体系的重要组成部分，主要包含税法、证券法、银行法等，是国家为保障社会经济活动健康有序运行，对社会经济活动实行干预、管理、调控所产生的经济关系的法律规范的总称。所有活动的实施范围都涉及市场经济，而我国经济法的管辖范围相当广泛。在市场经济活动中，世界各国都会规范各种经济资源和市场经济主体，使市场经济有序、稳定地发展。经济法是国计民生得以健康发展的重要依据，其在我国市场经济活动中也发挥着重要作用。它不仅维护了市场经济的公平性，而且兼顾了市场经济中各方的经济利益，使整个社会的经济利益合理化、最大化。

---

　* 作者简介：宋佳伟（1985- ），男，汉族，吉林长春人，中国政法大学同等学力研修班 2022 级学员，研究方向为经济法学。

二、经济法的特征

（一）经济法能够调节各类经济关系

在公民社会中存在着五花八门的主体、行为以及与之相对应的各种法律关系。随着经济的迅速发展及全球化进程的不断加快，经济关系的数量和形式千变万化，蕴藏着蓬勃生机的同时，也潜伏着复杂的经济矛盾。这时，经济法应运而生，起到调解经济关系，维持经济秩序的重要作用，保证一国经济健康、有效地发展。

（二）经济法是保证国家各项经济活动有序发展的重要工具

一国的经济活动总是经历着由萌芽到不断繁盛的发展过程，在我国古代传统经济活动时期，商品的生产和交换活动比较单一，从中产生的经济矛盾较为简单，而随着社会经济的快速发展，各种更为复杂的矛盾随之产生，国家就需要通过法律手段对各种经济纠纷产生的矛盾进行干预，以此来保证市场经济秩序的稳定，故而经济法的产生和运用，始终围绕着国家与社会经济发展的需求变革和演进。

（三）经济法着力维护经济活动中的公平与正义

法治以追求公平、正义为己任，而经济法的存在则正是为了确保经济活动中不同的经济主体能够合法合规、互惠互利地参与到市场经济中来，不至于相互侵害。这实际上是为我国的市场经济活动运行提供了一种健康、良好的法治环境。经济法在社会责任研究这一领域内有着显著的社会本位法特点，其调整的对象是一种社会关系，不同于一般法律以个人权利为本位，而是注重从社会整体经济利益出发，通过经济法律对社会经济关系进行调整，将经济个体行为纳入社会整体利益框架进行评价，促进经济正义、自由、效益和安全。将经济法与其他部门法对比不难发现，经济法在调整市场经济活动面对个人与集体权益的冲突时，总是会以社会集体的利益优先，同时有意识地兼顾个人福祉的实现。经济法对公平与正义法理念的追求是非常明确的。

三、经济法在企业管理中发挥的作用

（一）实现企业财务管理流程优化

经济法是整体、系统、全面、综合的法律部门，基于以上四个方面调整社会主义市场经济关系，企业可运用经济法原理重点强化企业财务信息流程，各企业可以结合自身实际情况，对各部门员工的工作进行合理化安排，根据各个部门的特点，分配合理的任务，让企业的管理资源得到合理运用。企业也应该加强员工的培训意识，让员工了解财务预算的重要性，使员工参与到各项工作的实施过程中，以此来提高管理效率。[1]不仅如此，想要企业实现财务管理优化，则需要每个部门都进行深入的交流和沟通，提升工作效率，避免因员工工作的失误给企业整体带来难以挽回的损失。企业应该充分调动各个部门的积极性，提升员工对于企业财务知识的掌握程度、定期检查员工对于企业财务知识的掌握情况，结合市场的变化来进行分析和总结，以此保证财务信息的真实性和有效性，从而促进财务部门更好的发展。

（二）保护企业的知识产权

随着市场经济的高速发展，市场竞争愈发激烈，部分企业在逐利性的驱使下可能会采用不法的方式参与竞争，诸如窃取同行核心技术、侵犯他人商标权和专利权等行为屡禁不止，对创新型企业的权益造成严重损害，扰乱市场经济发展秩序，打击合法健康企业的创新创造积极性。针对不正当竞争问题，国家有关部门的重视程度也逐渐提高，出台了《专利法》《商标法》等一系列相关法律，着力保护企业各项智力成果，保护企业的商业秘密，严厉打击不正当竞争行为，确保市场经济公平运行。对市场经济秩序的治理能够有效确保创新型企业拥有更良好的成长空间，进一步保障社会经济活动健康、有序发展。

（三）加强了企业对财务的监管

企业管理中灵活运用经济法，可以让企业实现对财务控制的有效监督，在市场经济的竞争中，大多企业要应对财务风险管理的问题，而所谓财务风险管理主要就是针对财务人员进行规范和监督，企业针对该类型的风险管理，通常是通过招聘和培训两方面进行把控。[2]大部分企业对财务风险管理是相当重视的，而一般财务风险管理人员对财务风险会有专业的判断力，当企业在遇到财务风险时，财务风险管理人员会利用自身专业的判断能力，对风险进行把控。当企业在实施这一举措时，可以提高工作人员的上岗门槛，设置

---

〔1〕 曹胜亮："共享与协调：新常态背景下经济法价值目标实现理路的传承与创新"，载《江汉论坛》2021年第2期。

〔2〕 赵纪军："经济法的特征及其在企业管理中的作用分析"，载《法制与社会》2019年第29期。

专业的风险考核，并且提升新员工对财务风险的把控和解决能力，以此来让企业实现对财务控制的监督力。

（四）保护电子商务的良性发展

随着互联网的蓬勃发展，五花八门的网络如雨后春笋，不断渗透、包裹人民的生产生活，电子商务这一新型经济形态也应运而生。发展至今，电子商务已然占据了市场经济中的很大一部分，在为其所带来的经济效益与便捷备感喜悦的同时，也不能忽视这一新事物对我国既有法律制度、法律秩序所带来的挑战。此外，在国际法上，由于各国电子商务法的差异，该法律在适用上存在很多难题，一方面，出现纠纷后，在责任的认定、履行方面存在困难；另一方面，在电子商务所涉及的知识产权领域也存在许多争议，由此进一步导致了消费者维权方面的困境。[1]想要电子商务有序、健康发展，推动国民经济整体稳中求进，就需要经济法提供帮助。目前，经济法在电子商务领域还需不断健全与完善，如对电子商务中当事人双方的权利、义务与维权的途径进行更加明确、具体的规定。此外，我国还要加强对电子商务经济法实施的监督，使法律落实到现实的经济运行当中，保护消费者的合法权益免受侵害，也要让电子商务行业更规范化地发展。[2]

（五）提高企业市场销售能力

在企业管理中合理运用经济法，可以有效提升企业在市场销售中的能力。目前，市场经济进入信息化新时代，销售的手段、模式及主体范围皆较传统的销售模式发生了诸多变化。面对新形势，就需要企业及时转换应对市场策略，与时俱进。市场主体与商品的信息更加透明，消费者掌握了更充足的市场信息，买卖双方因信息差产生的地位不平等问题有所缓解。这一方面更有利于保护消费者的权益，同时也对卖方即企业提出了更高的要求。销售人员必须提升自身生产制造与销售能力，以便满足市场更复杂的需要。同时企业须充分重视客户价值，加强客户黏性与忠实度，为自己在市场上争得更优势的地位。这一成长需求一方面将为销售者创造更丰富的价值，促进企业发展；另一方面，优胜劣汰的自然法则在市场经济中仍然适用，市场竞争的激烈化也将为消费者筛选出更出色的商品与服务的提供者，促进提高人民物质生活

---

〔1〕 李垚甫："经济法的特征及其在企业管理中的作用分析"，载《北方经贸》2018年第1期。
〔2〕 扎西央宗："经济法的特征及其在企业管理中的作用"，载《中国经贸导刊》2015年第2Z期。

水平，增强人民幸福感。

市场竞争的日趋激烈实为大势所趋，经济法在此中的作用亦不可小觑。从积极的角度看，经济法需要为国民经济的健康、稳定运行提供良好的法治环境，激发人民生产力与创造力；从消极的角度看，经济法也需不断完善以应对市场失灵情况下导致的更为复杂、严峻的经济民生问题。经济法的发展与经济发展、人民生活息息相关，我们理应结合我国经济的历史进程与发展态势，因地制宜、有针对性地完善经济法的相关规定，让市场经济呈良好的态势，助推国力强盛、人民幸福。

论女性受害人权利保护

——以刑事诉讼中的女性受害人为视角

宋卓航*

（中国政法大学 北京 100088）

摘　要： 女性受害人作为一类特殊群体，其权利保护不论是在立法中，还是在司法实践中都出现了很多问题。女性在社会中有着重要的作用，国家应该加强对其权利的保障，否则，会对整个社会产生不良影响。本文从刑事诉讼的角度来分析女性受害人权利保护出现的问题，以及出现问题的原因，并针对这些问题，借鉴国外的相关做法提出了一些可行性建议，使我国能够更加重视女性受害人权利保护问题，在实践操作中能够切实维护女性的权利和尊严。

关键词： 女性受害人　权利　保护不足　救济

一、女性被害现象的概述

女性在世界各国都被归为弱势群体，因其性别、生理及心理特点导致其容易受到侵害。在整个世界范围内，针对女性的犯罪都是高发的，各国也对这一现象高度重视，加强了对女性权利的保护。女性在体力上不及男性，心理比较脆弱，情感丰富细腻，富有同情心等，这些女性独有特征都使其容易受到侵害。针对女性的犯罪大都是暴力型犯罪，比如性侵、家庭暴力、抢劫等，还包括一些诈骗性质的犯罪。由于在整个社会中男女角色在社会分工上的差异，女性被害的危害后果比较严重，其所产生的社会影响也比较大。从女性被害现象出发研究女性被害人权利保护，有利于更全面地维护女性权利。

---

* 作者简介：宋卓航（1990- ），男，汉族，河北邱县人，中国政法大学同等学力研修班 2022 级学员，研究方向为刑法学。

二、我国女性受害人权利保护在诉讼中出现的问题及原因

虽然我国的《刑事诉讼法》对女性受害人的人身权和隐私权施加了一定程度的保护，但这些规定远远不能完全将女性受害人的权利囊括其中。本文将从女性受害人的隐私权、精神权利、精神损害赔偿权和救济权四个方面来说明我国女性受害人权利保护在诉讼中出现的问题，并且分析其保护不力的原因。

我国现行的《刑事诉讼法》只规定了在审判阶段对一些案件不公开审理，在侦查阶段和审查起诉阶段没有对此作出严格的限定，因此，女性受害人可能会在司法人员侦查取证的过程中受到侵犯。[1]

女性受害人作为受害人中的一类特殊群体，心理比较脆弱，更容易受到二次伤害，在审判过程中如果不注重这一点，会给受害人造成更大程度的心理创伤。比如一起性侵案件在审判过程中，被告人会让受害人反复回忆犯罪过程，有时还会遭到被告人或者其辩护人的恶意诽谤，这无疑会让女性受害人再次受到伤害。我国的刑事诉讼中并没有对这一类特殊群体的保护机制。

我国的刑事诉讼中，不支持被害人在刑事附带民事诉讼中提出精神损害赔偿，这就表明女性受害人在受害后除了能让加害人受到审判以外，不能从加害者那里得到任何的精神损害赔偿。女性由于其自身生理和心理的特殊性，一般来说在受到侵害以后，心理恢复能力比较差，精神上遭受的损害也比男性要大得多，尤其是我国女性思想还比较保守，女性受害人遭受性侵后其承受的精神压力比一般受害人要大得多。另外，鉴于大部分女性在社会中的经济能力比男性要弱，所以对精神遭受严重损害的女性受害人应该给予相应的赔偿。

目前我国的《刑事诉讼法》对受害人权利的保护相对薄弱，对女性受害人的特殊保护寥寥无几，只规定了在审判中对受害人隐私权的保护，而在立案、侦查、审查起诉阶段都没有对女性受害人隐私权实施特别保护。女性的心理本来就比较脆弱，感情细腻，我国的女性更加注重自身的名节，在性犯罪案件中，缺少了对女性受害人这方面隐私权的保护，就会使得女性受害人更容易受到二次伤害。

---

[1] 参见盛巧珍："侵犯未成年女性性犯罪的若干问题初探"，载《中国检察官》2013 年第 8 期。

三、女性受害人权利保护的解决方案及救济措施

在各个刑事诉讼阶段，国家都应该加强对女性受害人各项权利的保护，这是避免女性受害人受到二次伤害的一条重要途径。

公安机关在侦查阶段，一般只注重自己调查取证的进展情况，为了尽可能地了解案件，采用各种方式去获取信息，如询问被害人的邻居或同事，这样就极大地伤害了被害人的情感，对于强奸犯罪的女性受害人来说更是如此，根据日本犯罪被害人调查，大约九成的被害人认为，这是第二次被害的一部分。在我国的司法实践过程中，在侦查阶段侵犯女性受害人隐私权和名誉权的情况屡见不鲜。

在此类案件中，女性受害者应获得的权利有：①女性被害人在侦查阶段有权要求公安机关保护自己的隐私权；②遭受性侵的女性受害者有只向女侦查人员提供陈述的权利；③人格尊严得到尊重的权利；④在接受询问时，有近亲属或律师陪同的权利；⑤受到性侵的女性被害人有权要求侦查机关制作录音、录像，在以后的诉讼阶段，如果没有必要，被害人有权要求以该录音录像代替陈述。如果因为侦查人员不当的司法行为而侵犯了女性受害人的隐私权或名誉权，她们有权要求侦查机关赔偿。

在审判阶段，女性受害人的权利也很容易受到侵犯，这个阶段主要是来自被告方的再次侵害。因为对于强奸这类案件来说，被害人在法庭上直接面对被告人，还要接受被告方的反复发问，这难免会再次让女性受害人受到刺激，所以，在审判阶段应该注重对女性受害人权利的保护。

对于在审判阶段女性受害人权利的保护，我们可以借鉴国外的一些做法，对于强奸、性犯罪类案件，为了避免女性受害人再次受到伤害，可以对女性受害人采用庭外询问等方式，在法庭上直接播放询问纪录片或者通过闭路电视来回答问题；如果必须要求女性被害人出庭，可以采取被告人回避的制度，直接由辩护人对被害人进行发问，并且需要注意发问的方式和次数限制，以免对被害人造成刺激。

在诉讼过程中，媒体对女性受害人隐私的侵犯也是她们受到二次伤害的重要因素。因此，严格限制媒体在诉讼过程中对案件的干涉，在案件尚未终结之前，媒体报道有关案件内容需要严格的批准，不得随意披露当事人的各项信息，以免对当事人尤其是受害人造成更大的伤害。

犯罪在给受害人带来严重的生理和精神伤害的同时，也加重了受害者的经济负担，尤其是女性受害者，她们中有部分人没有独立的经济能力，受害后经济状况更加恶劣，虽然国家规定了刑事附带民事赔偿，但是很多时候被告人没有经济赔偿能力，这样就没有办法使受害者得到赔偿，长此以往，会带来严重的社会问题。目前，我国有个别省份的一些地区，如山东青岛、浙江台州等地，对被害人的补偿制度进行了一些司法实践探索。我国应该借鉴其他国家的有关法律，结合我国的实际情况建立起统一的国家对受害人，尤其是女性受害人的补偿制度。国家可以根据案件的性质、女性受害者的经济状况和损失情况来确定国家补偿的数额。这样可以减轻女性受害者的受伤程度，切实维护受害人的实际权益。[1]

国家应视女性受害人的不同情况，为其提供必要的法律援助，包括在诉讼各个阶段对女性受害者及其近亲属人身安全的保障，女性受害者诉讼费、鉴定费用的减免，为受到性侵的女性受害人提供专门的女性律师作为其代理人，女性受害者有了保障，就可以积极地与犯罪分子作斗争。

女性受害者在受害后心理创伤要比男性更为严重，这就需要一些专门针对女性受害人的心理咨询机构设立，帮助她们走出心理阴影。这些心理咨询机构是国家专门成立的针对出现心理疾病的女性受害人，免费提供一些心理治疗，以减轻受害者的经济负担，让女性受害者更快地走出心理阴影，开始新的生活。

---

〔1〕 参见莫洪宪："论女性刑事被害人之权益救济"，载《法学评论》2000 年第 6 期。

新媒体动漫作品的维权困境及对策探析

孙娟*

（中国政法大学 北京 100088）

摘　要：新媒体动漫作品传播速度快，侵权举证困难，判赔金额远低于开发、运营及维权成本，这些现象不利于动漫产业发展。新媒体动漫作品的特性要求权利人具有较高的维权效率，但目前的现实情况是，动漫作品权利人的维权能力不足，且行政与司法机关对新媒体动漫作品侵权的打击力度不够。鉴于此，新媒体动漫作品权利人个体层面、行业协会层面以及国家层面，应当基于各自特性采取针对性措施，形成合力，共同推动新媒体动漫作品的知识产权保护。

关键词：新媒体　动漫作品　个体层面　行业协会

2022 年 5 月，经备案公示的全国国产电视动画片为 27 部，8819.4 分钟。[1] 网络光纤、5G 技术的普及不仅促进了互联网的迅速发展，也促进了动漫产业的发展。越来越多的动漫爱好者使用移动手机、互联网等新媒体观看电视动画。新媒体在促进动漫作品的传播的同时也加剧了动漫作品权利人的维权困难。本文试图对新媒体环境下动漫作品著作权维权方面进行法律分析，进而提出相应的对策。

一、新媒体动漫作品维权困境的表现

对于动漫的创作开发，网络漫画平台已经成为漫画行业内容创作、聚合

---

　* 作者简介：孙娟（1987- ），女，汉族，陕西西安人，中国政法大学同等学力研修班 2022 级学员，研究方向为知识产权法学。

〔1〕 参见《国家广播电视总局办公厅关于 2022 年 5 月全国国产电视动画片制作备案公示的通知》（广电办发〔2022〕184 号）。

分发、整合营销的主战场。快看漫画、[1]哔哩哔哩漫画、腾讯动漫逐渐成为网络动漫 App 的三大巨头。新技术提高了动漫作品的著作权侵权风险。例如，算法推荐技术扩大短视频平台中大量侵害动漫作品信息网络传播权的视频的快速传播，如抖音平台利用算法推荐斗罗大陆。[2]著作权保护动漫角色是否作为保护对象的争议很大。[3]著作权对动漫作品角色的保护也存在不足，主要表现在赔偿金额救济方面，以非法复制作品的数额为基础来计算被告的不当得利。由于举证权利人的损失和侵权方因侵权获得的违法所得认定均非常困难，导致司法判赔金额远低于请求金额。例如，在"奥飞娱乐公司诉莉莉人民东路店案"[4]中，原告要求被告赔偿包括为制止侵权而支付的律师费、公证费、取证费等经济损失共 3 万元，最终法院判赔金额 4000 元。综观当下的网络动漫市场，仍有许多盗版动漫网站和应用大行其道，读者无须支付任何费用，就能获得最近更新的漫画。[5]这些网站不仅助长了盗版的气焰，而且不利于培养中国动漫受众的版权意识与付费意识。

二、新媒体动漫作品维权困境的成因

（一）新媒体环境下维权效率要求高

在新媒体语境下，新媒体与动漫耦合产生的新媒体动漫是一种了结合互联网、手机终端、IPTV 等以数字动画技术完成的动漫艺术。新媒体语境下，动漫作品直接面对消费者。[6]相对于传统动漫，新媒体动漫具有许多特性。[7]从用户年龄角度讲，新媒体用户群体覆盖年龄更加广；从观看时间上讲，用户可以随时随地观看；从商业获利模式讲，新媒体用户愿意为优秀动漫作品付费阅读；从内容方面讲，新媒体环境下动漫作品内容的情感性、实用性、故

---

〔1〕 参见本课题组："2020-2021 年中国动漫游戏产业年度报告"，载《出版发行研究》2021 年第 12 期。

〔2〕 参见重庆市第一中级人民法院〔2021〕渝 01 行保 1 号民事裁定书。

〔3〕 参见钟海："动漫产业的著作权法保护"，载《商场现代化》2007 年第 11 期。

〔4〕 参见陕西省高级人民法院〔2020〕陕民终 758 号民事判决书。

〔5〕 参见李常庆、李红澄："新媒体环境下中国动漫产业的转型与发展"，载《出版广角》2018 年第 13 期。

〔6〕 参见张震鹏、张宝珠："动漫产业与新媒体结合发展之路"，载《当代传播》2007 年第 1 期。

〔7〕 参见谭雪芳："新媒体与动漫产业的互动机制研究"，载《福建论坛（人文社会科学版）》2011 年第 12 期。

事性都有增强；从动漫展示形式方面讲，新媒体环境下动漫作品展示更加私有化，互动便捷、实时；从作品营销方面讲，新媒体环境下动漫作品影响更加聚焦，更加面向特定群体；从传播速度方面讲，新媒体环境下动漫作品的传播效率更高。这些特点使得动漫作品的维权相比于传统动漫作品要求更高的效率。

（二）新媒体动漫作品权利人维权能力不足

在动漫产业中，中小规模企业居多，维权能力较为薄弱。[1] 其表现为以下三个方面：首先，很多动漫企业尚未形成知识产权发展战略和知识产权工作机制，尤其是缺乏深层次人事架构。其次，动漫产业各个环节中的保密措施运用不到位。最后，企业对于动漫作品属于个人作品、职务作品的知识产权界定不清晰。

分发运营平台"养蛊式"地对动漫企业和个体创造者的作品进行选择，使得作品竞争激烈，创作者在高度竞争环境下创作质量难以保证，监控侵权作品的力度不足。这导致很多侵权者或平台利用侵权保护漏洞仅仅对作品的图片进行简单引用并配音进行传播，从而规避著作权对网络传播权的鉴定。

个体创造者受限于时间、精力难以维护自身作品。积极维护个人作品权益的创作者，最终只是被侵权平台告知已经下线相关侵权作品，没有获得相应的经济补偿。维权成本高，侵权成本低造成个体创造者的维权困境。

（三）对新媒体动漫作品侵权的打击力度不够

我国采取行政执法与司法保护双规制的特色知识产权保护模式。新媒体环境下对侵权动漫作品的证据收集、保全等，具有较高难度。对动漫作品侵权的电子证据的鉴定、动漫作品证据保全的方法没有明确的规定，网络数据的高速流转加剧了版权人维护权利时的举证难度。即便进入司法程序，考虑到案件属于民商事范围，法院和诉讼双方也会进行调解，案件调解和撤诉比例非常高，真正进入审判程序并给予高额赔付的案件非常少，轰动性的典型案例更加少之又少。

---

〔1〕 参见王宇红、贺瑶、殷昕："动漫产业的知识产权保护体系研究"，载《科技管理研究》2008年第9期。

三、新媒体动漫作品维权困境的对策

（一）个体层面

本文认为，个体层面可以细分为动漫企业、分发运营平台、个体创造者三个方面。

（1）对于动漫企业，可以采取以下措施：首先，在生产经营中，企业应该设立专职机构和人员对产业和企业知识产权现状进行分析，制定和实施符合本企业特点的覆盖全流程的知识产权保护体系。其次，采取多种措施界定动漫作品商业秘密，通过与关键技术人员签订竞业禁止合同、"区块链"等技术进行商业秘密管理。再次，采取预防性的措施和侵权监控对各大平台进行监控，及时维权。最后，企业需要对职务作品的权属进行清晰的规定，及时对作品进行登记保护，给予设计人合理的报酬。

（2）对于分发运营平台。平台需要发挥自身算法和监控优势，加大侵权监控力度，帮助动漫企业和个体创造者做好侵权监控、侵权证据保全等。平台可以利用平台优势启动侵权举报等形式，鼓励公众提供侵权平台的侵权证据。

（3）对于个体创造者。对于作品受侵权后维权有一定的畏难和逃避心理，同时时间和精力上也难以支撑其进行旷日持久的维权活动。个体创造者要增加对知识产权基本法律法规的了解，积极参与行业或协会活动，积极参与普法活动，利用分发平台或社会的法律资源进行维权，提高自身维权能力。

（二）行业层面

结合新媒体动漫作品的特点，行业协会可以有如下作为：首先，推动相关部门制定相应的高效维权机制，制定行业标准和动漫分级制度，协调会员间的知识产权纠纷。其次，积极参与相关部门开展国内外行业知识产权调查和研究工作，贯彻实施国家政策及法律、法规，及时跟踪反馈。最后，通过对外交流与合作，扩大行业协会获取全球知识产权信息的范围，组织行业活动，形成一个促进动漫作品创新的良性环境。

（三）国家层面

新媒体动漫作品在传播分发方面涉及宣传、文化、出版、广电等多个领域，在生产经营方面涉及工商、财政、金融、税收等国家管理部门，在知识产权方面涉及知识产权立法、执法、司法、守法等方面。推动动漫产业发展

必须打破部门界限、地域界限，理顺体制管理关系，协调各部门放宽企业的准入条件，鼓励个人创造者，出台有关政策鼓励平台参与新媒体动漫作品的运营和保护。通过各种渠道普及知识产权基本法律常识，使公众认识到知识产权保护的意义和侵权所要受到的处罚，建立高效的维权渠道。

在立法层面，根据新媒体动漫作品的特点制定相应的知识产权保护实施细则，细化传播权、电子证据鉴定方法、证据保全方法。在执法层面，侵权认定电子证据鉴定、证据保全应适当降低维权者的举证责任，发挥我国在知识产权保护领域的行政执法特色进行高效的调查，加大对侵权的行政打击力度。在司法层面，提高技术分析能力，加大技术调查员参与司法活动的力度，提升判决比例，支持高额赔付，树立典型案例和指导性判例。

四、结语

动漫作品侵权的现象进一步加剧，这不利于新媒体动漫作品的繁荣，也不利于文化的传播。动漫产业协会需要研究产业发展的特点，推动政府、企业之间的交流，建立良好的行业环境。企业、分发运营平台、个体创造者要提高自身维权能力，敢于、勇于、善于维护自身知识产权。国家需要积极推动新媒体动漫产业发展，完善立法、严格执法、严明司法，创造良好的产业法律环境。唯有各个层面的力量共同推动，新媒体动漫作品才能更好地发展，更好地讲好中国故事，促进中国文化的传播，提升中国文化的软实力。

浅析共犯脱离的适用问题

陶陶[*]

（中国政法大学 北京 100088）

摘　要： 共犯脱离理论旨在解决中途退出共同犯罪的行为人的刑事责任问题，具有刑事辩护友好理论的属性，在刑事辩护中可以为欲退出共同犯罪的行为人架设一条"后退的黄金桥"。而在司法实践中，共犯脱离与共犯中止在概念上存在不同程度的混同，共犯脱离在适用标准上的模糊、不确定等问题较为突出。共犯脱离的现有标准均有不足之处，应当对共同正犯和狭义共犯建立不同的脱离标准。正犯性的解除取决于共谋关系的消灭，对狭义共犯则运用客观归责理论修正因果关系。

关键词： 共犯脱离　共犯中止　共同正犯　客观归责

一、共犯脱离的司法适用存在不足

（一）共犯脱离与共犯中止难以识别

我国司法机关在司法实践中通常模糊了共犯脱离与共犯中止的关系，从而暴露出共犯脱离理论的司法适用难题。从理论起源上看，共犯脱离理论立足于共犯中止，它的出现弥补了共犯中止在实践中的缺位，从依存性和共性上来看二者相辅相成，在主客观上都自愿放弃并且为放弃犯罪作出了各自的努力。但是随着共犯脱离理论的衍变进步，其在某种程度上已经具有了独立的品格。

---

* 作者简介：陶陶，（1989-），女，汉族，北京人，中国政法大学同等学力研修班 2022 级学员，研究方向为刑法学。

以"张某故意伤害案"为例，张某在阻拦同伙砍人时手部受伤。[1]在刑法理论中，本案通常是作为共犯脱离的典型案例进行讨论的，但是法院却完全将其当作了共犯中的犯罪中止问题进行处理。这种结果的出现一方面是由于辩护律师在介入案情进行辩护时错误地提出了辩护意见，混淆了共犯脱离与共犯中止的关系，进而不能有效地引导法官的思维。另一方面从司法裁判的角度来看，把本应当纳入共犯脱离视野下进行评价的案件纳入共犯中止的体系层面，既违背了社会朴素的法感情，同时也使得共犯脱离理论的功能难以发挥。

（二）共犯脱离的具体标准不够明确

从司法实践情况来看，我国涉共犯脱离问题的裁判文书相对较少。共犯脱离在责任认定和成立标准方面不明确、不具体，成为共犯脱离理论发展的桎梏。立法和理论的分歧使得司法机关在实践中对于共犯脱离的运用率较低，由此造成的直接后果就是共犯脱离理论逐渐在司法实践中被边缘化，对脱离者的刑事责任作出了错误的判断，从而使其承担了相应的刑事责任，因此明确共犯脱离适用标准问题是司法实践中亟须解决的首要难题。在一些能够及时发现并认识到共犯脱离是一种不同于共犯中止的独立概念的裁判文书中，对共犯脱离的具体适用标准也有重大分歧。标准的不明确极大地阻碍了共犯脱离理论的司法适用，不仅不利于律师和司法机关提出与采纳该理论，更会造成同案不同判情形的出现。

二、共犯脱离与共犯中止在刑事辩护中的具体区分

（一）成立要件

共犯关系成立后会逐渐趋于稳定且不易被打破，但是在实践中不乏行为人退出的情况发生，退出时的意愿强度、时间节点、退出方式也千差万别。我们知道，犯罪中止的成立要件包括任意性要件和有效性要件，此时的行为人在主观上是自主地放弃实施犯罪或者有效地阻止犯罪结果的发生。而共犯脱离从主观上看，行为人有脱离的强烈意愿，并且不愿再继续实施犯罪。而要充分实现共犯脱离则必须具备以下几个要件：首先，行为人必须向其他共犯人表达脱离意愿，这种表达可以是消极的，也可以是积极的；其次，行为

---

[1] 参见内蒙古自治区多伦县人民法院［2016］内 2531 刑初 21 号一审刑事判决书。

人的脱离意愿必须为其他共犯所知悉，此时传达的脱离信号能够及时切除脱离者的行为与危害结果之间的心理因果性；最后，脱离不以"任意性为前提"。因为行为人退出共同犯罪关系，无论是基于什么样的目的或者主观意识，其脱离的动机均不影响共犯脱离的成立。

（二）法律效果

总体上来看，共犯脱离与共犯中止虽然在最后的法律效果上呈现出迥然不同的路径，但是最终的目的都是减轻脱离者和中止行为人的刑事责任。具体而言，在共犯脱离的场合下其法律效果主要呈现如下模式：一是共犯脱离更多的是聚焦于行为人脱离后的行为是否能够归属于脱离者，就整体的案件情况发展阶段进行区分，如果脱离者在实行行为着手前已经脱离，那么可以最终认定后续的行为不能归责于脱离者，此时脱离者仅在犯罪预备的限度内承担相应的责任；二是在实行行为着手后，由于存在前述成立要件上的任意性分歧，此时脱离者也将存在中止与未遂两种可能。

三、共犯脱离在刑事辩护中的具体适用

（一）贯彻归责共犯论

归责共犯论在某种程度上具有启发功能，因为从刑法释义学的角度而言，规范性原则与本体式考量之间是一种补充关系，因此它始终联系着事实情状。作为可区分等级的一种类型化概念，共同正犯在这种可区分等级的要素中要么是选择性的必要，要么是作为层次性存在的，它们既可以相互补充，又能不同程度地征表。据此，在处理共同犯罪案件时，主流做法往往是先通过不法层面判断是否成立共同犯罪，继而从责任层面判断是否具有责任以及具有何种责任。[1]客观归责论构建了双层次评价体系，从狭义的相当性来看它对应的是危险实现关联的问题，在司法实践中可适当吸收客观归责论方法，同时也更加有利于进行整体判断和阶层式判断。[2]

（二）回归共同正犯论

从立法层面来看，我国刑法是可以容纳共同正犯概念的，这就阻却了共犯脱离的认定障碍。从成立条件、法律后果、体系定位等方面来看，共同正

---

〔1〕 张明楷："共同犯罪的认定方法"，载《法学研究》2014年第3期。

〔2〕 何庆仁："归责视野下共同犯罪的区分制与单一制"，载《法学研究》2016年第3期。

犯的脱离与共同正犯的中止还是有较大差异的，由于所处理论层面的不同，在研究和识别共同正犯关系的性质、程度等方面需要把握不同的维度。[1]具体而言，回到共同正犯理论本身进行判断，如果仅仅考察因果关系等要件，可能遗漏因果性影响犹在但共同正犯性消除的情形。无论是对共谋射程的考察，还是共犯关系的消解，这些都只是提供了一个大致的思路，因果关系此时就作为认定规则之一，因果性影响的判断功能可以拓展到补充关系、相互利用的评价机能。回归共同正犯论，不仅仅是认可因果关系切断的结论，更是要在因果性作用仍然存在时，借助共同正犯性考察以提高脱离原有共同正犯关系的概率。

（三）狭义共犯脱离的判断标准

日本学者大塚仁指出："教唆者为了阻止正犯者的实行而进行了认真的努力，但是，正犯达于既遂时，以及正犯者虽然终止了实行行为，而且能够阻止达于既遂，在这种状况下，教唆者虽然为了防止达于正犯的既遂尽了全力，正犯达于既遂时，可以认为是教唆犯关系的脱离。"[2]在此种情形下，虽然教唆犯的脱离未能有效阻止被教唆者继续实施犯罪，但是其为了阻止被教唆者完成既遂作出了充分的努力，因而不对之后被教唆者行为承担责任，成立教唆犯的脱离。而成立教唆犯的脱离需要消除对被教唆者心理上的促进作用从而实现消除犯意的目的，因为这种犯意是由教唆者的行为引发的，但是对于被教唆者的实行过限行为，教唆者无需承担更多的刑事责任。

四、帮助犯的脱离

帮助犯有多重表现方式，既有物理上的帮助行为，又有心理上的帮助行为。无论是哪种帮助方式都可以使得实行犯顺利地实施犯罪，推动法益侵害的发生。如果是心理上的帮助犯要实现脱离必须及时消解帮助行为对行为人的强化影响，排除正犯的心理障碍，弱化犯意，及时取消或停止履行帮助正犯的约定，且让实行犯明知，在实行阶段更要积极劝解正犯放弃犯罪行为；如果是物理上的帮助犯要实现脱离必须及时回收所提供用于犯罪的工具、材料

---

〔1〕 ［日］成濑幸典："关于从共犯关系的脱离"，载《立教法务研究》2014 年第 7 号。

〔2〕 ［日］大塚仁：《刑法概说（总论）》（第 3 版），冯军译，中国人民大学出版社 2003 年版，第 343 页。

等且使实行犯明知，如果提供的是诸如被害人信息一类的无法回收的帮助，[1]那么帮助者应当采取劝说或其他行为促使正犯放弃犯意从而争取构成共犯脱离。帮助犯在共犯关系中只是一种辅助角色，处于从犯地位，切断因果关系不能提升到主导支配犯罪的高度，应当在合理限度内承认帮助犯的脱离。

五、结语

正如张明楷教授所说："共犯的脱离，就是要探讨行为人主观上是否有脱离意愿，客观上是否可以将既遂结果归责于脱离共犯人。"[2]共犯脱离理论旨在于为行为人主动停止犯罪的情形服务，从而在共犯中止之外为行为人架设另一条"后退的黄金之桥"。在刑事辩护中，为了能够合理地利用这座黄金之桥从而实现有效辩护，必须明确共犯脱离与共犯中止的区别以及共犯脱离的适用标准这两个问题。在共犯脱离与共犯中止的识别问题上要明确二者之间的关系，从而厘清成立要件并实现良好的法律效果。在刑事辩护的具体适用中不仅要回归共同正犯论，更要贯彻规则共犯论，准确把握狭义共犯脱离的判断标准，不仅能够鼓励共犯及时停止犯罪并有效地防止犯罪结果的发生，更能进一步实现对犯罪人的有效保护。

---

〔1〕 付晓雅、高铭暄："论共犯关系脱离的具体认定与法律责任"，载《法律科学（西北政法大学学报）》2016年第1期。

〔2〕 张明楷："共同犯罪的认定方法"，载《法学研究》2014年第3期。

浅析居住权制度

王茹*

（中国政法大学 北京 100088）

摘　要： 为契合新时代经济和社会发展需求，居住权作为一种新型的用益物权被写入我国《民法典》，旨在通过民事主体间的法律行为解决特定群体的住房困境。能够以法律形式正式确立居住权制度是我国立法的一大创新和进步，但是现有《民法典》中关于居住权制度的规定仍较为简单宽泛，难以涵盖司法实践中出现的各类居住权问题。居住权制度立足于我国民生发展，更应深入探究其存在的问题并进行制度完善。

关键词： 居住权　用益物权　制度完善

一、居住权制度概述

居住权制度起源于罗马法，植根于罗马社会特殊的家长权的家庭制度和概括继承制的遗产继承制度，为弱势群体解决居住问题而创设，[1] 以此缓解给国家治安和财政带来的压力。我国在《民法典》中新设居住权制度同样立足于"物尽其用""住有所居"的美好愿景，充分实现房屋的使用价值以满足不同人群的住房需求，更好地维护社会稳定与和谐。作为用益物权的一种，居住权是指以居住为目的，对他人的住房及其附属设施所享有的占有、使用的权利。[2]《民法典》规定了其设立方式分为两种，即合同方式设立和遗嘱

＊ 作者简介：王茹（1996- ），女，汉族，山西永济人，中国政法大学同等学力研修班 2022 级学员，研究方向为经济法学。

〔1〕 周枏：《罗马法原论》（上），商务印书馆 1994 年版，第 361 页。

〔2〕 王利明："论民法典物权编中居住权的若干问题"，载《学术月刊》2019 年第 7 期。

方式设立。另外，法律对居住权也加以限制：不得转让、继承居住权，设立居住权的住宅不得出租。当居住权期限届满或者居住权人死亡的，居住权消灭……寥寥数条实难全面规范居住权制度，在现实生活中也的确出现了许多有关居住权的纠纷亟待解决。

二、《民法典》中居住权存在的问题

（一）没有规定法定居住权

《民法典》第367条第1款规定："设立居住权，当事人应当采用书面形式订立居住权合同。"第371条规定："以遗嘱方式设立居住权的，参照适用本章的有关规定。"由此可知，当前法律对居住权仅规定了合同设立和遗嘱设立两种方式，除了在遗嘱设立中区分遗嘱继承和遗赠之外，两种设立方式在权能方面几乎没有本质区别，反而是排除了法定居住权的可能性。结合我国当前国情试想：如果居住权只有这两种设立方式，就难以充分发挥出居住权在保障弱势群体居住问题上的优势和功能，[1]特别是面临未成年人、残疾残障人群的居住问题时。

（二）居住主体范围单一

人类作为一种群居动物，实践生活中部分居住权人会因为情感、身体健康等问题需要有亲朋好友或者其他人员相伴居住。但是目前我国《民法典》中对于居住主体范围规定单一，只有居住权人能够居住该房屋，却忽略了其他非居住权人也可以居住该房屋的情形。居住权本身就是致力于保障弱势群体的居住权益，那么在合理范围内适当扩大房屋居住主体范围理应被纳入居住权制度当中，从最大程度上解决目前的社会问题，发挥居住权制度的设立之意——"物尽其用""住有所居"。

（三）居住权人滥用居住权的问题

根据法律规定，居住权的权利客体是"他人的住宅"，从所有权角度来说，居住权人并不拥有该房屋的所有权，那么此时房屋真正所有权人的权利也应该引起重视并予以保护。除了规定居住权不得转让、继承之外，现有法律并没有明确居住权人的居住义务。大部分情况下房屋的实际所有权人无法时时监督房屋的居住情况，这在司法实践中就极容易导致居住权人的权利滥

---

[1] 刘建宏："我国《民法典》中的居住权制度分析及完善"，载《法制博览》2021年第34期。

用,从而引发一系列的纠纷。居住权的目的是"满足生活居住的需要"。[1]在居住权人作出超出该目的的行为时,法律应当作出相应的限制,以保障房屋所有权人的利益。

结合目前的实践案例,大部分居住权纠纷都存在以下几个问题:第一,房屋所有权不在实际居住人手上,不是自己的房屋不珍惜,居住权人对于房屋肆意使用、装修、改变房屋构造,甚至造成建筑层面的破坏,更不要提日常生活中对于卫生、安全情况的忽略而引发的一系列不良影响。第二,居住房屋但是不愿对房屋进行日常修缮和维护,也不愿意承担因其居住而产生的正常开销,比如说水电气费用、物业费、暖气费等。第三,尽管法律明文规定了不允许将设立居住权的房屋进行出租,现实中仍存在许多居住权人将房屋转让、出租获利、利用房屋开展其他营利性活动等现象。又因为大部分房屋所有权人不与居住权人共同生活,也难以及时发现,导致鞭长莫及。第四,当已经出现居住权消灭的法定事由时,居住权人仍然"赖着不走",始终不愿搬离该房屋甚至在搬离房屋之后不断进行骚扰、纠缠等行为,严重损害所有权人的合法权益。当出现上述行为时,法律是否应当对居住权人的居住行为作出一定的限制,防止居住权的滥用?

三、居住权制度的完善

(一)设立法定居住权

法定居住权就是根据法律规定直接设立的居住权,其能够在最大程度上依靠国家强制力保障弱势群体的居住权利,特别是针对未成年人、残疾残障人士、精神病患者、年迈体弱者等特定人群。因此,法律应当针对上述特殊群体设立法定居住权,使其可以直接享有居住权而不需要另外根据合同或者遗嘱方式取得,以此进一步完善居住权的设立制度。

(二)规定居住权同住人制度

为了更好地保障弱势群体的居住权益,使其能够正常生活,房屋居住主体的范围应当适度扩大。增设居住权同住人制度,允许居住权人的近亲属、朋友、医护人员等其他具有密切关系的人员与其一起居住生活。当然,这些

---

[1] 史芸:"对《民法典》居住权在实践中可能遇到问题的思考",载《法制与社会》2020年第36期。

人员只是作为同住人一同居住，在法律上并不属于居住权人的范围，当出现居住权消灭的事由时，居住权人丧失居住权的同时同住人也就随即丧失继续在该房屋居住的权利。在司法实践中结合个案具体情况也应当对同住人的人数和范围进行一定程度的限制，不能无限扩大同住人的范围和数量。

（三）防止居住权的滥用

1. 明确居住权人的居住义务

仅就居住房屋而言，居住权和租赁权具有一定的相似性，居住权人的义务也类似于承租人的义务。第一是合理使用的义务，居住权人应当爱惜房屋，在不改变房屋性质的条件下对房屋进行合理使用，保证房屋的完好。[1]并且积极维护房屋的各种设施设备，不能在未经所有权人许可的情况下随意改变房屋的用途和结构。第二是承担必要费用的义务，特别是因居住权人日常生活居住而产生的费用理应由居住权人自行承担。第三是返还房屋的义务，居住权人享有对房屋的占有使用权，没有所有权，所以在居住期限截止后应将房屋归还给所有权人，并且要保证住宅的完整性与质量。[2]

2. 设立居住权的可撤销制度

基于司法实践中发生以及可能发生的一系列问题，法律有必要规定居住权的可撤销制度。鉴于法律权利的撤销制度通常分为约定和法定两种形式，居住权可撤销制度也可以继续沿用。既然当事人双方可以根据合意通过合同方式设立居住权，那么应当同样可以约定撤销居住权的条件，当条件达成时，已经设立的居住权即可撤销。目前法律没有明文规定居住权的法定可撤销制度，因此除了规定约定撤销外，也可以在接下来的立法中对法定可撤销的条件加以明确。居住权属于用益物权，同时也是人役权的一种，参考地役权的相关规定也可以对居住权的撤销加以设计：第一，居住权人对房屋或者房屋所有权人的其他财产造成损害时，可以撤销其居住权。第二，居住权人违反法律规定或者双方合同约定的内容滥用居住权时，可以撤销其居住权。

四、结语

诞生于新时代的《民法典》不仅对过往制度进行传承和精炼，更"关注

---

〔1〕 李国平、张玉晶："《民法典》居住权制度研究"，载《法制博览》2022年第7期。

〔2〕 金洛萱："《民法典》居住权若干法律问题研究"，载《经济研究导刊》2021年第14期。

前沿问题，回应时代之问"。[1]新引入的居住权制度更应该与中国国情相结合，立足民生发展，不断发现问题，解决问题，完善制度自身，维护权利人的合法权利，早日实现"物尽其用""住有所居"的美好愿景！

---

〔1〕 陈立："居住权制度下债权人的权益保护研究"，载《法制博览》2022年第1期。

内幕交易行为的认定机制

代天 *

（中国政法大学 北京 100088）

摘　要： 我国证券市场发展迅速、成果瞩目，而内幕交易行为的存在是证券市场良好运行发展的一大障碍，破坏了我国金融市场秩序，不利于我国资本市场的健康发展。本文主要是探讨内幕行为的认定机制以及完善建议，以期更好地保护投资者的合法权益，为证券市场的发展提供稳定、公平的环境。

关键词： 内幕信息　重大性　未公开性

一、内幕信息的构成要件

内幕信息，是指对证券价格有着重大影响且未公开的信息，在法律层面，内幕信息的构成要件包括重大性和未公开性，这两个构成要件也是内幕信息的两个重要属性。[1]

（一）对内幕信息重大性的认定

若内幕信息能对证券价格产生重大影响，可将该信息认定为具有重大性。内幕信息能否对证券价格产生重大影响，需要考虑单个涉案证券本身的价格波动、涉案证券价格波动趋势与市场趋势之间的偏离程度，以及涉案证券价格波动趋势与其所在的板块价格的波动趋势之间的偏离程度。在证券市场中，影响证券价格的因素是多方面的，不能简单地看证券价格本身的价格变化，重要的是观察证券价格自身波动与市场或板块指数之间的偏离程度，偏离达

---

* 作者简介：代天，男，汉族，安徽宿州人，中国政法大学同等学力研修班 2023 级学员，研究方向为民商法学。

〔1〕 王天宇："我国证券市场内幕信息认定实证研究"，中国政法大学 2020 年硕士学位论文。

到一定程度即可认定重大性成立。衡量市场和板块指数一定程度上能够剔除额外因素对认定重大性的影响的。[1]

然而，另有其他的法律学者认为能影响投资者决策的内幕信息应认定为具有重大性，这区别于"影响证券价格"的重大性标准，该标准的优点在于能做到与整体强制信息披露制度重大性标准的统一。

（二）对内幕信息未公开性的认定

目前，已经被我国学术界广泛认可的内幕信息公开性标准为形式公开、实质公开两大标准：若信息满足法定披露方式，为形式公开；若信息虽然不满足法定披露方式，但已经通过其他方式被社会公众知晓，为实质公开。[2]

2020 年实施的《证券法》第 86 条的规定是与信息公开标准相关的主要法律规范，在证监会指定的媒体上公开和发布信息是法定披露方式。我国证券法采用形式公开标准，而不是实质公开标准，即相关市场主体通过法定渠道发布信息，构成公开，通过其他的非法定渠道发布信息，不构成公开。

内幕交易公开应当以形式公开标准为主，适当参考实质公开标准。形式公开标准比实质公开标准具有更强的操作性，也能更好的被量化，所以在法律实践过程中形式公开标准具有更广泛的应用，但是一些特殊案件也需要考虑运用实质公开标准，不宜机械的采用形式公开标准，否则将无法分析内幕信息公开对市场或证券价格造成的影响。首先，在法律法规的层面上，从法定渠道披露信息才能认定为公开，该规定在证券法中并未得到明确，而根据司法解释规定，若证券交易依据的信息在交易前已经被他人披露，则不构成内幕交易，并未提及信息必须经过法定渠道进行公开，所以在执法过程中，证监会不应当增设必须经法定渠道公开的标准；其次，在生活实践中，涉案的相关信息没有通过法定渠道发布，而是通过媒体或社交平台的报道被公众吸收和了解，这种情况在生活中是广泛存在的。

（三）对内幕信息形成时间的认定

"内幕信息已经形成"是认定内幕交易的前提之一，因此确定内幕信息的形成时间很重要，而内幕信息的形成时间为该信息满足"重大性"标准的时间，即该信息具有重大意义的时间，便是内幕信息的形成时间。

---

〔1〕 王天宇："我国证券市场内幕信息认定实证研究"，中国政法大学 2020 年硕士学位论文。
〔2〕 崔红丽："内幕交易构成要件的认定问题研究"载《法制与社会》2018 年第 1 期。

根据涉及事项的决定方数量，可将内幕信息分为单方决定型内幕信息和多方决定型内幕信息。单方决定型内幕信息，是指仅由上市公司或其实际控制人决定的信息，主要包括利润分配、公司重大决议、公司亏损或盈利、董事监事高级管理人员变动情况等需要公告的信息。多方决定型内幕信息，是指涉及双方或多方参与决定的内幕信息，主要包括公司的并购、重组、对外投资、对外签订重要合同等事项，这些特殊事项往往需要公司的多方管理人员共同决定发起，并经过与标的公司及/或其他各方的谈判或协商后方能逐渐定型。[1]

无论是内幕信息的种类是哪一种，内幕信息的形成时点都能够从下述两个角度确定。第一，进行动议、筹划、策划的人员能否对内幕信息的形成产生重大影响，一般情况下，上市公司的实际控制人，或者具有相关职责或职权的工作人员能对内幕信息的形成产生重大影响。第二，内幕信息所涉及的事项准备或已经进入实际执行阶段，并且该事项的实现有多种可能性。一般情况下，现实不一定能够同时满足上述两个要求，所以证监会通常以"能对内幕信息的形成产生重大影响的人作出动议之时"为内幕信息的形成时点，此时，该人员的决定意味着该事项的启动有一定的可实现性。

二、现有认定机制存在的问题

现有内幕交易的认定机制仍存在不少问题：

（1）尚未确立确定性标准。确定性标准要求相关信息要被认定为内幕信息的前提是"该信息必须是确定的、明确的"，所以内幕信息的范围不包括谣言、传言等没有根据的信息。

（2）重大性标准比较模糊。证券法规定的内幕信息必须具有重大影响，而不是"可能"具有重大影响，这使得认定内幕信息的工作变得更加困难。由于发生内幕交易在先、事后查处在后，若某人利用相关信息实施了内幕交易，此种行为并未使得标的价格明显发生变化，根据《证券法》的规定，该信息不能被认定为内幕信息，该行为也就不能被认定为内幕交易。[2]

---

〔1〕 刘英团："内幕交易零容忍不应止于行政刑事处罚"载《时代金融》2014年第31期。

〔2〕 张景树、张义："论我国证券内幕信息认定标准之缺陷及其完善"载《经济研究导刊》2010年第35期。

（3）非公开性标准比较笼统。发行人透露出来的信息，以及股票推荐人带有主观分析或推测的信息，与内幕信息的性质较为接近，该类信息能否被确定为内幕信息，尚未明确。此外，发行人以法定方式公开信息后，市场还未对该信息进行消化吸收，内幕人员能否立即进行证券交易、获取不当利益，此类问题仍不明确。

三、结论及完善建议

和现实中的各类内幕交易相比，法律对内幕交易的规定仅是原则性的，相关制度仍需要完善。

（1）内幕交易行为的主体范围较小，应当扩大内幕交易行为的主体范围，例如将内幕信息的主体从自然人扩展到法人和其他组织。具体做法为，将"内幕信息的知情人和非法获取内幕信息的人"修改为"内幕信息的知情人"，使内幕交易行为的主体具有更广泛的范围。

（2）增加抗辩条款，明确不构成内幕交易的情形有哪些，从而使内幕交易的相关法律更加完善。例如，公司对外签订重要合同等事项的信息已经公开，并且相关人员有正当理由和充分证据证明其公开的事实，则该行为不应该被确定为内幕交易。[1]

（3）细化内幕信息的界定标准。第一，建立确切性标准。对于内幕消息认定中相关性标准，我国《证券法》对此的规定较为模糊。对此，本文建议在《证券法》中对内幕信息的定义里增加"明确的"，即将内幕信息的定义改为：内幕信息是指，与特定公司有关的对特定公司证券的市场价格产生影响或有很大可能产生影响的尚未依法公开的明确的信息。第二，明确重大性的判定标准。第三，确立未公开性的判定标准。可以参考外国的法律制定未公开性的判断标准，即以市场消化了该内幕信息为标准。因为信息公开之后，投资者需要一定的时间消化该信息，所以可以规定以某段时间为限，即公布某信息之后的一段时间后，就能认定该信息已经被投资者消化了。

---

〔1〕 张鹏："内幕交易规制的理论及实务疑难问题研究"载《法律适用》2015年第3期。

隐私与个人信息法律关系之探讨

徐婷婷*

（中国政法大学 北京 100088）

摘　要：个人隐私与个人信息概念的界限不清，难以对应大数据时代信息保护的现实需要。理论界存在认为个人信息从属于隐私的"包容说"，认为二者是交叉关系的"交叉说"，认为个人信息是独立于隐私的新型权益的"独立说"。个人信息与隐私在法律上有不同的处理规则、不同的损害后果等实质区别，将二者明确界分的"独立说"最具有合理性。

关键词：隐私权　个人信息　私密信息

身处互联网大数据时代，我们都能被称为"信息人"。我们在享受互联网带来便利的同时，个人信息中的私密信息也正受到全方位的挑战。根据中国互联网络信息中心（CNNIC）发布的第 49 次《中国互联网络发展状况统计报告》显示，截至 2021 年 12 月，我国网民规模已达 10.32 亿人，较 2020 年 12 月增长了 4296 万人，互联网普及率达 73.0%。[1] 随着网络信息技术的迅猛发展，由互联网而导致的个人信息、个人隐私泄露无疑是近年来备受关注的问题，虽然人们的隐私防范意识日渐增强，但有关隐私泄露案件仍屡见不鲜。个人信息与隐私权的界定范围不清，使得在司法实践中，对信息数据的保护面临着诸多挑战。

＊ 作者简介：徐婷婷（1987-），女，汉族，江苏苏州人，中国政法大学同等学力研修班 2022 级学员，研究方向为民商法学。

〔1〕 参见中国互联网络信息中心发布的第 49 次《中国互联网络发展现状统计报告》，载 http://www.cnnic.cn/hlwfzyj/hlwxzbg/hlwtjbg/202202/P020220407403488048001.pdf，最后访问日期：2022 年 7 月 26 日。

一、个人信息与隐私权存在混同

个人信息，是指一切可以直接或者间接识别本人特定信息的信息，[1]包括姓名、身份证号码、病历、财产情况、照片、家庭住址等可以单独或与其他信息对照识别特定信息的个人信息；包括可公开的个人信息与不可公开的隐私信息。隐私包含私生活安宁和私生活秘密两个范畴。[2]即便个人信息与隐私权在权利内容、边界等诸多方面存在着一种交叉复杂关系，但个人信息与隐私权仍然存在区分问题，主要原因在于二者在本质上又存在着许多共性。

首先，许多未公开的个人信息本身就属于隐私的范畴，比如个人账户资金状况、病例资料、身份证号码等，对于个人而言这些都属于不愿对外公开的私密信息。其次，部分隐私仍然包含在个人信息之中，比如电话号码、家庭住址、家庭状况等，即使这些信息可能已经在特定情况下因某种原因而被政府收集，也并不代表其因此而丧失私密性。最后，二者在侵害结果上有一定的竞合性。例如，恶意传播他人带有本人身份信息的私密照片，既侵犯了他人隐私权，又造成了对他人个人信息的侵犯。个人信息与隐私权虽紧密相连，但也存在一定的区别。如将未隐去个人信息的判决书发在公众平台，因二者界定过于模糊，有的法院认为判决书中的个人身份信息仅是已被公开的基本信息，不构成对隐私权的侵犯，有的则认为个人信息也属于隐私的一部分，即构成对他人隐私权的侵犯。可见，二者界限不明，导致司法实践给相应的侵权认定增加了难度。

二、隐私与个人信息关系观点与评述

关于个人隐私与个人信息的区分，理论界形成了三种观点。

（一）包容说

包容说认为，个人信息从属于个人隐私，个人隐私中实则包含了个人信息。有学者认为，个人信息保护之目的正在于保护隐私，应对隐私采取这样

---

[1] 王崇敏、郑志涛："网络环境下个人信息的私法保护"，载《海南大学学报（人文社会科学版）》2017年第5期。

[2] 参见张新宝：《隐私权法律保护》，群众出版社2004年版。

一种认识，即隐私不仅在于传统的私生活安宁不被打扰的消极被动权利，还在于现代信息意义上的积极的主动的权利，亦即所谓信息自决之权利。[1]通过对隐私权范围的扩展从而实现对个人信息的保护。本文不赞同该观点，隐私权所涉及的范围远远小于个人信息所能波及的范围，因此，个人信息的保护范围比人们普遍观念中的范围来得更宽更广。将个人信息作为隐私权的下位概念，这种尝试与隐私的一般概念共识不符，可能有害于学术沟通。[2]因此，我国支持这类学说的学者少之又少。

（二）交叉说

交叉说认为，个人信息与隐私权在权利内容、权利边界等方面存在一定的交叉关系。二者在外延上既有重合区域，又有独立区域。例如，与私生活和人格权紧密相关的私密性信息，就处于个人信息和隐私权外延的重合区域，而公开的一般性的个人信息，则仅仅处于个人信息外延的独立区域。[3]从权利客体的角度看，隐私权的客体包括私人信息、私人空间和私人活动，个人信息只是隐私权保护的标的之一；而从权利保护的范围看，个人信息除了包括不能或者不适于公开的秘密信息，还包括大量的可公开信息，从而得出个人信息的范围实际上更大于个人隐私。[4]该类观点存在缺陷。首先，即使个人信息的范围大于隐私，也不能必然得出二者是交叉关系。其次，个人信息与隐私交叉说中所涉及的隐私，仍然停留在传统隐私的概念基础上，即主要包括私人生活安宁不受他人干扰的隐私权，私人事务不被他人非法公开的隐私权，和个人敏感信息不受他人非法收集、存储、传播、使用的隐私权。[5]此时的隐私权是一种私人生活不受干扰的消极性精神权利，其往往侧重于私密信息的隐匿性，而个人信息是一项包含了财产性和人身性的双重权利的身份信息，侧重于对个人信息的控制和利用，二者既有区别又有联系，主要在

---

〔1〕 王泽鉴："人格权的具体化及其保护范围·隐私权篇（中）"，载《比较法研究》2009 年第 1 期。

〔2〕 王泰人、罗翔："私密信息刑法保护困境的成因与解决"，载《警学研究》2021 年第 5 期。

〔3〕 张新宝："从隐私到个人信息：利益再衡量的理论与制度安排"，载《中国法学》2015 年第 3 期。

〔4〕 廉霄："从民法视角看隐私与个人信息保护的制度安排"，载《黑龙江省政法管理干部学院学报》2010 年第 8 期。

〔5〕 张新宝："从隐私到个人信息：利益再衡量的理论与制度安排"，载《中国法学》2015 年第 3 期。

敏感性的个人信息方面发生重叠。[1]本文认为，个人隐私权和个人信息两者保护的客体分别是隐私权保护的客体和个人信息保护的客体，我国《民法典》分别对隐私权和个人信息下了定义，至少在当下，理论界意在将二者权利进行独立界分。因此，本文认为，在理论界造成两者含义的思维混乱的原因是一直存在二者相互交叉的复杂概念，这反而是把简单的概念复杂化。

（三）独立说

独立说认为，隐私权和个人信息还是存在一定的区别，两者属于两个不同的概念。

（1）概念内涵不同。《民法典》在对隐私进行内容界定时，明确用了"隐私权"这个称谓，说明隐私是作为一项独立的人格权，而在涉及个人信息的规定中并没有用"权"，说明个人信息并不是一项独立的人格权，而是一项人格权益。简而言之，隐私是"权利"，个人信息是"权益"，显而易见，对权利的保护肯定大于权益。由此可知，我国对隐私权的保护程度已经高于对个人信息的保护程度。我国《个人信息保护法》自 2021 年 11 月 1 日起施行，《个人信息保护法》就是对《民法典》有关个人信息权益规定具体化的体现。因此在我国《民法典》的人格权编中，不能将个人信息一概而论地概括包含在隐私权之中。

（2）处理规则不同。我国《民法典》在涉及隐私和个人信息保护时作了区分，从《民法典》第 1033 条和地 1038 条的规定可以看出，对隐私权的侵害只有在"权利人明确同意"的情况下方可免责，与之不同的是，个人信息处理的免责事由被《民法典》描述为，须经自然人或者其监护人"同意"，没有"明确"的字样。从上述规定和当下主流理论可以分析出，个人信息和隐私的处理规则存在显著不同，对隐私的获取只能采用明示同意的方法，但在个人信息的收集中，根据信息敏感度不同，可以采取默示同意等其他手段。[2]

（3）损害后果不同。隐私的隐匿性、私密性一旦遭到侵害，会给当事人造成难以恢复的后果，有时这个损害对当事人而言可能是毁灭性的；而个人

---

〔1〕 王利明："论个人信息权的法律保护——以个人信息权与隐私权的界分为中心"，载《现代法学》2013 年第 4 期。

〔2〕 王利明："《民法典》人格权编的立法亮点、特色与适用"，载《法律适用》2020 年第 17 期。

信息遭到侵害却往往有恢复的可能性，可以采取责令删除或禁止使用等方法防止继续被恶意扩散。

（4）是否有实际损害的要求不同。对于个人信息而言，损害的发生通常要证明确有真实损害的实际存在，并且已经产生了不良后果；而侵害隐私权只要证明行为人确有实施侵害个人私密空间和私生活安宁的行为，对当事人是否造成损害在所不问。比如未经他人允许，在他人房间安装摄像头，一旦实施该行为，无论有无造成真实的损害，只要不存在法定免责事由，就应当承担相应的法律责任。

三、结语

随着个人信息理论的不断发展和完善，隐私权与个人信息权益的边界被逐步厘清，"独立说"也将越来越展现其理论的优越性。将二者进行有效的区分，需要不断汲取国内外实践经验，通过设置更完善的法则，使得隐私权和个人信息权益得以规范化、合理化。进一步明晰隐私权与个人信息权益的界分，有助于构建一个既能有效保护个人权益和隐私权，又能维护海量数据不被非法收集和利用的民事法律格局。

浅析预约合同的违约责任

许营*

（中国政法大学 北京 100088）

摘　要：我国关于预约合同的违约责任之规定，仍处在探索阶段。按照《民法典》第 495 条之规定，预约合同与本约合同应当视作两个独立的合同，并且，两个合同的效力不同。因此，在处理预约合同的违约责任时，要根据合同的效力作出不同处理。预约合同的违约责任牵扯的因素十分复杂，在实践和理论探索中，还应当充分考量各种情况，根据合同的完成程度，平衡签约双方的利益，避免让违约方过度担责。

关键词：预约合同　预约合同效力　违约责任

目前，预约合同在社会生活中越来越普遍，例如，购物网站开启的预售活动，在一定期限内预售，设置截止日期，约定在指定的日期内支付尾款；又如，房屋买卖中，签署的认购书、订购书等。但是，就违反预约合同的违约责任而言，《民法典》的规定并不详实具体。

一、我国关于预约合同的规定

《民法典》第 495 条规定，当事人约定在将来一定期限内订立合同的认购书、订购书、预订书等，构成预约合同。当事人一方不履行预约合同约定而订立合同义务的，对方可以请求其承担预约合同的违约责任。从此条款来看，我国采取"两个合同说"，将预约与本约合同分开考虑，承认预约合同具有独立性。当事人之所以订立预约合同，是因为当事人遇到某些事实和法律上的障

　＊ 作者简介：许营（1991-），男，汉族，北京通州人，中国政法大学同等学力研修班 2021 级学员，研究方向为民商法学。

碍暂时不能订立本约合同，或者为了防止一方当事人将来不订立本约合同，从而采取订立预约合同的办法，使一方当事人预先受到本约合同的约束。[1]由于预约合同具有独立效力，与本约合同存在内容上的区别，在违约的处理上也应当根据违反预约或者本约来做不同的处理。例如，预约合同中往往会约定将来签订本约合同的内容，有着期待达成合同的意思，包含了双方当事人的期待利益和信赖利益；本约合同则是双方约定事项的详细内容，内容主要是双方的人身和财产利益等。违约内容不同会造成损害对方当事人利益的不同，则应对两种违约做不同的处理。目前通说认为，预约合同应具备两个要件：当事人承诺缔约的合意以及预约内容确定。王利明教授认为，在实践中要特别注意预约合同与本约合同的区分，预约合同并不包含当事人旨在订立本约合同的主要内容，其目的仅在于保障本约合同的订立。[2]由此可见，预约合同在书面形式上也与本约合同存在着区别，它主要起到保障作用，对于本约合同的书面形式要求，不能简单地应用在预约合同中。本文认为，目前我国明确预约合同独立于本约合同，为将来规定预约合同的违约责任作出了很好的铺垫，以便更好地区分两者的不同，不至于将预约合同流于形式而导致它与本约合同混同，区分预约合同与本约合同对于处理违约责任问题有着非常重要的地位。

二、预约合同的效力问题

就目前而言，关于预约合同的效力主要有三种学说，分别是"必须磋商说""应当缔约说"以及"内容区分说"。"必须磋商说"认为当事人双方具有磋商的义务，但不考虑是否订立本约的结果。[3]"应当缔约说"认为除法定事由外当事人必须缔结本约，否则预约毫无意义。[4]"内容区分说"则是中和了以上的两种观点，主张根据预约的内容决定其效力。本文认为，在实际应用中，似乎应该"具体问题具体分析"更为合理，即以内容区分说作为

〔1〕 郑玉波：《民法债编总论》，中国政法大学出版社2004年版，第30页。
〔2〕 王利明："预约合同若干问题研究——我国司法解释相关规定述评"，载《法商研究》2014年第1期。
〔3〕 韩强："论预约的效力与形态"，载《华东政法学院学报》2003年第1期。
〔4〕 参见最高人民法院民事审判第二庭编著：《最高人民法院关于买卖合同司法解释理解与适用》，人民法院出版社2012年版，第61~62页。

主导，根据当事人的主观意图及合同约定是否详细的情况综合考虑其效力是"必须磋商"还是"应当缔约"。由于目前交易的多样性，预约合同在内容上表现出不同的"成熟度"，其中一些预约合同详细约定了签订本约的履行条件，另一些预约合同只是初步约定了签订本约的合意。预约合同的效力是在理论和司法实践中争议较大的一个问题，区分预约合同的效力对违约责任的认定有着非常关键的作用。例如，在磋商后，未达成本约是否构成预约合同的违约，若按应当缔约说，则应认定为违约，承担违约责任；若按必须磋商说，则预约合同具有效力，双方当事人已经进行了具有诚意的磋商，无违约行为。在这种情况下，简单地规定所有预约合同产生同样的法律效果，似乎过于极端。因为目前社会发展较快，情况复杂多变，只有根据实际情况深入考虑，进行综合判断，才不至于在司法实践中出现同案不同判的情况。

三、预约合同违约责任的争议

我国《民法典》关于预约合同的违约责任规定，是一种原则性规定，未就预约合同的违约责任作出具体规定，不能完全解决社会生活中对预约合同违约责任的争议问题。由于我国规定了预约合同的性质，本文认为，原则上，预约合同的违约责任可以参照《民法典》合同编违约责任的相关规定。也正是由于预约合同的性质，本着自愿原则，理应允许当事人约定违约责任的相关内容。在违反预约合同的情况下，如果当事人有特别约定的，应当尊重其约定。[1]

目前主要争议点在于两点：第一，是否应允许预约合同采取继续履行的补救措施；第二，违约金的范围该如何确定。

由于违反预约合同的问题十分复杂，《民法典》并未明确规定，但从《民法典》明确了预约合同的性质这一点来看，继续履行目前已经具有一定合理性。预约的核心功能是固定交易机会。[2]违约的因素之一就是在应当签订本约之时，交易物的价值发生了较大的变化，而导致违约一方不履行预约合同，

---

〔1〕 王利明："预约合同若干问题研究——我国司法解释相关规定述评"，载《法商研究》2014年第1期。

〔2〕 林洹民："预约学说之解构与重构——兼评《民法典》第495条"，载《北方法学》2020年第4期。

致使另一方当事人丧失了与其他人签订合同的机会。若违约方继续履行预约合同，与对方当事人按照预约合同的约定签订本约合同，则可以保障履约一方的权益，避免履约当事人因不能与违约当事人签订本约合同而造成机会损失或其他损失。但是，应注意，因为成熟度较高的合同已经趋于完整，双方意思表示统一程度较高，所以继续履行通常适用于成熟度较高的预约合同。相反，若预约合同的成熟度不高，则双方意思表示统一程度也相对较低，应考虑履约一方的信赖投入及机会投入，由违约方在损失范围内予以一定的补偿。从另一个角度看来，若违约一方已经承担了损害赔偿，履行确有困难，一味要求继续履行，则可能会导致合同双方给付平衡受到影响。总之，处理预约合同的违约，就是平衡合同双方的利益，既不损害履约一方的利益，又不能要求违约方承担过度的违约责任。

关于违约金确定范围的争议，围绕以下两点展开：一是在预约合同中的预期利益能否主张；二是定金、违约金是否能与损害赔偿同时适用。本文认为，可得利益也是当事人的利益，可得利益损失也应当纳入违约损害赔偿的范围，这也是完全赔偿原则的基本要求。[1]但是在司法实践中，很难确定当事人的可得利益范围，法律上也难以规定统一的标准。关于违约金与损害赔偿是否可同时适用的问题，《民法典》合同编中无明确规定。一般认为，如果违约金不足以弥补实际损失，应当允许受害人请求违约损害赔偿。[2]《民法典》第586条第2款规定，定金的数额由当事人约定；但是，不得超过主合同标的额的20%，超过部分不产生定金的效力。实际交付的定金数额多于或者少于约定数额的，视为变更约定的定金数额。根据该条款，定金的数额存在严格的限制，在定金不足以弥补当事人损失的情况下，当事人申请损害赔偿似乎并无不妥。

四、结论

对于预约合同的违约责任还存在较大的争议，这也在理论和司法实践的中留下了较大的空间。面对日益变化的社会情况，如何在预约合同中为双方取得平衡成了考验我国司法的难题。虽然就目前来说，我国《民法典》对此

---

〔1〕 王泽鉴：《损害赔偿》，北京大学出版社2017年版，第29页。

〔2〕 王利明："民法典合同编通则中的重大疑难问题研究"，载《云南社会科学》2020年第1期。

无具体规定，但其第 495 条已经给我们指引了一个方向，预约合同也是合同的一种。本文认为，我国《民法典》对于预约合同的违约责任没有作出明确规定，是由我国的国情和预约合同在实践中的复杂性决定的，随着司法实践的探索，必定会制定出更为科学的处理方法。

行受贿一体化核查的刑事政策反思

张彬*

（中国政法大学 北京 100088）

摘　要： 纪检监察体制改革以来，行受贿查办政策渐渐由以前的"重受贿轻行贿"转变为"行受贿并重"，2021 年 7 月出台的《关于进一步推进受贿行贿一起查的意见》正是这一转变的体现。但该意见出台后，仍有一些困局需要从制度方面、技术方面完善。

关键词： 行受贿一起查　非法获利　信息化建设

一、不同时期查办行贿罪的责任主体及主导思想

（一）纪检监察体制改革前

纪检监察体制改革以前，行受贿案件查办机关为检察机关。1999 年 3 月，最高人民法院、最高人民检察院下发《关于在办理受贿犯罪大要案的同时要严肃查处严重行贿犯罪分子的通知》，第一次规定对行贿人员大肆拉拢、腐蚀国家工作人员却未受到法律追究的情况加大惩处打击力度，把查处受贿犯罪大案要案同查处严重行贿、介绍贿赂犯罪案件有机地结合起来，通过打击行贿、介绍贿赂犯罪，促进受贿犯罪大案要案的查处工作，推动查办贪污贿赂案件工作的全面、深入开展。2000 年 12 月，最高人民检察院颁布了《关于进一步加大查办严重行贿犯罪打击力度的通知》，对行贿犯罪打击不力的现象进行规范，要求各级检察机关进一步提高对行贿犯罪危害性和打击行贿犯罪重要性的认识，加强对行贿犯罪案件的查办工作。

---

　*　作者简介：张彬（1985-），女，汉族，青海西宁人，中国政法大学同等学力研修班 2022 级学员，研究方向为刑法学。

（二）纪检监察体制改革后

2016 年以来，纪检监察机关通过稳步改革成为党内监督和国家监督专责机关，将原本分散的反腐败资源力量进行整合，形成了集中统一、权威高效的反腐败体制，更加有利于形成严密的法治监督体系，有利于实现全面推进依法治国的目标。体制改革后，纪检监察机关与检察机关、审判机关职责职能分工更为明晰。在 2021 年中央纪委国家监委同有关单位联合印发的《关于进一步推进受贿行贿一起查的意见》（以下简称《意见》）中，更是通过探索推行行贿人"黑名单"制度、配套法律法规制度等方式，逐步推进受贿行贿一起查规范化法制化。

二、《意见》出台的原因及目标

（一）《意见》出台的原因——长效深度防腐的需求

十九届中央纪委多次提到受贿行贿一起查的问题。从坚持受贿行贿一起查，到坚决斩断"围猎"和甘于被"围猎"的利益链，再到探索行贿人"黑名单"制度，不断压缩行受贿"围猎"空间，足见我国反腐败斗争的持续性、艰巨性。刑法理论认为，贿赂犯罪是行贿人为谋取不正当利益，对国家工作人员职务廉洁性的侵犯。不少人认为在"钱权交易"关系中，"接受贿赂、滥用职权"的危害更大、影响更广，但实际上，新型贿赂关系越来越多样，利益链接越来越复杂，贿赂方式越来越隐蔽，部分不法分子对权力带来庞大利益的追逐越来越强烈，"围猎"一词充分凸显了行受贿主被动关系的转换。打击贿赂犯罪，权钱交易双方都需要被遏制、被打击，仅遏制其中一方，特别是弱化对行贿犯罪的防控、打击，就难以从犯罪发生的机理和源头上提出有效的防控思路，也难以形成不敢腐、不能腐、不想腐的长效防控机制。

（二）《意见》出台的目标——实现社会腐败问题标本兼治、系统施治

行贿除了破坏国家工作人员的职务廉洁性，更会诱发不当竞争，进而影响社会秩序、败坏社会风气，影响国家的长治久安。《意见》的出台，就是要防止行贿人利用权钱交易破坏政治生态，影响党和国家权威；避免行贿人利用政商勾结、权钱交易破坏公平竞争、优胜劣汰的市场规则；严防行贿人利用"潜规则"败坏社会风气、破坏干群关系；严防"围猎"腐蚀党员干部，消除潜在的政治影响与危害。十九届中央纪委六次全会工作报告中首次提到留置、处分、移送检察机关的行贿人员数量（分别为 5006 人、4806 人、2822

人）[1]，表明行受贿查办政策已切实转变，通过精准有效打击行贿行为，从而更加精准有效斩断"围猎"与甘于被"围猎"利益链、破除权钱交易关系网，推动腐败问题标本兼治、系统施治。

三、行受贿一起查的优势和困局

《意见》实施以来，行受贿一体化核查既体现出了《意见》的制度优势，实践中也出现过一些困局亟待破解。

（一）优势

1. 节约办案资源

受贿与行贿是伴生关系，而"围猎"案件中，行贿人的行为更是严重破坏了党风政纪，影响了社会公平和社会风气。案件办理过程中，行受贿一起查，同步留置，双向发力，能迅速击破行受贿双方的攻守联盟，加快办案速度，有效节约办案资源。

2. 提高治理行受贿综合效能

《意见》扩大了联合惩戒机制协作单位范围，使得犯罪防控主体多元化，处罚形式多元化，避免了法律不究，行贿人就无人查办处理的弊端。另外，各有关单位加强联合治理，既能全方位有效遏制行受贿犯罪的利益驱动，又能达到政治生态和重点领域双重治理的效果。

（二）困局

1. 非法获利的界定困局

《意见》规定，"纪检监察机关、审判机关和检察机关要认真履行追赃挽损职责，尽力追缴非法获利"。在实践中，随着行受贿一起查力度的加大，行受贿在形式上更加隐蔽，很多受贿案件中的非法获利也会与成本、个人财产、家庭财产、家庭其他成员财产、其他经营性财产、非财产利益等混合，以增加查办及惩处难度。例如，某县建筑企业负责人孙某通过行贿该县县委书记获得该县产业扶贫建设项目。该案就存在通过行贿手段获得机会或竞争优势，以合乎中标条件及资质的合法外衣获得后续一系列利益，这些利益是否属于

---

[1] 参见赵乐际："运用党的百年奋斗历史经验　推动纪检监察工作高质量发展　迎接党的二十大胜利召开——在中国共产党第十九届中央纪律检查委员会第六次全体会议上的工作报告"，载 http://www.gov.cn/xinwen/2022-02/24/content_5675490.htm，最后访问日期：2022 年 10 月 7 日。

非法获利？这些利益中的部分钱款又投资到股票或其他合法项目中，获利部分是否属于非法获利？有观点认为，来自违法所得转变、转化后的财物收益，或者来自已经与违法所得相混合财物中违法所得相应部分的收益，应当视为违法所得。实践中，钱款流动频繁多样的涉案企业，要想细分每一笔款项的合法、非法，孳息的合法、非法，困难重重，特别是披上了"合法外衣"的一些资金流，分辨起来尤为困难。

2. 行受贿技术攻防支撑不足的困局

行受贿犯罪双方作为利益共同体，行受贿过程具有很强的隐蔽性，出于自我保护和关系的长久维护，行受贿双方一般不会主动揭发、指证对方，在缺乏相关证据材料的情况下，办案人员在突破口供的工作中非常被动。另外，行受贿犯罪证据通常为言词证据，物证、书证较少，很多受贿人为隐匿罪证，往往隐藏收受的赃款赃物，甚至转移到国外以躲避法律的追究与制裁，致使取证工作十分艰巨。近年来，新型贿赂还在不断演变，有的通过入股等拥有合法外衣的经济行为来遮掩犯罪事实，有的通过特定关系人等第三人出面以各种名义迂回收受贿赂，有的在人情往来的掩盖下收受贿赂……行受贿手段隐蔽性更强，行受贿犯罪人智能化程度、反侦察能力不断提高，犯罪手法、犯罪形式日益复杂化，技术攻防支撑不足凸显，查办难度加大。

四、体系性调适建议

（一）非法获利追缴难的解决思路

加强相关制度建设。实践中，通过多地对行贿违法所得追缴工作的具体操作不懈探索，不断推动地方行贿违法所得处置工作规范化、法治化、正规化。2022 年，广西壮族自治区监察委员会出台了《行贿违法所得处置办法（试行）》，[1]对行贿违法所得是什么、如何认定、怎么追缴等基本问题进行了规范，为非法获利追缴难问题提供了一个非常好的解决思路。通过制度确定不正当利益的法定范围，进一步明确行贿后产生的合法获利与非法获利的边界，厘清错综复杂的直接、间接经济利益、非财产性利益以及违法所得的转化利益，既能使行受贿查处后的非法获利追缴工作有理有据，也能依法保护涉案

---

〔1〕 参见温益华："如何准确界定行贿违法所得"，载 https://www.ccdi.gov.cn/hdjln/nwwd/2022 01/t20220121_ 166207.html，最后访问日期：2022 年 3 月 20 日。

人员和企业的合法权益，避免不法侵犯的发生。

（二）行受贿技术攻防支撑不足的解决思路

加强纪检监察信息化建设。行受贿案件查办中技术攻防支撑不足的困境根源在于行受贿犯罪日益隐蔽化、智能化、复杂化，加强纪检监察信息化建设才能与深化反腐败斗争的时代发展相适应。近几年，中央纪委国家监委已经充分认识到纪检监察信息化建设的重要性，正在建设完善的检举举报平台以及正在试点建设的行贿人信息库都将极大提升纪检监察信息化建设水平，在打击职务犯罪特别是行受贿行为中发挥至关重要的作用。

论预约合同的效力

张世平*

（中国政法大学 北京 100088）

摘 要： 预约合同作为《民法典》的正式制度，在理论和实务上存在着不同的观点，主流的三种观点分别是"缔约说""磋商说""内容区分说"。"磋商说"存在局限性难以认定等问题，"内容区分说"存在预约合同内容确定性难等问题；"缔约说"具有引导当事人守约、为司法裁判提供明确指引等优点。对预约合同效力的选择决定了其是否具有强制缔结性；强制履行预约合同具有合理性；强制履行预约合同并不是毫无限制的，而应当遵循以下规则：以当事人的约定为先；当事人未有约定的，以预约合同内容的确定性程度为判断标准，适用非金钱债务的强制履行规则。

关键词： 预约合同 合同效力 强制履行

一、问题的提出

预约合同制度最早规定于 2012 年通过的《最高人民法院关于审理买卖合同纠纷案件适用法律问题的解释》（以下简称《买卖合同司法解释》）。后经过长期的实践检验与理论分析，立法者最终将预约合同制度纳入《民法典》，由此成为《民法典》合同编的法定制度，也彰显出了预约合同制度的重要性。然而，虽然立法者把预约合同制度纳入《民法典》合同编中进行调整，但《民法典》第 495 条总体上继受了《买卖合同司法解释》第 2 条。纵有修改也仅仅是对法条文字表达的修改，并未触及规范内容。立法者对预约合同制度

---

* 作者简介：张世平（1997- ），男，汉族，广东东莞人，中国政法大学同等学力研修班 2022 级学员，研究方向为经济法。

采取了极为抽象的立法模式，可能是因为有关预约合同制度的理论与实践争议并没有得到解决，理论与实践层面尚未完全对预约合同制度达成共识。特别是在预约合同的效力方面，各种学说与司法裁判观点可以说是互相争锋、互不相让。

二、选择"缔约说"的必要性

（一）"磋商说"的局限性

预约合同的效力认定与"给付"的内涵有关。"给付具有双重意义，指给付行为或给付效果。"[1]根据王泽鉴教授的说法，给付行为应当是指债务人的义务范围仅限于实施合同指定的行为，至于履行行为是否能实现债权人的预期利益在所不问。因此，当债务人依约实施给付行为后，应认定其已经完成合同义务，不得对其主张违约责任。相反，给付效果是指债务人不仅需要实施合同指定的行为义务，而且其行为必须达成合同约定的法律效果。

（1）"磋商说"的约束力不足。"磋商说"认为预约合同的约束力在于让当事人取得请求对方与其磋商的权利和让当事人负担与对方进行磋商的义务。换句话说，负有给付义务的预约合同当事人负担的是给付行为，并不是给付效果。因此，相较于"缔约说"而言，"磋商说"对预约合同效力的要求实质上是下降了一个层次，因为当事人不会因为本约合同最终未订立而承担违约责任。如果合同最终未能缔结成功可以成为正当的免责事由，那么这就恰好给违约方提供了规避违约责任的理由。

（2）"善意磋商义务"难以认定。有人也许认为，可以根据当事人是否具备"善意"来解决其是否履行了预约合同的磋商义务。根据"磋商说"的说法，如果当事人之间进行了"善意磋商"，那么法律承认其履行了预约合同义务。假设预约合同的一方当事人违反了"善意磋商"义务，如果守约方要主张违约方承担违约责任，其就必须证明违约方存在违约行为，即没有与其进行"善意磋商"。

（二）"内容区分说"的局限性

根据"内容区分说"的逻辑，预约合同的效力与预约合同内容的确定性程度密切相关。若预约合同具备本约合同的主要条款，则认定其具有"缔约

---

[1] 王泽鉴：《债法原理》，北京大学出版社 2013 年版，第 79 页。

说"之效力。若预约合同不具备本约合同的主要条款，则认定其具有"磋商说"之效力。换句话说，"内容区分说"以预约合同内容的确定性程度为标准，来确定预约合同的效力为何。

预约合同内容确定性程度的标准难以界定。有学者主张以预约合同是否包含本约合同的必要条款为标准，来判断预约合同的效力究竟采用"磋商说"抑或"缔约说"。然而，如何认定本约合同的必要条款，实际上是一个仍然存有争议的问题。[1]比如，对合同必要条款的认定，究竟是以当事人的意思表示为标准而具体问题具体分析，或者是直接在制定法中设置合同的必要条款。换句话说，"内容区分说"将预约合同的效力认定问题建立在一个理论与实践中仍然存有争议的问题之上，毫无疑问将把预约合同的效力问题陷入更复杂的局面中。

（三）选择"缔约说"具有合理性

"缔约说"不仅具有引导当事人积极缔结本约合同的作用，而且能够进一步凸显预约合同制度的存在意义，即赋予本约合同磋商过程以更高的法律约束力。只要能够正视当事人的真实意思以及正确看待预约合同也会有履行障碍的事实发生，预约合同的效力问题就能够得到很好的解决。

（1）当事人在将来必须缔结本约合同，并不等于本约合同最终一定能成功缔结。换句话说，无论当事人负担何种义务，都不代表该义务最终能够被顺利履行。在当事人履行缔结本约合同义务的过程中，可能会遇到可归责于或不可归责于双方当事人的障碍，但这并不妨碍当事人负担该义务。从合同缔结过程的角度观察，大部分合同从协商到生效再到履行并非一帆风顺，会有各种障碍来阻挠合同目的顺利实现，预约合同也不例外。因此，即使认定预约合同的效力为"缔约说"，如果发生一方当事人不按照预约合同的约定与对方缔结本约合同的事实时，完全可以根据《民法典》中有关合同履行的障碍的规则进行处置。

（2）选择"缔约说"可以起到价值引导的作用。预约合同制度旨在保障本约合同的订立，引导本约合同最终能够顺利订立。预约合同的效力不仅是法律约束当事人的根据，也是尊重当事人意思自治的体现：首先，法律之所以能够约束当事人，是通过课以当事人责任的形式来实现的，这便是合同的

---

〔1〕 邓辉："论合同的必要条款"，载《财经法学》2018 年第 2 期。

约束力。其次，预约是双方当事人就未来缔结本约合同所形成的合意，既然当事人已经就缔结本约合同形成合意，并且符合法定的成立与生效要件，其就应该接受该合意的约束。[1]

（3）"缔约说"可以为司法裁判提供明确的指引。相较于《买卖合同司法解释》，尽管预约制度已经实行多年，但《民法典》如今仍然只用一个条文来规范预约制度，显然不足以应付趋于复杂的预约制度。细化预约规范是立法者必为之事，然而本次《民法典》给预约制度仍然留下了不少立法空白。因此，法官对于预约规则的解释便成为实践之重点。那么，预约合同效力模式的选择，应当有利于法官作出解释。当然，为了维护当事人的意思自治，贯彻"法无禁止皆自由"的民法精神，应当允许当事人通过约定排除对"缔约说"的适用，也允许当事人自由约定预约合同的失效规则等。

三、预约合同的强制履行

（一）强制履行具有合理性

预约合同的效力认定决定了预约合同违约责任形式的选择，因为强制履行是合同履行的继续，当事人履行的仍然是原合同义务。只不过与原合同义务不同的是，强制履行被赋予了国家强制力，属于责任范畴。但无论是合同履行或者是强制履行，履行的内容仍然不变。因此，选择"缔约说"，也就决定了预约合同强制履行的内容当然为强制缔约。然而，亦有支持"缔约说"的学者反对强制履行作为预约合同的违约责任形式，理由不外乎是：第一，强制履行违反了合同自由原则；第二，强制履行并不具有可行性；第三，强制履行会混淆预约与本约。但是，这些理由似乎并不足以否定强制履行在预约合同制度中的存在意义。

（二）强制履行的适用

强制履行的适用并不是毫无限制，其也应当遵循一定的规则以保持预约合同制度的弹性力，这样才能最大限度地满足当事人的需求。《民法典》第495条并未规定预约合同具体的违约责任形式，意味着法律未使用强制性规定来约束预约合同的违约责任形式。因此，法律当然也允许当事人可以根据自

---

[1] 王利明："预约合同若干问题研究——我国司法解释相关规定述评"，载《法商研究》2014年第1期。

己的意愿自由约定预约合同的强制履行规则，通过赋予当事人对强制履行自由安排的权利，强制履行的适用可以最大限度地符合当事人的需求，从而贯彻合同自由原则。

若当事人并未就强制履行进行任何约定，则法官在判断过程中应当遵循如下规则：其一，由于本约合同的缔结与预约合同的履行相重合，故当事人在预约合同中或多或少会对未来本约合同应当具备何种权利义务有所约定。本约合同的有效成立需要当事人就本约合同的所有内容形成合意，因此，若当事人尚未就本约合同的一些重大事项达成合意，此时法院应当谨慎判定当事人是否具有强制缔约责任，否则将有违反合同自由原则之嫌。其二，《民法典》第 580 条规定了非金钱债务不适合强制履行的情形。强制缔约作为非金钱债务，也应当接受该规则的约束。当合同不能履行时，权利人无权请求义务人继续履行义务，不能履行包括法律上的不能以及事实上的不能。就事实上的不能而言，如果当事人约定将来缔结买卖合同，而标的物却在预约合同履行过程中灭失且该标的物具有不可替代性，那么该预约合同实际上已经处于事实上不能履行之状态，法律无法苛责卖方继续履行该预约合同，因此强制缔约在此处不能适用。根据该条规定，债权人在合理期限内未请求履行的，其也不得主张强制履行。因此，预约合同接受该规则的约束是有利于当事人的。

论我国律师执业责任保险制度的构建

张银淼*

（中国政法大学 北京 100080）

摘　要： 随着我国经济开放程度不断加深，经济水平逐步提高，诉讼案件所面临的情况愈发复杂，律师执业过程中存在的问题愈发突出。近几年委托人向律师索赔的案例频发，不乏赔偿数额较高者，引起了广泛的社会讨论。本文主要通过分析律师执业责任保险制度实施的现状，结合对我国目前律师执业责任保险条款的剖析，探讨我国目前该保险实施现状的不足之处，对我国建立全国性的、统一的律师执业责任保险制度提出可行性建议。

关键词： 律师责任保险　保险法　律师法

律师作为我国法律建设的一线工作者，随着我国经济不断发展、法治建设愈发完善，其行业的队伍不断壮大。但由于律师行业从业人员资质、素质水平参差不齐，相关法律规范不尽完善等原因，律师执业中的问题不断暴露，亟待解决和完善。

一、我国律师执业责任保险制度概述

（一）律师执业责任保险制度的概念

律师执业责任保险，是以律师在执业过程中所承担的法律责任及其赔偿责任为标的的一种执业责任保险。该险种主要是承保投保律师或律师事务所因为自己执业上的疏忽、遗漏、错误而导致的当事人财产损害的保险责

---

* 作者简介：张银淼（1993-），女，汉族，广东汕头人，中国政法大学同等学力研修班 2022 级学员，研究方向为经济法学。

任。[1]

（二）我国构建律师执业责任保险制度的必要性

责任保险的出现，在于为执业风险较高的职业分担风险，一定程度上缓解从业者的后顾之忧。执业责任风险主要是由以下三个因素产生的：一是较强的技术性；二是该风险与执业人知识、技术水平息息相关，未必是执业人主观上的过失导致的；三是该风险仅限于该执业人执业过程中出现的责任事故。

随着社会经济的发展，律师在执业的过程中不得不面对更为庞杂的法律法规、更加复杂的法律关系和法律问题，律师在法律上产生过失的可能性也不断增大。建立一个完善的律师职业责任保险制度有利于执业律师控制风险并保障委托人的权利，进一步促进整个律师行业的稳定发展。

（三）我国当前律师执业责任保险制度概况

从种属关系的角度来看，律师执业责任保险是责任保险当中的一个子险种。然而，从我国目前执业责任保险的现实情况来讲，律师职业责任保险仍然没有得到充分的发展，其作用没有得到充分发挥，存在涵盖范围狭窄、发展迟缓等问题。目前我国律师的业务范围非常广泛，涉及海商、企业破产重组、证券、期货、公司并购等专业性极强的领域。再加上在执业过程中，律师面对的是越来越庞杂的法律体系，以及越来越复杂的法律问题，由此带来的执业风险也与日俱增。因此，如何化解律师的执业风险，降低当事人损失的风险成了一个不可回避的执业难题。[2]

二、我国目前律师执业责任保险制度存在的问题

（一）立法上缺乏明确的规定

现今，我国并没有一部法律系统地、明确地对律师执业责任保险作出规定。2002年，司法部在全国律师管理工作会议上提出，要求在全国范围内强制推行律师执业责任保险。我国《保险法》第65条对责任保险作出了概括性的规定，第66条对责任保险的费用承担问题作了规定；第124条、第167条

---

[1] 参见王伟：《职业责任保险制度比较研究》，法律出版社2015年版。
[2] 金荣、陈心蕙："构建律师责任险制度的必要性和可行性"，载《法制与经济》2015年第17期。

虽涉及执业责任保险，但仅限于对保险代理机构、保险经纪人进行规定，并没有涉及律师执业责任保险。不过应当引起重视的是，《保险法》第11条第2款明确规定："除法律、行政法规规定必须保险的外，保险合同自愿订立。"这说明只有当法律法规作出明确规定时，才可以推行强制性的保险制度，例如机动车交通事故责任强制保险。因此，在缺乏相关法律法规支持的前提下，司法部推行强制性的律师执业责任保险可能面临法律上于法无据的问题。

（二）各省市之间立法情况存在差异

从我国各地发展律师执业责任保险的现状来看，主要有以下两种模式：一种是北京模式。北京目前实施的是全市统一的执业责任保险投保方式，投保人是北京市律师协会，被保险人是北京全市的执业律师。现在全国大多数省市采用的是"北京模式"，即由律师协会主导，律师协会选择一家保险公司，协商好条款以及保费，以"会费"的名义由律师缴费，再以"律协福利"的方式用会费进行投保。这种模式表现出较为强烈的非自愿性。另一种是上海模式。上海市的律师执业责任保险是由上海市司法局大力推广，全市各个律师事务所可以自主选择保险公司进行投保，以律师事务所为单位签订责任保险合同，具有相当的自愿性。

（三）相关立法条文不够规范

目前的律师执业责任保险条文主要存在问题有三：

1. 被保险人的范围不明确

有些保险公司对被保险人的范围规定明显不够明晰，如中国平安保险股份有限公司就出现了两种不同的规定：一种是在"律师执业责任保险明细表"中规定律师事务所及其执业律师为被保险人，另一种则是在律师执业责任保险条款中规定我国依法设立的律师事务所为被保险人。

此外，值得关注的是，中国平安保险股份有限公司与中国太平洋保险股份有限公司都把非执业律师排除在外，这部分人员包括实习律师、律师助理以及街道法律服务所的法律工作者等。但这部分人员在社会上同样提供着法律服务，而且还不在少数，所以本文认为这部分人也应当被列入被保险人的考虑范围。

2. 保险标的的范围不一致

目前我国保险市场中，大部分律师执业责任保险标的范围仅包含违约责任，而把侵权责任排除在外。例如，中国太平洋保险股份有限公司就将"律师事务所或者其执业律师造成的第三者的人身损害或者有形财产损失依法应当承担的赔偿责任"排除在外；中国人民人寿保险股份有限公司也规定了该类的除外责任，把"注册执业律师因个人的侵权行为所致损害"和"被保险人对委托人的身体伤害以及有形财产的损毁或者灭失"排除在赔偿范围之外。但是中国平安保险股份有限公司则在与广东省律师协会的保险业务中作了这样的规定："律师在执业过程中受托管理委托人的财产发生毁损、灭失的，依法应当由被保险人承担赔偿责任的，保险人承担。"由此可见，保险公司在保险标的方面也没有达成一致，较为混乱。

3. 保险条款违背法理

中国平安保险股份有限公司在与广东省律师协会签订的保险条款把"精神损害赔偿"列入其中。但是，律师执业责任保险作为一种财产险，将"精神损害赔偿"列入其中，无疑是忽视了该险种财产险的法律属性，有违法理。[1]

三、我国律师执业责任保险制度的构建与完善

律师执业责任保险在法治比较发达的国家和地区，是作为强制保险予以规范的。我国虽然由司法部强制推行，但在立法上却没有明确的规定，这对该项制度的发展是不利的，因为其缺乏立法上的支持，缺乏合法性。因此，我们应当结合实际情况，对构建我国的律师执业责任保险制度予以深入研究。

（一）落实更为统一、系统的法律规范体系

由于目前我国普遍采取行业统保的模式，并不存在市场竞争的问题，也没有一部法律或规范对该险种进行约束，故而现下对律师职业责任保险制度的构建与执行情况都较为混乱。此外，单一的一部《保险法》并不能满足律师执业责任保险制度建立的需要，律师执业责任保险虽然是执业责任保险中的一个子险种，但同时也兼具律师行业独有的个性。因此，应当从《保险法》和《律师法》这两部法律中对律师执业责任保险进行明确、系统的规定，而且各省市还应当结合当地的实际情况，出台规范当地的律师执业责任保险实

---

[1] 《中国平安保险公司广东分公司与广东省律师协会签署的律师执业责任保险协议》规定："被保险人对委托人造成精神损害，依法应当由被保险人承担经济赔偿责任的，保险人负责赔偿，本项责任下每人每次事故赔偿限额为30万元。"

施的细则，确保该制度能够适应并且引导当地律师行业的健康、有序发展。

（二）取消行业的统一投保模式，改为自主投保

目前除了上海以外的大部分地区都是采取行业统保模式，造成了行业垄断，剥夺了律师以及律师事务所的自主选择权。而且保险公司只要和律师协会达成一致，就可以取得该地区的这部分业务，这种方式下的保险条款肯定也不是最大程度适应市场的需求，存在双方的利益妥协，不能起到其应有的规范作用。本文认为，统保模式最终侵害的是投保律师以及受损害当事人的利益，律师执业保险制度应为保护这些主体的利益而生，因此我国应当采取更合理、更有自由度的投保方式。

（三）应当适当扩大被保险人的范围

如上所述，我国目前还存在大量的非执业律师，但是他们的服务工作跟律师没有特别的区别，甚至这部分人群对外宣称自己就是执业律师。执业风险与个人的执业区域、执业经验、知识水平等因素都有很大的关系，而这部分人群无疑存在着最大的执业风险。所以，应当要求这部分人员也要投保执业责任保险，但是保费方面可以结合实际的情况做相应的调整。

论见危不救入刑主张之不合理

周立秀*

（中国政法大学 北京 100080）

摘　要： 近来暴力事件频发，引发社会公众和刑法学界对见危不救入刑的强烈呼吁，但这种主张值得商榷。见危不救行为尚未触及道德规范的底线，而且在具体的不法和有责性判断方面，见危不救者没有创造法所不允许的风险，其义务来源也不明确，主观条件判断存在模糊性。因此在我国见危不救不宜入罪，对该类行为的谴责应保留在道德领域。

关键词： 见危不救　道德与法律　行为归责

唐山烧烤店打人事件的发生，使见危不救应否入刑讨论更加激烈，对身处危难当中的人不施以援手给予道德的强烈谴责无可厚非，这种冷漠行为与现行倡导的社会主义核心价值观不符，但据此要求将该行为作犯罪化处理并不合理。道德与法律自古就存在着千丝万缕的联系，但两者依然层次分明，尤其刑法作为法律体系最严苛也是最后的屏障，应当保持其谦抑性，不宜凌驾于现有的犯罪理论，强行将见危不救搬入刑法。相反，鼓励和引导人们"见危而救"要多管齐下，通过其他方式予以激励，相比直接用刑法威慑更符合国人情感。

一、见危不救入刑问题的缘起

正如歌德所说"带来安定的是两种力量——法律和礼貌"，在我国漫长的历史演变进程中，德与刑，礼与法，始终交织在一起，共同致力于维护社会

---

　　* 作者简介：周立秀（1988- ），女，汉族，山东临沂人，中国政法大学同等学力研修班 2022 级学员，研究方向为刑法学。

秩序稳定与安定。为了实现这一目的，很多明确属于道德范畴的概念，由于其需要有国家强制力的保障逐渐衍变为法律的重要内容。换言之，一切有助于社会和谐、国家长治久安的规范，都可能被纳入法律体系，以期构建出更加完善的社会治理准则。为此，道德法律化不可避免，但道德与法律的边界并非完全清晰，道德法律化的过程也必然一路伴随争议。其中，见危不救是否应当入刑就是很典型的道德法律化问题，理论争议至今未有定论。

近年来，见危不救行为越来越被人们广泛知晓并讨论，如南京"彭宇案"、温州"冷漠的哥案"、佛山"小悦悦案"等。法学界关于此行为是否应当入刑的讨论也愈演愈烈，"立法惩治见危不救"的呼声高涨，尤其近期"唐山烧烤店打人"事件爆发后，再次将见危不救入刑话题推上高潮，似乎将其及早入刑已是刻不容缓。诚然，面对这类社会恶性事件，身处镜头一端的人们很容易被唤起善良的本性，站在道德高地去强烈谴责那些看似能够施以援手但仍袖手旁观的人，但毋庸置疑，同样的事情若发生在谴责者身边，结果可能也是一样。入刑是保护法益，还是侵犯自由恐难界定。

按照卢梭的观点"当人类看到同类受难时，他内心就会产生天然的反感"，[1]他认为人类天生拥有"同情心"且是"自然美德"。往往这种纯真的自然感情会先于任何理智的思考而存在，并让人们对处于危难中的他人本能性地产生怜悯。然而这种怜悯并不必然会转化成救助行动，怜悯之心转化为实际行动还要取决于人们内心对于经济、政策或自我安全的诸多考量。

而见危不救行为，应该被看作是始于"自然美德"，终于"诸多考量"并可以自主决定的道德问题，还是应当被视为个体对他人、对社会负有某种必须履行的法定义务的刑事法律问题，是本文需要探讨的内容，在本文看来，前者更加合理，见危不救尚未超出道德范畴，刑法不应干预。

二、见危不救行为并非最低限度的道德

（一）道德与法律的关系

道德与刑法具有紧密的联系，在漫长的历史发展和社会进步历程中，道德与刑法不断相互渗透，诸多调整原则日渐趋同。一方面，道德是刑法的基

---

〔1〕 ［法］卢梭：《论人类不平等的起源》，高修娟译，上海三联书店 2011 年版，第 40 页。

础。刑法中包含着道德的最低限度要求，没有道德为基础的刑法不能获得人们的支持和尊敬；另一方面，道德也是制约刑法无限扩张的一个重要因素。刑法因其公法性质具有天然的侵略性和扩张性，但并不能随意涉足人们生活的各个领域，在某种行为并未超出人们道德限度所能承受和容忍的范围时，刑法就不得干预，其作为整个法律体系的最后一道屏障，应坚守代表道德最底线的原则[1]。

(二) 见危不救行为尚未触及道德规范底线

按照理论界的现行观点，见危不救行为是指当他人的人身安全和社会公共利益遭受正在发生的危险时，有能力救助且救助行为对自己和第三人无显著危险，而不予救助的行为。[2]事实上，救助人在本无救助义务的前提下，自发自主地履行救助义务，符合道德标准的要求，是值得被称赞和鼓励的善良行为；反之，就可能受到道德的否定性评价，但这种否定性评价并未超出人们对道德所能容忍的最低限度，比如提到故意杀人，人们首先就会想到杀人偿命，提到强奸、抢劫，也恨不得"以牙还牙、以眼还眼"，让行为人付出代价的零容忍，见危不救行为明显要轻得多。近年来发生多起见诸报端的冷漠事件，尽管社会大众对未施以援手的人表达了强烈的愤慨，但并不会要求他们为此付出高昂的代价，甚至有越来越多的声音对此表示理解和宽容，足以印证该行为与犯罪在违反道德准则的程度上是有明显差距的，将一个尚未触及道德底线的行为纳入刑法，用最严苛的方式逼迫人们履行义务，反之则要遭受处罚，有违刑法的谦抑性，是刑法对道德的过度干预，也是立法权的不当扩张和对公民自由权的侵犯。

综上，刑法所调整的应当是社会道德规范所不能容忍的行为，只有当社会秩序及道德规范对某种行为有用刑法调整的强烈需要时，顺势而为制定出对应需求的刑法才具有合理性，否则就是强人所难。见危不救行为与道德所提倡的见义勇为、互帮互助等传统美德相悖，理应受到道德的谴责，但其并未对社会基本秩序实施侵犯、破坏和挑衅，其错误程度未达到犯罪的程度，不应当以刑法对其规制，从而造成过度道德法律化。

---

〔1〕 张琦："道德与刑法有限性的关系——也谈见危不救应否成罪"，载《河南公安高等专科学校学报》2006年第4期。

〔2〕 李进平："'见危不救'的刑法治理"，载《重庆科技学院学报（社会科学版）》2010年第10期。

三、见危不救入刑缺少法理依据

根据现行《刑法》规定，刑法的目的是惩罚犯罪，保障人权，一个行为是否应当受到刑法调整，首先要判断这个行为是不是犯罪。为明晰这个问题，以下从犯罪构成体系进行简要分析。

（一）见危不救罪的违法性判断

（1）见危不救者没有创造法所不允许的风险。根据客观归责理论，行为人只有创造了法所不允许的风险，刑法才可以对其归责。造成被害人的法益侵害的危险源与见危不救行为人无关，对被害人安全及利益的破坏或侵犯均不来自见危不救行为人，不能因为危险结果出现，就将无救助义务人的不作为强行与结果嫁接上因果关系，按照这样的逻辑，目睹网络暴力的网民是否也要对被网暴对象的死亡结果承担相应责任？显然不可能。提倡全民通力合作构建和谐社会是良性价值导向，但不能用最严苛的刑法将其上升为公民必须履行的法定义务，甚至将不履行定义为侵犯法益，这是对公民权利的侵犯和压榨。

（2）作为见危不救罪义务来源的道德义务不明确。如上所述，要求行为人见危而救更多的是源于道德义务。那么，道德义务能否成为作为义务的来源呢？这是法学界目前尚有很大争议的难点问题。本文认为，以道德义务作为来源，将行为人不履行某种道德义务的行为上升为刑事犯罪并非不可，但需要明确标准，违反何种道德义务，造成何种法益侵害，才能要求行为人承担刑事法律责任？目前均无明确的标准，且义务与权利往往是共生共存的，法律将见危不救的行为上升为刑事犯罪，不仅没有在任何方面为行为人增加权利，反而让人们的自由权缩小。

综上，见危不救者没有创造法所不允许的风险，其义务来源也不明确，不能因该行为与社会宣传的"见义勇为""无私奉献"等利他主义思想不一致，就动用最严苛的刑法予以规制。

（二）见危不救罪的有责性判断

目前，法国、德国、美国等国家已经有了见危不救罪或不予救助罪等罪名，结合我国刑法理论界近几年对见危不救问题的争议焦点，基本可以明确利用刑法惩罚见危不救行为，至少需要满足三个条件[1]：第一，救助人需要

---

[1] 桑本谦："利他主义救助的法律干预"，载《中国社会科学》2012年第10期。

有救助的能力；第二，被救助人正处于紧要危险状态；第三，救助人不会因救助行为给自己或第三人带来危险。实践中，要正确判断以上三个条件是非常困难的。

不难发现，上述三个条件都带有很强的主观色彩。潜在救助人在路遇他人处于危险境地时，需准确判断对方确实处于危机当中，并快速平衡自身实力，而最终能否出手相救都要取决于当时当刻潜在救助人的判断结果，不可否认的是，正如一千个人心中有一千个哈姆雷特，不同的潜在救助人面对同样的场景作出的结果一定是不同的。那么，放到司法实践中，如何去判断主观要件？无法判断主观要件，行为即使存在，其有责性也无法确认。那么又该如何去定罪量刑？

更甚者，就见危不救行为发生的概率而言，个体远远小于群体，当类似于唐山烧烤店打人事件的事实发生，是否要将所有在场人员抓获？在场人员数量如何确定？如果没有监控，又该如何发现犯罪事实，如何锁定嫌疑人？

综上，本文认为，见危不救行为不宜入刑，且入刑之路任重道远。

四、结语

鼓励和禁止是完全不同的概念，道德鼓励人们追求真善美，积极"为善"，而刑法存在的价值更多的是倾向于禁止人们去"为"某种恶以及"为恶"之后要接受何种处罚，不能以其威严用强行剥夺人们身体或财产权利的方式逼迫人们"为善"。古代侠义之士崇尚"路见不平拔刀相助"，这种侠义之心在当今社会不是没有，而是不敢，与其高呼如何入刑制裁见危不救，不如努力推进贯彻实施"正当防卫"刑事政策以及其他行政措施，让这些有心"拔刀相助"的现代人少一些"拔刀"之后的后顾之忧。

希望我们能铭记贝卡利亚的教诲：预防犯罪的手段最为可靠的措施是完善教育，最"一本万利"的方法是奖励美德。

"7天无理由退货"制度的
解释与适用

周璇玥[*]

（中国政法大学 北京 100080）

摘 要： 随着电商行业的蓬勃发展，我国电商规模已经稳居全球网络零售市场首位。《消费者权益保护法》（以下简称《消法》）第25条自正式实施以来，关于"7天无理由退货"制度的理解和现实适用始终是各方讨论的重点。由于消费群体、消费品类和消费趋势的反复扩容，尤其是电商平台向下沉市场的发展与用户适老化的改造，电商维权量持续攀升，商家和消费者之间就"7天无理由退货"制度的理解和适用始终存在分歧，本文将从对该条款立法本意的解读出发，重点解析"7天无理由退货"的法律适用，"适用该制度的商品类型判断"以及"商品完好应如何界定"等问题，对网络购物"7天无理由退货"制度进行分析和阐释，便于消费者正确认识该制度的司法适用，避免消费者反悔权的滥用。

关键词： 7天无理由退货 《消费者权益保护法》 商品完好

一、问题的提出

因为近年电商的快速成长在零售端不停驱动消费格局的重建，截至2021年末，我国线上网购用户规模达 8.42 亿人，[1]2021 年全国电商交易额达

　＊ 作者简介：周璇玥（1987- ）女，汉族，江苏苏州人，中国政法大学同等学力研修班 2022 级学员，研究方向为经济学。

　〔1〕 唐维红、唐胜宏、廖灿亮："人民网研究院发布《中国移动互联网发展报告（2022）》——移动互联网应用进一步与实体经济融合（经济聚焦）"，载《人民日报》2022 年 7 月 4 日。

13.1 万亿元，[1]稳居全球网络零售市场首位。随着消费群体、消费品类和消费趋势的反复扩容，用户规模的增长基本见顶，流量红利也在大幅缩减，下沉市场和快速攀升的中老年网民以及 Z 世代作为网络消费增长的新兴力量成了各电商平台的必争之地。而消费者的购物习惯也已经完成了"传统的货架式电商—搜索电商—社交电商—直播电商—兴趣电商"的转变，无论是平台对消费渠道的创新、对适老化的改造、对新生代消费黏性的加强、用户体验的提升等，都对平台、经营者以及消费者提出了更多的挑战。并且近年来，电商集中促销活动使商家在优惠条件、规则设置方面的复杂程度有增无减。2021 年，12315 平台共受理网络购物投诉 483.4 万件，同比增速为 5.8%，占平台投诉举报受理总量的近 40%[2]。《消法》第 25 条规定："经营者采用网络、电视、电话、邮购等方式销售商品，消费者有权自收到商品之日起七日内退货，且无需说明理由。"由于消费者、经营者以及电商平台对该法条的理解和适用存在分歧，导致投诉案件居高不下，如何妥当地理解"7 天无理由退货"的内涵与立法本意，是正确适用该条文的前提。

二、对"7 天无理由退货"制度立法本意的解读

"7 天无理由退货"制度的设立是为了解决消费者在线上交易时由于双方信息不对称而致使意思表示存在不真实的问题。在网络购物过程中，商家为了激发消费者的购买欲望，通常会采用精美的图片和细腻的文字对产品进行包装，使消费者对商品的内容和质量产生期待。并且使用大量的格式条款、预售规则限制诸如"签收即视为品质合格""退款申请次日零点开通""所有商品不接受七天无理由退货""不付尾款不能退款、促销日当天不能退款"等，减轻或规避商家应尽的法律责任，限制消费者的权利。最终可能出现商品的实际与消费者主观期待之间有所出入。"7 天无理由退货"赋予消费者反悔权的初衷就是维护消费者的知情权、选择权以及公平交易权，而消费和经营两者之间对该项权利的博弈值得进一步探讨。

---

〔1〕 唐维红、唐胜宏、廖灿亮："人民网研究院发布《中国移动互联网发展报告（2022）》——移动互联网应用进一步与实体经济融合（经济聚焦）"，载《人民日报》2022 年 7 月 4 日。

〔2〕 参见中国消费者协会发布的《中国消费者权益保护状况年度报告（2021）》。

三、"7 天无理由退货"制度的法律适用

（一）"7 天无理由退货"的适用范围

1. 主体范围

关于消费者的认定：《消法》第 2 条规定："消费者为生活需要购买、使用商品或者接受服务，其权益受本法保护。"此处所指的消费者是指为达到个人消费使用目的满足生活需要而购买各种产品与服务的个人或最终产品的个人使用者。由于组织和企业法人等的"人格"是法律拟制的，因此企业本身不能直接进行生活消费，使用某种商品或直接接受某种服务，并且企业作为买受人由于和经营者之间构成交易信息和谈判地位的对等关系，无需通过《消法》予以保护，而应该受到《合同法》《产品质量法》等相关法律的调整。因此，消费者仅能够是自然人，即便是为了企业内部消费而产生消费行为的也不宜被认定为是消费者。

关于经营者的认定：经营者作为《消法》的另一个重要主体，是与消费者相对应的另一方当事人，《消法》自身对经营者并没有确切的定义，但是《反垄断法》第 15 条规定："本法所称经营者，是指从事商品生产、经营或者提供服务的自然人、法人和非法人组织。"商务部关于《无店铺零售业经营管理办法（试行）（征求意见稿）》第 3 条第 2 款规定："本法所称无店铺零售经营者，指从事无店铺零售的企业、其他经济组织或者自然人。"因而，经营者具备的特征应当是：①是从事生产、销售商品或者提供服务等经营活动的民事主体；②从事的行为是有偿的；③不以公司等企业法人为限，凡是持续有偿地向消费者提供商品生产、销售或者服务的企业、组织以及自然人，均可认定为是经营者。

2. 客体范围

《消法》明确规定了消费者定制商品、鲜活易腐商品、数字化商品、交付的报纸期刊等四类商品不适用 7 天无理由退货。除规定上述四项商品不得适用"7 天无理由退货"外，另行规定："其他根据商品性质并经消费者在购买时确认不宜退货的商品，不适用无理由退货。"该项规定则需要消费者在购买时做到更加理性消费，并且能够对适用该条款的商品类型进行分辨；同时要求经营者应事前尽到告知义务。

（二）适用"7 天无理由退货"的商品类型判断

1. 网络购买商品不适用无理由退货的范围的"4+3"情形

《消法》明确规定了四项商品不适用无理由退货。《网络购买商品七日无理由退货暂行办法》第 7 条还另外补充了以下三类经消费者在购买时经确认可以不适用无理由退货的商品：①易变质或拆封后影响人身安全和健康的商品；②经激活或试用后有较大价值贬损的商品；③临保商品、瑕疵商品等。这是对《消法》第 25 条规定的进一步细化，网络购买商品不适用无理由退货的范围就界定为"4+3"的情形。

但是消费者在商家作出承诺的情况下对上述四项除外商品也享有"7 天无理由退货"的权利，这是《最高人民法院关于审理网络消费纠纷案件适用法律若干问题的规定（一）》对消费者"7 天无理由退货"权利的适用范围进行的扩展。

2. 二手商品

在二手商品的交易中，由于闲置物品的特殊性，二手商品交易只能适用合同法。但是在实际交易过程中，有相当部分商家存在通过网络二手交易平台进行正常商品的销售和经营，一旦发生纠纷又以其非经营者为由进行辩驳，导致最后只能按合同法处理争议，购买方权益得不到保障。因此，《最高人民法院关于审理网络消费纠纷案件适用法律若干问题的规定（一）》第 7 条规定："消费者在二手商品网络交易平台购买商品受到损害，人民法院综合销售者出售商品的性质、来源、数量、价格、频率、是否有其他销售渠道、收入等情况，能够认定销售者系从事商业经营活动，消费者主张销售者依据消费者权益保护法承担经营者责任的，人民法院应予支持。"这一方面对实际处于消费者地位的买方权益进行了保障，另一方面通过综合认定，避免错误打击个人之间的二手商品交易，保障了二手商品的流通秩序。

3. 预售商品

电商集中预售商品也应该适用 7 天无理由退货。原国家工商总局（现为国家市场监督管理总局）发布的《网络商品和服务集中促销活动管理暂行规定》（已失效）第 9 条明确规定了电商大促时不得设置条件，不保障消费者"7 天无理由退货"、享受"三包"等权益。

为确保消费者知悉其将要购买的商品对于"7 天无理由退货"的规则是否适用，在网购过程中，对于不享受"7 天无理由退货"政策的商品，电商平台及商家应当就该商品本身是否适用无理由退货主动以醒目的方式提醒消费者注意并在相关商品详情页面进行明确的公示。

（三）对"商品完好"的界定

作为退货的一方，消费者需确保退回的商品完好无缺，并于退货时将商品本身、配件及赠品一起退回。同时网购商品的签收不能等同于认可商品质量，消费者签收商品时通常不会拆开商品详细查看，也未必有时间试用。消费者在实体店铺消费或者购物，可以进行现场检查和试用，而网络购物难以做到这点。确立消费者无理由退货制度的初衷，是使非现场消费者享有与现场购物同等的检查、试用商品的机会从而自主决定是否进行交易。[1]

《网络购买商品七日无理由退货暂行办法》第8、9条对"退货商品完好"的标准进行了详细阐述，即商品需保持其原有品质、功能及商品本身、配件、商标标识等齐全、卡（券）金额无减损的，或消费者出于确认商品的品质、功能为目的打开商品包装进行合理的试用及查验的，可以视为商品完好。同时，对于超出查验或确认商品品质、功能需要而使用商品，导致商品出现较大价值贬损或影响二次销售的，应当视为商品不完好。

---

[1] 杜前："电子商务审判态势与相关法律问题研究——以杭州互联网法院司法数据为基础"，载《中国应用法学》2019年第5期。

浅析行政行为程序性违法
——以违法建筑拆除为视角

李治*

（中国政法大学 北京 100088）

摘　要：行政主体实施行政行为具有单方性、强制性等特征，而行政相对人本身处于弱势地位，因此其合法权益受到损害后多数情况下维权困难。而未登记建筑被有权机关依法确认行政行为过程性违法后所负责任较轻。因此应多措并举，加重确认行政行为程序性违法的行政主体、及相关人员责任，达到规范行政主体依法定程序实施行政管理权的行为。

关键词：行政行为　行政相对人　程序性违法

一、行政行为违法的形成原因及责任

在中国全面建设现代社会主义国家的发展进程的不断推进，必然伴随着基础设施建设及土地征收全面有序地推进，行政主体不可避免的要面对因历史遗留问题导致的违法建筑拆除工作，有的违法建筑虽没有取得建设工程规划许可证，但并不影响规划，特别是行政相对人在居住已久的宅基地上建造的房屋，但行政主体的部分工作人员因自身法律素养不高或因行政主体内部关于拆违工作要求的周期较短而使得对违法建筑的拆除行为未按照法定程序进行，不利于维护行政相对人的合法权益。

因此，拆违过程中行政机关实施行政行为违法的形成原因包括：第一，难以平衡行政机关内部关于拆违工作要求的周期较短而法律规定行政相对人

---

　*　作者简介：李治（1991-），男，汉族，黑龙江勃利人，中国政法大学同等学力研修班 2022 级学员，研究方向为刑法学。

维权期限较长；第二，行政行为程序性违法责任较轻，难以起到警示作用。

（一）难以平衡行政机关内部关于拆违工作要求的周期较短而法律规定行
政相对人维权期限较长

全国多数地方行政主体的拆违行动以行动周期命名，例如上海市某区拆
违行动以拆违整治"百日攻坚"行动为名，且该区城管执法局就结合居民自
建房安全专项整治，组织开展全区范围的拆违"百日攻坚"整治行动，该拆
违行动制定了拆违行动周期为 100 天。

此类拆除活动不利于保护行政相对人之合法权益，理由如下：根据《行
政强制法》第 34 条、第 35 条、第 37 条、第 44 条的规定，行政相对人在法定
期限内不申请行政复议或者提起行政诉讼，又不拆除的，行政机关可以依法
强制拆除。[1] 由此可知，"百日攻坚"拆违行动无法保证行政相对人在 60 日
内提出复议或在 6 个月内向人民法院提起诉讼等权力。在行政主体追求效率
与结果的过程中往往忽视了程序正义，难以平衡行政机关内部较短的工作周
期与行政相对人提起诉讼期限之间的矛盾。

（二）行政机关及其工作人员对法定程序认识不够清晰

我国根据《城乡规划法》第 64、65、68 条，主管机关有权对违法建设行
为人（下称建造人）采用责令停止建设、限期改正、罚款、限期拆除、没收
等处置措施。[2] 由此可见，违法建筑并不需要一律拆除，亦可以采取罚款、
没收等处罚措施。

二、行政行为程序性违法之现状

在我国，通过诉讼确认行政机关强拆过程中程序性违法的后果一般分为
两种：其一，若行政行为实体和程序均违法，人民法院依法确认行政机关行
政行为违法后可以向行政机关提出国家赔偿申请，其合法权益存在救济途径；
其二，若行政行为仅程序违法而实体不违法，行政机关仅承担确认行政行为
违法的不利后果。

---

[1] 北京市顺义区李桥镇人民政府等与李某强制拆除行为及行政复议决定一案，北京市第三中
级人民法院（2020）京 03 行终 937 号判决书。

[2] 常鹏翱："违法建筑的公法管制与私法因应"，载《法学评论》2020 年第 4 期。

三、行政行为程序性违法的后果

鉴于行政主体在违法建筑拆除过程中被司法机关确认行政行为程序性违法责任较轻，因此应当多措并举加重违法成本，倒逼行政主体依法行使公权力。对此，可以采取的方式包括：其一，媒体曝光及建立公示专栏；其二，承担行政相对人维权所支付的合理费用；其三，对违反法定程序的行政主体及个人内部通报批评。

（一）媒体曝光及建立公示专栏

为了能让新闻媒介真正发挥法治监督作用，许多国家赋予其一定程度的自由，并制定了专门的法律规范加以保障。[1]有条件的地区可以在地方人民政府官方网站上建立违法公示系统，对违反法律规定的行政主体进行公示，且可以通过电视媒体，以在线问政等形式，多元化、多角度地对行政机关依法定程序行使公权力予以监督及惩戒，使行政权在法治轨道内运行。

（二）承担行政相对人维权所支付的合理费用

因行政相对人通常不具备专业的法律知识与独立参加诉讼的专业能力，因此，当行政机关行使公权力违法的情况下，处于弱势地位的行政相对人的合法权益更值得被保护，因此，应由存在过错的行政主体承担行政相对人维权所支付的合理费用，这样更能达到维护行政相对人合法权益、规范行政机关依法行权的目的。

（三）对违反法定程序的行政主体及个人进行内部通报批评

依法对违反法定程序的行政主体及个人进行内部通报批评，所谓通报批评，是指行政主体在一定范围内以公开的方式陈述、列明行为人基本信息、违法行为、处理结果及相关否定评价。[2]通报批评一般在行政机关体系内部可以达到较好的警示与预防作用，不仅可以明确本次违反法定程序的行政主体及个人的否定性评价，还可以预防其他行政机关及工作人员发生类似错误，起到警示与预防的作用。

---

〔1〕 施彦军、汤兆云："新闻舆论监督的法定缘由、内在冲突及完善路径"，载《行政与法》2018年第10期。

〔2〕 江国华、孙中原："论行政处罚中的通报批评"，载《河北法学》2022年第6期。

四、结论

随着我国法治进程的不断推进与完善，必然要求行政机关在行使行政管理权的过程中既要重视实体正义，亦不能忽视程序正义。在法治社会，司法被视为救济社会冲突的最终、最彻底的方式，社会成员间的任何冲突和纠纷在其他方式难以解决的情况下，都可以通过司法途径解决。因此，法治的最高价值在于最大限度的实现正义。[1]

---

〔1〕 孙玲："浅论实体正义与程序正义"，载 https://www.chinacourt.org/article/detail/2015/07/id/1662621.shtml，最后访问日期：2019年2月15日。

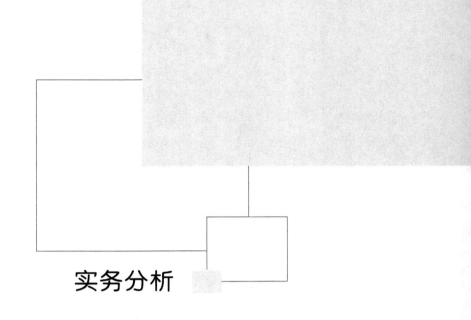

实务分析

宅基地使用权设立抵押权的利弊分析

金天*

（中国政法大学 北京 100088）

摘　要： 关于宅基地使用权能否抵押的问题，目前的立法基本都是否定的。允许宅基地使用权抵押是促进农村经济发展、形成农村土地市场所必需的。如果该类抵押被彻底禁止，实际上会对农民有效扩大再生产方式形成制约。完全可自由抵押又可能造成比较严重的后果。基于此，笔者将从两者的利弊来论证宅基地使用权应该被允许设立抵押权。

关键词： 宅基地使用权　抵押权　农村居民住房保障　制度冲突

随着科技的发展，传统意义上的以耕种庄稼为生、纯人力务农的农民已经逐渐减少，人们大量采用高科技耕作工具、新颖潮流的耕作植物种类，实现了现代化务农。随着新农村建设及经济发展，使人们不仅仅满足于务农带来的利益，自主创业、兴办"农家乐"成为新时代农民的主业。

无论是高科技务农还是发展新兴产业亦或是自主创业，都需要大量的资金支持。作为农村的农民，在没有大额存款单情况下，贷款是他们最常见的融资渠道。抵押贷款作为一种常见的贷款方式，被广大农民所选择。宅基地使用权则是普遍农民所具备的价值最大的财产，它似乎是最佳的抵押物。宅基地使用权是指公民可以在其上建造房屋并使用居住的一种物权，这种物权在国家或集体所有的宅基地上享有。我国法律规定，宅基地使用权人依法对集体所有的土地享有占有和使用的权利，有权依法利用该土地建造住宅及其附属设施。宅基地使用权的取得、行使和转让，适用国家有关法律规定。宅

---

* 作者简介：金天（1997-），男，汉族，浙江杭州人，中国政法大学同等学力研修班 2021 级学员，研究方向为民商法学。

基地因自然灾害等原因灭失的，宅基地使用权消灭。对失去宅基地的村民，应当重新分配宅基地。由此可以看出，宅基地使用权目前不能在实践中被抵押。

笔者认为，虽然禁止宅基地使用权的抵押在一定历史时期有其合理性或必然性，但这只是我国土地管理政策和物权法立法下的一时之选，在当前社会条件下允许宅基地使用权抵押，特别是在农业改革发展的大背景下，是利大于弊的。下文中，笔者将分析宅基地使用权设立抵押权的利弊以及弊端的解决措施，从而在此之上得出宅基地使用权应该允许设立抵押权。

一、宅基地使用权应该允许设立抵押权的利处

（一）实现资源配置优化

近年来，中小企业贷款难、农民贷款难一直是突出问题，这也是导致农村金融发展滞后的重要表现。"三农"的发展以及新农村建设，首要的就是资金。除去向亲朋私下筹借外，农民很难能够通过合法渠道进行贷款或融资，现实情况是：农民从金融机构获得贷款的需求能够得到满足的不足 30%，农民贷款难已经成为制约农村金融发展的瓶颈。[1]因此，推动宅基地使用权抵押有助于农村信贷市场的发展，为农村经济社会发展提供金融支持，缓解农村经济发展的现实要求与包括宅基地使用权在内的农村产权制度的矛盾，进而推动整个农村经济的发展。

（二）实现权力配置正义

学界的大部分观点认为《物权法》将宅基地使用的物权属性界定为用益物权，但物权法对宅基地使用权仅规定使用人对宅基地享有占有和使用权能，这违背了用益物权的定义："用益物权人对他人所有的不动产或者动产，依法享有占有、使用和收益的权利。"[2]宅基地抵押权既然是宅基地产权的一种权能形态，那么它就其隶属于处分权的范畴，是权利主体对土地予以处分的方式之一。[3]我国法律对包括抵押在内的土地承包经营权、建设用地使用权、

---

〔1〕 何承斌："我国农村宅基地使用权抵押贷款的困境与出路"，载《现代经济探讨》2014 年第 12 期，第 70~72 页。

〔2〕 参见崔建远：《土地上的权利群研究》，法律出版社 2004 年版。

〔3〕 王静："我国农村宅基地功能与受偿价格实证研究——基于不同类型农户宅基地功能偏好的分析"，载《价格理论与实践》2016 年第 7 期。

地役权等在内的几种典型用益物权作出了规定，可以依法处置。然而，法律禁止宅基地使用权抵押。这明显违背了宅基地使用权的物权性质，使其在没有实质物权的情况下，只拥有表面上的物权。学者指出，既然国有土地上的建设用地使用权是可以依法转让的，那么，基于所有权平等原则，宅基地使用权在集体所有土地上的转让同样应该被允许。不允许农民将宅基地使用权抵押出去，这实际上是对农民权利的一种限制。

二、宅基地使用权有抵押的弊病

（一）农民住房失去保障

"不患寡而患不均"，是人们对社会公平理念的朴素认识。而在农村，这种观念更为大多数人所接受，并且在经历了建国后的土地改革及之后的人民公社化运动后，这种观念又具体演化为"平分土地"的思想。土地分配是否公平是关系我国农村社会是否稳定的最大因素，现行农村宅基地使用权制度就很好的体现了这一点。因为我国宅基地具有社会福利的特点。集体经济组织要保证每一位社员都能领到宅基地，使其基本的生存、生活状况得到保障。如果农民抵押的宅基地使用权不能收回，面临的可能是无房可住的窘境。从而对社会稳定产生影响。[1]

（二）隐形交易滋生纠纷

现行法律限制宅基地使用权抵押可能引发宅基地使用权隐形交易现象，从而导致纠纷不断。虽然法律禁止宅基地使用权抵押，但是只要当事人之间没有发生争议而诉诸法律，其法律关系普遍获得集体组织及当地政府的默认，鲜见提出异议。所以宅基地使用权的隐形买卖逐渐演变成一种较普遍的事实。[2]一些人或明或暗地买卖、出租宅基地，特别是在利益驱动下形成盘根错节的"隐秘交易市场"，地理位置便利、经济活跃的地方，宅基地买卖、出租现象尤为突出。

---

〔1〕 参见王利明：《物权法研究》（下卷），中国人民大学出版社 2007 年版，第 188~189 页。

〔2〕 钟三宇："困境与革新：宅基地使用权抵押融资的法律思考——以宅基地使用权的物权属性为视角"，载《西南民族大学学报（人文社会科学版）》2014 年第 11 期，第 82~86 页。

三、如何利用现有手段最大程度地规避弊端

（一）稳步推进宅基地使用权抵押市场的发展

我国现行的金融制度大多是为城市发展而创设的，很少考虑到农村金融的实际需要，无法满足现行制度下农村金融改革的要求。[1]宅基地使用权由于具有交换价值，能够提供担保功能，因此可以作为担保物权的标的物。所以，对金融制度作一些调整，规范宅基地使用权抵押市场，有利于规避风险。在宅基地使用权抵押市场中，其主体主要有商业银行、信贷担保机构、政府。一是针对农户发放贷款时的个人信用状况，商业银行要根据个人偿还贷款的能力进行审查，设定可贷额度。二是加快组建农业信贷担保机构，降低宅基地使用权的抵押信用风险。三是在保险公司开办农业保险业务、积极建立筹资风险分担机制、适当补贴农业保险亏损等问题，政府应予以鼓励和支持。农信社要积极探索多种担保方式，进一步防范信贷风险。

（二）完善农村的社会保障制度

充分发挥宅基地使用权抵押融资的作用还需要健全的农村社会保障体系予以支持。虽然我国已初步建立起农村医疗、养老等社会保障体系，政府对农村倾斜的扶持政策力度也在不断加大，但总体上看，我国农村社会保障体系在现阶段还存在不少问题。在发挥宅基地物权功能的同时，为农民提供更加全面、稳定、可靠的社会保障。推进宅基地使用权的有效流转，创造良好的社会经济条件。首先，国家应加大力度，建设城乡公租房和廉租房，提高农民自住能力。其次，完善农村养老保险、低保、社会福利、社会救助等各项职能，做到应保尽保。

（三）提升农户对宅基地产权的认知水平

利用多种信息传播和扩散渠道，将宅基地使用权抵押融资相关业务向老年农民和文化程度较低的人群进行宣传和普及，以促进农民传统观念转变，避免因利益诱惑导致融资困难时宅基地使用权被随意抵押，消除因农户分化而导致的产权认知差异。帮助其对宅基地使用权抵押融资政策进行熟悉，做到心中有数。

---

〔1〕 钟三宇："困境与革新：宅基地使用权抵押融资的法律思考——以宅基地使用权的物权属性为视角"，载《西南民族大学学报（人文社会科学版）》2014年第11期，第82~86页。

四、结语

基于上文我们可以看出，宅基地使用权能否抵押，应该和不应该之间都存在着种种优劣，互相牵制。但是值得肯定的是，宅基地使用权应该被设立抵押权是大势所趋，允许设立之后能带来许多的可观利益。虽然仍存在许多弊端，但是我们有能力制定出完善的举措来规避其中的一些风险，并且随着制度的完善，人们维护自身财产权的意识增强，弊端会越来越少。

违法建筑买卖合同的效力

董重光*

（中国政法大学 北京 100080）

摘 要： 无证建筑并不能简单等同于违法建筑，也并不意味着转让该类建筑物的买卖合同当然无效，承认合同标的违法但合同有效并不影响公法上对于管制违法建筑意志的整体实现。违法建筑买卖合同的效力不能简单地归为有效、无效或效力待定合同，应当对违法建筑的性质进行区分，建立起类型化的合同效力裁判思路，从而更好地维护当事人的合法权益。

关键词 违法建筑 买卖合同效力 类型化

我国建设工程领域实行规划许可制度，即未经审批许可不得擅自搭建，国家和政府也在处理违法建筑的问题上出台过系列规定。未经审批擅自搭建的建筑物属于无证建筑，因未取得建设工程规划许可证等规划审批手续许可而无法进行不动产物权登记。市场中却存在着大量因各类原因未依法办理行政审批手续的建筑物，对于此类建筑物买卖合同的效力认定是司法实践中的一大难题。

一、违法建筑的定义

所谓违法建筑，通常是指违反《城乡规划法》第64条规定的"未取得建设工程规划许可证或者未按照建设工程规划许可证的规定进行建设"的建筑物、构筑物和其他附着物。根据该规定可知，凡是没有依法取得建设工程规划许可证，或者没有按照建设工程规划许可证的规定进行建设的房屋等建筑

---

* 作者简介：董重光（1997-），男，汉族，北京人，中国政法大学同等学力研修班2022级学员，研究方向为民商法学。

物皆可以称为违法建筑。

实践中的违法建筑还多在以下几种情形中出现：①未申请或申请未获得批准，并未取得建设用地规划许可证和工程规划许可证；②建造中擅自改变建设工程规划许可证的规定；③擅自改变建筑物性质等。

值得注意的是，认定案涉房屋是否属于违法建筑是当地行政规划主管部门的职权范围。换言之，在相关建筑未被当地行政规划主管部门认定为违法建筑的情况下，受理相关案件的法院无职权就争议房屋的性质问题，即诉争建筑物是否属于违法建筑进行确认。

二、违法建筑买卖合同的司法裁判

（一）行政部门未认定建筑物是否属于违法建筑的情形

在司法实践中，由于人民法院并不具备认定诉争房屋是否属于违法建筑的权力，故通常而言，处理案件的法官对该问题也存在不同的处理态度和方式。

（1）以不属于法院受案范围为由直接裁定驳回起诉。实践中，法院可能以诉争内容不在法院受案范围之内为由，直接裁定驳回起诉。例如在山东省高级人民法院作出的民事裁定书中，山东省高级人民法院就认为："在涉案房屋违反规划建设构成违建的情况下，法院也无职权就争议房屋的性质、权属和用途作出确认，因此，二审裁定认定申请人诉求的事项不属于人民法院民事诉讼的受案范围于法有据。此外，涉案用房属于当地人民政府的服务用房，是为小区全体业主及当地居民提供服务的场所，该房屋如何使用以及本案争议的解决涉及当地居民的共同利益，也宜由当地人民政府统筹协调解决为佳。"[1]

（2）以未提供行政部门对案涉建筑物性质的定性为由直接判决合同有效。同样是山东省高级人民法院作出的判决，在另一案中山东省高级人民法院则认为，案涉建筑物的合法性问题是否已得到行政主管部门的明确确认属于原告的举证责任，在该案中，山东省高级人民法院直接以举证不能承担不利后果的原则给出了不同的答复，其认为："本院对此审查认为，依照我国《城乡规划法》的规定，认定涉案房屋是否属于违法建筑是当地规划行政主管部门的职权范围，法院无权直接认定涉案房屋是否属于违法建筑，申请人虽主张

---

[1] 山东省高级人民法院［2020］鲁民申 737 号民事裁定书。

涉案房屋是违法建筑，但原审中并未提供当地规划行政主管部门作出的认定结论，且涉案房屋买卖合同也不具有《合同法》第 52 条规定的其他无效情形，故原判决认定双方订立的涉案房屋买卖合同有效，于法有据。"[1]

（二）诉争建筑物已被认定为属于违法建筑的情形

当产生争议的建筑物被行政主管部门认定为违法建筑时，针对该违法建筑物进行买卖行为的合同效力问题则成了理论界及实务界存有争议的焦点问题。目前针对该问题主要存在无效说、有效说和效力待定说三种观点。

（1）合同无效说。合同无效说观点认为，违法建筑违反行政性法律法规的规定，不能成为合同转让的合法标的物，故违法建筑的买卖合同因标的物违法且禁止转让，违反法律、行政法规的强制性规定的原因而无效。如有法院认为："申请人谢某麟未办理建设规划许可等相关审批手续，违法在自建房屋上加建第四层，其加建的房屋属违章建筑，该层房屋不能成为合同转让的合法标的物，双方签订的《购房协议书》无效。"[2]

然而和大多数判决无效的案例一样，在该案中，法院并没有明确说明导致合同无效的具体法律依据。若是因违反法律、行政法规的强制性规定无效，还需论证所依据法规的规范属性。且建造行为的违法不能必然推导出买卖合同无效；若是因违法建筑属于禁止流通物因而导致其买卖合同无效，与同为禁止流通物的毒品、枪支弹药等物相比较，违法建筑被视为禁止流通物难谓合理。

（2）合同有效说。合同有效说观点认为，转让的建筑物是否属于违法建筑并非导致合同无效的法定事由，该建筑物是否属于违法建筑以及是否能够进行变更登记，皆不是影响买卖合同效力的问题，即违法建筑的违法性不能阻却买卖合同的有效成立。

在最高人民法院公报案例"丁某如与石某房屋买卖合同纠纷案"中，法院依据物权法区分原则，认为不能办理物权登记不影响买卖合同的效力，因此涉讼房屋的买卖合同应属有效。[3]最高人民法院还在另一裁定书中以原《最高人民法院关于审理买卖合同纠纷案件适用法律问题的解释》第 3 条第 1

---

[1] 山东省高级人民法院［2020］鲁民申 2917 号民事裁定书。

[2] 湖南省高级人民法院［2017］湘民申 2970 号民事裁定书。

[3] ［2010］沪一中民二（民）终字第 3692 号民事判决书，载《最高人民法院公报》2012 年第 11 期。

款为依据，认定案涉工厂厂房虽系违法建筑，但双方当事人对此明知，意思表示清晰，不存在欺诈、胁迫等情形，因此买卖合同有效。[1]然而，2012 年发布的《最高人民法院关于审理买卖合同纠纷案件适用法律问题的解释》第 3 条第 1 款是否适合作为此类案件的裁判依据有待商榷，因为物权登记属于行政确权行为，与当事人是否享有所涉违法建筑所有权乃是两个问题，不可混为一谈。

（3）合同效力待定说。合同效力待定说观点认为，应以违法建筑是否可以或已经经过补办手续转变为合法建筑作为标准对合同的效力进行衡量。只要在合同订立之后，案件起诉之前，违法建筑人依法补办了有关土地管理和城市规划方面的手续，此时买卖合同则属于有效合同；相反，如果不能补办相关手续的，合同便归于无效。广东省茂名市中级人民法院认为，根据《城乡规划法》第 64 条规定，可对未取得建设工程规划许可证的建筑物采取改正措施，消除影响，因此违章建筑的买卖合同并非绝对无效，而是属于效力待定的合同，只要违章建筑在事后取得建设工程规划许可证或采取改正措施消除影响的，违章建筑可转为合法建筑，合同有效。反之，合同无效。[2]

三、违法建筑买卖合同效力的类型化处理思路

本文认为，违法建筑买卖合同不能一概归于无效是一种共识，而处理违法建筑的合同效力问题，应当对违法建筑进行分类，建立类型化的合同效力裁判思路。

（1）根据司法被动性、行政权及司法权分开的原则，法院不应当处理违章建筑的责任问题，只应当审查当事人之间的争议，在处理此类案件时，若没有明显导致合同无效的情形，应当以认定合同有效作为基本原则。

（2）根据当事人的主张，具体问题具体处理。如审查双方当事人是否明知属于违章建筑、是否存在违约行为、是否具有合同解除、无效等情况，再作出相应部分的判决。

（3）应注意公平正义与社会效益相结合，在鼓励交易并保护善意买受人合法权益的前提下对案件进行说理并作出判决，最大限度维护当事人合法权

---

[1] 最高人民法院［2015］民申字第 898 号民事裁定书。

[2] 广东省茂名市中级人民法院［2020］粤 09 民终 958 号民事判决书

益的同时彰显司法公信力。

四、结论

综上所述，违法建筑买卖合同的效力不能简单地归为有效、无效或效力待定合同，承认合同标的违法但合同有效并不影响公法上对于管制违法建筑意志的整体实现，对于违法建筑买卖合同效力而言，分情况讨论的方式更为可取，也更有利于维护各方当事人的合法权益。

职务发明奖励报酬发放问题研究

曾龙*

（中国政法大学 北京 100088）

摘　要： 职务发明奖励报酬制度具有激励发明人从事发明创造的积极主动性、完善科技成果知识产权归属与利益分享机制的重大意义。但经过采访调研，职务发明奖励报酬的发放现状不容乐观。制度功能并未得到充分发挥。从企业层面看，在职务发明奖励报酬发放的实践中，企业存在诸多疑惑有待进行全面梳理与回应。从制度层面看，对于职务发明奖励报酬的发放，在时间上可以设立缓交付规定，在方式上可以根据发明人的贡献度进行利益分配。

关键词： 职务发明　奖励报酬　缓交付　贡献度

一、问题的提出

《专利法》第 15 条规定了被授予专利权的单位应当对职务发明人给予奖励报酬。《专利法实施细则》第六章专门对职务发明创造的发明人或者设计人的奖励和报酬进行了更加细化的规定。通过制定职务发明人奖励和报酬制度，可以有效地激励发明人从事发明创造的积极主动性，从而产生更多高质量的专利，增强我国企业与科研院所的创新活力和核心竞争力。[1]同时还完善了科技成果知识产权归属和利益分享机制，有利于保护科技成果创造者的合法权益。但是，企业在具体执行上述规定时存在诸多疑虑，既担心会存在合规

---

* 作者简介：曾龙（1986- ），男，汉族，湖南益阳人，中国政法大学同等学力研修班 2022 级学员，研究方向为知识产权法。

〔1〕 李小娟："关于我国科研院所职务发明奖励和报酬制度的探讨"，载《中国发明与专利》2015年第 1 期。

性隐患，又不得不考虑企业成本。职务发明奖励报酬的发放现状如何？企业在发放时通常有何疑虑，应当如何解决？在制度层面，应当如何完善职务发明奖励报酬的发放时间与方式？本文将围绕上述问题逐一展开。

二、职务发明奖励报酬的发放现状

笔者通过与多家企业沟通发现，很多中小规模企业为了降低经营成本，并没有积极落实职务发明奖励报酬的发放。部分企业是因为不知道有对应的职务发明奖励报酬的规定，所以没有执行。部分企业是知道有相关的规定，但为了控制成本，在询问所谓专业人士的意见后，将公司所有的专利发明人都只写总经理或是实际控制人的名字，这样就可以将奖励报酬全部统计到总经理或是实际控制人的名下，以降低经营成本。但随着职务发明人署名权意识的觉醒，《企业知识产权管理规范（试行）》细化保障职务发明人员的署名权[1]以及职务发明署名权纠纷日益增加，企业强行剥夺发明人的署名权的问题得到缓解。

但仍出于控制成本等需求，企业自行规定将奖励改为发放奖状，或者降低奖励标准。在发放方式上，也多是按年发放，或直接与职务发明人的年终、绩效奖混在一起发放但没有具体列明款项。同时，对于职务发明人的获得合理报酬权，即在发明创造专利实施后，发明人或设计人可以请求企业根据其推广应用的范围和取得经济效益的多少给予合理的报酬，尚未得到保障。此外，笔者在与不少职务发明人的沟通中发现，国企央企的发明人基本对专利的奖励报酬比较满意，而私营中小企业的很多发明人表示所在企业的职务发明奖励报酬没有多少吸引力。

综上所述，目前仍有不少中小规模的企业没有积极落实职务发明奖励报酬的发放。部分企业则是在发放过程中存在很多疑虑从而影响到奖励的实际发放。

三、企业层面：职务发明奖励报酬发放之惑及其回应

基于上述职务发明奖励报酬发放的现状，笔者与多家企业相关人员进行沟通发现，关于职务发明人的奖励报酬，企业普遍关心如下几个问题：一是

---

[1] 《企业知识产权管理规范（试行）》第7.1.4规定应保障职务发明人员的署名权。

与员工另行达成的约定，即只给精神奖励、升职奖励或者物质奖励低于《专利法实施细则》的要求，是否仍然合规。二是在职务发明人离职、退休或被辞退后，是否仍要发放奖励报酬。三是当相应专利被判定无效后，已经发放的奖励报酬是否可以追回。四是如果专利在后续诉讼或许可活动中获取了巨额费用，是否要补偿给发明人对应比例的奖励报酬。针对上述问题，以下分述之：

（1）另行约定是有效的，不过当规定低于《专利法实施细则》的要求，或是采用与《专利法实施细则》中规定的方式不一致时应该给予员工合理的情况说明，并需要征得员工的同意，双方达成合意。同时，奖励可以不拘泥于金钱。对于部分职务发明人，精神奖励更能起到激励作用。总之，如果企业对精神奖励、升职奖励或低于《专利法实施细则》要求的资金的奖励等有明确的制度，又与员工达成合意的，应属有效。[1]

（2）尽管职务发明人离职、退休或被辞退，但企业仍应支付奖励报酬。因为奖励报酬的主要目的是鼓励创新，发明人离职、退休或被辞退并不能否定其在职时的贡献。

（3）专利判定无效的后果是专利权视为自始不存在，故原则上，相应的已支付的奖励报酬可以追回。但由于这里涉及有一个时间差，因为专利有至少 10 年的保护期，有效期内随时都有可能被判定无效，所以追回奖励报酬也有一定的难度，可操作性偏低，除非是刚发放不久的奖励报酬，对此企业可专门规定员工在职期间如果对应已经接受奖励报酬的发明被判定无效了，员工需要退还对应的奖励，最好是设置一个基准线。

（4）如果之前双方已经约定相应的与诉讼、许可相关的奖励报酬并已经兑付，在没有明显违背公平原则的前提下，无需进行补偿。

四、制度层面：对我国职务发明奖励报酬发放的建议

（1）职务发明奖励报酬的发放时间。本文认为，对于专利数量多、运营成本高的企业而言，发放职务发明奖励报酬的负担较大。可以设计一个缓交付制度，即允许在企业初创时期，经营困难时间，对职务发明奖励报酬进行

---

〔1〕 陶鑫良："职务发明性质之约定和职务发明报酬及奖励——我国专利法第四次修订中有关职务发明若干问题的讨论"，载《知识产权》2016 年第 3 期。

延时交付。待企业整体盈利后再支付奖励报酬，而不只看单个专利的收益。如果报酬延时交付的话，企业应支付相应利息，以弥补发明人的等待成本。

（2）职务发明奖励报酬的发放方式。由于很多专利的发明人并非一人，故目前的发放方式多是直接发放给团队，然后再在团队内部进行分配。笔者发现，很多企业在确认发明人时会有排序意识，故建议，可利用这个排序意识，一并要求专利申请人在专利申请时将发明人按贡献度排序，并由专利申请人在申请文件中直接标识每个发明人的贡献比例或是设置一个默认的递减比例供发明人勾选。若发明人在专利申请时没有标识贡献比例或选择默认的递减比例，则默认按人数平均分配贡献度，以此作为在后续产生的有关奖励报酬纠纷中，多个发明人之间利益分配纠纷的解决依据。[1]

---

〔1〕 顾昕："未进行事先约定时职务发明报酬数额的确定——深圳市金沙江投资有限公司与潘锡平、深圳市生物谷医药有限公司职务发明创造发明人奖励、报酬纠纷案"，载《中国发明与专利》2018年第10期。

论紧急避险的"不得已"

代康应 *

（中国政法大学 北京 100088）

摘　要：为了避免个人和公共利益因受正在发生的危险而遭受损失，不得已而采取的避险行为是紧急避险。避险行为只能出于"不得已而为之"，即当危害发生时，没有其他方法来保护这一合法权益，只能选择损害另一个较小合法权益。所以，成立紧急避险的"不得已"应当具备急迫性、避险目的正当性、效益均衡性、方法合理性等要素；对于"不得已"判断标准，应坚持实事求是、利益权衡的判断模式，如此才能给予紧急避险在实务中以公正性。

关键词：紧急避险　不得已　限度条件　审查判断标准

　　紧急避险是为了使国家、公共利益，本人或者他人的人身、财产和其他权利免遭正在发生的危险，不得已采取避险行为造成损害的一种行为。通常认为，紧急避险中的"必要的行为"包括"不得已""必要限度"和"手段适当"，应符合避险意图的正当性和避险手段的合适性。紧急避险是为了保护一个合法权益而牺牲另一个合法权益，属于"正对正"，区别于正当防卫的"正对不正"。因此，相对于正当防卫，刑法对紧急避险的限制条件更为严苛。

一、紧急避险"不得已"司法现状

　　避险的限度条件是"不得已"损害较小法益来保全较大法益。[1] 因此，

---

　　* 作者简介：代康应（1988- ），男，汉族，广西百色市人，中国政法大学同等学力研修班 2022 级学员，研究方向为刑法学。

　　〔1〕 参见周光权：《刑法总论》，中国人民大学出版社 2021 年版，第 226 页。

紧急避险只能在迫不得已、别无选择的情况下才允许实施。例如，妻子突发疾病，丈夫醉酒驾驶机动车送医。[1]为了逃避追杀而抢夺路人摩托车，导致路人受伤；为防止森林火灾蔓延，砍伐一定量树木制造隔离带，均属于紧急避险。在各国的刑事立法中，也有对紧急避险的制度规定，但对于避险"不得已"的认定规定却几乎没有，学术界对此也存在不同理解。目前我国刑法对紧急避险的避险"不得已"条件未没作出具体规定，在法律实务中也存在判断标准不明确、自由裁量难把握的问题。"不得已"需要具备哪些内涵，哪些构成要素，才能为紧急避险适用提供法理支撑，对实务工作提供指导？"不得已"作为紧急避险正当性的核心成立要件，构成要素应当严格限定。

二、紧急避险正当性的核心——"不得已"

（一）紧急避险制度的功能价值

对紧急避险价值的判断也是对法益价值的判断，紧急避险制度"是从功利主义的见地防止社会整体利益减少的制度"。[2]有利于鼓励大家在国家、公共利益、本人或者他人的人身、财产权利和其他权利遭受危险时，愿意选择在适当限度内积极采取对自己、他人及公共利益最为有利的避险措施，从而使被牺牲的利益损害减少到最低，降低危害程度，减少损失；也有利于培养每个公民在遇到不法侵害时顾全大局的观念和维护公共利益的理念。

（二）"不得已"要件概述

"迫不得已"是指不采取损害其他合法利益的方法，就不能避免危险。如果在当时的情况下，采取别的不损害合法利益的方法可以排除危险，那么就不能实施紧急避险的行为。[3]每个人的合法权益都应受到同等的法律保护，如果不损害法益就能保护法益，则不应当损害另一法益。法律不允许在还有其他方法可以避免危险的情况下选择紧急避险的方式，例如受到疯牛攻击，如果跑上旁边的石梯就能躲避攻击，则没有必要破门闯入住宅躲避。因此，紧急避险"不得已"应当包含以下几个要素：

（1）紧急避险的时间条件是危险正在发生或迫在眉睫，对合法权益形成

---

〔1〕 江苏省江阴市人民法院［2019］苏0281刑初1113号、［2019］苏02刑他51号刑事判决书。

〔2〕 ［日］西田典之：《刑法总论》，弘文堂2010年版，第139~140页。

〔3〕 参见杨春洗、杨敦先、郭自力主编：《中国刑法论》，北京大学出版社2001年版，第95页。

了紧迫的、直接的危险。[1]危险必须是客观现实的存在，而不是假想的、推测的存在。[2]事前或事后实施避险行为，属于避险不适时。

（2）行为人必须有正当的主观避险意思，应当认识到某一合法权利正遭受危险，认识到自己正在躲避风险。实施避险行为是出于正当目的、意图、动机，也即为了保护合法权益。客观上没有现实危险，但行为人误以为危险存在，进而实施避险行为的，属于假象避险。

（3）危险正在发生，没有其他合理方法可以避险，为了保护合法权益，唯一手段是损害另一较小法益。如果还有报警、求助、逃跑等方法可以躲避危险，则不允许实行紧急避险。这是因为，每个人的合法权益都受到法律的平等保护，不允许轻易以损害一种合法权益的方法保护另一合法权益。因此，只有在该选择是唯一选择时才允许紧急避险。在还存在其他合法方法进行避险的情况下，行为人如果采取避险行为，应当根据该行为人的主观心理状态与客观上所造成的损害程度，分别进行认定。

（4）应当采用合理手段，没有造成超过必要限度不应有的损害。所谓合理方法，是指正当防卫、消极逃避、寻求司法保护等为法律、道德和公序良俗所认可的方法。[3]紧急避险是"正对正"保护合法权益的一种方式，因此要求只能在必要限度内实施避险行为，而不能无限制损害另一合法权益来保护自己的利益。通说认为，紧急避险的必要限度，是指紧急避险行为所损害的法益必须小于所保护的法益。至于法益大小如何权衡权益，则应当具体分析。一般来说，人身权大于财产权，人身权中的生命权高于其他人身权，财产权的大小应以财产价值的多少为标准来衡量。这说明，不允许为了保护财产而牺牲生命，也不允许为了保护自己较少的财产而牺牲他人重大财产。紧急避险行为所指向的对象是第三者的合法权益，而不是制造危险的对象。例如，为躲他人持刀追杀时，闯入陌生人家中躲避，属于紧急避险。如果直接针对持刀攻击者进行还击，那就属于正当防卫了。

---

〔1〕 参见高铭暄、马克昌主编：《刑法学》，北京大学出版社、高等教育出版社 2019 年版，第 135 页。

〔2〕 参见高铭暄、马克昌主编：《刑法学》，北京大学出版社、高等教育出版社 2019 年版，第 135 页。

〔3〕 参见陈兴良主编：《刑法总论精释》（上），人民法院出版社 2016 年版，第 285 页。

（三）紧急避险"不得已"的判断标准

紧急避险"不得已"首先应当符合客观和主观要件，仅仅根据客观标准难以权衡，张明楷教授曾举过一个例子，农村夫妻吃饭时喝酒，白酒的质量有问题，妻子喝完口吐白沫，丈夫酒驾送妻子去医院抢救脱险。案件被检察机关以危险驾驶罪起诉到法院，张明楷教授认为刑事司法也要进行法益衡量，丈夫的行为是"不得已"而为之，符合紧急避险的构成要素，应认定为紧急避险行为。与酒驾侵害的抽象的公共利益相比，拯救妻子的生命，保护了更优越的生命法益，体现了更高的社会价值，属于紧急避险，不能认定为犯罪。

避险行为是否出于"不得已"，判断的主体应当是社会一般人，判断的依据是行为时的具体情况，在判断时既要考虑行为时危险的紧迫性、严重程度、国家机关的救助可能性等客观情况，也要考虑行为人自身的应变能力、身体状况等客观条件，不能忽视这些因素而强人所难。[1]"不得已"还应符合法益权衡的客观判断，一般认为生命权重于健康权，健康权重于财产权。

三、"不得已"情形下避险限度的审查判断标准

目前国外关于紧急避险限度的学说，主要有轻于说、必要说、法益衡量说等几种学说。

"轻于说"认为避险行为所损害的法益必须小于所保护的法益，反之则悖于紧急避险的目的。挪威采用的是"轻于说"，也是我国目前刑法届的通说。

"必要说"认为避险行为是在自己或他人之生命、身体、财产、自由面临紧迫危险时的唯一途径和最后手段。

"法益衡量说"认为避险行为保护的法益必须大于或者等于所牺牲的法益。例如，为了防止火灾蔓延燃烧到自己的房屋而拆掉正在燃烧物中间的他人小木屋、为把人从起火的汽车中救出而砸坏汽车玻璃等。德国采用的是法益均衡说。

日本学者认为"价值出现冲突，不得不否定其中之一时，要从社会整体的视角出发选择较大的价值"。[2]我国刑法理论界通说观点认为，紧急避险的"不得已"必要限度是紧急避险所损害的法益小于所保护的法益，两者相等也

---

〔1〕参见王利明主编：《侵权责任法新制度理解与适用》，人民法院出版社 2010 年版，第 157 页。
〔2〕〔日〕前田雅英：《刑法学总论讲义》，曾文科译，北京大学出版社 2017 年版，第 253 页。

认为是超过了必要限度。张明楷教授认为紧急避险应以尽可能小的损害去保护另一种法益，把对另一种法益的损害控制在最小限度内。例如，森林发生火灾，为防止火灾蔓延烧毁整片森林，砍伐了 50 米的隔离带，如果根据当时火势大小只需要 10 米隔离带就可以阻断火势蔓延。即使 50 米隔离带远远小于整片森林的价值，也属于超过必要限度。

审查判断紧急避险的限度，不仅要权衡法益，也应考虑避险手段的适当性，例如为了救治危重病患者而未经他人同意从他人身体移植器官，就不符合避险要求。张明楷教授认为生命是人格的基本要素，是不可能用任何尺度进行比较的，如果一个人的肝脏可以供五个肝病患者进行移植，就算能挽救五个人的生命，也不可以随意对一个人的肝脏进行移植。任何公民的合法权益不得随意被侵害，紧急避险应当不超过必要限度，如果紧急避险所保护的权益小于受损害的权益，不成立紧急避险。这意味着避险成为唯一的手段和方法才能被允许，如果还有报案、求助、逃跑等方法也可以避免危险，则不能成立紧急避险。法益的衡量应根据一般社会观念和规范进行，在同一利益上以量的大小为标准；在不同的利益上，人身权利大于财产性权利。

虽然紧急避险能减免刑事责任，但是在险情消除后，避险人有防止损失扩大的作为义务。例如，王某驾驶机动渔船行至长江某航标船附近时，见本村渔民渔网被该航标船钢缆绳挂住，为帮助村民脱困，不得已将航标船缆绳解开，航标船向下游漂流 2 公里，最后造成直接经济损失 1500 余元。[1] 在该案件中，王某解开缆绳属于紧急避险行为，但在危险解除后，未立即向航道管理部门报告并恢复原状，因此王某构成破坏交通设施罪。

---

〔1〕 中华人民共和国最高人民法院刑事审判第一庭、第二庭编：《刑事审判参考》（总第 38 卷），法律出版社 2004 年版，第 82 页。

股权代持法律问题研究

刁峰智*

（中国政法大学 北京 100088）

摘　要：股权代持是市场主体意思完全自治的行为。有效的股权代持行为使实际出资人获得了某种商业利益或在其登记为股东时不能或无法获取的利益，但也存在固有的法律风险。本文浅显地论述了股权代持的基本法律问题，分析了股权代持存在的法律风险，并通过司法判例更加直观了解有关股权代持引发法律纠纷的解决，最后探索性提出改进建议，期待为股权代持相关法律制度的完善以及代持股权权益的保护提供参考和借鉴。

关键词：股权代持　法律效力　法律风险　风险防范

一、股权代持概述

（一）股权的含义

股权，顾名思义就是股东权利，即股东享有的资产收益权、参与重大决策和选择管理者等综合性权利的统称。股权的特征包括几个方面：首先，股权具有财产性与非财产性的双重特征。股东基于其出资行为而享有分红权、剩余财产分配权。同时股东也有表决权、经营决策权、知情权等权利。其次，股权具有可分割性。股东可以转让其全部或者部分股权。最后，股权取得方式具有多样性。股权可以通过初始投资取得，也可以从原有股东受让股权取得，合法继承人可以通过继承取得。

---

　　* 作者简介：刁峰智（1982–），男，汉族，江西定南人，中国政法大学同等学力研修班 2022 级学员，研究方向为经济法学。

（二）股权代持的概念

股权代持是指实际出资人以他人名义向公司出资、公司章程和商事登记中股权为名义股东所持有，但隐名股东实际享有投资收益等部分或全部股东权益的一种股权处置方式。[1]《公司法》中并无"股份代持"的法律定义及解释。《最高人民法院关于适用〈中华人民共和国公司法〉若干问题的规定（三）》（以下简称《公司法司法解释三》）第 24 条规定："有限责任公司的实际出资人与名义出资人订立合同，约定由实际出资人出资并享有投资权益，以名义出资人为名义股东，实际出资人与名义股东对该合同效力发生争议的，如无法律规定的无效情形，人民法院应当认定该合同有效。"可见，《公司法司法解释三》间接承认了股份代持行为，并且在特定条件下能够得到法律的保护。

（三）股权代持的原因

股权代持的原因有很多，主要表现为以下几种情形：第一，公司法对公司的股东人数有严格限制，部分公司为了规避股东人数过多，将部分股权以他人名义出资。第二，有的公司为了规避人员离职而造成的股权频繁变动，将部分股权以管理者或大股东名义出资。第三，实际出资人不想"显富"保护隐私或出于其他考虑，故意隐瞒身份借他人名义出资。

（四）股权代持协议的效力

股权代持行为的本质属于一种当事人意思自治约定各自权利义务的合同行为。[2]因此，股权代持协议即是一种合同，对其效力的判定主要依据《民法典》的相关规定。根据《民法典》规定，行为人具有相应的民事行为能力，真实的意思表示，不违反法律、行政法规的强制性规定，不违背公序良俗，则民事法律行为有效。换言之，必须违背公序良俗的，恶意串通，损害他人合法权益或是违反法律、行政法规的强制性规定的股权代持协议才是无效的。

二、股权代持的法律风险

（一）股权代持的法律风险

由于我国《公司法》和相关的司法解释对股权代持行为的法律规定并不

---

[1] 刘迎霜："股权代持协议的性质与法律效力"，载《法学家》2021 年第 3 期。
[2] 刘迎霜："股权代持协议的性质与法律效力"，载《法学家》2021 年第 3 期。

完整，近年来由股权代持引发的法律纠纷屡见不鲜。在中国裁判文书网中搜索关键字为"股权代持"的相关裁定书或判决书有近2万篇，不得不说股权代持的双方当事人都承担着较大的风险。

因公司登记机关登记的股东为名义出资人，实际出资人的股东身份因未得到确认而无法向公司行使股东权利。实际出资人即使不满意名义股东对公司经营事务的决定，也无法向公司行使知情权、表决权、建议权、质询权等权利。此外，若实际出资人想要成为显名股东也并非易事。《公司法司法解释三》规定，实际出资人未经公司其他股东半数以上同意，请求公司变更股东、签发出资证明书、记载于股东名册、记载于公司章程并办理公司登记机关登记的，人民法院不予支持。也有部分实际出资人由于不懂税收政策，未提前统筹考量税务问题，即便重新确立了股东身份也付出了高昂的税收成本。

由于实际出资人在幕后，名义股东实际行使着股东权利，面对各种诱惑，名义股东侵害实际出资人利益的情形也不罕见。主要表现为：名义股东否认股权代持协议，不履行股权代持协议的相关权利义务；名义股东隐匿重要信息，不向实际出资人转交资产收益或者只转交部分资产收益；名义股东擅自处置股权包括转让、质押等；重大事项不与实际出资人协商，名义股东不按照实际出资人的真实意思表示而滥用股东权利等。

名义股东的非主观原因也可能导致实际出资人的权益损失或造成双方的纠纷。例如，名义股东在股权代持期间发生离婚纠纷，其名下的股权极有可能被认定为夫妻共同财产，并被要求分割相应的财产权益；名义股东因与他人产生债务纠纷，被代持股权被法院强制执行或被保全；名义股东在股权代持期间如果发生意外死亡的，被代持的股权也可能被要求继承等。[1]

当然，名义出资人也会因为实际出资人认缴公司注册资本后不履行出资义务，而遭到公司债权人的追偿以及向已按期足额缴纳出资的股东承担违约责任。

从司法实践中也发现有部分股权代持的双方当事人在企业上市前签署了股权代持协议，直到企业上市后仍然保持股权代持关系。实质上该股权代持协议违反了《首次公开发行股票并上市管理办法》（已失效）中关于发行人的股权清晰、股份不存在重大权属纠纷的相关规定，而导致股权代持协议无

---

〔1〕 段传秀："股权代持协议有效性及风险性研究"，载《法制博览》2020年第7期。

效，甚至当事人可能被追究其他法律责任。

（二）从股权代持纠纷典型案例看股权代持风险

邓某军、张某萍夫妇因向刘某、李某芳、李某光借款 1500 万元未偿还，被后者诉至法院。法院一审裁定，冻结了邓某军持有的某公司的股份。庹某伟以已与邓某军签署股权代持协议，为该案涉股份的实际权利人为由，向法院申请阻却执行上述股份的冻结。邓某军述称，该案涉股份其本人所有，其对某公司的出资资金系向庹某伟之父的借款，并非股权代持关系，股权代持协议是虚假的。[1]

在本案中，根据《公司法》规定，公司应当将股东的姓名或者名称向公司登记机关登记；登记事项发生变更的，应当办理变更登记。未经登记或者变更登记的，不得对抗第三人。因此，即便庹某伟基于股权代持关系形成了对案涉股份的财产权益，也无法主张邓某军代持的股份不被冻结。庹某伟与邓某军签订了两份《代为持股协议》，投资资金划转路径清晰可确认，终审判决认定庹某伟与邓某军之间形成了股权代持关系。

从本案中可见，庹某伟与邓某军没有违背公序良俗，也无恶意串通、损害他人合法权益以及违反法律、行政法规的强制性规定的情形，其股权代持关系是有效的。股权代持关系所固有的风险又可能引发股权代持协议双方之间以及与第三人之间的利益冲突。因此，股权代持是一把双刃剑。

三、股权代持法律风险的防范及建议

股权代持关系可分为内部关系和外部关系。内部关系为实际出资人和名义股东之间的债权债务关系，根据合同相对性原则，代持协议仅在协议双方当事人之间发生债权请求权的效力，对当事人以外的第三人不产生效力。外部关系是基于公司登记制度，善意第三人对工商登记信息的信赖而实施的行为关系。股权代持关系与在商事领域应遵循的外观主义原则。社会诚信体系等相背离，从法律制度的价值追求及司法政策的价值导向角度看，不是一种正常的持股关系，因此股权代持行为不应被法律所鼓励和支持。

但是对于私权利来说应遵循双方意思自治和"法无禁止即可为"的原则，尤其随着近年来创新创业的热潮，股权代持现象愈发多见，给实际出资人获

---

〔1〕 最高人民法院［2019］最高法民再 46 号民事判决书。

取某种利益或提供便利时，放任名义股东对外释放资产虚假繁荣信号，造成公司法律关系、股东公示信息的混乱，增加交易成本、降低交易安全。因此，对股权代持关系中各方利益主体权益的保护应通过制度创新进行合理引导与规范，使各方协调平衡，保护交易安全、降低交易成本。借《公司法》修改之际，对股权代持、隐名投资等行为在《公司法》中作出更加明确的规范，同时对因代持行为导致公司损失的，或损害公司利益的，也应明确当事人对公司承担赔偿的法律责任。

实际出资人在借用他人身份作为名义股东时应更加谨慎，切莫不经考察随意委托。双方在签订股权代持协议时应明确各自的权利义务，例如，约定名义股东的忠实义务，保证实际出资人的知情权、分红权、表决权、经营决策权等权利的正常行使；明确双方的违约责任，增加违约成本。从协议本身出发最大限度保证股权代持协议的有效执行，使代持股权安全有序。

论侵犯他人技术秘密申请专利的权利归属

方钥*

（中国政法大学 北京 100088）

摘　要：最高人民法院在"青松公司诉华民公司案"中，以共同共有规则来处理以侵犯他人技术秘密形式申请专利的权利归属。这样的判决结果让社会大众不禁提出疑问：在他人技术秘密基础上作出调整再申请专利，将专利申请权和专利权分配给侵权人与原技术秘密持有人共同享有，是否正当、合理？如若不然，此种情形下，应当适用何种规则来认定专利申请权与专利权的归属？本文将围绕上述问题展开论述。

关键词：商业秘密　专利权的归属　共同共有　无因管理

一、案情介绍

2013 年 11 月，天津青松华药医药有限公司（以下简称"青松公司"）与华北制药河北华民药业有限责任公司（以下简称"华民公司"）签订协议约定青松公司向华民公司提供涉案"氟氧头孢钠"保密技术，华民公司对涉案工艺承担保密责任，但华民公司于 2014 年 9 月向国家知识产权局提出"高纯度氟氧头孢钠制备工艺"发明专利申请，于 2016 年 9 月 28 日被授予专利权。

2018 年 7 月，青松公司向河北省石家庄市中级人民法院起诉，请求确认"高纯度氟氧头孢钠制备工艺"发明专利权归青松公司所有。国威鉴定中心出具鉴定报告，鉴定报告表明涉案发明专利与青松公司保密技术整体上不相同

---

* 作者简介：方钥（1995-），女，汉族，安徽合肥人，中国政法大学同等学力研修班 2022 级学员，研究方向为知识产权法学。

也不实质相同。2019 年 10 月，河北省石家庄市中级人民法院驳回青松公司上诉，判定涉案专利的专利权归华民公司所有。[1]2020 年 2 月，青松公司向最高人民法院提起上诉，要求撤回二审判决，依法改判支持青松公司一审全部诉讼请求。2020 年 7 月，最高人民法院作出终审判决：“高纯度氟氧头孢钠制备工艺”的专利权由华民公司和青松公司共同共有。[2]

二、将他人技术秘密申请专利适用共有规则分配权属之批驳

（一）传递错误的司法价值导向

专利申请权与专利权的归属应当遵循创造者优先的原则。《专利法实施细则》第 13 条规定，“专利法所称发明人或设计人，是指对发明创造的实质性特点作出创造性贡献的人”。在确认专利申请权与专利权归属问题时，法院基本会根据该条进行认定。除非具有法律规定的特殊情形，如职务发明创造、委托发明创造等，或者存在权利转让等事实，专利申请权与专利权一般归发明人、设计人所有。这是创造者原则的体现。因此，实施侵害他人技术秘密的行为，又将该技术秘密申请专利，从而获得的专利申请权与专利权，在价值判断上应属于原技术秘密持有人。

将侵权人与原技术秘密持有人认定为共同共有涉案专利，将变相鼓励将他人技术秘密申请专利的行为。在此案中，最高人民法院通过对青松公司主张的商业秘密技术点和华民公司申请的发明专利信息进行比对时发现，涉案专利中公开披露了青松公司的技术秘密。最终判决青松公司对涉案专利享有合法权利，该专利权归两者共同所有。虽然华民公司确实对该专利作出了部分实质性贡献，但实际上是通过侵害他人技术秘密的形式获得的专利权，属于违反《反不正当竞争法》的违法行为。若仅因其作出了部分改进就将其认定为专利权的共同共有人，将为社会公众传递一个错误的价值导向：只要对他人技术秘密作稍微改动再申请专利，就能成为专利的共同共有人。这将鼓励潜在侵权人铤而走险，因为违法收益大于违法成本。这与“违法行为不产生合法利益”的基本法理相违背。

（二）对专利权后续实施造成制度阻碍

相较于单一主体行使权利，共有权利行使稍显复杂，而共有专利权的行

---

[1] 参见河北省石家庄市中级人民法院［2018］冀 01 民初 1021 号民事判决书。

[2] 参见最高人民法院［2020］最高法知民终 871 号民事判决书。

使更为突出。这是因为相较于物权或其他财产权，专利本身具有技术特性和法律特性，其权利的行使具有风险性和复杂性。《专利法》第 14 条规定："专利申请权或者专利权的共有人对权利的行使有约定的，从其约定。没有约定的，共有人可以单独实施或者以普通许可方式许可他人实施该专利；许可他人实施该专利的，收取的使用费应当在共有人之间分配。除前款规定的情形外，行使共有的专利申请权或者专利权应当取得全体共有人的同意。"

本案中，青松公司和华民公司在未达成合作合意的前提下，因双方在客观上都对该专利技术的实质性特点作出了创造性贡献而共同共有专利权。最高人民法院并未在判决中体现青松公司和华民公司对此专利的创造性贡献的对比关系，且我国法律也没有对共有专利权实施的利益共享作出刚性规定。因此，双方也很难在专利实施的利益分配方面达成一致，即很大可能双方共有人行使单独实施其专利权。然而双方共有人因生产能力、市场占有份额等差异，通过专利实施所获得利益未必与其在共有专利技术、研发中所作的贡献相当，这会极大挫伤共有人中相对弱势一方实施专利权利获取利益的积极性，也不利于技术的推广，不符合《专利法》鼓励创新与促进技术应用的立法目的。除此外，对于后续专利权的维护、专利纠纷的应对都会带来挑战。

三、将他人技术秘密申请专利适用无因管理确认权属之提倡

（一）无因管理规则下专利权的归属

依据《反不正当竞争法》和《专利法》之规定，虽然可以确认侵权行为人侵害商业秘密的侵权行为并勒令其承担损害赔偿，但却无法解决权利归属及后续权利实施等问题。无因管理构成要件包含：一是必须管理的是他人的事务；二是管理人须有为他人管理的意思；三是管理行为无法定或约定义务。[1]"当管理事务不利于本人，违反本人明示或可推知之意思，则构成不适法的无因管理。"[2]不适法的无因管理分为三种：第一种，客观上不利于本人且违反本人意思；第二种，客观上利于本人但违反本人意思；第三种，客观上不利于本人但符合本人意思。[3]

---

〔1〕 参见江平主编：《民法学》，中国政法大学出版社 2019 年版，第 589～592 页。

〔2〕 王泽鉴：《债法原理》，中国政法大学出版社 2001 年版，第 348 页。

〔3〕 参见洪学军、潘洪杰："无因管理的类型化及类型化无因管理的法律效果"，载《探索》2003 年第 1 期。

在本案中，可将华民公司申请专利的行为认定为不适法的无因管理。首先，是否将技术秘密申请专利本属于青松公司的事务。对于一项技术，是以商业秘密的形式予以保护还是以专利权的形式予以保护，完全属于企业自身的策略选择范畴。商业秘密保护与专利权保护，各有千秋。因此，即使华民公司替青松公司申请专利，最终青松公司获得专利权，并不能认定青松公司因此获益，反而是客观上不利于青松公司。或者，鉴于技术秘密已经公开，丧失了秘密性而无法逆转。在此种情形下，认定专利权归属时，可视为青松公司获益，但属于违反本人意志。其次，华民公司将青松公司的技术秘密申请专利，没有法定或约定的义务。最后，根据华民公司与青松公司存在保密协定可知，华民公司属于明知这并非自己的事务，却在青松公司不知情的情况下主动申请专利。

综上，华民公司的行为可以被认定为不适法的无因管理。由此，管理行为所产生的法律后果，本人可以选择是否主张。也就是说，申请专利获得的专利权的归属，交由原技术秘密持有人选择。至于华民公司在此过程中所支出的必要费用，属于债法问题，不在本文讨论范畴之内。

（二）适用无因管理规则处理的优势

知识产权和物权从本质来说是一致的，其区别无非是无形资产和有形资产的区别。借鉴民法中的无因管理制度，将他人技术秘密申请专利可看作是债务不履行的体现，当管理人的管理行为违背本人意思，管理人应承担损害赔偿责任；但随着给本人造成的损害情形的发展，特别是加害给付，合法权益人主张无因管理比主张普通侵权行为更利。损害赔偿制度旨在填补损害，原则上无涉加害人之获利，加害人的过错程度亦不影响赔偿范围。[1]而无因管理之请求权范围大于一般侵权损害赔偿请求权，它弥补侵权责任法救济方式的先天不足，同时实现双方当事人之间的利益平衡。

不适法的无因管理明确了管理人与被管理人之间的权责关系，不论本人选择主张权利还是依法委托管理，对未来专利实施、许可与维护等行为不造成行使阻碍，为技术实施奠定自由决策基础。

---

〔1〕 金可可：“民法典无因管理规定的解释论方案”，载《法学》2020年第8期。

四、结语

法律判决需要综合法律方法处理权利和利益的矛盾冲突，作出满足公平公正，社会效果和法律效果相统一的最优化的司法裁判。目前我国《专利法》和《反不正当竞争法》缺少对"将他人技术秘密申请专利的权利归属"的权利归属问题的规定，可借鉴民法中的无因管理制度，以提供更符合法律精神和社会公众能接受的解决方案。

论股东表决权滥用的典型表现形式

（中国政法大学 北京 100088）

摘　要： 表决权是股东参与公司经营管理的重要手段和途径。然而，公司股东利用资本多数决优势地位滥用股东权利的行为，损害公司或其他股东的合法利益的情形频频发生，其中尤以股东滥用表决权为甚。我国《公司法》规定了股东权利滥用的法律责任，但对于表决权滥用的认定，裁判考量标准还不够统一。本文通过司法判例以及学理中对股东表决权滥用的裁量，对常见的股东表决权滥用的几种典型表现形式进行了梳理归纳。

关键词： 股东　表决权　滥用　表现形式

一、股东表决权的范围

　　股东对于股东大会决议的事项，享有参与讨论、审议、表决的权利，贾蓉蓉在《我国股东表决权行使法律问题研究》一文中指出："表决权是股东这个民事主体通过在股东（大）会或者董事会上自由地、不受外力拘束地表达自己对提案的观点，以此来维护自己在公司中的利益。"[1] 其权利来源为法律或者法规以及公司章程的规定。我国《公司法》第 103 条规定，股东出席股东大会会议，所持每一股份有一表决权，这是公司股东表决权的法律来源。同时，《公司法》第 37 条也明确规定了股东会决定公司经营战略，修订章程，选举董事监事成员，审批董事会、监事会报告，审批公司财务预决算方案，

---

　　* 作者简介：冯明廷（1997– ），男，汉族，甘肃环县人，中国政法大学同等学力研修班 2022 级学员，研究方向为公司法学。

　　[1] 贾蓉蓉："我国股东表决权行使法律问题研究"，山西财经大学 2021 年硕士学位论文。

审批公司利润分配方案，审批增减资、合并、分立、解散、清算以及变更公司形式等决议事项的范围。《公司法》第 16 条规定，"公司向其他企业投资或者为他人提供担保，依照公司章程的规定，由董事会或者股东会、股东大会决议"。从法规上来看，《公司法》对于股东表决权的范围作出了明确的界定。"从理论逻辑上考察，股东会决策事项包括公司重要文件的制定、公司基本人格要素的变动、公司重要人士的任免、公司重要经营决策、公司重大对外交易事项。"〔1〕

由此可见，股东表决权的范围主要为两类：一是由《公司法》等法律法规规定的股东会职权范围内的重大表决事项；二是由公司章程规定的一般表决事项。

二、股东表决权滥用及其认定

股东表决权滥用，其实质就是"按照资本多数决原则，小股东的意愿在股东会、董事会中往往得不到体现，被大股东的意愿所压迫。大股东将其意志上升为公司意志，其权利得到了充分的满足，使得大股东拥有的股份所对应的权利要优于小股东的"。〔2〕尽管公司的控制股东并不直接参与公司的经营管理，但是控股股东可以通过资本多数决优势地位遴选多数董事，以此控制董事会，通过这种控制，实施侵害中小股东利益的行为。

通过现有法律法规及司法解释，结合学理观点可基于以下几个方面对股东表决权的滥用加以认定：

（1）基于《公司法》关于股东会职权的规定，如股东超限度使用表决权，应当认定为股东滥用表决权。

（2）基于《公司法》第 21 条的解读，公司股东应当在法律、行政法规和公司章程规定的限度内，行使股东权利，不得滥用股东权利损害公司或者其他股东的利益。若公司股东利用表决权优势地位滥用权利，应当认定违反该条禁令，构成表决权滥用。

（3）基于公司章程关于表决程序、事项的规定，如果股东违反相关规定行使表决权，应当认定构成股东滥用表决权。

---

〔1〕 曹兴权："股东滥用表决权的认定"，载《证券法苑》2018 年第 2 期。
〔2〕 赵永字："论禁止权力滥用原则在公司法中的适用"，华东政法大学 2016 年硕士学位论文。

表决权滥用的表现形式多种多样，判断一个行为是否为股东滥用表决权，应综合多种因素。巴莫拉博索夫在《股东表决权的滥用与救济》中指出，"只要满足：1. 股东直接控制决议或不负责任地行使表决权；2. 该决议内容的执行损害公司、其余股东或债权人利益；3. 股东主观恶意并与损害结果具有因果关系，就可视为股东滥用表决权的行为"。

本文认为，认定股东表决权滥用，应该具备以下几个特点：首先，行为的主体应该为股东且往往是大股东，这是讨论股东表决权滥用的基础；其次，行为人需有主观上的故意，即股东是以谋求私利或者其他相关人的利益为目的；第三，从结果上看，股东的滥用行为损害了公司的利益，或者公司利益虽没有受到损害但损害了其他中小股东的利益；第四，在实现方式上，可以是通过股东会表决权的行使，使控股股东自己的意志直接上升为公司意志，也可以是通过股东控制的董事会等实现自己的目的。

三、股东表决权滥用的典型表现形式

股东表决权滥用的表现形式随着公司治理的多样化而呈现多样化趋势。从裁判实例来看，主要表现为程序类滥用和内容或结果类滥用。

（一）股东没有表决权或者被限制表决权后继续利用资本多数决作出重大决策

依据法律或者公司章程规定股东没有表决权或者被限制表决权后，在公司召开股东会就相关议题进行表决时，相关股东应当回避。否则，该股东可能构成表决权滥用。在深圳火星兄弟网络科技有限公司与湖南互相发展置业有限公司股权转让纠纷一案（［2019］最高法民终1853号）中，互相公司实际控制人（火星公司）以公司资产为自身利益提供担保受益，可能存在有损公司利益或者其他债权人权益的情形。《公司法》第16条规定，公司为公司股东或者实际控制人提供担保时，应当经股东会或者股东大会决议，并且股东或者实际控制人支配的股东在公司股东会决议此议题时，不得参加该事项的表决。最终，该案经二审法院认定，火星公司与互相公司签订的《协议书》无效。

（二）股东利用资本多数决原则作出有悖于公司发展和损害其他股东合法
　　　权益的决策或者通过不作为的形式，对损害公司利益的董事或者股
　　　东不发动诉讼的决议

股东利用其资本多数决优势地位，作出延长其出资期限、关联担保的决

议。在上海自贸区咖啡交易中心有限公司（以下简称自贸区咖啡中心）与上海君客商务咨询有限公司（以下简称君客公司）、上海朗弘投资管理有限公司（以下简称朗弘公司）决议纠纷审判监督一案（［2018］沪民申188号）中，法官认为，公司股东应当遵守法律、行政法规和公司章程之规定，依法行使股东权利，不得滥用股东权利损害公司或者其他股东的利益。"根据本案查明的事实，自贸区咖啡中心公司章程载明君客公司认缴出资人民币450万元，出资时间自营业执照签发之日起五年内，朗弘公司认缴出资人民币300万元，出资时间自营业执照签发之日起十年内。皓听公司作为自贸区咖啡中心的控股股东，在未经充分协商，征得君客公司和朗弘公司同意的情况下，利用其控股股东的优势地位，以多数决通过缩短出资期限的股东会决议，侵害了其他股东的合法权益，故该股东会决议应当认定无效。"此外，皓听公司在君客公司、朗弘公司已缴纳部分出资的情况下，利用其控股股东地位，以多数决通过股东会决议解除君客公司和朗弘公司的股东资格，缺乏法律依据。最终法院认定，该公司未经小股东同意作出缩减出资期限的股东会决议无效。

（三）股东利用资本多数决原则作出排除其他股东合法权益的决策

股东通过其控制股东会的优势地位，通过修改章程，排除或者限制其他股东的合法权益，以此使自己的滥用表决权的行为合法化。在周某某与裕昌投资控股集团有限公司、吕某某等公司决议效力确认纠纷一案（［2014］鲁商初字第23号）中，法官认为，根据《公司法》第21条之规定，公司股东应当遵守法律、行政法规和公司章程，依法依规行使股东权利，不得滥用股东权利损害公司或者其他股东的利益。因此，公司控股股东如果为了追求自己的利益，控制股东会形成决议，为小股东增设义务或限制权利，应得到小股东的同意。"因本案六次股东会决议是在股东周某某未参加会议，由他人伪造周某某签字的情况下作出的，事后周某某亦不予认可，故该六次决议并非周某某真实意思表示，侵犯了周某某的姓名权，干涉了周某某依照自己的真实意思对公司事项进行表决的权利，进而侵害了周某某的增资优先认缴权，属于违反法律规定的侵权行为。"最终，法院经过庭审确认，大股东形成的为小股东增设义务或者限制权利的股东会决议无效。

四、结论

股东表决权滥用的认定目前还缺少专门明确的法律规范，要认定股东存在滥用表决权的行为，须综合《公司法》《民法典》等相关法律规范和司法解释，特别是参照股东权利滥用、股东控制权滥用等相关审判实例，结合理论界观点综合判定。

浅析交通事故中非机动车方的赔偿责任

郭俏丽*

（中国政法大学 北京 100088）

摘　要： 对于在交通事故中有过错的非机动车一方对机动车一方的人身伤亡、财产损失是否应予赔偿的问题，有实务判决不予支持赔偿。通过对具体案件裁判理由的分析，得出相关案件裁判依据不符合法律适用逻辑与法律公平原则的结论，并对非机动车一方承担赔偿责任的法律适用提出几点建议。

关键词： 非机动车　过错原则　法律适用

一、问题的提出

我国《道路交通安全法》第 76 条就机动车造成人身伤亡、财产损失的交通事故中的赔偿责任承担方式作出了规定。该条文主要以机动车一方不同过错为标准，区分了机动车一方不同程度的责任承担方式，既包括机动车双方相互的损害，也包括机动车一方对非机动车一方造成的损害。然而，其对于现实中可能出现的非机动车一方因过错造成机动车一方人身伤亡、财产损失的情形中，非机动车一方是否应对机动车一方负担损害赔偿责任语焉不详。这也就导致了在司法实践中往往存在不同的审判结果。

在 2015 年佛山市汽车运输集团有限公司诉被告刘某某、任某某机动车交通事故责任纠纷案中，佛山市汽车运输集团员工梁某威于凌晨驾驶小型轿车

---

* 作者简介：郭俏丽（1976- ），女，汉族，广东清远人，中国政法大学同等学力研修班 2022 级学员，研究方向为经济法学。

行驶途中，碾压醉酒后躺卧在机动车道上的刘某某致其死亡，交警部门认定死者刘某某负事故主要责任。佛山市汽车运输集团有限公司诉请对方赔偿停运损失等各项财产损失，该案一审[1]、二审[2]支持了原告的诉讼请求，但再审[3]却改判驳回了其诉讼请求。

笔者参阅了近年来多起保险公司就交通事故代位求偿案件的二审判决书，发现法院以保险公司代位求偿权的基础权利不存在为由不予支持的情形十分常见。2015年12月召开的第八次全国法院民事商事审判工作会议也向各级人民法院传达了这一指导思想，即对于此种情形，仅可以减轻机动车一方责任的方式实现对行人、非机动车一方的过错评价，而不应支持机动车一方请求行人、非机动车一方赔偿的诉讼主张。[4]对于此类审判结果，抛开避免"车比人贵"的尴尬社会效果的考量，从公平、合理的角度，本文认为上述判决亦有失偏颇。

二、非机动车一方应承担赔偿责任的理由探析

对于交通事故中非机动车一方对机动车一方的人身伤亡、财产损失是否应予赔偿的问题，持反对观点的理由主要是："在机动车与行人、非机动车的交通事故责任纠纷中，应根据《道路交通安全法》第76条之规定，通过减轻机动车一方的责任实现对行人、非机动车一方的过错评价，而不支持机动车一方向非机动车一方主张损害赔偿。"本文认为，上述裁判理由一则不符合法律适用逻辑，二则有悖法律公平原则，具体分析如下：

（一）法律适用逻辑错误

1. 《道路交通安全法》中缺乏明确的法律依据

《道路交通安全法》第76条对于是否认可非机动车一方向机动车一方承担损失赔偿责任以及如何承担此种责任并没有明确规定。因而在司法实务中常常认定不存在机动车一方向非机动车一方主张损害赔偿责任的权利依据。另有观点认为，《道路交通安全法》第76条规定对非机动车一方的过错评价是通过减轻机动车一方的责任实现的，本文认为此为对《道路交通安全法》

---

[1]　广东省佛山市禅城区人民法院［2015］佛城法庭民初字第457号民事判决书。
[2]　广东省佛山市中级人民法院［2016］粤06民终2301号民事判决书。
[3]　广东省高级人民法院［2018］粤民再162号民事判决书。
[4]　参见《最高人民法院关于当前民事审判工作中的若干具体问题》。

第76条不恰当的扩张解释，其使得机动车一方因对方过错造成的损害处于无法从对方获得赔偿的困窘状态。

纵观我国《道路交通安全法》，其立法精神重在维护非机动车、行人的权益，尤其是第76条第1款第2项规定机动车没有过错的，承担不超过10%的赔偿责任，换言之，即使机动车一方为无过错方，仍不免除其赔偿责任。

还需注意的是，《道路交通安全法》第76条第一句指出，该条文规制的是机动车一方造成他人（机动车或非机动车）人身伤亡、财产损失的赔偿责任，因此，能为该条所涵盖的损失赔偿范围系交通事故中机动车一方的相对方所受损害，而非交通事故中机动车一方自身的损害赔偿情况，即机动车一方在交通事故中所受损害的责任分担并不当然适用《道路交通安全法》。因此，以《道路交通安全法》第76条排除非机动车一方的赔偿责任，显然于法无据。

2. 《民法典·侵权责任编》作为一般法的补充适用

《民法典》生效后，《道路交通安全法》与《民法典》侵权责任编则形成了特别法与一般法的关系。交通事故本质上仍是侵权行为所致的损害，其纠纷首先适用特别法《道路交通安全法》，但在特别法未对"非机动车一方因过错造成机动车一方损害，非机动车一方如何向机动车承担损害赔偿责任"作出明确规定的情形下，则应当适用《民法典》的一般规定与相关法律原则。上述裁判理由以特别法没有规定非机动车一方的赔偿责任为由，推定机动车一方因对方过错造成的损害赔偿诉求没有法律依据显然是断章取义、以偏概全的理解，与《道路交通安全法》的立法原意相悖。

（二）不符合法律公平原则

考虑到在道路交通运行中，机动车存在更高的危险系数而非机动车一方处于相对弱势的地位是不争的事实，的确应当对机动车一方提出比非机动车更高的安全保障与谨慎注意义务。但因此要求机动车一方发生交通事故仅能风险自担，仍是双方权益失衡的表现。这种判决结果剥夺了机动车一方在交通事故遭受损害时的法律救济权利，进而剥夺了机动车所投保的保险公司的代位求偿权等一系列利益相关主体的财产权益，最终将导致各利益相关方之间的权益损失与法律地位失衡。过分保护非机动车一方利益所产生的意识导向，可能会诱使部分群体滥用法律，影响交通通行效率、破坏法律秩序、侵犯机动车一方合理的权益，这明显不符合法律公平原则。

江苏省高级人民法院再审审理莫某望等与闻某弟机动车交通事故责任纠纷案[1]时也强调："如果机动车一方对自身所受的任何损害、损失只能自担，将会使机动车一方因对方过错造成的损害处于救济无门的真空状态，不仅曲解了该条款的立法原意，也与社会主义主流价值观不相符合。"

三、非机动车一方承担赔偿责任的法律适用建议

（一）非机动车一方应按过错原则承担赔偿责任

在人们通常认知中，发生交通事故，非机动车一方受到的伤害程度一般比机动车一方及其驾驶员更严重，因此法律上应当给予非机动车一方更全面的保护。本文不否认机动车较非机动车有更多的风险因子与防护措施，其在道路行驶过程中应负有较高的谨慎和注意义务，但该义务不能成为非机动车有过错也不承担赔偿责任的理由。如果非机动车在交通事故中不需要承担赔偿责任，非机动车对己方遵守交通规则与行走安全的谨慎注意义务难免会放松。在现实生活中，人们确实经常可以看到电瓶车、自行车、行人不遵守交通规则，只图个人便利，闯红灯、乱穿马路的情况。因此，在交通事故中对非机动车一方适用过错原则承担赔偿责任有利于规范非机动车一方的交通行为，提高其遵纪守法意识。正如有学者主张"要求行人负担过错责任，将会将遵守规则的激励内化入每个具体主体，不仅将更好地督促每个行人遵守交通规则（因为机动车遵守规则已经有了行政处罚作为负面激励），更将有力地从根本上杜绝诸如'碰瓷'一类的不法行为"。[2]

（二）在《道路交通安全法》未作规定的情况下，非机动车一方应适用《民法典》第七编第一章与第五章的规定承担赔偿责任

《民法典》第 1208 条[3]相比原来《侵权责任法》第 48 条，规定得更加清晰与严谨，且通过明文规定特别法与一般法的同时适用，避免了过去不恰当地"适用道路交通安全法律而不必适用《民法典》中的侵权责任编"的尴尬。《道路交通安全法》虽然由全国人大常委会审议与修正，但其性质上仍属

---

〔1〕 江苏省高级人民法院［2020］苏民申 4747 号民事判决书。

〔2〕 张淞纶："重归本源：反思《民法典》时代机动车交通事故责任的归责原则"，载《中国政法大学学报》2022 年第 3 期。

〔3〕 《民法典》第 1208 条规定："机动车发生交通事故造成损害的，依照道路交通安全法律和本法的有关规定承担赔偿责任。"

于行政管理方面的法律，主要对车辆和驾驶人、道路通行条件、道路通行规定、交通事故处理、执法监督等作出规定，主要调整与规范车辆驾驶人、行人、乘车人以及与道路交通活动有关的单位和个人的活动，其重点不是民事侵权责任，不可能将交通事故的风险因子与侵权归责全部罗列清楚。而2021年1月1日开始实施的《民法典》也没解决前述问题，未在"机动车交通事故责任"专章中对归责原则与责任主体等进行明文规定，因此适用《民法典》第七编第一章解决交通事故中机动车一方损失赔偿问题是顺理成章的选择。

交通事故本质上仍是侵权行为所致的损害，在《民法典》生效后，就非机动车一方对机动车一方所负责任的法律适用理当首先适用《民法典》的相关规定。相较于《道路交通安全法》，《民法典》是上位法与一般法，在特别法无相关规定的情况下适用上位法与一般法，符合我国立法与司法逻辑，且能更合理地确定双方当事人的权利与义务，据此作出更加公正、合理的判决。

论短视频平台算法推荐行为的版权法定性

——"延禧攻略案"引发的思考

郭雪萍*

（中国政法大学 北京 100088）

摘　要： 通过对"延禧攻略案"与算法推荐技术的考察可知，针对短视频平台对侵权视频实施算法推荐行为在版权法上的定性，可分三步：第一，评价对象不是算法推荐技术本身，而是短视频利用算法推荐技术的行为。第二，除非短视频平台与网络用户存在分工合作，算法推荐行为一般不构成直接侵权。第三，如果平台在明知或应知存在相关侵权事实情况下，在能采取必要措施以防止侵权损害扩大情况下而怠于采取或未及时采取有效的相关措施，却仍持续积极实施算法推荐行为，则就可能构成间接侵权。

关键词： 算法推荐　短视频平台　直接侵权　间接侵权

在传统信息网络传播权侵权纠纷案中，一般而言，平台能证明其仅提供中立的网络技术服务，且不存在过错的，人民法院就不会认定其构成侵权。[1]而在"延禧攻略案"中，因平台不仅提供了信息空间存储服务，还利用算法推荐技术提供了信息流推荐服务，由此引发的问题是：短视频平台利用算法对侵权视频进行推荐的行为如何定性？是认定直接侵权抑或认定间接侵权？要考虑哪些因素？围绕于此，本文以延禧攻略案为切入点，再深入算法推荐技术的基本原理与运用实践，对短视频平台就侵权视频实施算法推荐行为的性质进行研究。

---

* 作者简介：郭雪萍（1985–），女，汉族，福建莆田人，中国政法大学同等学力研修班 2022 级学员，研究方向为知识产权法学。

〔1〕 参见《最高人民法院关于审理侵害信息网络传播权民事纠纷案件适用法律若干问题的规定》第 6 条。

一、延禧攻略案概述[1]

爱奇艺享有热播剧《延禧攻略》的独占信息网络传播权，用户未经授权将截取的《延禧攻略》短视频（以下简称"涉案视频"）上传至字节公司运营的今日头条平台（以下简称"涉案平台"），而涉案平台利用信息流推荐技术将涉案视频进行传播。该案的争议焦点在于字节公司提供了信息存储空间服务和信息流推荐技术，是否应当承担相应的侵权责任。涉案平台是否在应知或明知侵权内容的情况下，未尽到合理注意义务，是否存在主观过错，是否采取了合理的措施。

在该案中，法院认为涉案平台具有充分的条件、能力和合理的理由知道其用户实施了涉案侵权行为，属于法律所规定的应当知道的情形。[2]该案法院最终判字节公司构成帮助侵权，与用户承担连带责任，关键在于法院还考虑了字节公司在采用算法推荐这一服务的过程中，对涉案侵权后果的产生是否存在过错这一因素。

二、算法推荐的技术原理与实践运用

（一）算法推荐技术的基本原理

算法推荐技术是指输入用户与物品的历史交互信息、额外信息，从而将一个合适的物品推荐给用户。[3]

从概念上来看，推荐算法的实质就是通过对用户行为、物品属性的分析从而推测出用户可能喜欢哪些物品的数学方法。[4]目前主流平台常见的推荐算法主要有协同过滤、基于内容的推荐、相似性推荐、关联规则推荐等。[5]

---

[1] 参见北京市海淀区人民法院［2018］京 0108 民初 49421 号民事判决书。

[2] 参见《最高人民法院关于审理侵害信息网络传播权民事纠纷案件适用法律若干问题的规定》第 8 条第 1 款规定："人民法院应当根据网络服务提供者的过错，确定其是否承担教唆、帮助侵权责任。网络服务提供者的过错包括对于网络用户侵害信息网络传播权行为的明知或者应知。"

[3] 参见张芷菡："算法推荐与平台合规性学术研讨会研讨综述"，载微信公众号"人大版权"2022 年 7 月 7 日。

[4] 参见李扬、谭梦溪："'算法推荐与平台著作权侵权责任'线上主题研讨会嘉宾发言要点"，载微信公众号"李扬知产"2022 年 4 月 28 日。

[5] 参见沈剑："通俗易懂，互联网的常见推荐算法"，载微信公众号"架构师之路"2018 年 4 月 17 日。

在延禧攻略案中，涉案平台主要利用协同过滤算法的推荐方式，本文对该方式进行简要介绍。协同过滤算法其基本逻辑是根据用户的历史行为数据挖掘用户的兴趣，找到趣味相投或有共同历史行为数据的用户群体，向用户推荐兴趣相同或相似的商品或服务。其原理如下：[1]

	Book_ 1	Book_ 2	Book_ 3	Book_ 4	......
User_ 1	√	√			
User_ 2	√	√		√	
User_ 3	√	√	√		
......					

上表协同过滤解读：①User_ 1 喜欢的书有 {Book1，Book2}；②喜欢 {Book1，Book2} 的群体还有 {User_ 2，User_ 3}；③而群体 {User_ 2，User_ 3} 同时还喜欢 {Book3，Book4}（即协同意义所在）；④那么系统会向选择 {Book1，Book2} 的新用户 User_ N 推荐 {Book3，Book4}。

（二）算法推荐技术的实践运用

算法推荐技术是如何在实践中进行运用的，大抵正如在延禧攻略案中，侵权用户将涉案视频上传至涉案平台，会经过平台的"初审—冷启动—正常推荐—复审"阶段，其中的"正常推荐"，即涉案平台运用了算法推荐技术。在该案中，涉案平台主要使用的就是协同过滤算法。该方法的"核心思路就是用户喜好相似，则点击行为也接近。通过内容揣荐收集到一定的用户点击量后，就会进行协同过滤推荐"。[2]

三、算法推荐行为性质的版权法分析

（一）评价对象是算法推荐行为而非推荐算法

算法是协助平台进行信息推送的工具，而推荐行为则是作为平台所实施的主动的、有选择的、目的明确的、利用算法进行推广的行为。我们要关注

---

[1] 参见沈剑："通俗易懂，互联网的常见推荐算法"，载微信公众号"架构师之路"2018 年 4 月 17 日。

[2] 参见北京市海淀区人民法院［2018］京 0108 民初 49421 号民事判决书。

的本质问题是平台使用算法进行内容推送这一行为的性质，要综合考量其行为方式、行为后果、主观过错等，对其是否应当承担责任作出认定。[1]因此，推荐算法本身并不是否构成帮助侵权的评判对象，推荐算法作为平台企业的辅助工具具有的实质性非侵权用途。延禧攻略案一审判决书对此也给予直截了当的肯定。

（二）算法推荐行为一般不构成直接侵权

侵害信息网络传播权包括直接侵权和间接侵权。[2]直接侵权是指在未经版权人许可且缺乏合理使用或法定许可等抗辩理由情况下而实施的落入著作权人权利控制范围的行为；如果行为人并未直接实施相关侵权行为，但其行为与他人的直接侵权行为之间存在特定关系，一般被称为间接侵权。[3]直接侵权与间接侵权在构成要件及举证责任方面存在很大差异。行为人的主观过错并非构成直接侵权的必要条件。[4]

对信息网络传播行为的认定仍以是否将作品以上传等方式置于向公众开放的网络服务器中，从而使作品处于一种交互式的初始传播状态为标准。算法推荐行为并不是上传作品，使其处于能够交互式传播状态的行为，不属于对信息网络传播权的直接侵权行为。算法推荐行为仅仅是一种对信息投送方式的改变，使得以前的人找信息变成了信息找人。故一般而言，算法推荐行为并非直接侵犯信息网络传播权。但在特定情形下，如平台与侵权用户存在分工合作侵权时，平台的推荐行为即可以被认定为直接侵权行为。[5]

（三）算法推荐行为可能构成间接侵权行为

间接侵权是平台在一定程度上引诱、帮助网络用户并促成其实施了相关侵权行为，也即平台并未实施落入著作权人权利控制范围的行为，但却存在引诱或教唆他人实施相关侵权的行为，即构成教唆侵权或帮助侵权。那么，在短视频平台与网络用户不存在分工合作的情况下，短视频平台对侵权视频实施算法推荐行为，是否构成教唆、帮助侵权，可以从客观方面与主观方面进

---

〔1〕 参见知产财经：“发言实录 | 杨德嘉：算法推荐与平台责任”，载微信公众号“知产财经”2022 年 4 月 12 日。

〔2〕 参见王艳芳：“论侵害信息网络传播权行为的认定标准”，载《中外法学》2017 年第 2 期。

〔3〕 参见王迁：“论版权‘间接侵权’及其规则的法定化”，载《法学》2005 年第 12 期。

〔4〕 参见王少徽：“网络聚合类服务提供者责任研究”，河北大学 2015 年硕士学位论文。

〔5〕 参见《最高人民法院关于审理侵害信息网络传播权民事纠纷案件适用法律若干问题的规定》第 4 条前段的规定。

行考察。

（1）客观方面。无论算法推荐行为的表现形式如何，其均使得用户在搜索时可以同步、快速、便捷、完整、准确地搜索到大量的侵权视频，起到了帮助侵权视频扩大传播速率与传播范围的实际效果。当然，如果短视频平台对其存在的侵权视频采取了必要措施，则可在客观上起到阻止侵权损害扩大的后果，也可反映平台在主观上可能并不具有过错，从而阻却算法推荐行为的违法性。因此，是否采取必要措施成为认定平台是否构成间接侵权的重要因素之一。

（2）主观方面，网络服务提供者侵权行为仍应遵守过错原则。"只有在知道或应当知道相关侵权行为后，有引诱、教唆与帮助的行为和意图才可能构成间接侵权。"[1]网络服务提供者的过错包括对于网络用户侵害信息网络传播权行为的明知或应知。故，在利用算法推荐技术的情况下，短视频平台对平台内用户侵害信息网络传播权的行为属于明知或应知则成为认定平台是否构成帮助侵权的重要一环。在延禧攻略案中，法院便从明知或应知层面进行判断，最终认定："字节公司作为今日头条 App 的运营者，具有充分的条件、能力和合理的理由知道其众多头条号用户大量地实施了涉案侵权行为，属于法律所规定的应当知道这一情形。"[2]

因此，短视频平台实施算法推荐可能构成间接侵权。在判定是否构成间接侵权时，可以重点考察两个方面：其一，主观上是否属于"明知或应知"；其二，客观上是否采取了必要措施。

总之，对于算法推荐技术本身而言，其实际仅仅起到了向用户精准、高效推荐的作用，本质上属于平台向用户提供网络服务的辅助工具，具有实质性非侵权用途。[3]但平台在运用算法推荐技术时，如果存在过错，即在明知或应知存在相关侵权事实的情况下，在能采取必要措施以防止侵害进一步扩大的情况下而怠于采取或未及时采取有效的相关措施，就可能构成间接侵权。换言之，如果能够证明行为人实施了教唆、引诱行为或者能够从相关事实中推出他是在"明知"的心理状况下"帮助"他人实施"直接侵权"的，法院

---

〔1〕 参见曹阳："知识产权间接侵权责任的主观要件分析 ——以网络服务提供者为主要对象"，载《知识产权》2012 年第 11 期。

〔2〕 参见北京市海淀区人民法院 ［2018］京 0108 民初 49421 号民事判决书。

〔3〕 参见北京市海淀区人民法院 ［2018］京 0108 民初 49421 号民事判决书。

就应判定行为人作为"间接侵权者"承担责任。[1]

四、结论

关于如何认定短视频平台算法推荐行为的版权法定性，本文认为应在个案中，根据原被告双方提交的证据材料，从多方面进行综合认定。不仅要考虑涉案平台是否与用户存在"分工合作"，是否对网络用户侵害信息网络传播权的行为属于"明知或应知"，是否采取"必要措施"，也要综合考量其涉案的行为方式、行为后果等。

---

〔1〕 参见王迁："论版权'间接侵权'及其规则的法定化"，载《法学》2005 年第 12 期。

独立董事勤勉义务责任承担问题研究

胡晗 *

（中国政法大学 北京 100088）

摘　要： 独立董事作为公司的代理人，应以保护中小股东合法权益为履职重点，在信息披露监督等事项上勤勉尽责。监管部门和司法机关应强调独立董事勤勉义务的特殊性，明确过错推定原则和注意义务评价标准，树立差异化的问责理念，动态评定独董实际责任。在此基础上，考虑到独立董事履职的客观困难，建议完善独立董事责任合理减免机制，采取限制独立董事赔偿责任限额、实施强制性独立董事责任险等措施，引导和约束独立董事忠实诚信、善意合理、审慎勤勉地积极履行职务。

关键词： 独立董事　勤勉义务　责任减免

一、问题的提出

近日，广州市中院在康美药业证券集体诉讼案一审判决中，判令五名独立董事对康美药业总金额达 24.59 亿元的债务分别承担 10%、5% 的连带清偿责任。可谓是一石激起千层浪，这一判决对现行独立董事制度和公司管理体系造成了巨大的冲击，独立董事人人自危，甚至应声辞职。由此，独立董事勤勉义务法律责任的承担再次成为大家热议的话题。

2022 年 1 月，中国证监会《上市公司独立董事规则》（以下简称《独立董事规则》）和《最高人民法院关于审理证券市场虚假陈述侵权民事赔偿案件的若干规定》（以下简称《若干规定》）先后发布，对独立董事勤勉义务

＊ 作者简介：胡晗（1995-），女，汉族，安徽淮北人，中国政法大学同等学力研修班 2022 级学员，研究方向为经济法学。

的规范和法律责任减免进行了更为具体的规定。在《公司法》修订之际，本文拟通过对独立董事勤勉义务法律责任认定标准和履职困难的分析，为独立董事制度的发展和完善提出建议。

二、独立董事勤勉义务法律责任认定标准

独立董事作为受聘上市公司及全体股东的代理人，负有忠实和勤勉的义务，应当维护公司整体利益，重点关注中小股东的合法权益不受损害。其中勤勉义务是指独立董事在管理公司事务时，应为防止公司利益受损、维护公司利益最大化，利用自身技能和经验，善意合理、审慎勤勉地履行自身职责。

独立董事法律责任，一般包括行政责任、民事责任、刑事责任。目前在我国司法实践中，独立董事多是因在上市公司违法违规信息披露中未勤勉尽责而受到行政处罚。[1]随着立法和司法的完善，独立董事的虚假陈述侵权赔偿责任、对公司或股东的损害赔偿责任等民事责任也逐步显现。

（一）独立董事勤勉义务的责任标准

1. 过错推定原则

我国《证券法》第85条和《上市公司信息披露管理办法》第51条规定，董事对虚假陈述给投资者造成的损害，除能证明其已经勤勉尽责且没有过错外，应承担连带赔偿责任。同时，《公司法》第112条和《上市公司治理准则》第23条也规定，参与决议的董事对公司承担损害赔偿责任，但能证明其表决时表明异议并记载于会议记录的除外。

由此可知，我国立法对于独立董事勤勉义务的判定采用过错推定原则，主张免责的独立董事应对其已经勤勉履职且无主观恶意和重大过失承担举证责任。《若干规定》第16条第1款也具体罗列了五种独立董事能够自证清白的情形。

2. 注意义务的评价标准

判断独立董事是否勤勉尽责的前提，即确定独立董事应达到何种程度的注意义务。注意义务的评价，应从客观标准和主观标准两个方面进行综合衡量。一方面，独立董事应当以一般理性人在执行同类事务时所应具备的经验

---

[1] 张婷婷："独立董事勤勉义务的边界与追责标准——基于15件独立董事未尽勤勉义务行政处罚案的分析"，载《法律适用》2020年第2期。

和能力为客观标准，诚信负责审慎履职，这也是所有独立董事都必须具备的注意义务。另一方面，在涉及自身专业领域的事项上，独立董事应以发挥其特定专业水平范围内的实际注意能力为主观标准，这是依据独立董事自身的专业优势而在特定领域内应当承担的更高标准的注意义务。

3. 对公司或第三方机构提供的资料和专业意见的注意义务

根据《若干规定》第 14 条第 2 款，董事不得仅以其相信发行人、管理层或审计机构等第三方提供的资料、信息为由，主张自身已勤勉尽责。

勤勉义务是积极的过程义务，独立董事只有通过充分发挥主观能动性，主动拓展调查核实的对象、方式和渠道，对董事、监事、高级管理人员、第三方机构提供资料及其所涉及的事项达到排除合理怀疑、形成合理信赖的注意义务标准，才能将其作为独立判断的依据。独立董事是在履行职责的过程中尽责，即便最终判断有误，也不妨碍其已经尽到了勤勉尽责的注意义务。

（二）司法实践中勤勉尽责的行为标准

通过对现有立法和司法实践案例的梳理，独立董事勤勉尽责的行为标准表现在以下三个方面：①按时出席董事会会议，持续关注和了解受聘上市公司及其关涉公司的生产经营和运作情况。②主动扩展调查和获得信息的渠道，审慎核验作出决策所需要的情况和资料，并积极采取合理措施。③依据调查核实的资料信息，对公司特定事项独立发表意见，并通过会议记录等有效载体加以体现。

三、独立董事责任制度完善建议

独立董事制度的引入，在规范公司治理、加强企业内部监督、促进市场经济依法运行等方面发挥了良好的作用，但同时在运行中也暴露出一些问题，可从立法、司法制度等方面进一步加以完善。

（一）独立董事面临的困境

（1）独立董事"不独"。独立董事大多由公司控制权人选聘，津贴由公司发放，因此独立董事受人情和薪资关系牵绊，难以独立、客观地行使职权。

（2）独立董事"不懂"。独立董事为外部董事，尽调手段少、信息不对称，对干扰履职的情形缺乏有效制约手段，[1]且多为特定领域专家，因此对

---

[1] 方重："上市公司独立董事，独立吗？懂事否？"，载《清华金融评论》2021 年第 9 期。

公司真实情况的知悉有限，实践经验欠缺。

（3）独立董事"无用"。目前我国独立董事仍以兼职为主，在履职中可投入的时间精力有限，对公司经营决策影响、控制能力和实际帮助有限。

（4）独立董事"不积极"。相比于独立董事因履职不当可能承担的高额行政处罚、民事赔偿和声誉损失，独立董事的薪酬菲薄且无有效的保障和激励机制，风险与收益的错配现象，极大地打击了独立董事履职的积极性。

（二）完善独立董事责任承担合理减免制度

针对独立董事所面临的履职困境，本文建议可以通过以下方式，合理减轻独立董事责任的承担：

1. 限制独立董事赔偿责任的最高数额

在独立董事违反勤勉义务的案件中，独立董事无主观恶意，且非违法行为的主导者和最终受益人，因此对其施以过重的赔偿责任与其薪资明显不符。遂建议对独立董事的赔偿责任数额加以限制，以其任职期间所取得的全部薪资为限承担赔偿责任，但独立董事恶意违反忠诚义务的行为不在此限。

2. 重视信用责任的承担

上市公司任职的独立董事，多为各领域的高端专业人士，良好的声誉对于独立董事的自我认知、本职工作评价和未来任职都会产生重要影响。[1] 相比严厉的行政和民事处罚，声誉制裁能起到更好的警醒教育、鞭策约束作用，有利于倡导独立董事执业道德，提高违规的信用成本。

3. 实行强制性独立董事责任保险制度

独立董事责任保险制度并非对独立董事法律责任的减免，而是在保额限度内代为支付独立董事因未尽勤勉义务所应承担的民事赔偿，进而减轻其履职的心理负担。同时，如若独立董事长期履职不尽责造成出险率过高，保费也会随之增加，上市公司聘用这类独立董事的意愿自然会降低，有利于甄别和淘汰不尽责的独立董事。[2] 虽然立法已规定上市公司可以建立独立董事责任保险制度，但实践中只有极少的公司将独立董事纳入该制度的保护之中，因此本文建议将强制性独立董事责任保险制度作为公司应为独立董事提供的

---

［1］ 汤欣："谨慎对待独董的法律责任"，载《中国金融》2019 年第 3 期。

［2］ 刘俊海："上市公司独立董事制度的反思和重构——康美药业案中独董巨额连带赔偿责任的法律思考"，载《法学杂志》2022 年第 3 期。

必要工作条件。

（三）在司法审判中动态评价独立董事的实际责任

司法裁判中对于信息披露违法责任人员的免责事由，过于严格要求"异议且反对"的表现形式，因而导致独立董事实际承担"签字责任"的现象普遍存在，[1]在一定程度上否认了独立董事的勤勉努力。对此本文认为应当在司法审判中进一步完善独立董事责任动态评价机制。

1. 树立独立董事差异化的问责理念

在司法审判中应秉承具体问题具体分析的原则。独立董事与其他董事在履职条件、环境和能力等方面都存在明显差异，因此在对独立董事勤勉度进行评价时，应采用更为宽缓的评价标准；对于不同专业领域的独立董事，也应考虑其职业差异，在非专业领域内采用更为宽缓的评价标准。

2. 对本土化、日常化履职活动进行合理认定

自独立董事制度引进中国后，独立董事在正式会议外增加了许多日常化的履职行为，但因这些情形很少记录于现有立法规定的有效载体之上，因而难以得到合理认定。因此本文建议在司法审判中，应全面合理认定董事会前谈话机制、独立董事对管理层表达质疑和建议的非正式沟通、与其他董事及董事办交流观点、通过网络参与公司监管等履职活动，对独立董事的勤勉履职进行综合性的评定。

---

〔1〕 王怡丞、左进玮："独立董事的信息披露监督定位与勤勉义务研究"，载《金融监管研究》2020年第12期。

浅析反商业贿赂视角下的企业合规章程制定

胡永楠*

（中国政法大学 北京 100088）

摘　要：商业贿赂是严重危害企业正常经营、危害社会经济秩序的顽疾，不仅严重影响了社会风气，也对企业、投资者和资本市场造成了严重损失。为有效治理商业贿赂，企业应制定各种反商业贿赂制度来规范经营行为，而合规章程是企业合规制度的基础，各种合规制度都是合规章程的具体化。

关键词：反商业贿赂　合规章程　法律监管

一、合规章程概况

合规章程是规定企业合规活动原则的纲领性文件，合规章程所规定的内容对于企业合规制度的制定具有强制性，一切合规制度都必须依据合规章程制定，是企业合规制度的"宪法"。合规章程与各项合规制度组合成了企业的合规管理体系。制定企业合规章程，首先应该建立良性的企业合规文化，只有建立了良性的合规文化，合规管理体系才有灵魂。中兴通讯在接受美国调查后，逐步建立起了合规管理体系，并且形成了良好的企业合规文化。在中兴通讯《来自总裁的一封信》中有这么一句话："……因此公司对任何形式的贿赂行为秉持'零容忍'的态度。"[1]秉持着对贿赂行为零容忍的态度，中兴通讯公司更新了《反贿赂合规政策》和《反贿赂合规手册》，并要求中兴

---

*　作者简介：胡永楠（1999－），男，汉族，天津人，中国政法大学同等学力研修班 2022 级学员，研究方向为经济法学。

〔1〕徐子阳："来自总裁的一封信"，载 https://www.zte.com.cn/china/about/trust-center/Legal-and-Compliance/201910081604/201910081010，最后访问日期：2022 年 7 月 5 日。

公司所有员工及商业伙伴遵守上述政策和手册中规定的合规义务。

二、企业制定合规章程的必要性

在国内，最高人民检察院、公安部出台了《最高人民检察院、公安部关于公安机关管辖的刑事案件立案追诉标准的规定（二）》，降低了非国家工作人员受贿案、对非国家工作人员行贿案的立案追诉标准，提升了打击力度。从中央纪委国家监委会同有关单位联合印发的《关于进一步推进受贿行贿一起查的意见》可以看出，反商业贿赂更是反腐败工作的要求，该意见要求：有关单位在保持惩治受贿高压态势的同时，严肃查处行贿，多措并举提高打击行贿的精准性、有效性，推动实现对腐败问题的标本兼治。

在国外，自 20 世纪 90 年代末期开始，以美国为代表的发达国家逐步构建起了反腐败法律体系，例如，美国在 1998 年修改了《海外反腐败法》，将属地管辖权扩展到外国公司或自然人。一家外国企业或个人在美国境内直接或间接的违法行为将受到《海外反腐败法》的制裁，不论该行为是否使用美国邮政系统或者其他转移支付工具。德国自从 1999 年以后，不允许德国公司将其在海外的行贿支出以抵税开支的方式进行核销。随着发达国家反腐败法律体系的建立，不少公司因为行贿受到了法律制裁，其中最著名的案件为西门子公司行贿案。西门子公司也因为行贿行为最终被处以巨额罚款，商业信誉也随之一落千丈。

在国内外严打商业贿赂的大环境下，企业合规是相较于外部监管而言更加有效、更加直接、更加具有针对性的治理措施。而有效的合规章程，有利于指导企业制定各项合规制度，从而构建符合企业自身特点的合规管理体系。

三、企业合规章程的一般政策核心内容

合规章程大多以企业合规手册或者合规政策的形式呈现，内容上大体分为合规一般政策和合规程序。合规一般政策把法律、行政法规、部门规章制度、行业规范中所有关于本领域的禁止性条款全部都写入企业内部条文，让企业人员不用去翻相关资料，只需要学习合规管理政策和员工手册就能知道行为的规范和边界。这就要求在制定过程中，一方面要在企业内部找到风险发生的环节，另一方面要穷尽国家的行政法规、地方性法规、部门规章、行业惯例、商业伦理、刑法规定及相关案例等。合规一般政策主要规定以下

行为：

（一）禁止行为

在规定禁止行为部分，企业要对本企业可能涉及的腐败禁区进行明确的规定。例如，在规定禁止贿赂行为时，首先要对"贿赂"进行精准的定义和解释，而这一定义和解释要与业务开展地或者可能涉及法律风险的地区的法律法规相适应。

例如：《海外反腐败法》（FCPA）只禁止公职贿赂，而按照目前中国有关反商业贿赂的法律规定，中国既禁止公职贿赂也禁止非公职贿赂；FCPA只禁止给予贿赂，而中国既禁止给予贿赂也禁止收受贿赂；FCPA只禁止给予个人贿赂，而中国既禁止给予个人贿赂也禁止给予企业、团体或其他性质机构的贿赂；FCPA只禁止通常意义上理解的"腐败性贿赂"，而中国既禁止"腐败性贿赂"也禁止"竞争性贿赂"。[1]

（二）业务活动中的反贿赂和反欺诈

这部分内容要针对具体的业务领域进行具体的规定，比如招标、投资、并购交易等重大特定的项目或活动类型；与特定类型的商业伙伴计划或持续建立业务关系：如供应商、渠道商、经销商、外部法律顾问的聘请。这部分内容需要针对企业来具体规定，不能照搬制度模板，也很难借鉴其他企业的既有经验。要在彻底梳理本企业的业务流程、业务范围，确定业务风险点之后，再确立具体的规范要求。

（三）对商业伙伴的尽职调查

合规政策要确定尽职调查的一般要求和程序，明确尽职调查的豁免规则，明文规定本企业对合作伙伴的合规要求，对其与本企业进行商业活动时需要恪守的准则和禁区进行规范。一般而言，对于商业伙伴的尽职调查，主要从以下两个方面展开：第一是对商业伙伴基本信息的审核，包括经营资质、经营状况、注册资本、工作地点等；第二是政府背景信息，通过查看对方股权结构了解其股东中是否有政府背景的组织存在。且此处审核不应当局限于本公司，应当对参股公司的母公司、关联公司等均有了解。[2]

（四）其他方面

合规一般政策还应规定合同签署后的监督、特殊支出、反腐败与人事薪

〔1〕 肖岳："反商业贿赂合规之路"，载《法人》2015年第2期。
〔2〕 周涵："如何实行反贿赂管理体系中的尽职调查"，载《质量与认证》2018年第11期。

酬、合规记录等内容。这些行为和活动极易滋生腐败行为，通过合规政策确立专门的行为规范，斩断腐败的利益输送链条，以防止腐败滋生。最后通过合规记录，留存档案，以便作为反腐败制裁启动的依据，在特定情形下，也可以作为配合执法司法机关的证据。

四、合规章程对反商业贿赂管制的一般程序

（一）风险评估

针对反商业贿赂，需要企业通过风险评估来对企业的重要风险点进行全面排查，确定各子公司、分公司或者业务部门不同的业务风险，筛选、排查出易发生商业贿赂的领域并赋予不同的风险等级，从而确定具体反商业贿赂政策的制定。在反商业贿赂政策制定后，每年都应当定期展开相关领域的合规风险评估，根据业务和风险变化情况及时调整合规管理措施。

（二）合规调查

在发现企业内部员工或者业务活动中的腐败线索后，要由专门的线索调查部门针对线索进行调查，根据线索的效力、可信度、完整程度等作出评估，以决定是否要启动合规调查。启动合规调查后，尽可能由外部的独立律师来主导内部调查。这是因为在很多情况下，律师开展业务受到法律的特殊保护，其在业务过程中了解到的企业的不利信息不需要向执行部门和法院提供。

（三）合规惩戒

在内部调查完成后，相关部门应当作出调查报告，对各种事实予以确认，对最终给出的惩罚予以建议。企业合规委员会应当对报告作出决议，并作出合规惩戒的决定。如果在特定情况下，外部公权力介入，特定问题或者企业人员、特定事件被调查，特定高管被限制出境、企业账户被冻结等，合规部门应当及时介入，对刑事风险进行诊断和预测，迅速采取调查措施并予以制裁，再根据不同国家法律规定，将调查信息披露给相应的执法部门，为企业争取宽大处理的可能性。在调查结果出具后，惩戒决定的执行也由合规部门作出。

互殴与正当防卫的界分

高鹏*

（中国政法大学 北京 100088）

摘　要： 在司法实务中，常将事出有因的对打行为认定为"互殴"，排除了成立正当防卫的可能性。分析可知，"为防卫做准备""长期存在矛盾"等情况通常被认为是互殴的情形，存有成立正当防卫的余地。是否存在主观上故意的不法侵害，是区分互殴与正当防卫的关键。事先"约架"行为应被认定为互殴，而一方先动手或攻击手段突然升级的，另一方的反击行为可以被认定为正当防卫。

关键词： 互殴　正当防卫　互殴意图　防卫意识

一、互殴否定防卫存在疑问

在司法实践中，即便伤害行为表现出正当防卫反击不法侵害的特征，但如果行为人之间存在殴斗行为，很多法官会以双方是"互殴"为由，判定被告人的反击行为不属于正当防卫。这是因为在审判实践中，通常认为遇到不法侵害甚至是紧迫威胁时，受害人应积极向司法机关求助，而不是随意反击对方。具体来说，法官往往将防卫权的享有者仅仅限定在对于冲突发生毫无道德瑕疵的绝对无辜者之上。[1]如果双方在事前与被害人有矛盾、争吵等，后来双方均动手攻击对方的，就是互殴行为。[2]或者在对不法侵害反击的过

---

* 作者简介：高鹏（1980-），女，汉族，山东东营人，中国政法大学同等学力研修班2022级学员，研究方向为民商法学。

〔1〕 陈璇："克服正当防卫判断中的'道德洁癖'"，载《清华法学》2016年第2期。
〔2〕 张明楷："故意伤害罪司法现状的刑法学分析"，载《清华法学》2013年第1期。

程中因攻击并未停止继续反击双方继续厮打的，或者在反击时使用了工具进行反击的，法院常习惯性认定双方行为属于"互殴"，从而否定反击行为属于正当防卫。

上述对互殴的认定直接否定了正当防卫的存在，因为互殴是正当防卫的消极条件。正当防卫与互殴在行为方式上难以区分，而主观故意作为主观因素又难以证明。同时，互殴行为和防卫行为可能相互交织、影响，甚至相互转化，必然导致互殴行为对正当防卫两者之间界限模糊。因此，对"互殴"的认定需要更加精确严格的标准，才能避免正当防卫制度被架空。

二、互殴认定的误区

在以下情形中，不应当将反击行为认定为互殴，应肯定正当防卫的成立。

（一）一方先动手，另一方还击的

如果事先双方不具有互殴意图，双方行为人一方对另一方实施攻击，受攻击一方反击将施暴者打成轻伤，这种情况不能否定正当防卫的成立。

一方对不法侵害即时进行的反击行为，应认定为正当防卫。这种情况下动手顺序变得非常重要。先动手的一方是不法侵害，后动手的一方具有防卫性。[1]若后动手一方的反击行为被认定为互殴，会导致在遭受不法侵害的情况下受攻击一方只能选择束手待毙，那正当防卫就没有存在的余地了。进一步讲，哪怕是后动手一方反抗后攻击者并未就此停止攻击，后动手一方和先动手一方继续厮打的，也不应认为是互殴，从而排除正当防卫的可能性。

对于一方招致他人不法侵害的案件，不管行为人先前引起互殴的行为是否违法，也不管行为人对于不法侵害的出现是持追求、放任还是过失的心态，都不应剥夺或者限制行为人的防卫权。[2]只要行为人实施的行为是与进行中的不法侵害相对抗，就可认定其具有防卫意识，从而产生正当防卫的可能性。在不法侵害出现时，无论行为人是消极抵抗、动手反抗甚至积极准备反击工具导致后来双方互相实施暴力，都不能剥夺其正当防卫的权利。

（二）警告后还击的

双方行为人发生争吵，一方试图对另一方实施攻击。在一方发出警告后，

---

〔1〕 陈兴良："互殴与防卫的界限"，载《法学》2015 年第 6 期。
〔2〕 陈璇："克服正当防卫判断中的'道德洁癖'"，载《清华法学》2016 年第 2 期。

另一方仍然实施了攻击，受攻击者反击造成施暴者轻伤。这种情况下仍属正当防卫范畴。因为警告只是为了提醒对方不要继续实施不法侵害，并不等于具有互殴意图。发出警告能够肯定其具有防卫意识，警告内容更不影响其客观行为被认定为正当防卫。

（三）为防卫做准备的

一方得知另一方要对自己实施不法侵害后作了适当准备，为了防御预先准备了工具。不法侵害实施时，一方反击造成另一方轻伤。防卫人或者事先预见对方行为，可以表明防卫人有防卫意识，而不是有互殴意图。即使认为事先做好防卫准备的行为，同时具有攻击意识，也应当肯定其防卫意识与攻击意识并存，因而具备了正当防卫成立的主观要素。[1]只要是具备防卫条件，无论是事先准备的工具还是就地取材的工具，抑或夺取对方的工具，都可以构成正当防卫。[2]

（四）长期存在矛盾的

双方长期存在矛盾，如某日，一方对另一方实施暴力，另一方反击造成对方轻伤。双方长期存在矛盾，并不意味着不法侵害的存在。但当一方伤害另一方或者对另一方实施暴力行为时，便产生了不法侵害，另一方实施的防卫行为当然可以认定为正当防卫。

三、互殴的认定标准

行为人双方同时具有客观上的伤害行为和主观上的伤害故意的情形下未必构成互殴，因为处于不法侵害和正当防卫的关系之中的双方同样满足这个条件。[3]于是在传统互殴概念的基础上加一个新要素被用来区分互殴和正当防卫变得十分必要，即互殴意图。只有同时具备伤害故意和互殴意图两个要素的伤害行为才能被认定为互殴。互殴意图是指基于欺凌、报复、逞强斗狠、寻求刺激等动机而去主动挑起斗殴或积极参与斗殴的主观心理态度。[4]互殴意图的主要体现发生在互殴行为之前，表现为去主动挑起互殴或积极参与互殴的主观心理态度。

---

〔1〕 张明楷："故意伤害罪司法现状的刑法学分析"，载《清华法学》2013年第1期。
〔2〕 陈兴良："互殴与防卫的界限"，载《法学》2015年第6期。
〔3〕 邹兵建："互殴概念的反思与重构"，载《法学评论》2018年第3期。
〔4〕 邹兵建："互殴概念的反思与重构"，载《法学评论》2018年第3期。

（一）有事先约定的互殴

打斗之前，双方事先约定打斗行为（简称"约架"），这是双方具有互殴意图的直接体现。约架具有实体的内容，即双方通过当面对话、电话、互联网、书信、捎话等方式约定在某个时间、地点进行互相攻击。[1]这种意图表达形式既可以是明示，也可以是默示。就内容而言，常使用一些生活化的语言来表达，且接受互殴约定的一方可能以语言明确表达，也可能用行为表达其态度。在事先具有互殴意图的情况下，双方动手的顺序、地点都不重要。[2]

（二）无事先约定的互殴

打斗之前，双方没有对打斗进行约定，但是都具有互殴意图。一般而言，先动手的一方明知自己的行为会引起对方的反击而仍然率先动手，说明其对双方打斗的发生持希望或者放任的态度，据此可以推定先动手的一方具有互殴意图。[3]作为反击的一方，在打斗行为上具有被动性，其反击可以认为是出于本能反应，所以很难说其具有主动的互殴意图。除非其在动手之前的言语和行为充分表明了其对双方打斗发生的积极追求。

四、结论

互殴行为与正当防卫从客观上看，都是对他方殴打行为的反击，具有外观上的相似性，容易混为一谈。因此，只有主观上故意的不法侵害，才能将互殴行为从正当防卫中予以排除。所以，判断有无故意的不法侵害意图至关重要。本文认为，故意的不法侵害意图即互殴意图。互殴意图一般先于打斗便产生了，并体现在行为人的言行举止上，最典型的表现为言语上先与对方"约架"，随后也实施了打斗的情形。在这种情况下，无论有没有使用工具，也无论使用的工具是事先准备的还是随手所得，都表现了其互殴意图。但对于事先没有，打斗时是否产生了互殴意图的情形，该如何进行判断的一个有利分析方法是看动手情况：因琐事发生争执，双方均不能保持克制而引发打

---

〔1〕 李勇："互殴与防卫关系之检讨——以类型化的实体与程序规则构建为中心"，载《中国刑事法杂志》2019 年第 4 期。

〔2〕 陈兴良："互殴与防卫的界限"，载《法学》2015 年第 6 期。

〔3〕 张明楷："故意伤害罪司法现状的刑法学分析"，载《清华法学》2013 年第 1 期；陈兴良："互殴与防卫的界限"，载《法学》2015 年第 6 期。

斗，对于有过错的一方先动手且手段明显过激，或者一方先动手，在对方努力避免冲突的情况下仍继续侵害的，还击一方的行为一般应当被认定为防卫行为。双方因琐事发生冲突，冲突结束后，一方又实施不法侵害，对方还击，包括使用工具还击的，一般应当认定为防卫行为。不能仅因行为人事先进行了防卫准备，就影响对其防卫意图的认定。[1]

---

[1] 参见《最高人民法院、最高人民检察院、公安部印发〈关于依法适用正当防卫制度的指导意见〉的通知》（法发［2020］31号）。

专利申请主动修改扩大保护范围之辨

黄波*

（中国政法大学 北京 100088）

摘　要： 最高人民法院在"后换挡器支架案"与"墨盒案"中，对于专利申请人主动修改扩大保护范围给出了不同的答案，这给实务界造成了较大困扰。对此，首先，专利申请人在主动修改期间扩大申请保护的范围，是克服其在前期撰写专利申请文件时由于各种因素导致的撰写缺陷，从而使其申请的保护范围与实质创造性贡献相符的必然之举，具有正当性与必要性。其次，主动修改扩大保护范围需要受到《专利法》第33条的限制，也即"修改不得超出原说明书和权利要求书的记载范围"。但"扩大保护范围"与"超出记载范围"具有差异，前者并不必然等同于后者。最后，结合实践案例与实务经验，针对主动修改扩大保护范围的典型情形，即"删除特征扩大保护范围"，提出相应的实务操作方法。

关键词： 专利申请　主动修改　扩大保护范围　修改不得超范围

一、问题的提出

在"后换挡器支架案"[1]中，专利权人将母案申请中记载的"圆的螺栓孔""圆形螺栓孔"，主动修改为分案申请中权利要求1、3、6中的上位概念"圆形孔"，"圆形孔"相对"圆的螺栓孔""圆形螺栓孔"的保护范围更大。涉案专利的发明点并不是螺栓孔，并且，母案申请的原说明书中明确记载了

---

　　* 作者简介：黄波（1986-），男，汉族，重庆市万州人，中国政法大学同等学力研修班2022级学员，研究方向为知识产权法学。
　　[1]　参见最高人民法院［2013］行提字第21号行政裁决书。

螺栓孔可以用其他各种形式的结构代替。最高人民法院支持了二审法院关于"权利要求1的修改不符合《专利法》第三十三条规定"的判定，但撤销了二审法院关于"权利要求6修改不符合《专利法》第三十三条规定"的判决，理由是：权利要求6实质性地将"圆形孔"限缩回"圆形螺栓孔"。

在"墨盒案"[1]中，专利权人主动将母案申请中记载的"半导体储存装置"修改为了分案申请中权利要求记载的上位概念"储存装置"，相对主动修改前的保护范围进行了扩大。最高人民法院认为主动修改可以扩大专利保护范围，其理由是：第一，主动修改并非在无效宣告请求之时；第二，主动修改没有增加新的技术内容，符合《专利法》第33条的规定。

最高人民法院在"墨盒案"中明确指出，符合《专利法实施细则》第51条规定的修改时机的主动修改，可以扩大其请求的保护范围。但是，对于主动修改扩大请求的保护范围后，是否满足《专利法》第33条的规定，最高人民法院在"墨盒案"和"后换挡器支架案"中给出了截然不同的判断标准。[2]

二、主动修改扩大保护范围与修改不得超范围的关联

在专利申请与审查实践中，由于申请人在前期进行专利申请文件撰写时，存在思考不到位、对现有技术认识不足、文字表达局限性等问题，常常会导致如下后果，即申请人在提交专利申请文件后才发现其中申请保护范围与其实质创造性奉献明显不符。[3]因此，专利申请人需要对专利申请文件进行必要的修改。

专利申请过程中的修改包括两种：主动修改和被动修改。主动修改和被动修改都应当满足《专利法》第33条的规定，也即申请人对发明和实用新型的修改不得超出原说明书和权利要求书记载的范围（以下简称"修改不得超范围"）。除此之外，《专利法》《专利法实施细则》《专利审查指南》并未对主动修改作出任何限制，根据私法领域中"法无禁止即自由"的基本法理，主动修改可以扩大权利要求的保护范围。[4]因此，《专利法》及其实施细则

---

[1] 参见最高人民法院［2010］知行字第53号行政裁决书。

[2] 参见袁翠："论发明专利申请'修改不得超范围'之判断"，载《科技与法律》2016年第1期。

[3] 参见傅蕾、宾岳成："权利要求修改超范围的认定"，载《人民司法》2021年第2期。

[4] 参见王璐："专利申请文件的修改制度问题研究"，华中科技大学2014年硕士学位论文。

为专利申请人提供了通过主动修改，弥补在专利申请时因考虑不周或者存在撰写缺陷而造成的问题。

专利文件修改是否超范围是各国专利法的基础问题，也是实践中难以把握和解决的问题。[1]《专利法》第33条的立法宗旨在于：第一，允许修改，确保真正有创造性的发明不会因为撰写失误或者撰写瑕疵而丧失保护的权利，使得专利申请人的实质奉献与保护范围符合比例原则。第二，限制修改，维护先申请制，避免专利申请人将申请时未作出的新内容纳入申请文件，平衡公众利益和维护公众信赖利益保护。[2]《专利法》第33条和《专利法实施细则》第51条为申请人的原始撰写保护范围过小或者有缺陷提供了扩大保护范围的机会。但与此同时，主动修改扩大保护范围也受到修改不得超范围的限制。[3]

保护范围和修改不得超范围都涉及"范围"二字，但是保护范围和修改不得超范围是不同的概念，两者涉及的范围并不相同，也即主动修改扩大保护范围也可能满足修改不得超范围的要求。因为，专利的保护范围是以权利要求为准，权利要求记载的特征越多，则保护范围越小。修改不得超范围的"范围"是指原说明书和权利要求记载的范围，记载的特征越多，记载的范围反而越大，对于修改的空间就越大。例如，"墨盒案"就属于主动修改扩大保护范围，同时也符合修改不得超范围规定的案例。[4]

三、主动修改扩大保护范围的实务操作方法

实务中要求申请人一次性写出保护范围恰当的专利申请文件，可谓强人所难。由于各种原因，原申请文件中通常会包括一些对于解决其技术问题而言并非必要的、原申请文件中也并未将其描述为必要的技术特征。由于撰写文件的失误，申请人需要主动修改扩大保护范围，主动修改删除特征是申请人常用的修改方式，下面将讨论这种方式的实务操作方法。

---

[1] 参见朱理："专利文件修改超范围的判断标准及其救济方案——以最高人民法院的判例为研究基础"，载《专利代理》2016年第2期。

[2] 参见石必胜："专利申请文件修改的直接确定标准"，载《人民司法》2015年第17期。

[3] 参见张磊："论我国专利申请文件的修改规则——以我国专利法第三十三条为中心"，华中科技大学2012年硕士学位论文。

[4] 参见"最高人民法院知识产权案件年度报告（2011）"（摘要），载《人民法院报》2012年4月20日。

例如，原独立权利要求保护了 A+B+C+D，其中特征 D 为发明点特征，而在原说明书中只是整体上记载了 A+B+C+D，并未针对 A+B+D、A+C+D 所有围绕发明点的各种组合技术方案进行记载。在此种情形下，申请人进行主动修改时，若仅仅将独立权利要求中的 C 删除，但并未对从属权利要求进行相应修改。由于特征 C 是否为必要技术特征，这种修改是否符合修改不得超范围的规定，目前业界存在较多争议。因此，这种修改有可能由于不满足《专利法》第 33 条的规定而无法获得授权，或者获得授权后也可能被宣告无效。同时，附属于该独立权利要求的从属权利要求又无法克服这种修改超范围缺陷，则可能导致这些权利要求全部无效。

因此，在主动修改通过删除独立权利要求中的特征 C 扩大保护范围时，建议在从属权利的修改要求中，增加进一步限定特征 C。这样可以在专利授权后，若独立权利要求被宣告无效时，由于从属权利要求的修改克服了这种缺陷，至少可以确保从属权利要求的有效性，不会因独立权利要求的失效而归于无效。

四、结论

在主动修改期间，专利申请人修改权利要求、扩大保护范围，具有正当性，但应受到《专利法》第 33 条的限制。具体而言，由于申请人对现有技术认识不足、文字表达局限等因素，造成专利申请文件的撰写存在缺陷，使得其申请保护的范围与其创造性贡献不相符合。故专利申请人在主动修改期间要求扩大保护范围有正当理由。但是，主动修改扩大保护范围应当受到《专利法》第 33 条关于"修改不得超出原说明书和权利要求书的记载范围"的限制规定。而"保护范围"与"记载范围"并不等同，扩大前者并不意味着超出了后者。

回归专利申请实务，对于在主动修改期间，如何针对原始专利申请的撰写缺陷进行合理的修改以扩大保护范围，可以采取以下策略：在扩大独立权利要求保护范围时，通过将从属权利要求限缩至原独立权利要求保护范围的方式，确保至少从属权利要求的修改符合《专利法》第 33 条的规定，从而防止从属权利要求不因独立权利要求的修改超范围而未取得授权或被宣告无效。

论专利权惩罚性赔偿制度的谨慎适用

黄翔*

（中国政法大学 北京 100088）

摘　要： 对故意侵犯专利权且情节严重的行为适用惩罚性赔偿能够极大地惩罚、威慑侵权行为人。但鉴于专利侵权比对具有不确定性及复杂的技术性，加之专利权效力的不稳定性，在专利侵权案件中，更应当谨慎适用惩罚性赔偿制度。对此，司法机关对于是否适用惩罚性赔偿制度，应当秉持被动适用的态度，严格把控对适用要件的认定，统一惩罚性赔偿金额认定尺度。

关键词： 专利　惩罚性赔偿　被动适用　通知　警告

适用惩罚性赔偿是指判决加害人对受害人承担超出受害人实际损害数额的赔偿金。在这种情形下，赔偿金不仅是对权利人的补偿，也是对故意加害人的惩罚。学界有观点认为，惩罚性赔偿的功能从法理上可被归纳为补偿功能和预防功能。[1]

一、专利惩罚性赔偿制度的引入

惩罚性赔偿起源于 1763 年英国法官 Lord Camden 在 Huckle v. Money 一案中的判决，属于英美法系特有的法律制度。[2]我国在 2013 年对《商标法》进行修订时就引入了惩罚性赔偿制度，在 2019 年对《商标法》再次修订时将惩罚性赔偿倍数额规定为"一倍以上五倍以下"。2020 年颁布的《民法典》确

---

　* 作者简介：黄翔（1988-），男，汉族，江西萍乡人，中国政法大学同等学力研修班 2022 级学员，研究方向为知识产权法学。

〔1〕　参见温世扬、邱永清："惩罚性赔偿与知识产权保护"，载《法律适用》2004 年第 12 期。
〔2〕　参见王利民："惩罚性赔偿研究"，载《中国社会科学》2000 年第 4 期。

立了侵犯知识产权适用惩罚性赔偿的一般规则。同年，在对《著作权法》及《专利法》进行修订时也引入了惩罚性赔偿制度。至此我国确立了涵盖民事基本法、专利、商标、著作权的知识产权惩罚赔偿法律体系。

二、专利侵权案中慎用惩罚性赔偿的原因

惩罚性赔偿制度是在一般"填平式"损害赔偿制度之外发展出的一种例外的赔偿制度。而专利权的效力不稳定，且侵害专利权的案件中侵权比对复杂且不具有统一标准。鉴于此，相较于其他领域，在专利侵权案中惩罚性赔偿的适用需更为谨慎。

（一）专利权效力的不稳定性

专利权包括实用新型专利、外观专利及发明专利，其中实用新型专利和外观专利因其未经实质审查便被授予专利权导致其权利效力极其不稳定，即便是经过实质审查的发明专利在无效宣告程序中也有相当比例被全部或部分宣告无效。

参考 2021 年第四季度（10 月~12 月），国家知识产权局专利复审和无效审理部共发布专利权无效宣告请求审查决定 920 件。被宣告全部无效的案件占 47.2%，其中，外观设计专利占该类案件的 35.7%、实用新型专利占 49.3%、发明专利占 15%。被宣告部分无效的案件占 17.3%，其中实用新型专利占该类案件的 70.4%，发明专利占 29.6%。[1]

（二）专利侵权比对的不确定性及复杂性

专利侵权的判定首先需要确定专利权的保护范围。确定专利权保护范围时，应当对专利权人作为权利依据所主张的相关权利要求进行解释。而对专利权保护范围进行解释的方法中涉及假设的"人"，即本领域中的普通技术人员。由于是假想的人，其对本领域现有技术的认知能力、实验手段难以进行量化，也因此造成了权利范围的不确定性。[2]

在确定保护范围后，如被诉侵权技术方案包含与权利要求记载的全部技术特征相同或者等同的技术特征的，应当认定其落入专利权保护范围。[3]在

---

[1] 数据来源：国家知识产权局公布的第四季度（10-12 月）《无效宣告请求审查决定书》。
[2] 参见北京市高级人民法院《专利侵权判定指南（2017）》第 1 条。
[3] 参见北京市高级人民法院《专利侵权判定指南（2017）》第 2 条。

比对过程中，技术特征相同不会产生较大争议，法官也能清晰地进行界定，而一旦涉及技术特征等同，往往会产生较大争议。

三、专利侵权案中慎用惩罚性赔偿的体现

专利权本身的特性决定了侵犯专利权案件的特殊性，案件的审理很难从法理或伦理道德中获取原则性指引，案件本身更多的是对技术方案的解读及比对。同时，专利技术方案的新颖性、创造性又处于随时会被否定的状态。因此，专利侵权案件审理的过程，司法机关对于谨慎适用专利惩罚性赔偿制度应围绕以下几个方面展开。

（一）对适用惩罚性赔偿持被动立场

根据《山东省高级人民法院关于审理侵害知识产权民事案件适用惩罚性赔偿的裁判指引》第1条规定，法院不得主动适用惩罚性赔偿。本文认为，根据不告不理原则，法院审判的范围应与原告起诉的范围一致。山东高级人民法院的指引文件符合法理及立法精神，在原告未提出明确请求的情况下，法院不得主动适用惩罚性赔偿。并且，本文认为法院酌定的惩罚性赔偿倍数不得高于原告请求的倍数。

（二）严格把控对法律构成要件的认定

《专利法》规定，故意侵犯专利权且情节严重的可以适用1~5倍的惩罚性赔偿。但何为故意、具体哪些情形属于情节严重并未作进一步说明，为此，2021年3月，最高人民法院公布了《最高人民法院关于审理侵害知识产权民事案件适用惩罚性赔偿的解释》（以下简称《知识产权惩罚性赔偿解释》）。其中第3条、第4条对故意、情节严重的认定进行了细化。以上述法律法规及司法解释为根据，结合司法案例与实务经验，本文认为应当严格认定适用惩罚性赔偿的要件。鉴于篇幅原因，本文选取了故意要件中的"通知、警告"情形，以及情节严重要件中的"受处罚后再次实施侵权"进行分析。

对于"通知、警告"情形下故意的认定。一方面，"通知、警告"发出方及接受方的行为对能否适用惩罚性赔偿具有重要影响。首先，权利人发出的"通知、警告"是否构成《知识产权惩罚性赔偿解释》中认定的"通知、警告"应加以明确。一个合格的"通知、警告"至少应包含：①将涉嫌侵权产品与案涉专利的权利要求进行特征比对，并制作比对表；②提供案涉专利

权属证明或授权证明文件；③提供案涉专利的权利稳定性证明文件。提供上述文件是为了涉嫌侵权方能够进行对应的侵权分析，使其能够清晰合理并有效地评估风险，包含上述要素方能构成适格的"通知、警告"。其次，涉嫌侵权人接到"通知、警告"后若自认为不构成侵权并且不愿意放弃生产、销售的，需积极应对以合理的行为阻却故意。例如，在"水下装备公司诉莫里森·努森案"[1]（UnderwaterDevices，Inc. v. Morrison‐Knudsen Co.，Inc.）中，美国联邦巡回上诉法院指出，民事主体在收到权利人发出的警告函或者律师函的时候，具有积极注意义务以确定其行为是否构成侵权，可以寻求律师意见并遵照执行。另一方面，涉嫌侵权者可对产品进行调整，作出相应的规避设计，避免继续生产的产品落入案涉专利的保护范围。

对于"受处罚后再次实施侵权"情形中认定的"情节严重"。《知识产权惩罚性赔偿解释》第4条第1款将因侵权被行政处罚或司法裁决后再次实施了侵权行为认定为情节严重。[2]通过对公开的裁判文书进行统计，知识产权案件中适用惩罚性赔偿的，符合本条构成要件而被认定为情节严重的比例最高。[3]可见，对"情节严重"的认定情状较为单一。

（三）统一惩罚性赔偿金额认定尺度

对于适用惩罚性赔偿的案件，应确定赔偿的基数及倍数。赔偿的基数根据填平原则以权利人遭受的损失或者侵权人获得的利益确定，赔偿的倍数可在1倍以上5倍以下。

对于基数的认定，实践中权利人的损失往往难以被证明，权利人一般主张按照侵权方销售价格、行业净利润率及销售数量进行计算。同时还应结合产品的类型考虑其他因素对净利润率的贡献，诸如侵权产品的商标对产品净利润率的贡献率及侵权产品自身的专利权对产品净利润率的贡献。

惩罚性赔偿的倍数由合议庭结合侵权人主观过错程度、侵权行为的情节严重程度等因素进行酌定。上海市浦东新区人民法院宫晓艳法官采用"要素积累法"确定了阶梯式的赔偿倍数，并据此设计了《惩罚性赔偿倍数影响因

---

〔1〕 See Kalman v. Berlyn Corp.，914 F. 2d 1473，1484，16 USPQ2d 1093，1101（Fed. Cir. 1990）。

〔2〕 参见《最高人民法院关于审理侵害知识产权民事案件适用惩罚性赔偿的解释》第4条第1款。

〔3〕 根据聚法案例（网址 www.jufaanli.com）的统计，《最高人民法院关于审理侵害知识产权民事案件适用惩罚性赔偿的解释》第4条第1款~第7款共被49篇案例引用，其中有46篇案例引用的是《最高人民法院关于审理侵害知识产权民事案件适用惩罚性赔偿的解释》第4条第1款。

子表》，对各种侵权行为规定了不同的倍数数值，据以确定总的赔偿倍数。[1]此方法为地方人民法院办案法官对惩罚性赔偿进行量化的探索，期待有司法解释对此作出更为具体全面的规定。

四、结语

专利权的保护力度是随着社会发展而变化的。当今中国尤为重视科技发展与专利保护，但也不应对侵权人过于苛刻。一方面是由于我国专利权稳定性不高，发明创造大多是基于对现有技术的改良，在无效宣告程序中存在大量被宣告无效的情形。另一方面是专利权侵权比对的复杂性及不确定性，无法对侵权比对进行量化统一。特别是，涉嫌侵权人在收到"通知、警告"时难以作出有效应对，且在实践中存在大量的恶意投诉也影响了涉嫌侵权人的判断。因此，在专利侵权案件中应谨慎适用惩罚性赔偿，以避免别有用心的专利权人过度维权，滥用"通知、警告"，进而影响市场经济的正常秩序。总的来说，司法机关应当秉持被动适用的态度，严格把控对适用要件的认定，统一惩罚性赔偿金额的认定尺度。

---

〔1〕 参见宫晓艳、刘畅："知识产权惩罚性赔偿适用的要件解构与路径探究——以上海首例知识产权惩罚性赔偿案为研究范例"，载《法律适用》2020年第24期。

组织、领导传销活动罪的再思考

姜顺*

（中国政法大学 北京 100088）

摘　要： 随着社会经济的不断发展，组织、领导传销活动罪"收取入门费""人头计酬"等不法行为的违法性特征正在被逐渐削弱，因此有必要对组织、领导传销活动罪进行新的思考，并将"引诱、胁迫""骗取财物"等要素适时地纳入构成要件的范围，以解决司法实践中出现的冲突问题。

关键词： 传销　传销犯罪　组织、领导传销活动罪

组织、领导传销活动罪是《刑法修正案（七）》所增设的罪名，作为《刑法》第 224 条之一，依据该规定，组织、领导传销活动罪是指组织、领导以推销商品、提供服务等经营活动为名，要求参加者以缴纳费用或者购买商品、服务等方式获得加入资格，并按照一定顺序组成层级，直接或者间接以发展人员的数量作为计酬或者返利依据，引诱、胁迫参加者继续发展他人参加，骗取财物，扰乱经济社会秩序的传销活动。

一、组织、领导传销活动罪的构成要件

（一）本罪所保护的法益

从组织、领导传销活动罪所处刑法章节上看，本罪所保护的主法益为市场经济秩序，次法益为他人财产。

（二）本罪的处罚对象

本罪的处罚对象是一般主体，自然人和单位均可构成本罪，但处罚对象

---

* 作者简介：姜顺（1981-），男，汉族，河北邯郸人，中国政法大学同等学力研修班 2022 级学员，研究方向为刑法学。

又具有一定的特殊性，即本罪只处罚组织者、领导者。但具体何谓"组织者、领导者"？《刑法》第224条之一未给出明确的界定。2010年5月7日，最高人民检察院、公安部联合发布的《关于公安机关管辖的刑事案件立案追诉标准的规定（二）》第78条第2款对此作了比较具体的描述。2013年11月14日，最高人民法院、最高人民检察院、公安部联合发布的《关于办理组织、领导传销活动刑事案件适用法律若干问题的意见》（以下简称《传销适用意见》）对组织者、领导者的认定又作了更加具体的阐释。相比而言，处罚对象有扩大趋势，不仅将承担宣传、培训等职责的人员明示为组织者、领导者，而且根据传销活动的发展过程，将在传销组织的建立、实施、扩大各阶段中起关键作用的人员均列入了打击的范围。

（三）本罪的行为特征及争议思考

从《刑法》第224条之一规定的字面含义上看，传销活动主要指"收取入门费"并按"人头计酬"的诈骗型传销活动。其中"推销商品、提供服务"是表象，"收取入门费"是目的；设置"层级"是表象，以"人头计酬"是目的。与2005年8月23日国务院颁布的《禁止传销条例》所不同的是，该条款将"收取入门费"与"人头计酬"两个相对完整的行为以"并"字相连，加强了行为之间的承接关系，而且打破了之前存在任一行为即可认定"传销"性质的观点，即两行为只有同时具备方可被认定为传销，同时将"团队计酬"模式排除在打击范围之外。

值得探讨的是，《刑法》第224条之一中的"引诱、胁迫"该作何解释？是对"收取入门费""人头计酬"的价值判断呢？还是对其他组织、领导行为的概括性描述？本文认为，如果仅用"引诱"一词的话，将其视为对"收取入门费""人头计酬"的价值判断尚可接受，但"胁迫"一词，很显然不能理解为对传销行为的价值判断，因此，本文认为，条款中的"引诱、胁迫"应当理解为是对组织、领导传销活动中其他不法行为的补充更为合适。

至于"骗取财物"是否为本罪的构成要件，目前尚存争议。[1]我国学者张明楷教授和陈兴良教授都认为骗取财物是组织、领导传销活动罪的本质特征。不同之处在于，张明楷教授认为，[2]本罪处罚的对象是对诈骗型传销组

---

[1] 张明楷：《刑法学》，法律出版社2021年版，第1090~1091页。

[2] 张明楷：《刑法学》，法律出版社2021年版，第1091页。

织进行组织、领导的行为，所以不以客观上已经骗取他人财物为前提，如果行为人确实骗取了财物，则另触犯集资诈骗罪或者普通诈骗罪，属于想象竞合，从一重罪处罚。而陈兴良教授则认为，本罪以骗取财物为构成要件，否则不构成本罪，只是不以骗取的数额作为定罪量刑的依据，而是以人头数和层级作为定罪量刑的依据。[1]而且是否具有骗取财物的性质，是诈骗型传销与经营型传销的根本区分之所在。本文认为，从司法实践考虑，由于《传销适用意见》不仅将"发起、策划、操纵"人员列入处罚对象，而且将承担"管理""协调""宣传""培训"的人员也列入处罚对象，因此从一定程度上扩大了处罚对象的范围。而且"管理""协调""宣传""培训"的语义涵摄范围较大，又没有具体的量化标准，因此在实践中很容易造成法律适用的不公，故，应当将"骗取财物"纳入构成要件的范围，而不能仅仅将其视为是对犯罪目的的描述，因为只有纳入构成要件范围，才能避免个案认定偏差过大，并减少法律在适用过程中产生的漏洞和人为操作空间，继而更有利于维护司法公正，并有效地发挥刑法的指引和预测功能。除此之外，传销活动的本质特征就是骗取财物，所以将骗取财物排除在构成要件要素之外欠缺最基本的合理性。

二、组织、领导传销活动罪的责任要素

"责任也称有责性，是指对符合构成要件的不法行为的非难可能性。"[2]"责任要素，则是指刑法规定成立犯罪必须具备的，表明行为的非难可能性的要素。……包括故意、过失、目的与动机、责任能力、违法性认识的可能性以及期待可能性。"[3]

组织、领导传销活动罪属于故意犯罪，在司法实践中，最常见的争议是对犯罪故意认识内容的争论，因此本文也仅对该部分提出一些浅见。

《刑法》第14条第1款规定："明知自己的行为会发生危害社会的结果，并且希望或者放任这种结果发生，因而构成犯罪的，是故意犯罪。"该款前半段属于认识要素，后半段属于意志要素，就认识要素而言，认识的对象包括

〔1〕 陈兴良："组织、领导传销活动罪：性质与界限"，载《政法论坛》2016年第2期。
〔2〕 张明楷：《刑法学》，法律出版社2021年版，第316页。
〔3〕 张明楷：《刑法学》，法律出版社2021年版，第324页。

三个：其一是认识到自己的行为具有不法性；其二是认识到危害结果发生的可能性，其三是认识到自己的行为与危害结果之间存在因果关系。

就组织、领导传销活动罪而言，"推销商品、提供服务""收取入门费"、设置"层级"关系、"人头计酬"等构成要件要素都属于认识的内容。但目前司法实践的难点在于，随着传销形式的多样化，对于承担"管理""协调""宣传""培训"等职责的参与人而言，并不一定能够认识到行为的不法性、危害结果存在的可能性及二者之间的因果关系。尤其是当"发起、策划、操纵"人员刻意掩饰计酬、返利的真实来源，并淡化"入门费""人头计酬"等违法特征时，承担"管理""协调""宣传""培训"等职责的参与人就很可能仅仅只是单纯的"受害人"而非兼具"违法与受害"的双重身份。比如近几年发案较多的外汇理财型传销，层级不高，"入门费"包装成"投资款"，"返利"包装成"投资回报"。在这种情况下，承担"管理""协调""宣传""培训"等职责的参与人就很难认识到其行为具有不法性。而且抽离被掩饰的计酬、返利的真实来源这一要素，他们的行为在客观上已很难被评价为违法行为，当然就更难言可以认识到危害结果发生的可能性了。基于这种理由，本文认为，将"引诱、胁迫""骗取财物"纳入构成要件范围，并作为犯罪故意的必要认识内容就显得尤为重要了。这样不仅能解决主、客观的冲突问题，还可以将"不当罚"的行为或自然人排除在外，以调整个案偏差，保持刑法的谦抑性。

三、结论

经济活动具有创新性、多变性和复杂性，法律制定之初，某种经济行为可能并不普遍，但随着时间的推移，各种经济行为、经营模式会发生融合、变异，原本具有定型化效果的不法行为，其违法性特征已变得越来越模糊，甚至消弭。正如 2005 年《禁止传销条例》还将"收取入门费""拉人头""团队计酬"视为独立的传销行为，2009 年《刑法修正案（七）》增设该罪名时，"收取入门费"和"拉人头"已不再作为独立认定传销的标准；而到了《传销适用意见》公布时，"团队计酬"已不再被视为犯罪。如今，《传销适用意见》自公布至今已将近 10 年，中国经济发生了翻天覆地的变化，越来越多的经济主体以"收取入门费"或变相"收取入门费"的方法进行商业促销和揽客，从某种程度上起到了活跃市场和促进交易的正面效应，所以单从形式上看，"收取入门费"已不再具有违法性特征，而"人头计酬"也存在着同样的发展趋势。因此，我们有必要对《刑法》第 224 条之一进行再思考、再解读，并将"引诱、胁迫""骗取财物"适时地一并纳入该罪的构成要件范围，这样不仅更有利于划清罪与非罪的界限，而且更有利于协调经济发展与法律桎梏之间的冲突和矛盾，更不至于将受害人也机械地列为处罚对象，从而导致定罪与量刑的失衡。

论连锁酒店提高商标维权成效之策

——基于 618 份相关判决的分析

黎辉文*

（中国政法大学 北京 100088）

摘　要： 通过选取 618 份相关判决分析可知，连锁酒店商标维权成效不容乐观，主要体现在：第一，判赔金额总体偏低且地域差异较大导致酒店维权动力不足；第二，对在与酒店服务相关的日常商品上冒用连锁酒店商标的行为的打击力度不够。经过对案例的深入考察及实地访谈，其原因在于：第一，损失举证不足、法定赔偿适用比例高；第二，维权所在地区司法保护力度相对较弱；第三，商标布局存在瑕疵。鉴于此，连锁酒店应从以下三个方面提升维权成效，助力品牌发展：首先，善用证据妨碍规则；其次，优化案件管辖；最后，完善商标布局。

关键词： 连锁酒店　商标维权　损害赔偿

历经多年去供给并叠加疫情影响，国内酒店行业目前正处于连锁化提速阶段。但连锁模式易于复制的特性使得酒店行业成为侵权的重灾区，连锁酒店维权成效不佳已成为品牌发展的掣肘。本文通过实证分析及访谈，试图厘清连锁酒店维权困境的成因并寻求提高维权成效的对策。

一、现实困境

（一）样本选取及分析

为便于了解连锁酒店商标的维权现状，本文选取国内排名靠前的经济连

---

* 作者简介：黎辉文（1985-　），女，汉族，湖南长沙人，中国政法大学同等学力研修班 2022 级学员，研究方向为知识产权法学。

锁酒店（如家、七天、汉庭、城市便捷、速 8、锦江之星等）以及中端酒店（维也纳、丽枫、宜尚、喆啡及全季等）品牌，[1]以 Alpha 及裁判文书网为数据库，检索案由"侵害商标权纠纷""侵害企业名称（商号）权纠纷"及"仿冒纠纷"，检索时间截至 2022 年 6 月 30 日，剔除无公开具体裁判内容的文书及管辖等程序性裁定后，从中选取了 618 件司法判决进行分析。

（1）总体判赔金额偏低。本文以年份、案件量、撤诉量以及判赔额为因子，总结出表 1。因撤诉率高达 50.8%，为客观呈现数据，本文分析判赔额时剔除了撤诉案。从判赔情况来看，平均诉求额为 20.16 万元，案均判赔额为 4.96 万元，判赔支持率为 24.5%。单案最低判赔额为 3000 元。[2]

表 1

年份	2013 年	2014 年	2015 年	2016 年	2017 年	2018 年	2019 年	2020 年	2021 年	2022 年	总计
案件量	1 件	3 件	20 件	31 件	67 件	78 件	99 件	168 件	137 件	14 件	618 件
撤诉量	1 件	0	11 件	15 件	32 件	30 件	54 件	90 件	73 件	9 件	314 件
案均判赔额	0	9.67 万元	4 万元	4.43 万元	3.58 万元	4.61 万元	4.38 万元	6.53 万元	4.6 万元	5.9 万元	4.98 万元

（2）各地判赔额差异较大。本文以地域、判赔额以及判赔支持率为变量，总结出图 1。从管辖法院来看，判赔额靠前的三个地区分别为北京（案均 17.97 万元）、上海（案均 9.25 万元）及浙江（案均 9.2 万元），判赔额靠后的三个地区为江西（案均 2.25 万元）、湖南（案均 2.53 万元）及山西（案均 2.79 万元）。

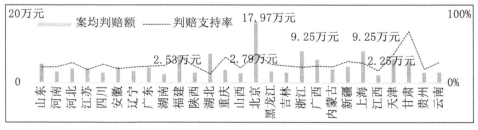

图 1

〔1〕 迈点研究院所："2022 年 5 月中国酒店业发展报告"，载 https://www.meadin.com/report/243535.html，2022 年 6 月 25 日访问。

〔2〕 和美酒店管理（上海）有限公司诉高平市丹河路英华旅馆侵害商标权纠纷案，参见山西省晋城市中级人民法院〔2018〕晋 05 民初 226 号民事判决书。

（3）中端酒店维权极少。本文以维权主体、撤诉量、有效案例为因子，总结出不同档次连锁酒店的维权情况，如表2。从维权主体来看，经济连锁酒店维权案例占据绝大多数（595件，占97.7%），中端酒店维权案例仅23件且撤诉率高达70%。

表2

酒店品牌	经济连锁酒店						中端酒店				
	如家	七天	汉庭	城市便捷	速8	锦江之星	维也纳	丽枫	宜尚	喆啡	全季
有效案例	215件	40件	3件	10件	12件	15件	2件	4件		1件	2件
撤诉量	206件	45件	12件	11件	11件	13件	5件	11件			
合计	421件	85件	15件	21件	23件	28件	7件	15件	0件	1件	2件

（4）主要针对侵权酒店。从维权对象来看，618件案件被告均为侵权酒店经营者，且其中14件同步起诉了酒店预订平台的运营主体。从侵权表现形式来看，304件案件中法院认定的侵权情形包括：一是店招及装饰装潢侵权（304件）；二是字号侵权（203件）；三是酒店用品（如布草、门卡、洗护用品等）侵权（289件）。

（二）维权困境之总结

（1）判赔额总体偏低且地域差异较大导致连锁酒店，特别是中端酒店的维权动力不足。当侵权成本小于侵权获利时，侵权行为不会停止。[1] 较之加盟商的品牌许可费用而言，司法判赔额过低已向潜在及现有加盟商传递不良信号，反向弱化品牌价值，也使得连锁酒店特别是中端品牌开始慎重启动维权。

（2）对在与酒店服务相关的日常商品上冒用连锁酒店商标行为的打击力度不够。连锁酒店近年来致力打造全产业供应链平台，比如"锦江联采"，以确保服务品质并提升经营收益。假冒酒店用品泛滥已成为侵权酒店甚至部分正规加盟酒店逃避物资统采的物料来源。然过往维权时仅针对侵权酒店（使用方），未曾起诉假冒酒店用品的生产商及销售商，如何从源头遏制假冒酒店

---

[1] 参见孙那："我国新《商标法》背景下商标侵权案件损害赔偿的司法适用"，载《科技与法律》2014年第5期。

用品是连锁酒店亟待解决的问题。

二、困境成因

（一）法定赔偿适用比例极高，损失举证极度缺失

样本案例中，法院判赔适用"法定赔偿"的比例达到了 100%。现行法律虽囊括了实际损失、侵权获利、许可费倍数、法定赔偿及惩罚性赔偿等方式，但"法定赔偿"作为判赔标准仍占绝大多数，这与权利人举证难有关。[1]酒店维权时几乎仅就侵权事实进行举证，除维权成本外未提交任何支持诉求金额的证据，法院只能综合侵权情形、维权成本等因素酌定赔偿数额。之所以未对损害进行举证，与连锁酒店委托平台开展批量维权方式相关。侵权酒店广泛分布在全国各地，连锁酒店主要依赖平台推进侵权线索排查、取证及诉讼等维权动作。以如家为例，421 件维权案中北京市振邦律师事务所就代理了285 件。平台为节省成本和时间一般按极简方式流水化推进，主动放弃损失举证而寻求法院适用法定赔偿。

（二）维权多发生在经济欠发达地区，保护力度相对较弱

在商标侵权案件中，不同发展水平地区在侵权判赔额及支持度方面呈现地域性差异。[2]统计显示，酒店维权案分布于全国 28 个省份，且大多为各省市下辖三、四线城市甚至县城，如案件数量最多的山东（占比 14%）案均判赔仅 5.5 万元、判赔支持力度最大的北京案件数量仅占 3%，由此也拉低了整体判赔平均数。

（三）商标品类布局存在瑕疵，自身权利相对缺失

能否从源头打击假冒酒店用品的生产商或销售商，关键在于连锁酒店注册商标时在核定使用类别上是否涵括与之相关的日常商品类别。以汉庭为例，华住集团早在 2005 年就申请了酒店类别的"汉庭"商标，却直到 2022 年才提交酒店洗护用品类别的商标申请，而他人早已取得该类别商标权。酒店用品相关品类的商标权缺位，使得连锁酒店针对酒店用品厂家和中间商提起维权缺乏权利基础，不利于酒店品牌的维持与发展。

---

〔1〕 参见詹映："我国知识产权侵权损害赔偿司法现状再调查与再思考——基于我国 11984 件知识产权侵权司法判例的深度分析"，载《法律科学（西北政法大学学报）》2020 年第 1 期。

〔2〕 参见詹映："我国知识产权侵权损害赔偿司法现状再调查与再思考——基于我国 11984 件知识产权侵权司法判例的深度分析"，载《法律科学（西北政法大学学报）》2020 年第 1 期。

三、提效之策

（一）补强损失举证

连锁酒店商标维权诉讼中确实很难提交自身实际损失或对方侵权获益的直接证据，即便尽全力提供法院也很难选择合适的计算方法来确定损害赔偿金额，[1]但仍可从如下两处发力组织证据，争取较高判赔额。

（1）运用证据妨碍规则。连锁酒店可尽力举证侵权酒店经营数据，比如调取侵权人纳税申报及开票数据、调取公安机关住宿登记系统入住数据以及调取酒店预订分销渠道商订单数据等，有效促请法院责令侵权人提供经营账簿资料以便核算侵权获利，侵权人拒不提供则会触发证据妨碍规则适用。比如在"丽枫诉徐州某酒店商标侵权案"[2]中，丽枫申请法院调取了侵权人的税务开票信息，促成法院援引证据妨碍规则全额支持了品牌诉求。

（2）参考商标许可费用并适用惩罚性赔偿规则。连锁酒店可向法院提供侵权酒店所在地区正规加盟商的商标许可协议及加盟许可费用收款凭证，用以向法官证明连锁酒店在当地市场的品牌价值，以此作为惩罚性赔偿数额的计算基数。同时，也可以从如下几方面搜集材料证明侵权情节严重：一是侵权酒店未按要求限期停止侵权（基于酒店业态通常很难快速整改）；二是酒店经营者是否为连锁酒店过往合作伙伴或存在业务接触；三是客人因混淆而对连锁酒店品牌造成的负面评价等。比如，上海市浦东新区人民法院在审理青岛尚美数智科技集团有限公司诉李某有关骏怡酒店商标侵权案时参考商标使用费、酒店入住率与客单价等计算出基数并适用了 5 倍的惩罚性赔偿规则，最终判定侵权人赔偿 63 万余元。

（二）优化案件管辖

商标侵权案件管辖规则繁多复杂，一般遵循侵权行为地和被告住所地的规则，连锁酒店过往大多选择在侵权酒店所在地人民法院提起诉讼。而我国酒店行业重度依赖分销渠道商导入客源，此类平台运营商注册地多在商标维权判赔力度大的地区，比如携程旅行位于上海、美团酒店位于北京、飞猪旅

---

[1]　参见李晓秋、孙卿轩："我国商标侵权损害赔偿数额认定的新思考——基于我国知识产权法院 150 份司法判决的分析"，载《山东社会科学》2020 年第 8 期。

[2]　丽枫舒适酒店管理（深圳）有限公司诉云龙区丽渢酒店侵害商标权纠纷案，参见江苏省高级人民法院 [2021] 苏民终 1022 号民事判决书。

行位于浙江。连锁酒店后续维权可有效利用酒店预订平台运营主体来突破传统管辖，争取较高判赔金额。比如，在"锦江之星诉南阳某酒店商标侵权案"[1]中，锦江之星将美团酒店平台运营商（北京三快科技有限公司）列为共同被告，成功将案件管辖地由河南省南阳市转移至北京市海淀区人民法院，法院最终酌定判赔85万元，该判赔金额远超河南省（案均赔偿额仅3.3万元）。

（三）扎牢权利篱笆

打铁还需自身硬，连锁酒店因做好商标规划布局，为商标维权提供坚实的权利基础。首先，《类似商品和服务区分表》是处理商标维权案件时判断类似商品或服务的参考，除核心业务品类（第43类酒店与餐饮以及35类特许经营）外，连锁酒店还需重点关注常规关联品类上的自身商标申请及对他人商标申请及时采取的阻却措施，包括3类（洗护用品）、20类（枕头）、21类（牙刷）、24类（床品）、30类（咖啡茶饮糕点）、36类（公寓）等。其次，驰名商标具有更高司法保护力度，实践中可突破分类表认定类似商品，打击范围更广；连锁酒店可在商标维权案件中尝试认证驰名商标，争取跨类保护。

---

〔1〕 锦江之星旅馆有限公司诉南阳锦海精选酒店管理有限公司及北京三快科技有限公司侵害商标权纠纷案，参见北京市海淀区人民法院［2019］京0108民初64222号民事判决书。

专利帮助侵权认定规则研究

林冰冰*

（中国政法大学 北京 100088）

摘　要： 伴随着当下无线通信、云计算技术领域等高新技术的突飞猛进，为侵权人规避滞后的侵权规则提供了现实的实施条件，致使专利帮助侵权案件数量爆发增长。规制需求与法律条文之间产生了冲突，学界一方面支持规制此类行为，另一方面对于如何规制却存在不同的看法，在帮助侵权是否要以直接侵权的成立为前提这一问题上的争议愈演愈烈。就专利法意义上的帮助侵权而言，即使没有直接侵权的存在，仍满足将其纳入侵权行为规制的内在理论逻辑。同时，放宽直接侵权要件转而对其他要件进行严格把握，可打消扩大专利权的保护这一疑虑。

关键词： 帮助侵权　间接侵权　直接侵权　独立说

伴随着无线通信、云计算技术的快速发展，为行为人侵害以信息网络为支撑的专利提供了条件，使其可以更为隐蔽的方式实施侵权，以网络为媒介触发他人实施某一步骤，例如敦骏科技诉吉祥腾达科技侵害发明专利权纠纷案。[1]因而，近年来有关专利帮助侵权的研究热度居高不下。

一、专利帮助侵权的概念及争议

专利法意义上的帮助侵权，是指明知有关产品系专门用于实施专利的材料、设备、零部件、中间物等，未经专利权人许可，以生产经营目的将该产

---

*　作者简介：林冰冰（1988-），女，汉族，广东湛江人，中国政法大学同等学力研修班 2022 级学员，研究方向为知识产权法学。

〔1〕　参见最高人民法院知识产权法庭［2019］最高法知民终 147 号民事判决书。

品提供给他人实施了侵犯专利权的行为。[1]该定义表明了帮助侵权的三个构成要件：在行为对象上要求为专用品，不具有实质性非侵权用途，表现为固化软件或者方法专利的装置或是专门用于组装产品专利的零部件等；行为模式为"提供"，提供作为上位概念，包括销售、出租、出借等将产品投入市场流通的行为；[2]主观要件为明知，要求明知该产品专门用于实施专利且明知他人会将产品用于实施专利。

《最高人民法院关于审理侵犯专利权纠纷案件应用法律若干问题的解释（二）》第 21 条规定："明知有关产品系专门用于实施专利的材料、设备、零部件、中间物等，未经专利权人许可，为生产经营目的将该产品提供给他人实施了侵犯专利权的行为，权利人主张该提供者的行为属于民法典第一千一百六十九条规定的帮助他人实施侵权行为的，人民法院应予支持。明知有关产品、方法被授予专利权，未经专利权人许可，为生产经营目的积极诱导他人实施了侵犯专利权的行为，权利人主张该诱导者的行为属于民法典第一千一百六十九条规定的教唆他人实施侵权行为的，人民法院应予支持。"该条将专利帮助侵权归为民法中的共同侵权规制，共同侵权以直接侵权成立为前提，无直接侵权的存在即不存在间接侵权由此引发争议。[3]直接侵权是指在单个主体实施了专利权利要求中的所有技术特征或方法步骤，从而满足全面覆盖原则，但帮助侵权中往往并没有任何一个主体实施完全的技术特征或步骤。围绕专利帮助侵权是否需要以直接侵权的成立为前提，分成了两派观点：一是无需以直接侵权为前提的独立说，[4]二是以直接侵权为前提的从属说。[5]

二、专利帮助侵权案例介绍

在司法实践中，不少案件以《最高人民法院关于审理侵犯专利权纠纷案

---

〔1〕《最高人民法院关于审理侵犯专利权纠纷案件应用法律若干问题的解释（二）》（2020 年修正）第 21 条。

〔2〕 蔡元臻："专利间接侵权制度专门化研究"，载《中外法学》2021 年第 5 期。

〔3〕 王宝筠、李少军："专利间接侵权的理论分析及现实解决方案"，载《河北法学》2017 年第 10 期。

〔4〕 何怀文："方法专利引诱侵权研究——兼评美国联邦巡回上诉法院 Akamai Technologies, Inc. v. Limelight Networks, Inc. 案全席判决"，载《知识产权》2013 年第 3 期。

〔5〕 何培育、蒋启蒙："回归抑或超越：专利间接侵权与共同侵权理论之辨"，载《知识产权》2019 年第 5 期。

件应用法律若干问题的解释（二）》第 21 条作为判决指引，亦有案件在该条之外创设新的判决规则。

（一）以直接侵权存在为前提

在"朱某、苏州品祺电子科技有限公司侵害发明专利权纠纷案"中，朱某主张品祺公司参加 2018 年中国（北京）国际文具及办公用品展览会的被诉侵权产品具有涉案专利的部分技术特征，故而认为被诉侵权产品是用于实施涉案专利的零部件、中间物，品祺公司构成帮助侵权。最高人民法院认为构成帮助侵权，需具备他人实施了直接侵犯专利权的行为这一条件，但本案中，朱某并未举证他人实施了直接侵犯涉案专利权的行为。[1]

（二）不以直接侵权存在为前提

在"菲利普莫里斯生产公司、烟神科技（深圳）有限公司侵害发明专利权纠纷案"中，烟神公司与凯明瑞公司共同实施了制造、许诺销售、销售被诉侵权产品的行为，最高人民法院认为，尽管被诉侵权产品中缺少权利要求 1 中 1-2 的技术特征，但在消费者购买了被诉侵权产品后，根据使用说明书或是网页展示产品图片的指导，消费者在将烟弹与被诉侵权产品结合使用的过程中整体再现了涉案专利权利要求 1。故两被告明知被诉侵权产品系专门用于实施涉案专利的专用气溶胶发生设备，仍然以生产经营为目的提供该设备，属于帮助侵权行为。[2]

由以上两个案例分析，同样是最高人民法院所判决，却作出两种截然不同的判决。后者没有论述不以直接侵权为前提规制专利帮助侵权的具体分析，而是以消费者在使用涉案产品中将整体再现权利要求为根据作出侵权判决。

三、专利帮助侵权不以直接侵权为前提之理论依据

在分析专利帮助侵权是否要以直接侵权为前提这个问题上，如果坚持以直接侵权为前提，则帮助侵权所规制的范围将会极大缩小，专利权人，尤其是方法专利权利人的利益处于不稳定的状态，同时还会助长商事活动中的不良风气，不利于实现专利法的创新激励目的。在直接侵权不成立时追究行为人的侵权责任，仍满足将其纳入侵权行为规制的内在理论逻辑。同时，对直

---

〔1〕 参见最高人民法院知识产权法庭［2020］最高法知民终 904 号民事判决书。

〔2〕 参见最高人民法院知识产权法庭［2020］最高法知民终 1421 号民事判决书。

接侵权这一要件的放宽转而对其他要件的严格把握，可打消扩大专利权的保护这一疑虑。

（一）法益侵害

从实际效果而言，专利权人的专利已经由他人在未经授权的前提下完全地实施，侵权的实际效果已经发生，直接侵权背后保护的法益已经被侵害。从法的价值层面分析，此种侵权方式架空了专利法全面覆盖原则和许可权的设置，专利权人可期待的市场经营布局与收益得不到实现。

因此，他人售卖专用品，专利权人的法益必会遭受侵犯。首先，专用品的价值来源于专利权人所持有的专利，无论是价值还是使用价值，是所授权专利价值的延展。[1]其次，提供专用品的行为会挤压专利权人的市场。尤其是在价格优势的加持下，专利权人的市场份额会被蚕食。最后，在消费者因为不具有生产经营目的不构成侵权的规则下，专利权人无法向消费者索赔，而如果仍然主张消费者直接侵权不成立，则无法向有赔偿能力的帮助者主张赔偿。

（二）因果关系

传统民法上的帮助侵权因果关系建立在间接行为与直接加害行为有因果关系的基础上，[2]简单来说，这种因果关系主要体现为"共谋"，帮助者与被帮助者之间存在意思联络。但是在专利法意义上的帮助侵权中很难说帮助者与消费者之间存在意思联络，[3]因而这种因果关系是断裂的。

但是帮助者与侵权损害结果之间是有法律上的因果关系存在的，其与《民法典》第1169条规定的共同侵权中帮助侵权利用被帮助者作为桥梁作用于侵权不同。传统帮助侵权中被帮助者居于主要地位，帮助者居于次要地位。而在专利帮助侵权中，帮助者所起作用是主要的甚至是侵权发生的全部因素。[4]

具体来说，学界将这种因果关系具化为帮助人对消费者进行了"控制或指挥"抑或侵权人所提供的专用品对侵权起到了"不可替代实质性作用"。"控制或指挥"了整个专利实施的主体被视为实施了专利的每一个步骤，其以

---

〔1〕 王亦伟："论帮助型专利间接侵权的构成要件"，华东政法大学2020年硕士学位论文。

〔2〕 蔡元臻："专利间接侵权制度专门化研究"，载《中外法学》2021年第5期。

〔3〕 吴汉东："专利间接侵权的国际立法动向与中国制度选择"，载《现代法学》2020年第2期。

〔4〕 彭官棋："创新视域下专利间接侵权规则的体系建构与内容优化"，载《中国科技论坛》2021年第4期。

说明书、图片或者售后等手段控制或指挥了消费者实施相应专利步骤。[1]"不可替代实质性作用"则是指行为人以盈利为目的，将专利的实质内容固化在产品中，对专利权利要求的技术特征被全面覆盖起到了不可替代的实质性作用，在消费者使用专用品过程中将不可避免地再现整个专利。[2]

（三）权益保护与行为自由

《专利法》以平衡专利权人与社会公众的利益为宗旨，任何权利都要受到限制。在无相应条文的情况下，打破传统以直接侵权成立为前提认定的侵权路径，是否会导致专利权的扩张尚无定论。回归民法侵权体系中，侵权规范的设计与适用为平衡权益与行为自由划分了界限，第三人的行为自由在于在专利权人的权利要求范围之外得以自由行动。

在直接侵权这一要件上的放宽，势必要辅以其他要件对其进行限制。在专利帮助侵权中体现为对客观物品要件和对侵权行为人的主观要件的严格要求。第一，在直接侵权要件上，并不是完全抛弃，其可以没有直接侵权的存在，但是要求专利权利要求中的所有技术特征或所有步骤终将被完全实施。第二，所提供的产品必须是专用品，不是一般常用品，不会影响正常的社会和商事活动。专用品包括两个方面的内容：用途上的唯一性和技术上的关联性。[3]第三，对行为人的主观进行了要求，区分了与没有对主观进行要求的直接侵权。由此看来，对提供专用品行为进行规制并不会侵犯到一般人的行为自由，同时也对权利人利用该规则过度打击索赔的行为予以限制。

四、结论

目前，专利间接侵权独立说的呼声愈发高昂，不仅在专利领域有迫切的需要，在版权领域也有不少对于间接侵权独立说的研究，[4]这种学术界研究也愈发成熟，同时也深刻影响了司法判决。社会发展瞬息万变，法律条文也要进行相应的反思与改进。

---

[1] 刘友华、徐敏："美国多主体专利侵权认定规则的演变与启示"，载《知识产权》2015年第9期。

[2] 张晓阳："多主体实施方法专利侵权案件的裁判思路与规则——以敦骏公司诉腾达公司案为例"，载《人民司法》2020年第7期。

[3] 田红娟："专利帮助侵权之专用品研究"，华东政法大学2019硕士学位论文。

[4] 夏朝羡："民法典时代版权引诱侵权规范体系构造"载《科技与法律（中英文）》2021年第4期。

论作品独创性标准的法律意义

李铁红*

（中国政法大学 北京 100088）

摘　要：刘德华及奥迪汽车对北大满哥事件，德云社相声演员包袱被指抄袭侵权，抖音短视频侵权纠纷大量出现，所有这些问题都指向作品的独创性标准。本文将从三个层面探讨：第一，外国的作品独创性标准；第二，中国的作品独创性标准；第三，独创性标准的法律意义。本文从比较法入手，既找出中外独创性标准的差异，又抽出其相同的本质，即都是确定著作权法保护范围的重要依据。

关键词：作品　独创性　独创性标准　著作权法保护范围

一、外国规定的作品独创性标准

关于独创性的标准，各国因文化不同、国情不同、需要解决的问题不同而存在差异。具体可分为抽象式与列举式两种。

（一）抽象式规定独创性标准

英美法系"额头出汗"（Sweatof Brow）原则，[1]将作品视为作者创造性劳动的产物，强调认定"作品"的主要原因是其"独立劳动与辛勤付出的价值"，而非"创作者的智力劳动"。[2]英国皮特森法官于 1916 年作出的判决指出，"原创"应是作者独立创作的，只要作者在创作作品时没有抄袭他人，

---

* 作者简介：李铁红（1983- ），女，汉族，北京市房山人，中国政法大学同等学力研修班在读学员，研究方向为民商法学。

〔1〕 吴汉东等：《知识产权基本问题研究（分论）》，中国人民大学出版社 2009 年版，第 34 页。

〔2〕 王迁：《著作权法学》，北京大学出版社 2007 年版，第 12 页。

是自己独立完成的就可以享有版权。〔1〕这里显然是把独创性认定为作品的构成要件。没有独创性的不能叫作品，也不可能受到版权的保护。

美国联邦法院 1991 年在费斯特出版公司诉乡村电话服务公司一案中，裁定电话公司对其记载公司用户的电话号码簿不具有独创性、不享有著作权，将独创性的标准合并为一个单独标准，即"创新的独创性"，同时指出"仅仅是投入劳动并不能使作品具备独创性，而要求这种投入必须具备少量的创造性"，"在版权中所使用的独创性这一术语，代表作者没有复制抄袭其他人的作品而是通过自己的思考和劳动独立创作的，并且创作出的作品还具有某种最低限度的创造性"。〔2〕美国法把独创性认定为作品的构成要件，又把最低的创造性加入独创性标准当中。

德国要求作品达到严格的创作高度才能达到著作权法上的独创性标准。《德国著作权法》要求作品必须体现出一些之前从来没有的事物。作品的构成要件是：具有某种情感的内容、某种表达形式以及独创性。〔3〕独创性包括创造性劳动及达到一定的创作高度的作者个性、智力、思想或感情。诚如哈比士里克尔在其《著作权法评论》所说的那样："无论何种智力创作的成果，必须达到一个特定的创作高度的标准。"〔4〕

联邦德国最高法院认为作品必须具备一定高度的创作水平，必须比普通的智力劳动更具独特性，才能与那些随手制成、普遍的成果区别开来。著作权法只保护具备高度创造性和体现个性特征的作品。可见，德国著作权要求其所保护的客体达到严格的"创作高度"。这种严格的"创作高度"将一般的智力活动成果排斥在著作权保护之外，要求智力创作活动要超过一般人平均水平。德著作权法认定的独创性已触及作品的品质判断，对于大量日常的、平庸的、常规性的东西一般不予保护。〔5〕

法国最高法院把独创性定义为"作品上反映作者创作个性的标记"。作者的个性是作品的独创性中必不可少的因素。法官在审判案件时使用"作者个

---

〔1〕 张小舟："我国著作权作品独创性之探讨"，载《安徽农业大学学报（社会科学版）》2005年第6期。

〔2〕 姜颖："作品独创性判定标准的比较研究"，载《知识产权》2004年第3期。

〔3〕 ［德］雷炳德：《著作权法》，张恩民译，法律出版社2004年版，第114页。

〔4〕 任寰："作品的独创性之考察"，载《法律适用》1999年第12期。

〔5〕 赵林青："浅议作品的独创性标准"，载《理论导刊》2006年第9期。

性的印记、反映"等不同的表达方式解释独创性的内涵，即作者在创作过程中的创造性选择就是独创性。[1]

（二）列举式规定独创性标准

独创性标准评判的是智力成果，没有科学客观的评判标准。又因智力成果有不同的种类，又有不同的评判标准与方法，如艺术类与技巧类的独创性标准就不相同。抽象定义难以解决所有的问题。各国法律在抽象定义之外又通过列举的方式具体规定了类作品独创性标准，以弥补立法的不足。

《法国知识产权法》列举了 14 类受著作权保护的作品类别。《日本著作权法》列举了 9 类能够受到法律保护的作品。《美国版权法》规定了作品受保护的限制性条件，并列举了 8 类受保护作品。《德国著作权法》强调智力创作，并列举了 7 类作品受法律保护。[2]

这种列举式规定，实际上是赋予作品著作权。我国《著作权法》也采取了"抽象+列举"式的规定。有学者将没有获得著作权的作品称为事实上的作品，将获得著作权的作品称为法律上的作品。[3]有学者认为，达到法律规定条件的作品才能获得著作权，而不是达到条件后才能成为作品。[4]本文完全认可这些观点。

二、我国著作权法规定的作品独创性标准

我国《著作权法实施条例》第 2 条及第 3 条规定，智力活动产生的智力成果称为作品。作品记载着人们对精神世界、物质世界和人类社会的认识和感悟。[5]这是我国法律对独创性标准的抽象定义。此外，著作权法对类作品独创性标准又加以列举式规定。

《著作权法》第 3 条列举了 9 类受著作权法保护的作品，包括文字作品、口述作品、音乐、戏剧、曲艺、舞蹈、杂技艺术作品等。《著作权实施条例》

〔1〕 许菁菁："我国作品独创性的法律问题研究"，海南大学 2020 年硕士学位论文。

〔2〕 《十二国著作权法》，《十二国著作权法》翻译组译，清华大学出版社 2011 年版。

〔3〕 张玉敏、曹博："论作品的独创性——以滑稽模仿和后现代为视角"，载《法学杂志》2011年第 4 期。

〔4〕 参见侯仰坤："我国作品概念的现状及其应有的含义"，载北京市社会科学联合会、北京师范大学主编：《科学发展：深化改革与改善民生》，北京师范大学出版社 2012 年版。

〔5〕 参见侯仰坤："我国作品概念的现状及其应有的含义"，载北京市社会科学联合会、北京师范大学主编：《科学发展：深化改革与改善民生》，北京师范大学出版社 2012 年版。

第 4 条将作品扩充到 13 类，同时又对类作品规定了特有的独创性标准。音乐作品，要能够演奏或演唱；戏剧作品，要能够舞台演出；杂技作品，要有形体动作与技巧；建筑作品，要有审美意义；摄影作品，要有艺术性；美术作品，必须是造型艺术。《著作权法》第 5 条列举了不受著作权法保护的作品，如法律、法规，国家机关的决议、决定、命令和其他具有立法、行政、司法性质的文件；时事新闻；历法、通用数表、通用表格和公式。当然，依法禁止出版、传播的作品，也不受著作权法保护。

应当说这样的列举方式，在抽象式定义的基础之上，又进一步明确和丰富了类作品的独创性标准，同时也赋予被列举作品以著作权，或者宣告某几类作品不享有著作权。

尽管如此，仍有学者认为，我国现行立法既未给作品下一个精确的定义，也未采取列举方式穷尽其适用对象，更未给独创性一个相对客观的标准。[1]也有学者认为我国《著作权法》中认定的作品独创性标准应采用美国式，即独立完成+适量的智力创造性。本文认为，独创性标准具有区分作品与非作品的功用。标准的高低要结合我国现有的国情。标准太高，大量的非作品就会被排除在法律保护之外；标准太低，将大量作品纳入法律保护之内，也会产生大量的纠纷，造成司法资源的浪费。

三、独创性标准的法律意义

各国著作权法依据独创性，将作品与非作品进行区分。非作品排除在法律保护之外。再通过定义与列举，设立作品获得著作权的法律条件，将没有获得著作权的事实作品排除在著作权法保护之外。最后，从享有著作权的法律作品当中区分出独创性部分与公共部分。只有独创性部分才是著作权所要保护的。公共部分是人类不断积累的结果，属于全人类，个人不能主张私权，著作权法也不保护。

美国联邦法院认为，版权保护只及于作者作品中具有独创性的那些组成部分，独创性仍然是获得版权的绝对必要条件。[2]在"朱某强诉美国耐克公司'火柴棍小人'案"中，法院认为"火柴棍小人"图像在古代壁画中早已

---

〔1〕 赵林青："浅议作品的独创性标准"，载《理论导刊》2006 年第 9 期。
〔2〕 姜颖："作品独创性判定标准的比较研究"，载《知识产权》2004 年第 3 期。

出现，属于公共领域，不受《著作权法》保护。可见，在每一个侵犯著作权的案件中，都需要法院辨别作品中的独创性成分，并判断被告是否利用了原告的独创性表达。

从作品构成要件开始，到确定侵权责任结束，每个阶段都离不开对独创性的判断，判断独创性离不开独创性标准。独创性标准是著作权的起点，是过程，也是终点，贯穿全过程，具有重要法律意义。

四、结论

通过层层分析可以看出，在法学层面，独创性是作品的灵魂，独创性标准又是独创性最重要的内容，是著作权法学研究的重要内容。非作品及未获得著作权的事实作品都不是著作权法学的研究内容。在法律层面，独创性是《著作权法》的基石，是著作权的权源。未获得著作权的作品，可以通过其他法律而不是《著作权法》加以保护。享有著作权的作品，只有独创性部分才是《著作权法》要保护的。独创性标准本质上确定了《著作权法》的保护范围，是判断侵犯著作权与否的重要依据。

独创性标准如此重要，但对独创性标准的研究远远跟不上社会发展需要。比如独创性标准由谁掌握使用的问题。随着社会发展，公共部分与独创性部分出现你进我退，独创性标准需要不断调整的问题。

浅析数字经济背景下的个人信息保护

——以企业个人信息数据合规体系构建为视角

唐梦阳*

（中国政法大学 北京 100088）

摘　要： 数字经济既是经济发展的新机遇，也带来法治保障的新挑战，主要表现在个人信息保护方面。企业作为数字经济运行的市场主体及个人信息保护的义务主体，兼具个人信息处理者与监管者双重身份，应当在涉及个人信息的各环节建立健全合规体系。具体而言，企业应在信息收集方面促进同意实效，在信息使用方面遵循正当目的，在信息管理方面完善安全机制，在信息删改方面保障个人控制，在信息监督上加强违法审查。

关键词： 数字经济　个人信息保护　企业数据合规

一、问题的提出

大数据时代，数字经济[1]已然成为重要的经济形态，在新冠疫情影响下仍展现出逆势增长的强大动力。2020年，我国数字经济核心产业增加值占国内生产总值（GDP）的比重达到7.8%。[2]数字经济的贡献及潜力引人瞩目，但其背后的数据安全隐患不可忽视。在数字经济中，个人信息的经济价值日益突出，其传播方式也打破了物理传播的局限。因此，个人信息处理不当的

＊ 作者简介：唐梦阳（1994-），男，汉族，安徽宿州人，中国政法大学同等学力研修班2022级学员，研究方向为民商法学。

〔1〕 数字经济是继农业经济、工业经济之后的主要经济形态，是以数据资源为关键要素，以现代信息网络为主要载体，以信息通信技术融合应用、全要素数字化转型为重要推动力，促进公平与效率更加统一的新经济形态。参见《"十四五"数字经济发展规划》。

〔2〕 参见《"十四五"数字经济发展规划》。

危害程度及影响也远大于以往任何时期。

2022 年 7 月 21 日，滴滴公司因违法收集用户信息等行为，被处 80.26 亿元巨额罚款，引发热议。[1]个人信息的过度采集，不仅侵犯用户隐私，甚至涉及犯罪。中国消费者协会曾于 2018 年底对 100 款 APP 的个人信息收集政策进行了测评，结果显示，过度收集用户信息情况严重。[2]除此之外，近年来个人信息被盗用导致电信诈骗频发，又将用户置于危墙之下。除用户风险外，个人信息处理中的违法违规已成为企业在数字经济时代的新型合规风险。企业合规是指企业在经营活动中，其行为应当符合法律法规、行业规则、伦理道德。[3]在数字经济背景下，企业兼具个人信息处理者、监管者双重身份，应通过合规体系的构建，实现个人信息高效利用与权利保障的平衡，追求合法经营与社会责任的统一。

二、企业个人信息数据合规处理体系构建

"收集—使用—删除"是个人信息处理的常规环节，也是企业作为个人信息处理者之义务由产生到消灭的过程。企业应基于个人信息的处理流程，建构全覆盖、立体化的个人信息数据合规处理体系。

（一）收集——以实质合规促进告知同意规则发挥实效

收集是个人信息处理的开端。企业在处理个人信息前，应依法告知个人信息处理者的相关信息、个人信息的处理目的等重要事项并得到个人同意，这便在形式上履行了告知同意的法定义务。但这种形式上的"告知"往往无法体现用户的真实意思，存在"同意"的意思表示瑕疵，当侵权风险发生时并不当然地作为免责事由。

由于对个人信息的认知能力不对等，企业相比于用户具有天然的强势地位，这便要求企业在告知同意规则的运用上，不能仅拘泥于形式合规。比如，用户条款在表述上应尽量简洁明了以利于用户理解；在形式上对重要条款应

---

〔1〕 国家互联网信息办公室："国家互联网信息办公室对滴滴全球股份有限公司依法作出网络安全审查相关行政处罚的决定"，载 http://www.cac.gov.cn/2022-07/21/c_1660021534306352.htm，最后访问日期：2022 年 7 月 21 日。

〔2〕 中国质量网："多款 APP 涉过度收集个人信息专家表示：用户需觉醒"，载 http://www.chinatt315.org.cn/xfpl/2019-1/4/37584.html，最后访问日期：2022 年 7 月 21 日。

〔3〕 金翼翔、唐梦阳："企业海外运营中的合规管理研究——以中国企业海外贿赂犯罪风险防控为例"，载严厉、岳平主编：《犯罪学论坛》（第 4 卷），中国法制出版社 2018 年版。

采取加粗加大字体等方式提醒用户注意；在内容上应本着必要性原则避免利用优势地位过度收集用户信息。企业可以通过以上方式，优化用户协议及用户同意方式，真正实现用户同意的真实有效性。除直接收集外，对于从第三方处间接获取的个人信息，企业应严格审查数据来源是否合法，获取、转移个人信息是否获得用户同意，从形式和实质两方面全面把控用户同意的有效性，以避免侵权风险。

（二）使用——将正当目的作为个人信息使用重要准则

使用是个人信息处理的核心环节，企业通过对用户信息的使用，实现为用户提供服务或产品的目的。在私法领域，用户与企业间的关系较为直接，当企业超出上述目的使用用户信息时，公众便会因缺乏正当性而产生怀疑。此时，企业需要自问三点：其一，个人信息的使用是否有明确目的？其二，个人信息的使用是否与目的直接关联？其三，个人信息的收集是否为实现目的的最小限度？因此，企业在使用个人信息过程中应当事前明确告知使用目的并依法评估其正当性，避免超出自身经营或用户授权范围使用，并及时删除超出处理目的的个人信息。

而在公法领域，相对于重视个人意思，个人信息的使用因维护国家利益、公共利益等特殊需要而被赋予正当目的，即便因此超出用户授权也不视作侵权。如在新冠肺炎疫情时期，基于突发公共卫生事件的应对，通信企业对用户行程等信息的合理使用具备正当性。就上述情况，企业应依据法律法规对个人信息的使用是否基于国家利益、公共利益等需要进行界定，制定相应的区分标准和使用规则，并进行必要性的评估。

（三）删除——从被遗忘权角度保障个人信息控制自由

被遗忘权是指信息主体对已被发布在网络上的，有关自身的不恰当的、过时的、继续保留会导致其社会评价降低的信息，要求信息控制者予以删除的权利。[1]此处被遗忘权的范围扩大理解为删除和修改权，修改即在删除基础上的修正。随着时代的发展，个人信息的载体从物理载体向数据载体转变，一旦进入网络空间将在长期内难以被删除，数据主体对个人信息的控制力有着逐渐变弱的趋势。个人作为数据主体，对个人信息具有天然的控制权，对于一些对公众形象、个人信誉有突出需求的用户，其个人信息的控制权与人

---

〔1〕 杨立新、韩煦："被遗忘权的中国本土化及法律适用"，载《法律适用》2015年第2期。

格利益紧密联系。《民法典》第1037条规定了个人信息主体发现信息错误时的请求更正权。《个人信息保护法》第46条、第47条规定了个人信息处理者一定情况下的更正、删除义务，这是数据主体对个人信息控制权的体现。现实中，存在大量用户信息被抓取，但因更新不及时，错误无法更正，无法完全删除等原因，导致不能正确反映用户真实形象，致其人格权益受损的情况。针对上述情况，企业应当通过技术手段，确保用户信息更新及时，用户反映渠道畅通，用户信息清理完全，以保障在合法范围内的个人信息控制自由。

三、企业个人信息数据合规监管体系构建

"监管"是监督和管理的合称，其主体多指公权机关。但随着通信技术的发展，公共秩序逐渐从物理空间向网络空间迁移，网络服务提供者因其在网络空间的强势地位及负有的安全保障义务，从而产生了"代公权"性质的监督管理职能。

（一）管理——用内部制度完善企业数据安全管理机制

近年来，电信诈骗频发体现了企业数据安全管理方面的不足。就此，企业可通过分级管理、溯源管理、应急管理相结合的方式完善内部数据安全管理机制。具体而言，分级管理是指企业在收集数据后依据法律法规及相关规范对个人信息进行分级，并根据重要程度采取具有针对性的安全技术措施进行分类管理。例如，根据风险不同，区分一般个人信息和敏感个人信息并建立具有针对性的管理制度。溯源管理是指企业对于个人信息的处理应当明确具体责任人，确定从业人员操作权限，严格把控数据处理中的审批流程，做到处理过程留痕，传输可溯源。溯源管理应当与分级管理共同发挥作用，在分级管理的基础上明确数据处理者的内部责任、权限、流程。企业应当依据经营实际建立健全应急管理制度，在发生数据泄露、网络攻击等安全事故时，能够及时开展调查处理、修补漏洞，控制损失，溯源管理能够及时为应急管理提供支持，排查管理漏洞。

（二）监督——尽注意义务加强网络平台违法信息监管

网络空间是公共空间的延伸，在公权部门对其介入不足的情况下，网络服务提供者在其中承担类公权属性的公共管理职能。除此之外，网络空间可视作虚拟的经营场所，网络服务提供者也应参照实体经营场所经营者尽相应的安全保障义务，对涉及个人信息的侵权行为及违法犯罪活动进行监管。参

照《民法典》等关于网络服务提供者侵权责任的规定，企业提供网络服务时应当尽注意义务，将个人信息保护贯穿用户规则制定、用户行为监管、用户权利救济的全过程。在制定用户规则方面，企业应当明确告知个人信息侵权情形及法律后果，引导用户在网络空间守法活动。在用户行为监管方面，对于用户发布在网络空间的信息，企业应当进行合法合规审查，从源头上阻断违法、侵权信息的传播，必要时及时报告主管部门等。在用户权利救济方面，企业应当完善用户投诉、举报机制，及时响应，数据留痕，协助用户依法维权。

技术发展带来数字经济的繁荣，随之而来的是对个人信息加以保护的紧迫需求，这也为企业带来了新的合规挑战。《个人信息保护法》的出台为企业个人信息合规指明了大方向，但除合法经营外，企业还应积极承担社会责任，不仅要做好个人信息的处理者，还要做好个人信息的管理员、安全员、监督员。

偷拍行为的法律规制

李静薇*

（中国政法大学 北京 100088）

摘　要：偷拍行为威胁着公民的肖像权、隐私权，乃至于社会公共秩序。即便现行的行政法、民法以及刑法中的部分条文可以规制偷拍行为，但其力度和成效不尽人意。我国应综合借鉴各国先进的立法经验，针对偷拍行为制定专门的罪名，以实现对该类不法行为的有效惩治。

关键词：偷拍　隐私权　个人秘密

一、我国偷拍问题的现状

（一）偷拍的定义

"偷拍"一词在我国社会被广泛提及和运用，尤其在信息技术发达的今天，偷拍行为更为泛滥并且难以被有效控制，但在我国法律体系中对偷拍行为并没有清晰的界定。在探讨偷拍行为的法律规制之前，必须要对其定义进行明确。

本文认为的"偷拍"，是指违背他人意愿，在他人不知情或者未经过他人同意的情况下，行为人利用摄像工具拍摄他人或者拍摄他人身体隐私部位，进而侵犯他人合法权益的行为。[1]

（二）偷拍行为的现状及侵犯的法益

偷窥乃人性之恶，近年来，我国偷拍行为日趋严重。2001年发生的璩美

---

* 作者简介：李静薇（1986-），女，汉族，河北晋州人，中国政法大学同等学力研修班2022级学员，研究方向为民商法学。

〔1〕 张颜："不能说的'秘密'之我的身体我做主"，载《江淮法制》2021年第9期。

凤事件，2005 年发生的浙江瑞安宾馆事件，到 2019 年爆出的四川成都宾馆偷拍事件。偷拍行为不同的表现形式，侵犯的法益不同，信息大爆炸的时代，偷拍行为侵犯的法益逐渐由个人肖像权、隐私权发展到可能危害到社会公共秩序，严重影响社会和谐稳定发展。[1]

1. 侵犯肖像权

侵犯肖像权的偷拍行为，一般表现为在公共场合对他人进行偷拍，如摄影爱好者，在被拍摄对象不知情的情况下，对其进行拍摄，比较常见的是"街拍"行为，该种行为在日常生活中比较常见，却没有引起人们的足够重视，很多人认为这种在公共场所的偷拍不算违法行为。其实不然，在未经他人允许的情况下，拍摄他人肖像，就是侵犯其肖像权的行为，该行为不需要以营利为目的，只要未经他人许可或同意，即使偷拍者主观上并无恶意，仍然构成侵犯他人肖像权的行为，应该承担相应的民事责任。即便大多数被偷拍者对上述现象并不会选择予以追究，也不代表相应权利自身不存在。

2. 侵犯隐私权

偷拍行为侵犯个人隐私权是毋庸置疑的，隐私权是公民人格权的重要组成部分，受《宪法》保护。我国《宪法》第 38 条"人格尊严不受侵犯"之规定属于基本权利，其中就包括隐私权。

偷拍行为的表现形式一般以他人的私密行为、私密部位为对象，在受害者不知情的情况下对其进行窥视和拍录，是对个人隐私权的侵犯。[2] 偷拍者的这种行为不仅侵犯了被偷拍者的人格尊严，同样是对被偷拍者生活安宁的侵犯，构成"侵权"，应被认定为对"空间隐私、生活安宁的侵害"。

3. 危害社会公共秩序

主观方面，偷拍行为人明知该行为侵犯他人隐私，仍然使用拍录设备实施偷拍行为，主观上认定为故意；客观方面，偷拍行为造成了侵犯他人人格尊严，以及他人生活安宁的客观结果。

如果偷拍行为仅仅是偷拍者为了满足自己的偷窥欲望，那么，该种隐私权侵犯的则是个人的合法权益。但是，网络信息发达的今天，被偷拍者的个

---

〔1〕 郑静燕、李锦辉："从法律上分析偷拍偷录现象——以'璩美凤条款'为例"，载《法制与社会》2020 年第 7 期。

〔2〕 赤沙莫日："偷拍行为刑法规制之正当性与必要性分析"，载《西昌学院学报（社会科学版）》2011 年第 1 期。

人隐私可能被瞬间公之于众，对受害人的心理造成巨大伤害。更为甚者，偷拍行为可能会引发社会公共事件，使公民产生严重不安全感，将会造成社会秩序的失衡状态，影响社会的和谐稳定，危害正常的社会公共秩序。

二、偷拍行为的法律规制

目前，我国的法律体系中，与偷拍行为相关的法律规定在行政法、《民法典》和《刑法》中都有涉及，但并没有专门针对惩治偷拍行为的法律规制。

（一）行政法体系关于偷拍的法律规制

在我国行政法领域，《治安管理处罚法》第 42 条第 6 项规定了"偷窥、偷拍、窃听、散布他人隐私的"的行为应"处五日以下拘留或者五百元以下罚款；情节较重的，处五日以上十日以下拘留，可以并处五百元以下罚款"的行政责任。然而，在实践中，很多偷拍行为也被处以拘留或者罚款的行政处罚，这致使偷拍者的违法成本极低，行政处罚对于打击偷拍行为显然是远远不够的。

（二）《民法典》中关于偷拍的法律规制

《民法典》第 990 条规定了"人格权是民事主体享有的生命权、身体权、健康权、姓名权、名称权、肖像权、名誉权、荣誉权、隐私权等权利"；第 991 条和第 995 条规定了人格权受到侵害的受害人可以要求相对方停止侵害、排除妨碍、消除危险、消除影响、恢复名誉、赔礼道歉等。

《民法典》第 1032 条和第 1033 条是对自然人隐私权的规制。其中，第 1033 条规定："除法律另有规定或者权利人明确同意外，任何组织或者个人不得实施下列行为：……（二）进入、拍摄、窥视他人的住宅、宾馆房间等私密空间；（三）拍摄、窥视、窃听、公开他人的私密活动；（四）拍摄、窥视他人身体的私密部位；……"

显然，偷拍行为违反了保护他人肖像权和隐私权的相关法律，《民法典》对个人隐私权的保护是有明确规制的，通常情况下，偷拍行为大多会引起受害人心理上的恐慌不安，受害人感到耻辱、愤怒，并承受较大的心理压力，因而造成的损害主要为精神上的损害，在民事责任承担上仅仅是经济上的精神损害赔偿。[1]

---

〔1〕 张志坡、李飞、张露："偷拍与隐私权保护——以宾馆偷拍为侧重点"，载《华东理工大学学报（社会科学版）》2011 年第 4 期。

（三）《刑法》中关于偷拍的法律规制

从我国的刑法体系来看，并没有专门针对偷拍行为的法律规制，一旦因偷拍行为导致侵犯他人权益，只能根据犯罪情节选择适用与侵犯隐私权相关的一些罪名进行定罪处罚。

在我国刑事司法实践中，偷拍行为可能涉及"侮辱罪""敲诈勒索罪""非法制造传播淫秽物品罪"等罪名，但该等罪名均不是对个人隐私权的保护，立法本意也并不涉及偷拍行为；非法使用窃听、窃照专用工具罪的立法本意是维护社会管理秩序和国家对专业间谍专用器材的管理，并且"窃听、窃照专用器材"，并不包含手机、照相、录像设备等。[1] 显然，这些刑法上的规制并不能有效遏制偷拍行为的泛滥。

三、偷拍行为刑法规制的必要性

目前，信息时代的到来，使得偷拍行为越来越难以防范，在缺乏有效法律规制的情况下，偷拍行为的泛滥趋势必将影响社会和谐稳定；然而不少域外法对偷拍行为作出了专门的法律规制，对此可以借鉴，将偷拍行为"入刑"，以实现对该类不法行为的有效惩治。

（一）域外法对偷拍行为的法律规制

英国于2018年6月通过"窥淫癖法"（The Voyeurism Act），专门将"偷拍裙底"定为了性犯罪，该法案于2019年4月已经正式生效。[2] 根据该法案，为了性满足或者造成他人羞辱、痛苦或惊慌，未经同意对他人衣服之下进行拍照，最严重的会被登记为性侵犯者，最高获刑2年监禁。

德国政府也于2019年11月通过一项法案，将"偷拍裙底"列入刑事犯罪行为。该法案规定，拍摄和散布"生殖器、臀部、乳房"的照片，将构成刑事犯罪。

（二）建议我国设立偷拍行为的刑法罪名

本文主张完善我国关于偷拍行为的专门刑法罪名，增设新罪名，设立"侵犯个人秘密罪"或"侵犯隐私罪"，将"偷窥、窃听、偷拍、偷录个人隐

---

〔1〕 赤沙莫日："偷拍行为刑法规制之正当性与必要性分析"，载《西昌学院学报（社会科学版）》2011年第1期。

〔2〕 参见英国政府网站：Upskirting_ know your rights-GOV. UK，最后访问日期：2022年7月25日。

私"列入其中。同时,将"传播、散播个人隐私的照片、录像、录音"和"利用现代化设备偷窥、窃听、偷拍、偷录他人隐私以及传播偷拍、偷录的他人隐私照片、录像、录音的行为"分列为不同的加重情节,加大惩处力度,加强法律的威慑作用,提高偷拍行为人的犯罪成本,以更好地遏制偷拍行为。

首例药品专利链接诉讼案引发的思考

王利华*

（中国政法大学 北京 100088）

摘　要： 全国首例药品专利链接诉讼案一审落下帷幕。在可以预见的未来，有关药品专利的早期纠纷将会更多。因此，有必要系统地梳理药品专利链接制度及其在我国的引入历程，明确制度宗旨。原研药企业和仿制药企业应当根据现有的法律规范，采取应对策略。具体来说，前者应当培育高价值药品专利，及时跟踪竞争对手仿制药上市许可进程，合法合理地进行维权工作；仿制药企业应当在合规性基础上，利用好制度规范，挑战原研药企业的药品专利。

关键词： 药品专利链接　原研药企业　仿制药企业　利益平衡

2021 年 6 月修正的《专利法》第 76 条引入了药品专利链接制度。2022 年 4 月 15 日，北京知识产权法院对全国首例药品专利链接诉讼案作出一审判决。[1] 自该案后，在可以预见的未来，药品专利早期纠纷将会不断增加。因此，有必要梳理药品专利链接制度。原研药企业与仿制药企业均应当根据现有法律规范采取相应策略予以应对。

一、药品专利链接第一案简介

在本案中，原研药公司中外制药株式会社在中国上市药品专利信息登记

---

　* 作者简介：王利华（1985-），女，汉族，四川成都人，中国政法大学同等学力研修班 2022 级学员，研究方向为知识产权法学。

　〔1〕 参见赵岩、邱明东、李天佳："全国首例药品专利链接诉讼案宣判"，载 https://www.court. gov. cn/zixun-xiangqing-355061. html，最后访问日期：2022 年 8 月 14 日。

平台上登记的"艾地骨化醇胶囊"的发明专利，由被告仿制药企业海鹤药业有限公司在向国家药监部门申请该药上市许可时，在中国上市药品专利信息登记平台作出仿制药未落入相关专利权保护范围的 4.2 类专利声明。依据新《专利法》第 76 条规定，原告向北京知识产权法院提起确权之诉，法院经审理认为，涉案仿制药并未落入涉案专利权的保护范围，判决驳回原告的诉讼请求，原告当庭表示上诉，被告表示服从一审判决。

二、药品专利链接制度概述及其引入历程

（一）药品专利链接制度的概念及发展历史

药品专利链接（patent linkage），是指仿制药注册申请（ANDA）应当考虑先前已上市参比制剂的专利情况，并需递交相应的专利声明，从而实现药品上市审批程序与专利侵权纠纷的司法审判或行政裁决程序"相链接"，使得在可能造成专利侵权的仿制药进入市场之前，提前解决专利纠纷。药品专利链接制度是一种有效的早期专利保护机制。[1]

1984 年《美国药品价格竞争与专利期恢复法》（简称 Hatch-Waxman 法案）首创了药品专利链接制度，主要包括以下规则：新药相关专利信息公开、仿制药专利声明、45 天诉讼期和 30 个月停止期、180 天市场独占期。[2]后经由美国 Trips+进程在多国推进，药品专利链接制度在全球发展出了三种不同的模式：一是以美国和加拿大为代表的国家，采取了"强保护模式"，更加侧重对原研药企业的保护；二是以韩国和澳大利亚为代表的国家，在美国模式的基础上加以调整，采取了"弱保护模式"；三是以欧盟和印度为代表的国家，采取了"未保护模式"。[3]

（二）药品专利链接制度的引入历程及原因

药品专利链接制度在我国经历了从政策推动到立法确立再到司法解释、部门规章落实的过程。2017 年 5 月，国家食品药品监督管理总局发布《关于鼓励药品医疗器械创新保护创新者权益的相关政策（征求意见稿）》，首次提

---

〔1〕 参见姚雪芳、张国成、丁锦希："我国推行药品专利链接制度的可行性研究——基于利益相关方分析法"，载《中国新药杂志》2016 年第 24 期。

〔2〕 参见陈敬、史录文："美国药品专利链接制度研究"，载《中国新药杂志》2012 年第 22 期。

〔3〕 参见关春媛："药品专利链接制度的国际发展及本土完善"，载《中国发明与专利》2021 年第 6 期。

出了我国药品专利链接制度的框架。新《专利法》于 2021 年正式实施，药品专利链接制度得以确立。2021 年年七月，国家药监局、国家知识产权局、最高人民法院单独或联合发布了三项规范，[1]进一步细化和完善了药品专利链接制度。此外，2021 年 7 月，国家食品药品监督管理局药品审评中心（CDE）专利登记信息公示平台的正式上线，为药品专利信息登记制度的落实提供了技术保障。

我国引入药品专利链接制度的直接原因是为了履行中美双方的条约义务。[2]但根本原因则是基于我国医药产业的发展状况与现实需求。一方面，我国创新药品水平不断提高，加强国内药品专利保护的需求越来越迫切。另一方面，我国目前仍属于仿制药生产大国，仿制药向创新药转型还需要一个过程，如何做好创新发展的同时促进仿制药高质量发展，是我国医药专利保护面临的挑战。其终极价值目标是为实现创新药方、仿制药方与公众三方的利益平衡，既有助于激励药品创新方强化药品专利权的保护，又有助于促进仿制药充分参与市场竞争，实现医药产业的良性发展，还有助于解决公民健康需求与药品供给不足的矛盾。[3]

（三）我国药品专利链接制度的具体内容

我国药品专利链接制度可分为两大部分。第一，药品上市许可审批。具体包括以下规则：药品专利信息登记、仿制药申请人声明及分类审批（4 类声明）、9 个月的等待期（进入药品专利诉讼或行政裁决程序，上市审批暂停 9 个月）、12 个月的市场独占期（适用于首个挑战专利成功并首个获批上市的化学仿制药申请）。第二，药品专利保护。包括行政裁决程序、司法诉讼程序以及二者的协调。

三、原研药与仿制药企业的应对策略分析

（一）原研药企业的应对策略

原研药企业作为专利权人，既要主动出击，进行维权，也不能忘记防守，

---

[1] 三项规范是：《药品专利纠纷早期解决机制实施办法（试行）》《药品专利纠纷早期解决机制行政裁决办法》《关于审理申请注册的药品相关的专利权纠纷民事案件适用法律若干问题的规定》。

[2] 参见 2020 年《中华人民共和国政府和美利坚合众国政府经济贸易协议》第 1.11 条第 2 款。

[3] 参见苏冬冬："药品专利链接制度的正当性及制度价值分析"，载《电子知识产权》2019 年第 3 期。

应对仿制药企业的专利无效宣告请求挑战。因此，其可做好如下方面的应对策略：及时在上市药品专利信息登记平台登记相关专利，对仿制药的专利声明进行实时追踪关注；及时评判可能的侵权行为，确保提起诉讼或者申请行政裁决有充分的时间；利用好制度赋予的权利，及时申请行政裁决，引发9个月的等待期，阻止仿制药的提前上市；尽早对相关药品专利权利效力的稳定性进行评估，必要时可通过限缩权利要求维持专利权效力的稳定性。同时，企业应当重视培育高价值专利，赋予专利在技术、法律、市场三个维度的竞争价值，赋予专利权全面性和稳定性。[1]另外，在应对无效宣告策略方面，若存在评估专利权不稳定，可考虑寻求和解。因此，原研药企作为创新主体，应充分重视专利技术的挖掘、专利申请的战略布局，积极构建防御性、全面布局延伸保护。

（二）仿制药企业的应对策略

仿制药企业在药品上市许可之前，利用药品专利链接制度，尽早解决纠纷，控制风险。一是要针对专利权人的进攻进行防御。正所谓"知己知彼，百战不殆"，仿制药企业应当从研发立项时，就全面关注原研药企核心专利及权利期限，定期检索全球相关药品的研发进展，制定并调整合适的研发策略，采取专利突破、改进创新或者专利规避等方式绕开现有的专利技术方案。可以尽早对自己申请上市的仿制药的潜在侵权可能性进行评估分析，布局相关外围专利，为自己争取一定的谈判筹码。二是要主动而为，展示竞争姿态。仿制药企业应当抢占先机，获得首仿制，及早占领仿制药市场份额，进入集采，减轻医保负担。同时，对于原研药的在先专利，仿制药企业可以及早提起专利无效宣告请求，争取12个月的市场独占期。若首家申报又存在风险，亦可考虑寻求和解。三是要逐步提升自主创新研发能力，早日实现向创新药转型。

综上，对于原研药和仿制药企业，加强知识产权保护工作，构建知识产权管理体系，健全专利保护制度和控制风险，培育高价值专利等都是应共同做好的课题。

---

[1] 参见白光清主编：《医药高价值专利培育实务》，知识产权出版社2017年版，第11页。

四、结语

药品专利链接制度在仿制药注册阶段上市前就为可能存在的专利侵权纠纷的解决提供了诉讼和行政裁决的途径，避免在仿制药上市后造成侵权损失。药品专利链接制度的目的是平衡原研药和仿制药的利益，最终回归公众健康，实现让老百姓吃好药，吃实惠药，促进仿制药高质量发展和促进原研创新加强知识产权保护的目标。但同时，我国药品专利链接制度又是一项新的制度，不管是原研药企业还是仿制药企业，若想利用该制度寻求更好发展，都需要加强对知识产权的保护，深入做好应对策略和保护工作。

论诈骗罪的对象

王周瑾*

（中国政法大学 北京 100088）

摘　要： "诈骗"指的是被骗人处分自己财产，被处分财产上的财产权利及相对应的财产损失因处分行为直接转移由被害人承担的情形。高速路通行费骗取案反映了一种类型化的案件定性问题。提出财产性利益界定物的概念，有利于解决司法实务中存在的类型性案件，也有利于明确盗窃罪与诈骗罪的界限。本文通过具体的案例分析，提出财产性利益也应成为诈骗罪的犯罪对象的观点，以便后期类似案件的司法定性。

关键词： 诈骗罪　犯罪对象　财产性利益

一、问题的提出

据吉林省公安厅通报，2020 年 4 月份松原南高速收费站发生了一起交换使用 ETC 设备偷逃高速费的案件。案件的由来是，2020 年 4 月下旬，嫌疑人孙某采用交叉使用多车辆的 ETC 的设备通过缩短自身里程的方式骗取高速公路通行费用共计 6 万余元。无独有偶，除了 2020 年 4 月的孙某，黑龙江省也发生过一起高速路收费骗取案，该车在两年内共计逃费 500 余次。

对于"骗取高速路通行费"的定性，学界的观点总体上可以划分为盗窃说和诈骗说两个阵营。由于情况的不同，犯罪人有可能是趁公务人员不备时偷溜，也可能是在收费员提示缴费时拒不配合。认为财产性利益属于盗窃罪范畴阵营的学者认为，在构成犯罪的前提条件下，应当按偷盗罪进行定性，

---

　* 作者简介：王周瑾（1991- ），女，汉族，江西南昌人，中国政法大学同等学力研修班 2022 级学员，研究方向为刑法学。

但是否定财产性利益属于盗窃罪范畴阵营的学者则认为此类案件应当被划分为诈骗罪。

通过本文的研究，笔者试图抽象出一个能够恰当描述这一案件类型之内涵与外延的概念，并以此类案件的共同点为基础，对其作定性分析，试图寻找能够适用于此类案件的统一规则。

二、诈骗罪司法认定的相关疑问

（一）我国《刑法》中的规定

"诈骗罪是以非法占有为目的，采用欺诈方式，骗取金额巨大的公私钱财的犯罪行为"，犯罪行为的主要对象是犯罪行为所影响的物、人与社会组织。《刑法》第266条将诈骗罪的刑事对象定义为"公私钱财"，若将"钱财"理解为法条中的"公私钱财"，则可能产生两个结果：一是，财产性利益并不构成诈骗罪的犯罪客体。这将会使得利用欺诈方式损害了他人的财产性利益的犯罪行为，不得不以除诈骗罪之外的其他罪名进行论处，抑或终身不能入罪；二是，必须将财产性利益也包括在财产之内，而这就导致二者之间的概念模糊不清，进而涉及了犯罪的特征定性问题。[1]

（二）财产性利益的界定物

财产性利益的内涵应该包括财产权本身，并具有一定意义。也就是说，只有通过夺取别人的财产权或者为别人减免其债务而导致别人丧失物权，才能构成诈骗罪。但因为技术诈骗罪隶属于侵害财产罪章节，所以如果财产性利益的内涵并不包括财产权，则不能判断其构成侵害财产罪。可见，像劳动之类的行为本身就不能形成财产性利益，或者仅仅通过劳动而形成的财产权利才构成财产性利益。因此，谎称自身有疾病或其他情况，骗别人驾车送自己到目的地的行为不能构成诈骗罪。此时由于他人把行为人带到目的地后，当事人还不能签订运输协议，所以，不会引起其他财物的损失。相反，通过服务和其他服务活动而带来的财产权利就可能形成财物性利益。[2]例如，犯罪分子在获得了一个必须提供相应价款的服务以后，使用各种欺骗、隐蔽的

---

〔1〕 张明楷："财产性利益是诈骗罪的对象"，载《法律科学（西北政法大学学报）》2005年第3期。

〔2〕 殷玉谈、丁晶："合同诈骗罪的司法认定"，载《中国刑事法杂志》2009年第1期。

方法使被害人误以为行为人已完成交付，应该认为犯罪分子骗取了财产性利益，故，犯罪分子在使用道路后采取欺骗、隐蔽手段免除交通服务费，应当认为骗取了财产性利益。财产性利益的基本内涵就是属于物权自身的同时，也规定这些物权应当具备经济效益，否则就不会作为诈骗罪的犯罪对象。有一定经济特征的物权，通常体现为拥有一定的对价。但如果缺乏一定的对价，则被害人因被诈骗而提供的某一劳务和服务就无法被确认为侵犯了的特定财物，也就无作为诈骗罪的犯罪对象。例如，犯罪分子通过他人的信息诈骗别人 SIM 卡，使自己免去支付话费的义务而免费拨打来电，诈骗的话费形成了一定的对价、有一定意义，故盗用别人名义获取 SIM 卡而诈骗通信资金的活动，可构成诈骗罪。[1]

（三）将财产性利益解释为财物是否属于类推解释

对财产性利益的具体内涵目前在学术界莫衷一是。但知名专家褚剑鸿先生对此则指出，非法财产性利益主要包括以下五种类型：一是使行为人确定利益，例如使行为人将租赁的物品交换或租赁利用；二是令行为人解除受害人或者第三个人欠款；三是为被害人提供服务或帮助；四是为其实现加害人或第三人的愿望，如允许其免费吃住，并代付其生活费用等；五是为其他取得的财产性利益，如占用他人农田以获得农业收益等。[2]

三、财产性利益也应成为诈骗罪的犯罪对象

由于现代社会的财富关系发展得越来越复杂、多样，对应的刑事立法也需要进一步满足经济社会发展对人身财产权进行更加全方位的法律保障。具体的措施主要是通过增加法律保护犯罪对象的范围，而财产性利益则视为权利的重要组成部分理应加入财产犯罪对象之中，故本文认为财产性利益应当是诈骗罪的主要犯罪对象。

（一）财产性利益是诈骗罪犯罪对象的理论依据

财产可以分为在物上的所有权和加诸其他人的非人身权利，前者是指在物上的所有权以及其排他权益，而后者则是指请求权以及另外包括遗产在内

---

〔1〕 肖桃红："财产性利益是诈骗罪的犯罪对象"，载《知识经济》2013 年第 16 期。

〔2〕 褚剑鸿：《刑法分则释论》，商务印书馆 1990 年版，第 1234 页，转引自张明楷："论诈骗罪中的财产损失"，载《中国法学》2005 年第 5 期。

的请求权。从立法逻辑上讲，特殊诈骗罪既然属于《刑法》第五章的内容，其犯罪客体也应当是财产性利益。

1. 比较刑法和其他法规的内在联系，财产性利益是否受刑法规制

从我国民事、行政法等相关法律中均可以发现有管制和防止诈骗财产性利益的保护措施，但按照刑法谦抑性原理，如果某些法规能够管制和防止某些犯罪行为，则不要求刑事对该种犯罪行为予以刑法规制，相反，则要求行为对该种犯罪行为予以刑法规制。

2. 财产性利益在实质上同财富具有同一性

诈骗罪通常包括两种情况，一是直接侵犯物权法益的结果犯罪行为；二是手法犯罪行为。"关于诈骗犯，刑事防止的是采用一定手法来侵犯某些物权法益。此时刑事标准所要保障的法益实际是单纯的。""刑事案件中把某些犯罪活动确定为罪名，其实质理由就是出于保障合法权益。关于诈骗罪来说，当然就是这样。""凡是价值或合理使用的物品，乃至财产性利益都应该成为诈骗罪的犯罪对象。"从中我们可以发现，财产价值和财产性利益在实质上是相同的，并且二者所反映的要维护的法益还是相同的。[1]

（二）财产性利益为诈骗罪犯罪对象的实践依据

1. 为适应社会主义市场经济的发展需要和国外立法形势

随着中国特色社会主义市场经济的深入发展，财产的内容和外延不断扩展，不仅包括现实中存在的所有型财产，而是派生出不同类型的实际存在的财产性利益。在伴随市场经济的高速增长的今天，越来越高概率地会发生大量侵害财产性利益的违法犯罪活动，而如果诈骗罪的行为客体并不是财产性利益，那么大量骗取财产性利益的违规行为也将无法受到相应的法律惩罚，更会纵容这种犯罪活动，更加不利于中国市场经济的健康发展及稳定增长。此外，从大多数发达国家的经验来看，将财产性利益作为诈骗罪的刑事客体也已形成了大多数国家的共同认知。把个人财产性利益融入我国经济诈骗罪范围是一个趋势。[2]

---

[1] 高铭暄、马克昌主编：《刑法学》，北京大学出版社、高等教育出版社2014年版，第509~511页。

[2] 张明楷："新刑法与法益侵害说"，载《法学研究》2000年第1期。

2. 有利于正确处理目前司法实务中存在大量的欺诈活动

近年来，我国司法实务中涌现出一些骗取一定财产性收益的行为，而这种情况的本质属性就是让被害人损失一定财产性收益，同时增加行为人一定的财产性利益。但由于我国刑法并未就此问题作出具体规范，因此司法机关为解决这种问题也制定了若干司法解释。

浅析行政协议司法审查之合议庭组成模式

——由一起行政协议诉讼案件引发的思考

张境文*

（中国政法大学　北京　100088）

摘要：行政协议司法审查具有行政合法性审查与民事合约性审查并存及交叉的特点，而当前法院在司法实践中对行政协议司法审查处于一种"要么选择行政庭审理，要么选择民事庭审理"的非此即彼状态，导致其无法全面准确处理和解决因行政协议产生的纠纷。本文从合议庭组成角度出发，提出由行政庭员额制法官与民事庭员额制法官组建专业化合议庭的方式，旨在解决目前行政协议司法审查的困境。

关键词：行政协议　司法审查　行民组合　专业化合议庭

最高人民法院于 2019 年 12 月实行《最高人民法院关于审理行政协议案件若干问题的规定》，将行政协议引发的纠纷作为一项特殊的行政诉讼案件专门作出规定，以期在诉讼程序和实体审理方面解决日益增长的此类案件。学术界对行政协议纠纷的解决存在"行为说"与"合同说"两种不同的观点，[1]因此，相对应地产生了选择以合法性审查为主还是以合约性审查为主的角力。合法性审查是行政庭法官熟练掌握的司法审查方法，而合约性审查是民事庭法官熟练掌握的司法审查方法。但实践中，一起行政协议纠纷往往存在行政行为的合法性审查和合同条款合约性审查并存且互为因果关系的交织状态，单用一种审查方式无法全面客观地剖析双方的法律关系、厘清法律责任。

　＊　作者简介：张境文，（1978- ），女，辽宁大连人，中国政法大学同等学力研修班 2022 级学员，研究方向为民商法学。

　〔1〕　余凌云："论行政协议的司法审查"，载《中国法学》2020 年第 5 期。

就笔者亲自参与的一起以某省高级人民法院为一审的行政协议诉讼案件为例，[1]原告某民营企业与被告某市人民政府及某市发展和改革局等，双方因招商引资协议产生纠纷而诉至法院，某省高级人民法院按照民事案件标准立案并交由民事审判庭审理（关于立案分类是否正确不在本文论证范围内），最终一审判决在原告提出的 9 项诉讼请求中，以"本院民事审判庭无权评判行政争议，本院仅就不涉及行政职权的合同内容进行审理"为由，认为其中 2 项涉及行政职权范畴内的争议，不予评判，予以驳回。按照这个逻辑，针对一起行政协议纠纷，就需要靠两个诉讼程序来解决。换个思路，如果本案伊始被划分至行政庭进行审理，行政庭的法官面对如此复杂的、更多体现民事合同特征的行政协议，难道就会更有能力和把握解决争议吗？本文据此产生了对行政协议司法审查合议庭组成模式的构想。

一、现行行政协议司法审查中合议庭的组成及问题

（一）现行行政协议司法审查中合议庭的组成模式

《行政诉讼法》第 12 条第 1 款第 11 项明确规定"认为行政机关不依法履行、未按照约定履行或者违法变更、解除政府特许经营协议、土地房屋征收补偿协议等协议的"属于行政诉讼范围。目前，各级人民法院按照审判业务进行分类，原则上将行政诉讼案件交由行政庭进行审理，而行政协议由于在立案审查上存在协议订立时间不同（涉及法律适用）、审查标准不一致或其他客观原因，有的法院将行政协议交由民事庭审理、有的交由行政庭审理。相应的，由民事庭进行司法审查的合议庭主要由从事民事审判业务的 3 名员额制法官组成（这里不讨论陪审员参与模式）；由行政庭进行司法审查的合议庭主要由从事行政审判业务的 3 名员额制法官组成（这里不讨论陪审员参与模式）。

（二）现行行政协议合议庭司法审查存在的问题

由熟悉单一业务的审判员组成的合议庭不能全面审查相对复杂的行政协议。"行政协议合法性审查与一般行政案件的合法性审查既具有共同性，又具有自身不同的特点。这种特点与行政协议自身的'行政性'与'协议性'相统一的特征是一致的。作为行政诉讼司法审查的组成部分，合法性审查与合

---

[1] 辽宁省高级人民法院［2019］辽民初 64 号民事判决书。

约性审查具有高度的一致性，不能将它们割裂开来甚至对立起来。"[1]行政协议中存在公法和私法共同调整的法律关系，特别是在本文提到的"招商引资类"行政协议中，二者往往相互交织，互为因果，很难做到像外科医生做手术那样精准地将其割裂开来，从而进行单独审查。所以，合议庭由行政庭法官组成，则会按照行政审判主要审查行政协议中行政机关行为的合法性；而合议庭由民事庭法官组成，则主要审查双方是否遵守合同的约定。这两种合议庭的组成方式都必然导致司法审查的单一性、片面性，无法客观地对双方法律关系作出全面而正确的研判，更无法达到实质性处理和解决争议的目的。

二、行政协议司法审查合议庭组成模式设计

（一）法律依据及理论支持

（1）最高人民法院于2015年9月发布的《关于完善人民法院司法责任制的若干意见》第4条首次提出"可以组建相对固定的审判团队，实行扁平化管理模式"。固定审判团队理论的提出打破了原来按照业务庭分案的传统模式，创立了根据特定类型案件组建相对固定的合议庭进行审理的新模式，为行政协议司法审查能够实现专业化合议庭审理提供了有力的理论依据。

（2）法官员额制改革于2017年7月3日在全国法院全面落实，全国法院公开遴选产生12万余名员额法官。法官员额制落地客观上推进了审判组织专业化、制度化、责任化的改革，同时也应该注意到由于员额制法官的数量有限，在短时间内无法满足日益增长的案件审理需求。所以，在现有条件下，如何实现资源的有效优化配置，成为解决这个矛盾的唯一出路。

（3）《人民法院第五个五年改革纲要（2019-2023）》提出加强专业化审判机制建设、实现审判资源优化配置；推进行政诉讼制度改革，实质性化解纠纷。[2]该项目标立足于国内司法审判现状，在固定化审判组织试点工作推行的基础上，进一步对专业化审判机制模式予以肯定并特别提出要"加强"该制度的建设，尤其在行政诉讼制度的改革方面，力主"实质性"解决纠纷。据此，推行行政协议专业化，固定审判组织势在必行。

---

[1] 张向东："论行政协议合法性审查与合约性审查的关系"，载《江苏社会科学》2020年第2期。

[2]《人民法院第五个五年改革纲要（2019-2023）》：一、总体要求之（三）总体目标第（六）（七）项；二、主要任务第（六）（七）项。

（二）各地法院实践情况

根据上述理论，各地方审判机关开展了积极的实践探索。首先，2014 年，作为最高人民法院"审判权运行机制试点"，围绕专业合议庭出台了《审判权运行机制改革实施细则》等文件。试点法院开始实行专业合议庭的对口类型案件司法审查制度。[1]其次，全国首个涉数据纠纷专业合议庭于 2021 年 9 月 26 日在广州互联网法院挂牌成立。专业合议庭将审理由该院集中管辖的涉及个人数据、企业数据、公共数据的收集、存储、使用、加工、传输、提供、公开、删除等数据处理及数据安全的第一审案件。全国还有其他地方法院陆续成立了"金融合议庭""婚姻继承合议庭"等不同类型的专业合议庭。这些司法实践都为行政协议司法审查实现专业化和固定化提供了有利的借鉴模式，具有现实的参考意义。

（三）行政协议司法审查合议庭构成模式

以改革纲要为理论基点，结合各地法院已经成立的专业化审判合议庭的实践经验，对行政协议类诉讼案件，实行专业化合议庭制度，完全可行。合议庭成员由行政庭员额制法官与民事庭员额制法官共同组成。具体法官人选可从两个业务庭随机指定，但法官类别需要相对固定。行政协议合议庭组成人数为 3~5 人的单数，按现行法律规定，行政协议案件按照行政诉讼程序分类审理，那么在合议庭组成人数上考虑行政庭员额制法官人数比民事庭员额制法官人数稍多，更能体现出行政诉讼的特点。

（四）该合议庭组成模式的优点

（1）这种整合两庭专业审判人员的合议庭组成方式，有利于发挥各自的专业特长，在落实合议制过程中，各位成员通过专业知识和专业技能的优势互补以便更好地保障合议庭履职。[2]

（2）在行政协议案件数量日益增长而员额制法官数量明显不足的背景下，实现现有资源的合理配置和有效利用，会成为实质性化解纠纷成本最低且速度最快的改革举措。

（3）有利于正确全面解决行政协议纠纷。本文前面阐述过行政协议具有

---

[1] 杨艺红："基层法院构建民事专业合议庭的背景、样本与反思"，载《商丘师范学院学报》2021 年第 8 期。

[2] 黎晓露："我国法院内设机构的结构性变革：审判团队模式探讨"，载《法治现代化研究》2021 年第 5 期。

合法性审查和合约性审查不可分割的特点，只有将行政庭和民事庭两庭审判人员置于一个合议庭，才有可能达到有效沟通、合力审理，避免出现各自为政的局面。

（4）有利于实现同案同判。相对固定的专业合议庭的组成模式，对于同类型案件的处理，往往秉持统一的标准和尺度，这就极大避免了同案不同判情况的发生，有利于实现判决的一致性，提高判决的公信力。

（5）达到一次性解决行政协议纠纷的目的，减少当事人的讼累。按照笔者参与的行政协议案件一审判决逻辑，当事人双方除在审的民事诉讼外，还需要另外再提起一个行政诉讼，才有可能解决争议。无论从诉讼成本还是诉讼效率上都会叠加讼累，违背《人民法院第五个五年改革纲要（2019－2023）》中提出的实质性化解纠纷的目标。

（五）该合议庭模式能够实施的前提和保障

（1）该模式的实施首先需要在立案环节形成统一标准，对行政协议的类型和范围有明确的界定，在立案环节要做形式审查，至少能辨别出是否属于行政协议。

（2）在分案环节，实现电脑系统对该类案件按照行民法官组合的方式随机分配案件。在技术层面上，可以对目前法院分案的操作系统程序稍加修改即可实现。

（3）行政协议纠纷中关于民事争议违约赔偿部分一并进行审理的方式需要明确。《行政诉讼法》第 61 条第 1 款规定："在涉及行政许可、登记、征收、征用和行政机关对民事争议所作的裁决的行政诉讼中，当事人申请一并解决相关民事争议的，人民法院可以一并审理。"这里没有包含行政协议产生的民事争议部分，对一并审理的方式也没有明确规定。目前理论界和实务上有行政争议与民事争议分别立案审理的说法，也有主张通过行政附带民事诉讼平台解决的意见。

（4）对于法院内部法官业绩考核和办案数量指标在这类跨业务庭组合的专业化合议庭的考评上，需要提供制度保障。避免出现两庭组合办案，在考核上每个庭就只算半件案子的现象，这会打击办理这类案件员额制法官的积极性。

三、结论

在行政协议案件数量日益增长而员额制法官数量明显不足的背景下，行政协议司法审查打破业务庭藩篱，实现行政审判庭和民事审判庭的"跨界组合"，成立行民交叉的专业化合议庭司法审查模式，实现对现有资源的合理配置和有效利用，符合司法改革总体目标，可以解决我国行政协议司法审查的困境。

寻衅滋事罪存废论

张明*

（中国政法大学 北京 100088）

摘　要： 寻衅滋事罪既有"口袋罪"的一面，也有补充性的一面，学界一直存在对寻衅滋事罪必要性和正当性的讨论。保留论认为该罪的法益可以被明确还原为个人法益，可以起到有益的补充性作用。废止论则认为该罪的犯罪构成不明确，找不到比较立法上的支撑，且在司法实践中容易被滥用。折中论主张保留但限制寻衅滋事罪的适用。其中废止论最为合理，废除寻衅滋事罪可以避免"口袋罪"的适用乱象，其补充性也完全可以通过其他罪名和《治安管理处罚法》来实现。

关键词： 寻衅滋事罪　罪刑法定　口袋罪

2022 年 6 月，"唐山打人事件"在互联网引发轩然大波，唐山警方以涉嫌寻衅滋事罪对该事件立案侦查。7 月份，吴某萍在南京玄奘寺供奉侵华日军战犯牌位，涉嫌寻衅滋事罪被公安机关刑事拘留。接连发生的两个时事热点事件，在被公众愤怒与谴责的同时，寻衅滋事这一罪名也再一次被推到刑法学研究的视野中心。

寻衅滋事罪诞生至今已有 20 余年，学界一直存在对寻衅滋事罪必要性和正当性的讨论，其中不乏学者建议废止该罪名。本文从寻衅滋事罪的争议背景、学界争议立场等方面，结合司法实践讨论寻衅滋事罪的存废问题。

---

　*　作者简介：张明（1990- ），男，汉族，河北廊坊人，中国政法大学同等学力研修班 2022 级学员，研究方向为民商法学。

一、寻衅滋事罪的背景争议

寻衅滋事是我国 1979 年《刑法》中流氓罪所规定的四种行为方式之一，流氓罪由于立法界定不清、司法适用混乱等问题，被刑法理论界评价为"口袋罪"，长期受到学界和民众的诟病。1997 年《刑法》将流氓罪进行了分化、明确，在妨害社会管理秩序罪中独立出寻衅滋事罪。在司法实践中，寻衅滋事罪具有补充性、兜底性，虽然其成立不以符合其他犯罪的构成要件为前提，但是对于寻衅滋事如何区分罪与非罪以及此罪与彼罪一直存在着很大的争议。

2010 年，肖某国雇佣许某春等人殴打方舟子等人，肖某国被以寻衅滋事罪判处拘役 5 个半月。多数学者认为该案行为缺乏主观要素符合性，有客观归罪之嫌[1]。而在"唐山打人事件"中，如不以涉嫌寻衅滋事立案侦查，行为人就得不到妥当的追溯。

可见，寻衅滋事罪既有"口袋罪"的一面，也有补充性的一面，其在刑法规范中存在的必要性和正当性值得深入探讨。

二、寻衅滋事罪存废的理论争议

是否要保留寻衅滋事罪在学界的理论争议大体分为三个方向，即正面、反面和折中三种立场。

（一）正面立场：保留寻衅滋事罪

虽不断有学者提出废止或限制此罪的适用，但保留寻衅滋事罪仍是刑法学界的多数观点。2011 年《刑法修正案（八）》对此罪名进行了修正，但并没有对此罪加以限制，反而增加了恐吓他人的规定，并提高了法定刑。由此可见，理论领域争议的胜出，在立法领域中得到了体现。

支持保留寻衅滋事罪的学者主要持以下几方面观点：

（1）寻衅滋事罪保护的法益是公共秩序和社会秩序，但是，对作为保护法益的"公共秩序"或者"社会秩序"作出更为具体的表述，并无现实意义。[2]学者认为，社会法益是个人法益的集合，保护社会法益也就是保护个

---

[1] 张维、黄佳宇："寻衅滋事罪司法困境之评析"，载《法学杂志》2011 年第 5 期。

[2] 张明楷："寻衅滋事罪探究（上篇）"，载《政治与法律》2008 年第 1 期。

人法益。[1]对寻衅滋事罪的认定必然关联到个人法益，具体而言，寻衅滋事的四种类型，已经明确了具体的法益。

"随意殴打他人"类型，保护的法益是人身身体权利；"追逐、拦截、辱骂他人"类型，保护的法益是人身自由、名誉权；"强拿硬要或者任意损毁、占用公私财物"类型，保护的法益是财物不受侵犯的权利；"在公共场所起哄闹事"类型，保护的是不特定的人在公共场所自由活动不受侵犯的权利。这四种类型行为的认定需要联系"破坏社会秩序"的规定来考虑，如果行为人的行为没有同时侵犯到社会秩序和公共秩序，不能认定为寻衅滋事罪，如家庭暴力、入室盗窃等。

（2）寻衅滋事罪的规定具有明显的补充性质。在我国，故意伤害行为造成轻伤以上才构成犯罪；侮辱罪以情节严重为构成要件；敲诈勒索、盗窃、故意毁坏财物等财产罪，均已数额较大或情节严重为前提。因此，如果是单纯的"殴打他人""追逐、拦截、辱骂他人"或"强拿硬要或者任意损毁、占用公私财物"数额较小、情节轻微的，都不构成犯罪，但是，如果不对这些行为加以刑罚惩处，则不利于保护法益。也正因如此，才有了寻衅滋事罪存在的必要性。

司法实践中，寻衅滋事罪的成立，不以符合其他犯罪的构成要件为前提，没有必要过分区分寻衅滋事罪与其他犯罪的区别，行为成立其他犯罪的，原则上应运用想象竞合犯原理，择一重罪处理，但当行为人实施的多次行为，不仅触犯故意伤害、敲诈勒索、故意毁坏财物等罪，而且另触犯了寻衅滋事罪时，应当实行数罪并罚。

（二）反面立场：废除寻衅滋事罪

寻衅滋事罪保护的法益是公共秩序和社会秩序，但公共秩序和社会秩序的概念十分抽象，保护的法益越抽象，其所包含的内容就越宽泛，刑罚打击面就越广，而且容易受到行政权及社会舆论的干预，有损于对罪刑法定原则的贯彻。

（1）寻衅滋事罪犯罪构成不够明确。刑法分则的罪名要求犯罪构成具体、明确、独特。寻衅滋事犯罪给公众的人身、人格或公私财产造成损害，但是又指向公共秩序，因此犯罪客体不够明确。犯罪客观方面表现为无事

---

〔1〕 张明楷：《法益初论》，中国政法大学出版社2003年版，第243页。

生非或借故生非的四种行为类型，但是这四种类型完全可以被其他罪名替代，如随意殴打他人，情节恶劣的，构成故意伤害罪；追逐、拦截、辱骂、恐吓他人，情节恶劣的，构成侮辱罪；强拿硬要或者任意损毁、占用公私财物，情节严重的，构成抢劫罪或故意毁坏财物罪；在公共场所起哄闹事，造成公共场所秩序严重混乱的，构成聚众扰乱公共场所秩序罪。犯罪的主体和主观方面更无任何独特性。有人认为"流氓"动机是寻衅滋事罪特有的主观构成要件，但是，这种观点不仅与认为犯罪动机不是犯罪构成要件的刑法理论通说相矛盾，而且在立法上也缺乏相应的依据。[1]且"流氓"动机太过模糊，用一个模糊的标准不太可能真正限制一个模糊性罪名的扩大化。[2]同时，单纯地强调犯罪动机，容易掉入"主观归罪"的陷阱，有违罪刑法定原则。由此可见，本罪的构成客体包含道德层面的法益，主观方面强调"流氓"动机，构成要件不具体、不明确、不独特，不符合犯罪构成理论。

（2）寻衅滋事罪在司法实践中容易被滥用。寻衅滋事罪在犯罪构成上的不确定性，决定了本罪在司法实践中难免出现争议，主要体现在寻衅滋事如何区分罪与非罪以及此罪与彼罪上，同时"情节严重""情节恶劣"和"公共场所秩序严重混乱"需要进行主观判断，很难界定。在司法解释的推动下，寻衅滋事罪的内涵不断扩张，构成要件所容纳的行为五花八门，几乎成为破坏社会管理秩序犯罪的兜底罪名。[3]

此外，寻衅滋事罪找不到比较立法上的支撑，对比国外刑法，没有国家刑法规定了类似罪名。其保护的法益与其他犯罪重合，在我国的立法中也缺乏必要性和正当性。

（三）折中立场：保留但限制寻衅滋事罪

这种观点结合了上述两个观点，强调构成此罪必须事出无因，出于"精神空虚、好恶斗勇"的动机实施寻衅滋事行为。《最高人民法院、最高人民检察院关于办理寻衅滋事刑事案件适用法律若干问题的解释》规定，行为人因婚恋、家庭、邻里、债务等纠纷，实施殴打、辱骂、恐吓他人或者毁损、占

---

〔1〕 王良顺："寻衅滋事罪废止论"，载《法商研究》2005 年第 4 期。

〔2〕 罗翔："寻衅滋事罪的沿革与存废"，载《团结》2018 年第 6 期。

〔3〕 陈兴良："寻衅滋事罪的法教义学形象：以起哄闹事为中心展开"，载《中国法学》2015 年第 3 期。

用他人财物等行为的，一般不认定为"寻衅滋事"，但经有关部门批评制止或者处理、处罚后，继续实施前述行为，破坏社会秩序的除外。由此可见，"寻衅滋事"如果事出有因，不属于无事生非，一般不构成本罪，实践中应当限制寻衅滋事罪的扩张适用。

三、寻衅滋事罪应被废止

1997年《刑法》明确了罪刑法定原则，废除了类推制度，但是由于社会环境、司法理念等因素的影响，寻衅滋事罪仍然被扩大解释甚至类推解释，司法人员自由裁量权过大，司法实践活动中本罪打击面过于宽泛常被滥用，有违罪刑法定原则。《刑法》第293条规定的寻衅滋事罪的四种类型，犯罪构成不够明确，不具备独特性，"随意""任意""严重混乱""情节恶劣""情节严重"等关涉价值判断的表述加大了规范的模糊性，使得刑法的明确性程度大打折扣。[1]司法实践中对本罪的认定标准模糊，缺乏可操作性，容易被滥用，很难抹去"口袋罪"的固有印象。寻衅滋事罪的入罪标准，刑法的规定比较含糊，不具备独特性，与其他罪名的构成要件重合。与此同时，对于情节较轻的违法行为，《治安管理处罚法》第26条也对相关违反治安管理的行为及处罚进行了规定。因此，本文建议在立法层面将废止该罪，实践中，根据寻衅滋事的四种类型，按照以下原则进行处理，可以做到惩罚违法犯罪、维护公共秩序和尊重罪刑法定、保障人权的统一。

（1）"随意殴打他人"类型。造成轻伤以上的，可以故意伤害罪进行评价；不构成犯罪的，依照《治安管理处罚法》进行行政处罚。

（2）"追逐、拦截、辱骂他人"类型。情节严重的，可以侮辱罪进行评价；情节较轻不构成犯罪的，依照《治安管理处罚法》进行行政处罚。

（3）"强拿硬要或者任意损毁、占用公私财物"类型。强拿硬要可以抢劫罪来评价；损毁公私财物可以故意毁坏财物罪进行评价；情节较轻不构成犯罪的，依照《治安管理处罚法》进行行政处罚。

（4）"在公共场所起哄闹事"类型。聚众扰乱公共场所秩序，情节严重的，可以聚众扰乱公共场所秩序罪进行评价，情节较轻不构成犯罪的，依照《治安管理处罚法》进行行政处罚。

---

〔1〕 张训："口袋罪视域下的寻衅滋事罪研究"，载《政治与法律》2013年第3期。

正当防卫司法实践适用探析

张政委*

（中国政法大学 北京 100088）

摘　要： 我国《刑法》规定公民进行私力救济对抗不法侵害是合法行为，但当前的司法实践中存在谨慎出罪、量刑过重的情况，防卫限度认定过严导致了正当防卫制度形同虚设。基于"法"不能向"不法"让步的立法理念，为区分正当防卫和防卫过当的界限，共有三种途径，即准确认定案件事实及适用法律问题并做好舆论引导、建立见义勇为制度、加强以案释法的法制教育。从而实现正当防卫权的立法初衷，持续震慑违法犯罪，维护公民的生命、财产安全。

关键词： 正当防卫　司法实践认定　防卫过当　特殊防卫

一、我国正当防卫案例及司法现状

根据有关调查数据，在中国裁判文书网中以"正当防卫"为辩护策略的刑事判决书数量多达 12 346 份，但法院最终认定成立正当防卫的仅有 16 例，以正当防卫为辩护理由的成功率仅为 0.3%，[1]这体现出实务中存在对防卫限度认定过严、正当防卫制度虚化的难题。[2]

正当防卫司法实践认定的条款在经过多年沉睡后，终因为"昆山反杀案""于欢案""唐雪案"等得到复苏。法学理论界高度关注正当防卫问题，理论

＊ 作者简介：张政委（1991-），男，壮族，广西百色人，中国政法大学同等学力研修班 2022 级学员，研究方向为刑法学。

〔1〕 参见刘红宇："法发于人间　当合乎人心"，载《人民政协报》2018 年 11 月 15 日。

〔2〕 参见尹子文："防卫过当的实务认定与反思——基于 722 份刑事判决的分析"，载《现代法学》2018 年第 1 期。

研究持续深入。司法实务界对于准确适用正当防卫条款面临严峻的考验。"法不能向不法"作为正当防卫机制的重要价值观基础，不仅是当前纠正防卫过当之司法认定误区的关键，更是重新激活正当防卫机制的根本内因，[1]故而我们有必要区分正当防卫和防卫过当的法理依据，并对实务操作进行探析。

二、正当防卫的立法初衷及法理基础

（一）适用正当防卫的法理基础

《刑法》第 20 条规定："为了使国家、公共利益、本人或者他人的人身、财产和其他权利免受正在进行的不法侵害，而采取的制止不法侵害的行为，对不法侵害人造成损害的，属于正当防卫，不负刑事责任。正当防卫明显超过必要限度造成重大损害的，应当负刑事责任，但是应当减轻或者免除处罚。对正在进行行凶、杀人、抢劫、强奸、绑架以及其他严重危及人身安全的暴力犯罪，采取防卫行为，造成不法侵害人伤亡的，不属于防卫过当，不负刑事责任。"该条款奠定了我国正当防卫权的法理基础。

（二）防卫权优先的立法定位

依据当前的立法规定，防卫权对不法侵害行为具有天然的优越性，1997年《刑法》规定了防卫行为超过明显必要限度，造成重大损害的，是防卫过当。同时规定了针对特殊情况的特殊防卫，该立法旨在鼓励公民敢于和违法犯罪做斗争。考虑到自然人存于社会的"自保性"，近代立法将自然阶段的私力复仇法定化为正当防卫权，且应当强调公民面对不法侵害时，正当防卫并非制止正在进行的不法侵害的最后手段。即，公民行使防卫权，并非一种"不得已"的应急措施。[2]正当防卫权的立法初衷是以正当防卫权不负刑事责任的出罪条款作为震慑犯罪分子的违法行为，引导广大公民同违法犯罪作斗争，以维护社会主义秩序，维护人民群众人身、生命、财产的安全。正当防卫是法律赋予公民的一项基本权利，是针对不法侵害实施的正当、合法的行为，不仅不具有社会危害性，反而对社会有益。

---

〔1〕 参见高铭暄："正当防卫与防卫过当的界限"，载《华南师范大学学报（社会科学版）》2020 年第 1 期。

〔2〕 参见高铭暄、马克昌主编：《刑法学》，北京大学出版社、高等教育出版社 2016 年版，第129 页。

（三）防卫合法性的价值定位

正义遏制邪恶、"法"制止"不法"是正当防卫权的价值定位，如何更好地适用"正当防卫"权以保护茫茫众生中的善意相对方。我国立法经过权衡利弊后保护私力救济的正当性，考虑自然人受到威胁生命、财产的不确定性的不法侵害时的无助，适当放宽对防卫条件的认定，让有"底线"的、正当合法的正当防卫权能够震慑违法犯罪分子，是确保"正义"的一方站在正义的法理基础上的权宜之计。结合刑法具有谦抑性，凡事过犹不及，绝不能让公民无顾忌地滥用。合法性是正当防卫的基础，基于生命的特殊性，为了保护更为重要的生命健康权、有效震慑社会公众，法律允许防卫行为对实施不法侵害的人造成伤害甚至是死亡。[1]

三、对司法实践中如何准确促进正当防卫权适用的相关建议

（一）办案机关准确认定案件事实，慎重对待适用法律问题

检察机关在处理"昆山反杀案""于欢案""丽江唐雪反杀案"时，最初都不敢轻易将其认定为"正当防卫"，但因为有媒体舆论监督才得以改变定性，说明办案中存在不敢于认定、不善于认定的现状。当前司法理论日新月异，办案如同逆水行舟，只有终身学习才能与时俱进坚持证据裁判原则，在少捕慎诉慎押、宽严相济的刑事司法政策的格局下，为确定案件的事实、证据与法律适用，办案机关应牢固树立锱铢必较、负重前行的信念，一字一句、逐页逐项地认真学习新出台的法律法规，判断正当防卫时不可站在上帝的视角，要立足一般人在类似情景下的可能反应，把握防卫的时间与限度，对于互有过错，由一般性争执升级演变为不法侵害的，应当查明细节，分清前因后果和是非曲直，审慎作出认定。[2]

（二）完善检察机关提前介入侦查制度

在以"审判为中心"的改革背景下，侦查取证、法庭质证都应当将证据的收集对准法官审判所依据的各类证据，确保法律适用正确。检察机关在作为"大控方"的位置中，不断延伸提前介入侦查取证，以引导收集到最真切

---

[1] 参见陈国庆、万春、车浩主编：《普通犯罪检察业务》，中国检察出版社2022年版，第59页。

[2] 参见徐日丹："正确理解和适用正当防卫的法律规定——最高检副检察长孙谦就第十二批指导性案例答记者问"，载《检察日报》2008年12月20日。

的、最接近真相的种种证据，完善检察机关提前介入侦查制度，落实侦查监督与协作机制在当前实务界至关重要。在对侦查机关、调查机关收集的证明犯罪嫌疑人有罪、罪轻、罪重的证据进行客观性、真实性、合法性审查的同时，要不断提高对提前介入侦查的指导，争取收集到足以证明案件事实真相的客观证据，并增强证据的可采性，从而作出初次判断，避免因为舆论而影响办案质量。

（三）通过互联网及时发布案情及进度，做好舆论引导

网民对社会热点的关注及媒体的参与，无疑对今后司法机关在办理涉及正当防卫个案认定起到推波助澜的监督作用，正当防卫制度的觉醒也是维护司法公信力、鼓励见义勇为、维护公民正当防卫权利及弘扬社会正气的利剑。办案机关应当及时发布网络舆情，根据案件的进度及时发布社会热点关注的正当防卫案件的判断，根据收集的证据进行分析后公布案情，以回应群众的关切，确保网络舆情和司法办案的深度结合，对重大、复杂、不批准逮捕、不起诉的案件要主动做到公开听证，杜绝关门办案，要让权力在阳光下运行，集思广益沟通协调，使争议焦点经多方探讨得到论证，邀请人民监督员进行监督，消除群众的消息不对称，做好舆论引导，以提高执法公信力。

（四）建立见义勇为奖励机制，持续震慑违法犯罪分子

秦国商鞅变"律"为"法"时，为取得民众信任在城墙南门下立重木，以重金犒赏约定契约：凡六国境内之人，若有可能将此重木从南门搬到北门者，赏金五十金。这也使"重赏之下必有勇夫"的美誉传唱至今。我们不由感慨，千百年间无论历史的沧桑变化，以人为本才是真正的治国良策。现而今为争取广大民众对正当防卫制度的支持，政府部门应当逐步探索见义勇为犒赏机制，引导公民同违法犯罪作斗争，同时持续发挥社会主义核心价值观的宣传作用，持续震慑违法犯罪，改善执法司法环境。同时我们也要确保特殊防卫权不被滥用，对防卫过当涉嫌犯罪的依法进行法律制裁并作到罪责刑相适应。

（五）加强法制教育，加强"正当防卫"案例释法说理

随着司法实践的深入推进，最高人民检察院、最高人民法院等部门也出版了指导案例的"案头书"供办案机关及公民进行学习探讨，也为正当防卫权在司法实践中的认定提供了更深厚的理论基础。政府各部门的相应职责，将最新的"正当防卫"案例进行普法宣传，对正当防卫的性质、构成要件、

法律后果、社会意义等进行释法说理，为全民防卫铺垫群众基础，确保立法落地生根、扎根于民，减少各类欺凌事件的发生，震慑不法分子，以正气扫荡邪恶；既对正当防卫权进行释法说理，也对防卫过当进行论述说理，以理智给予公民权衡的要点，告知法律后果，切实履行立法、普法先行，执法、司法在后，启发民众对正当防卫制度的独立思考，开启独立判断的智慧。

指定分包人向总承包人主张未付工程款的权利研究

赫文俊*

（中国政法大学 北京 100088）

摘 要： 建设工程实务中，建设单位出于专业化、风险控制及自身利益等原因，对于部分专业施工项目采取直接选定分包人的模式，并要求总承包人与其指定分包人签订相关分包合同，但由于在房地产行业资金链断裂无法支付工程款的情况下，指定分包单位是否有权向总承包单位主张工程款，指定分包工程中的付款主体、付款义务的承担应根据各方真实意思表示予以确定。

关键词： 指定分包 真实意思表示 付款主体

一、问题的提出

近年来，在全球经济的大背景下我国房地产行业遭遇了前所未有的危机，随着一些知名房企的"暴雷"，部分房企陷入困境，建筑行业作为房地产行业最直接的下游行业也深受不利影响。

尽管《工程建设项目施工招标投标办法》第 66 条规定："招标人不得直接指定分包人。"《房屋建筑和市政基础设施工程施工分包管理办法》第 7 条规定："建设单位不得直接指定分包工程承包人。任何单位和个人不得对依法实施的分包活动进行干预。"但这些仅仅属于部门规章，法律效力不高，同时由于建筑市场建设单位与施工单位之间关系不平等，建设单位指定分包普遍存在于当前建筑市场环境中。在指定分包人与建设单位、承包人发生争议时，

＊ 作者简介：赫文俊（1989-），女，汉族，江苏南京人，中国政法大学同等学力研修班 2022 级学员，研究方向为民商法学。

建设单位和承包人之间责任如何承担，本文对此将做简要分析。

二、指定分包的概述

（一）指定分包的定义

由建设单位指定、选定、完成某项特定工作内容的特殊分包人，指定分包存在以下几个特征：第一，指定分包人由建设单位选定；第二，指定分包工程必须是总承包合同范围内的专业工程；第三，分包合同由总承包人与指定分包人签订或者由发包人、总承包人与指定分包人三方签订。[1]

（二）典型合同模式：总承包单位与指定分包单位之间订立的专业分包合同

根据《建筑法》第 29 条之规定，建筑工程总承包单位可以将承包工程中的部分工程发包给具有相应资质条件的分包单位，所以就专业施工部分（主要有钢结构、水电、暖通、消防、弱电、强电、信息、室外绿化、幕墙、装饰装修等），无论是否由建设单位指定，总承包人均有权分包给专业施工单位并签订相关合同。

（三）非典型合同模式：建设单位、总承包人与分包单位三方签订专业分包合同

在经济更发达的北上广深等地，人们的法律意识更强烈，为了更有效地规避法律风险，建设单位、总承包人与分包单位会共同商议签订三方专业分包合同，对于付款主体、付款方式、违约责任都有明确的约定。

（四）合同效力

我国法律、行政法规并未明确禁止建设单位指定分包人，本文认为，指定分包工程大量存在是事实，且其内容未突破建设工程施工合同。所以，根据《民法典》第 467 条之规定，指定分包合同应当参照建设工程合同的规定。除违反法律强制性规定情况以外，指定分包合同有效。

三、司法判例标准分析

在建设单位指定分包情形下，在分包人权益受到损害时，司法判例中存在建设单位承担责任、总承包人承担责任、建设单位与承包人承担连带责任

---

〔1〕 袁华之：《建设工程索赔与反索赔》，法律出版社 2016 年版，第 312 页。

的三种情况。

（一）建设单位承担责任的标准

指定分包工程施工、验收、结算、付款等环节均由建设单位与指定分包单位完成，且总承包人在指定分包工程中仅体现相关配合义务。

例如，在［2018］苏01民终7851号民事判决书中，法院认为："本案三方当事人就案涉工程已协商一致，由霍高文公司与天宇公司之间协商解决结算及付款事宜，上机公司仅代为签订合同及代为付款，故天宇公司上诉主张上机公司应向其支付工程款，于法无据，本院不予支持。"又例如，在［2019］沪01民终14299号中，法院认为："兴港公司与南汇公司签订《施工承包合同》在上述合同签订之后，并且兴港公司在其出具的承诺书中确认该份施工承包合同只作为政府部门规定分包备案[1]之用，不作为工程款支付及结算依据，显然兴港公司确认其与南汇公司之间不存在分包关系。"

基于上述两个案例中均能看出：法院基于建筑单位与指定分包单位形成了事实上的权利义务关系，认定应由建设单位承担付款责任，而且，从案例二指定分包人出具的承诺书中可以看出，作为备案的施工合同是双方同谋虚伪表示[2]的产物，并非双方真实意思表示，进一步说明了双方不存在分包合同关系。

（二）总承包人承担责任的标准

（1）总承包人与指定分包人签订了建设工程施工合同并实际上参与了指定分包工程。例如，在［2014］常民初字第66号民事判决书中，总承包人提供的分包合同上明确表明了分包工程为建设单位指定分包，并且约定"背靠背"付款方式，即总承包人支付分包工程款金额以建设单位所支付工程款为限。但是本案中总承包人就决算材料提交、接收、签证单、工程量计算等进行了多次核对，形成了一系列接收单、核对明细表、会议记录、联系函等书面资料说明其实际参与了指定分包工程。所以，法院认为双方作为有相应的建设工程施工资质的施工单位，签订的分包协议未违反相关法律法规的强制性规定，应为合法有效。合同双方当事人均应严格按照合同约定履行相关的

---

〔1〕 2018年5月国务院发布的《国务院办公厅关于在开展工程建设项目审批制度改革试点的通知》（国办发［2018］33号）提出试点取消施工合同备案、建筑节能设计审查备案等事项之前，总承包单位与分包单位必须签订相关备案合同以作行政管理之用。

〔2〕 王泽鉴：《民法概要》，北京大学出版社2009年版，第89页。

权利义务。故判决由总承包人承担付款责任，建设单位在未付工程款范围内承担责任。

本文认为"背靠背"付款方式本质上是一种代收代付义务。根据国家相关财税制度，指定分包工程作为总承包工程的组成部分，工程款必须要由总承包人支付给指定分包人，本案中总承包人约定了"背靠背"付款方式可以看出其保护自身权益的良好愿望，但还应当提供相关的证据。

（2）总承包人无法证明指定分包的情况。由于总承包人自身完全有权利与他人签订专业分包合同，根据合同相对性与证据规则，法院判决总承包人承担付款义务亦无不妥，总承包人也有向建设单位追偿的权利。

（三）建设单位与总承包人承担连带责任的标准

（1）双方明确约定建设单位与总承包人对指定分包工程承担连带责任。根据私法自治原则，〔1〕各方可以在合法范围内自由约定付款方式，约定建设单位与总承包人对指定分包工程承担连带责任是对指定分包人最好的保障。

（2）指定分包被视为一种委托管理关系。例如在［2016］苏 0113 民初 1650 号判决书中，法院认为："就指定分包工程而言，恒学公司与上建公司的实际关系是委托管理关系，恒学公司作为委托人，上建公司作为受托人，委托人要求受托人和南消公司签订合同，该合同约束到委托人恒学公司，故上建公司、恒学公司对于南消公司工程款的支付依法应承担连带责任。"

本文认为：本案中将指定分包工程视为委托管理关系并要求承担连带责任是不妥的。因为根据《合同法》（已失效）第 402 条、第 403 条规定，在受委托订立的合同因为委托人的原因不能履行的，合同相对方也只有选择其中一方作为承担责任主体的权利，且不能随意变更，且在间接代理法律关系中，订约时第三人知道代理关系的，受托人与第三人之间发生的民事法律关系直接约束委托人和第三人。〔2〕

四、解决该问题的对策

（一）建立前置式的建设施工监管机制

当前，受房地产行业低迷的大环境影响，建筑行业资金周转困难，缺口

〔1〕 王泽鉴：《民法总则》，北京大学出版社 2009 年版，第 227 页。

〔2〕 杨立新主编：《〈中华人民共和国民法典〉条文精释与实案全析》，中国人民大学出版社 2020 年版，第 641 页。

较大，出现了大量烂尾楼，业主收房无望，甚至出现了集体停贷的不和谐声音，前段时间河南 400 亿村镇银行暴雷事件亦在眼前，对国家经济发展产生不良影响。再这样的大背景下，建设工程指定分包纠纷反映出建设施工监管机制的不健全及监管不力的相关问题。建立前置式的建工监管机制，可以促进建筑行业的发展，有效遏制房地产经济的高杠杆倾向，减少资金周转力不足的被动局面。本文认为，最重要的监管机制就是对钱的监管，其次是对人的监管。钱可以保证工程进度，人可以保证工程质量。住建部门可建立指定分包资金专用账户作为前置性监管机制的重要部分，该账户由住建部门、建设单位、指定分包人共同监管，并且指定分包人须是法人，对指定分包人的专业资质进行必要性审查，以保证工程质量、进度，也从根本上明确了建设单位、总承包人、指定分包人的权利关系，保障了各方利益。

（二）完善指定分包相关立法

正因为大量存在指定分包的情况，所以应加快完善相关立法。其次，指定分包工程涉及多方主体以及农民工工资问题，对审计权限、结算主体、付款主体、责任承担等应有明确具体认定，最后法律明确约定工程承包人不得违法转包、违法分包、挂靠，若以指定分包的名义达到非法的目的，应当加强相关处罚力度，以保证建筑行业的良性发展。本文认为，指定分包的存在是具有合理性的，建筑行业中施工资质种类繁多，总承包单位未必能完全具备。建设单位选择信任的公司推荐给总承包单位也是很正常的。但作为总承包单位对工程负有的责任远远大于指定分包单位。总承包人应在施工合同履行过程中注意收集指定分包的证据材料，总承包人也应督促指定分包人按约施工，保证工程质量，避免承担责任。

无共存协议的相似商标共存判例探析

周聚鹤*

（中国政法大学 北京 100088）

摘　要： 从 2000 年开始，我国司法机关陆续参考国外的案例及判决，进行了一系列商标共存裁判，通过对裁判文书及法理分析，目前我国理论上也明确商标共存有三种情形，但在实际判例中，两同类产品上的近似商标无共存协议的共存案例少之又少，本文从历时七年的格力博商标与宝时得商标之争一案着手，重点分析无共存协议商标共存与共存协议商标共存的判决区别及侧重点，通过本文的分析，针对商标申请保护意识比较弱的未注册商标权利人提供警示，并从实际操作层面分析能有效保护未注册商标权利人确权的重点要素。

关键词： 商标共存　无共存协议　近似商标

一、格力博商标之争

（一）案情简介

格力博公司第 11170455 号 "GREENWORKS" 商标（详见图 1），核定使用在第 7 类的 "农业机械、割草机和收割机等" 商品上。宝时得公司在该商标的有效异议期限内对被该商标提出异议。异议结果为："格力博商标与宝时得商标没有构成在类似商品上使用的近似商标的情况。"[1]

宝时得公司不服上述裁定，随即提出异议复审申请，商标评审委员认为：

---

　　* 作者简介：周聚鹤（1986-），男，汉族，上海人，中国政法大学同等学力研修班 2022 级学员，研究方向为知识产权法学。

　　〔1〕 商标局〔2012〕商标异字第 60716 号裁定。

被异议商标由"greenworks"及简单的背景图形组成，其中的显著识别部分文字"works"与宝时得商标（worx）（详见图2）在字母构成、读音等方面不存在近似之处，不构成近似商标。但与"GREENWORX"商标（详见图3）在农业机械等商品上与宝时得商标构成近似商标。商标评审委员会，裁定被异议商标在复审商品上不予核准注册。[1]

针对所作裁定，宝时得公司提起行政诉讼，格力博公司亦不服提起行政诉讼，最终北京知识产权法院支持了格力博公司的诉讼请求，判决撤销原商标评审委员会裁定，重新作出裁定。而后，宝时得公司向上级法院提起上诉被驳回，宝时得公司又向最高人民法院提出再审申请。[2]

最高人民法院裁定驳回宝时得公司的再审申请，至此，历时近七年的商标纠纷终于尘埃落定，格力博公司的"greenworks"商标在第7类商品上维持有效。[3]

图1　格力博商标

WORX

图2　宝时得商标1

GREEN WORX

图3　宝时得商标2

（二）案件分析

案件随着终审判决而尘埃落定，但在判决中也有很多问题值得我们反思和研究。

---

〔1〕 商标评审委员商评字〔2014〕第 063383 号《关于第 8590795 号"greenworks 及图"商标异议复审裁定书》。

〔2〕 马军："引证商标受让人有权对商标异议复审裁定提起行政诉讼"，载《人民司法》2012 年第 10 期。

〔3〕 最高人民法院〔2019〕最高法行申 8745 号行政裁定书。

格力博商标与宝时得商标的字母结构分别为"greenworks"和"GREEN-WORX"，两商标在字母组成、商品类别、读音及整体视觉等方面均具有相似性，两者都属于江苏省企业，且两公司系园林工具、农业器械行业的竞争企业。在此情况下，通常可以认定格力博商标与宝时得商标已构成使用在同一种或类似商品上的近似商标，而不应予以公告并核准注册。但判决却在维持格力博商标权的同时，未撤销宝时得的商标权，形成了商标的实际共存。[1]

商标共存问题从"鳄鱼案"始，讨论的焦点均集中在对于当事人商标共存协议的认定中，而本案却是在当事人双方无商标共存协议情况下由法院直接判决允许商标共存。

本文拟结合理论上的三种商标共存的情形及相关判例的进一步分析，从而确定无共存协议的商标共存原因。

二、商标共存的认定

（一）商标共存的类型

商标共存从内容上看可以分为三类：

（1）法律规定的共存，也有学者称之为未注册商标与注册商标的共存。比如，《商标法》第59条第3款规定了在先使用制度，即在先使用人可在原范围内继续使用未注册商标，但可以要求在先使用人增加适当的区别特征。

在阿某波食品有限公司的"深海"文字商标一案中，阿某波食品有限公司为"深海"商标的实际注册权利人，福州某林食品有限公司在其生产的产品的外包装上标注有"深海紫菜"字样，在相同产品的外包装上突出使用与其商标完全相同的"深海"标识。法院认为：其一，后者先于商标注册人使用与注册商标相同或者近似的商标；其二，通过使用，使得"深海"标识具有一定的知名度，相关公众在其商品或服务之间产生了对应联系；其三，后者在原使用范围内使用该商标。基于以上情况，后者的持续性使用行为已经使"深海"文字成为具有一定影响的标识。故后者关于在先使用的抗辩成立。本案构成商标使用的法定共存情况。

（2）事实上的共存，事实共存，也有学者将其称之为注册商标与注册商

---

[1] 高云翔："判断商标是否近似时——如何平衡在先权益与市场秩序？"，载 http://www.iprch-n.com/cipnews/news_content.aspx? newsId=114538，最后访问日期：2022年4月9日。

标的共存。就一些具有复杂的历史渊源的商业标识，有关当事人对于相关商标的创立和发展均作出了贡献，近似商标即使会产生一定程度的市场混淆，但和平共处实属不可避免。比如上文中的格力博商标与宝时得商标之争一案，法院认为：其一，格力博公司使用诉争商标的行为系在先；其二，格力博公司在销售店铺首页整体设计风格为绿色，所示产品颜色亦均为绿色，而宝时得公司的销售店铺首页整体设计风格为橙红色，所示产品颜色大部分为橙色，二者存在一定的差异。即使用存在差异，基于以上原因，格力博公司商标权得以维持，形成了事实上的无商标共存协议的商标共存情形。

（3）协议的共存，约定共存。简单而言，就是近似商标基于同意书或协议而共存，协议下的商标共存是一种常见类型。商标共存协议是指两个或两个以上市场主体基于各自的商业判断和考量而达成的、以协议形式允许彼此近似的商标在相同或类似商品上并存。至于共存协议能否被采信，商标审查部门或司法机关仍以商标共存不至于产生市场的混淆误认为基本判断原则。

在"nexus"商标案中，商标字母构成及读音完全相同，两商标构成类似商品，并构成使用在类似商品上的近似商标，法院认为，在无证据表明同意书会对相关公众的利益造成损害的情况下，应当对其予以尊重。二者使用的商品尚存在一定差异的情况下，可以避免相关公众的混淆、误认。本案中法院认可了双方当事人的商标共存协议，从而实现了商标共存。

（二）商标共存的核心

对上述三种商标共存类型理论及案例中的法院观点的分析，可以发现一个共性的特征，即不管以何种方式共存，不会导致消费者混淆误认这一特点，是所有商标能共存的先决条件，故其也是商标共存的核心要素，但法院对此核心要素的解释各有不同，总结来看，有以下三点：其一，商标使用（或）注册外观存在一定差别；其二，商标所使用产品的差别足够明显，包含但不限于店铺装饰，产品设计风格及产品设计颜色，足以引起警觉或警示消费者，其产品非相同来源；其三，商标通过使用，使商标产生显著性和对产品或服务增加认知区分。社会公众能够区分商品来源的不同，从而不会产生混淆误认的情况。

商标的基本定义是识别产品或者服务来源，即商标要具有使得消费者不会产生混淆误认的要求。在近似商标的确权中，因为近似商标本身从音、型、意上是具有混淆作用的，在实践及判例中，商标使用是一种很好的，能使得近似商标具有显著性的方法。商标具有显著性即被认可为商标具有不会导致消费者混淆误认的情形。综合来讲，商标使用对商标共存的核心具有显著意义。

三、商标使用在商标共存中的意义

（一）商标使用的理解

商标的使用是指将商标（已注册或未注册商标）用于商品、商品包装或是器皿及其商品买卖公文上，或是为了更好的商业服务目的将商标用于宣传广告、展览会及其别的业务流程主题活动。商标使用的范畴既包含商标立即黏附于商品、包装及器皿上的使用，也包含商标在广告、广告宣传使用说明等别的商业服务文档中的使用；就服务项目商标来讲，在服务项目场地、服务项目广告牌、服务项目专用工具和为出示服务项目所使用的别的物件上使用商标，均视作使用。商标使用既能够是商标人的自主使用，还可以是由商标权人操纵的第三人被批准使用。[1]

（二）商标使用的意义

近似商标想要共存，尤其是在无共存协议的情况下，在先未注册商标想要获得权利，尤其是在不限定使用范围的情况下的共存，其核心为不会导致消费者混淆误认，基于这个核心，商标使用就显得特别重要。在实际审判中，商标使用会产生以下重要意义：其一，通过商标使用可以使其获得显著特征。各国商标法律均承认通过长期使用可以使不具备显著性的商标获得显著性，具有显著性使得消费者能够区分不同商品或服务的来源，不至于与其他近似的商标产生混淆误认；其二，商标的使用无论是在商标的注册、异议、驳回复审程序、商标侵权案件或是驰名商标认定程序中，通过使用使商标具有显著性，使商标被消费者识别不会误认混淆，而对混淆误认的判定在很大程度上影响了案件结果，对商标权利的认定及确权产生非常积极有效的作用。[2]

---

[1] 张铮："商标的正确使用及证据收集"，载 http://www.iprdaily.cn/article_15758.html，最后访问日期：2021 年 12 月 4 日。

[2] 赵银雀："商标侵权抗辩制度研究"，湘潭大学 2021 年博士学位论文。

四、结语

本文通过对无共存协议商标共存案例，即格力博商标与宝时得商标之争一案的案情及判决要点分析，对比不同商标共存的类型，对无共存协议商标能够共存的主要原因进行归纳。也希望警醒未注册商标的商标使用者能够了解其未注册商标的保护难点。

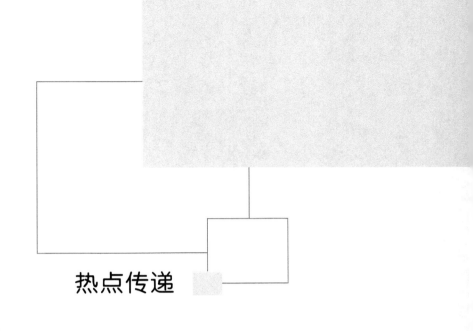

热点传递

元宇宙中虚拟人犯罪初探

付帮华*

（中国政法大学 北京 100088）

摘　要： 元宇宙被称为第三代互联网，伴随着应用场景的不断成熟，未来元宇宙将演变成一个超大规模、极致开放、动态优化的复杂系统。作为元宇宙中最重要组成部分的虚拟人将逐步实现从"网络工具"向"人"这一法律主体的转变。为了未来实现元宇宙的稳健运营，需要提前进行法律储备，在法律体系上提供支持。只有在法律的保驾护航下，才能有效解决元宇宙这一新生事物可能引发的各种问题，有效推进其健康发展。

关键词： 虚拟人犯罪　元宇宙　法律保障

一、元宇宙发展的进程——虚拟人犯罪的显形

人们普遍认为，元宇宙是由科学技术手段连接并创造出来的虚拟世界，是一种全新的社会系统的数字生活空间。但它并非完全独立于实体空间，而是对现实空间的延伸与补充。一方面，传统的物理、社会与思维空间（PST）空间中的对象（包括人、物、活动、事件、环境等）以及与之相关的信息，可以以一种新的方式存在于网络空间，并衍生出更多的新内容。可以说，网络空间正逐渐成为超越人类原有认知的新的生存空间，与传统的物理空间、社会空间、思维空间（PST 空间）平行。从微软小冰、小米的小爱同学这些只有语音的虚拟人，到 facebook 更名为 Meta 全力进入元宇宙虚拟人领域，微软也推出有三维虚拟形象参会的元宇宙线上会议。

---

* 作者简介：付帮华（1984-），男，汉族，河南周口人，中国政法大学同等学力研修班 2022 级学员，研究方向为刑法学。

步入现代生活、进入网络时代，新型科技发展与法律法规的共生模式是值得认真研究的课题。因为在大数据时代，犯罪现象不再具有单一的空间属性，而是具有虚拟、网络、现实三种属性。数字孪生技术需要将人工智能、区块链、物联网等新技术和数字孪生技术结合起来，通过科技手段使元宇宙走进人们的生活。同时，"智慧社会"带来的犯罪基本行为方式的改变，必然会产生一些新的问题，这些问题不仅仅是法律问题、侦查学问题、刑事技术问题。一方面，随着信息技术的飞速发展，个人信息保护、网络虚拟财产保护、数据保护等新问题也随之出现。另一方面，随着人工智能技术的飞速发展，传统的人工模式逐渐被智能模式所取代。与此同时，搭载着物联网、人工智能、大数据等技术的"顺风车"，新的犯罪行为、手段层出不穷，司法手段也可能落后于智能犯罪的发展。"面对新的犯罪手段，刑事治理必须'有针对性'，准确区分网络犯罪是传统犯罪还是新型网络犯罪。"腾讯网络犯罪研究中心秘书长朱劲松表示，互联网作为一种工具，与传统犯罪活动结合在一起，形成了一条又一条的黑色产业链。依法治理新型网络犯罪主要有非刑事治理和刑事治理两种途径，其中就包括了《网络安全法》《国家安全法》《个人信息保护法》等法律法规。

二、虚拟人犯罪早期治理之必要

元宇宙中，网络犯罪的主要犯罪行为是在互联网上进行的，主要证据也以电子数据的形式保存在网络中。因为在元宇宙环境中，犯罪现象不再具有单一的空间属性，而是兼具了虚拟空间、网络空间和现实空间的多重属性，犯罪行为不会留下手、足、工、枪的这些痕迹，传统的刑事办案思路已经不能适应新的网络环境，相比传统犯罪更加隐蔽的犯罪。

当人工智能发展到一定程度，其思维能力与逻辑已经不再局限于人类设计之初所设定的代码程序，而是具备思考与自主学习能力。这种学习能力是建立和改善算法的过程，它们的存在也使人工智能不再仅按照人类下达的指令来运行。人工智能将具备"自主意识"，这既是赋予其法律人格的必要条件之一，也是其是否具备法律人格的判断标准。[1]从法律意义上来说，元宇宙中的虚拟人将实现从"工具"向"人"这一法律主体的转变并具有完全的决

---

[1] 孙占利："智能机器人法律人格问题论析"，载《东方法学》2018年第3期。

定权，因此也便具备了承担刑事责任的理论可能性。在作为犯罪工具方面，极大地加强了犯罪行为人控制、支配风险的能力，提升了犯罪行为针对的风险实现的可能性；作为犯罪主体，可以跨越空间、时间来进行犯罪，隐蔽性高、侦破难度呈指数级提升。

随着人工智能技术的不断发展，它的形态和功能将被不断丰富，如果作为犯罪工具参与犯罪活动，将会对犯罪案件形态产生重大影响。例如，当自然人和虚拟人共同参与犯罪时，如何认定因果关系？或者当两个或多个虚拟人共同参与犯罪时，如何认定不同虚拟人与犯罪结果之间的因果关系？对人工智能是否具有法律人格这一问题的探讨正逐步产生实质意义。在目前相关的法律还几乎空白的情况下，这些可能发生的事情给了我们更多的思考。

三、虚拟人犯罪整体治理的框架搭建

元宇宙虚拟人的发展是大势所趋，政府也在鼓励元宇宙的发展，人工智能已经应用到人们生活的各个方面，而现实中的人工智能发展对现行法律制度的挑战已初现端倪，那么，未来如何在法律框架内应对则成为重要的理论课题，人工智能法律制度的研究成为法学研究的热点，刑法学界关于元宇宙的研究成果也越来越丰富。目前虚拟人的刑事责任能力大致可以分为以下两种路径：

第一，虚拟人或者其他相关的人类主体是单轨制的，这就存在两种可能：一种是支持虚拟人独立承担刑事责任，持这类观点的学者认为，虚拟人可以独立承担刑事责任，如果虚拟人违反了法律，或者侵犯了法益，那么虚拟人就应该承担责任，这种观点认可虚拟人也是人。也有人反对这种观点，认为虚拟人只是相关主体的工具，不能独立承担责任，如果让虚拟人独立承担责任，将会导致很严重的社会和伦理问题。

第二，虚拟人与其他相关人类主体是双轨制的，区分其具体情况，通过特定的目的建构虚拟人和相关人类主体作为刑事责任主体，按过错比例在各自的范围内承担相应的责任，以保护受害人法益。这种观点认为虚拟人不仅仅是网络工具，已经具备部分的人格。

元宇宙与法律相互影响，元宇宙的发展离不开法律的正确指引和全面的保障；元宇宙在法律运行过程中具有重要的辅助作用，甚至可以引发对法律基本原理的修正。刑事法作为事后法，主要解决严重损害人类社会底线的重

大法益侵害事件，与元宇宙的关系更为微妙。随着社会环境的变化，这一问题早已超越了个案范畴，成为刑事法如何与时俱进地修法与法律适用的问题。

元宇宙法律体系至少包括三个方面：一是，重构和调整现实法，为规范虚拟主体人格做铺垫；引导虚拟人作为工具，可以帮助行为人更准确地认识风险；二是，交易、支付、数据、安全等保障元宇宙经济社会系统正常运行的法律规范，目前虚拟形象的权利归属尚不明朗，部分平台仍按照用户协议约定的平台服务，但从长远来看，将虚拟形象视为用户的虚拟财产。赋予虚拟形象独立的肖像或名誉权益目前我国法律难以实现，但可以从虚拟财产权层面予以保护；三是，制定法律法规来规范元宇宙的开发与应用，完善元宇宙领域相关立法。

四、结论

人们普遍认为，没有网络安全，就没有商业安全，更谈不上国家安全。作为第三代互联网的元宇宙的发展对国家主权、安全、发展利益提出了新的挑战，必须认真应对。作为法律人，我们不仅要走在违法犯罪的前沿，更要在网络技术的发展中，通过相关法律，引导元宇宙虚拟人的发展沿着中国特色社会主义道路前进。

自动驾驶决策规划算法的专利适格性探析

莫锡金*

（中国政法大学 北京 100088）

摘　要： 运用专利制度保护自动驾驶决策规划算法，是自动驾驶产业的实践需求。为分析自动驾驶决策规划算法的专利适格性，可从自动驾驶技术原理出发，依据决策规划算法的技术构思。结合现有规范对自动驾驶决策规划算法进行类型化分析可知，是否采用了符合自然规律的技术手段是判断该算法专利适格性的根本所在。

关键词： 自动驾驶　决策规划算法　专利适格性

一、问题的提出

自动驾驶行业方兴未艾。据推测，自 2020 年起至 2035 年，自动驾驶技术将逐渐成为汽车的主流，到 2025 年，全球自动驾驶汽车的销售额可达 2000 亿美元至 19 000 亿美元。[1]其中，自动驾驶决策规划算法是自动驾驶技术的核心。自动驾驶产业希望通过专利保护自动驾驶决策规划算法（以下简称"决策规划算法"）。但《专利法》第 25 条第 1 款第 2 项明确规定"智力活动的规则和方法"不受专利保护，而决策规划算法作为一种人类创造的机器智能代理算法，与人类思维形式也具有千丝万缕的联系，似乎属于《专利法》不予保护的对象。鉴于此，本文以决策规划算法为研究对象，深入探讨其专

＊ 作者简介：莫锡金（1987-），男，壮族，广西柳州人，中国政法大学同等学力研修班 2022 级学员，研究方向为知识产权法学。

〔1〕 参见王泉：《从车联网到自动驾驶——汽车交通网联化、智能化之路》，人民邮电出版社 2018 年版，第 9 页。

利适格性。

二、决策规划算法概述

（一）决策规划算法的原理及特性

决策规划是自动驾驶系统中的核心部分，其需要在接收到各种感知信息之后，结合地图与定位对当前环境作出分析，然后对底层控制模块下达指令，实现对自动驾驶汽车的操控。

典型的决策规划模块可分为全局路径规划、行为决策、运动规划，运用的算法包括最优化算法、搜索算法、采样算法等。随着人工智能的快速发展，自动驾驶决策规划领域也呈现了由模型驱动向数据驱动的转变，一些最新的自动驾驶技术正模糊化感知、规划和控制的边界，借助大数据和训练模型，实现环境感知到车辆控制的"端到端"规划。虽然实现手段各不相同，但其本质在于通过特定算法给出符合人类期望的行驶方式：从外在驾驶表现来看，自动驾驶的表现无限趋近于合理的人类驾驶的表现，甚至因为排除了人为不确定因素，实现了更完美的决策判断；从内在技术思路来看，自动驾驶的设计者也是通过把人类认为合理的驾驶方式赋予机器智能平台，并以人类衡量驾驶技术优劣的指标去影响机器自动驾驶的具体表现。

（二）决策规划算法新类型之划分

从决策规划算法的技术构思出发，其可分为三类。第一，把基本交通规则赋予机器，例如，"红灯停、绿灯行"。第二，基于人类已有的知识、经验、驾驶数据等，形成先验规则，进而把特定场景的特定决策规划方式固化下来并赋予机器。例如，识别到黄灯时，可根据当时的天气、汽车距离车道线的距离、道路交通情况等一系列具体情形来决策自动驾驶汽车是否通行。第三，基于特定的驾驶度量指标，如安全性、舒适度，来驱使自动驾驶汽车在众多可能中选择更符合度量指标的决策规划方案。如在黄灯决策场景中，要基于各方案的驾驶度量指标的评价系统来排序并输出决策规划方案。

三、决策规划算法专利适格性的类型化分析

（一）专利适格性要求

专利适格性是某一方案能获得专利保护的首要条件，优先于对新颖性、创造性的审查。其判断分为两步：是否属于《专利法》不予保护的对象；是

否满足发明的定义。

关于第一步。与之相关的是智力活动的规则和方法，即指导人类思维、表述、判断和记忆的规则和方法。[1]其属于对自然规律的客观认识，不能解决技术问题和产生技术效果；同时其作为创造性活动的思想基础，被授予专利权可能会阻碍创新。[2]

关于第二步。发明，是指对产品、方法或者其改进所提出的新的技术方案。对于决策规划算法，重点在于判断其是否为"技术方案"。具体而言，需满足两项要求：一是将算法应用到特定技术领域，并形成基于该算法的解决方案；二是该解决方案采用了技术手段，并解决了技术问题，获得了相应的技术效果。

（二）类型化的分析

根据上文对决策规划算法的重新分类，本文将分别探讨其专利适格性。

1. 对于第一类决策规划算法

显而易见，基本交通规则本身属于智力活动的规则和方法，不具有专利适格性。但是，把基本交通规则赋予机器中的"赋予方法"则非智力活动的规则和方法，而是属于计算机技术领域的技术手段，具有技术属性。因此，不能排除某些特殊设计的"赋予方法"具有技术创新以及获得专利授权的可能性。不过，"赋予方法"不是决策规划算法要求的保护点所在，在此不予讨论。

2. 对于第二类决策规划算法

第二类算法的典型方案包括三项步骤：识别所处场景、查找对应先验规则、获取决策规划。该方案并非指导人类思维、表述、判断和记忆的规则和方法，却包含"识别场景""查找场景对应的先验规则""从先验规则中获取决策规划方式"等技术特征。上述技术特征组合在一起，形成了"场景—先验规则—决策规划方式"的手段。

但该手段是否利用了自然规律？首先，场景、决策规划方式分别是先验规则的输入、输出，该技术手段实质上是先验规则在发挥作用。其次，先验规则的内容千差万别。若是人为主观规则，则反映的是设计者的意志，是人

---

[1] 参见《专利审查指南》第二部分第一章第 4.2 节。

[2] 李凡："人工智能算法发明的专利客体审查进路"，载《南海法学》2021 年第 6 期。

思维、意识层面的产物，不受自然规律的约束。据此所形成的手段，就不能认定为采用了利用自然规律的技术手段。例如，黄灯决策场景所要解决的是自动驾驶汽车容易闯红灯、行驶不连续的技术问题，若给出的手段是人为设置在双数日期下遇黄灯不通行，则这样的手段不是技术手段。对于客观规则，如一种先验规则可能需要自动驾驶汽车查询当前的速度、到停止线的距离，若速度大于 10 米/秒且距离小于 10 米才闯黄灯。该先验规则实际上是让自动驾驶汽车判断其能否在 1 秒内通过停止线，这显然是受到物体运动学约束的，故其形成的手段为利用自然规律的技术手段。由此获得自动驾驶汽车闯红灯概率降低、行驶顺畅的技术效果。

因此，利用客观的先验规则形成的第二类算法，属于技术方案，具有专利适格性。

3. 对于第三类决策规划算法

在复杂场景下，若无任何约束，自动驾驶汽车能作出的决策规划无穷无尽。而在驾驶度量指标的限制下，只有满足考评的决策规划方式才会被保留。换言之，决策规划算法会受到驾驶度量指标及其考评规则的约束。因而，该类算法是否具有专利适格性，就需要判断驾驶度量指标是什么及其如何影响决策规划方式。

若为客观指标，则第三类算法就是技术方案；若为人为主观指标，则其就不是技术方案。但是，驾驶度量指标有时不会直接出现在权利要求中，而是以指标的达成方式来对第三类算法发挥约束作用。因此，评价驾驶度量指标是否为客观指标，实际上是评价驾驶度量指标对第三类算法的约束作用是否为客观约束。

再以黄灯场景决策为例。驾驶度量指标可以是汽车闯红灯的可能性。在该指标约束下，一种方案是自动驾驶汽车先计算从当前位置行驶至停止线所需的时长，再获取不同时长对应的闯红灯概率分布，进而筛选出自动驾驶汽车闯红灯可能性小于某一阈值的方案，作为该场景下的汽车决策规划。由此，第三类算法也体现了物体运动学的约束，以及时长越短闯红灯概率越低的基本规律。当驾驶度量指标表现为宽泛概念，则需要确定其中真正对第三类算法发挥约束作用的指标。例如，以舒适性为指标，约束部分其实是乘客受到的最大加速度，那么就应以最大加速度考量驾驶度量指标是否为客观指标。

由此，即便是采用一些"黑盒"算法[1]来实现驾驶度量指标的考评要求，决策规划算法的适格性同样是由该驾驶度量指标及考评要求是否反映客观约束所决定。

四、结论

在自动驾驶汽车已经开展产业应用的背景下，决策规划算法的专利适格性取决于其是否采用了符合自然规律的技术手段。以决策规划的技术构思——基本交通规则、已有的驾驶经验与数据等、特定的驾驶度量指标——为标准，可以将决策规划算法划分为三类。第一类算法通常属于智力活动的规则和方法。对于第二类算法，只有先验规则为客观规则，其形成的"场景—先验规则—决策规划方式"手段才构成技术手段。对于第三类算法，则需要考量驾驶度量指标是否对要求专利保护的方案产出了客观约束，在驾驶度量指标的客观约束下第三类算法便具有专利适格性。

---

[1] 参见孙建丽："论算法的法律保护模式"，载《西北民族大学学报（哲学社会科学版）》2019 年第 5 期。

自动驾驶技术对交通肇事罪的影响

徐一宁*

（中国政法大学 北京 100088）

摘 要： 人工智能技术日趋成熟，自动驾驶车辆技术成为新兴的科学技术领域，但随之而来的各种由于自动驾车技术而产生的交通肇事案例却此起彼伏。根据美国国家交通安全管理局所发布的统计资料显示，在所有有关自动驾驶及其辅助技术的交通事故中，有70%涉及特斯拉的电动汽车，导致严重损毁的交通事故占60%，致人身亡的则有85%。结合中国目前自动驾驶科技的发展情况及现有法律体系，本文认为，自动驾驶车辆作为人工智能的产物，在发生交通肇事时不能作为刑事主体，无法承担刑事责任。由于自动驾驶等级有所差异，需要考虑驾驶员和肇事汽车生产商的责任。

关键词： 自动驾驶技术 人工智能 刑事责任 交通肇事

近年来，由于汽车科技的高速发展，以及强人工智能的发展，传统的汽车生产商如奥迪、奔驰等在自动驾驶车辆技术方面均取得了举世瞩目的成就。对比传统人工操作的车辆，拥有自动驾驶技术的车辆既可以有效减少酒后驾驶、疲劳驾驶或超速行驶引发的交通事故，又可以辅助因身体情况不能驾驶人群的生活出行，为人们提供便利。

一、自动驾驶的定义和等级

自动驾驶，即汽车驾驶员执行工作完全自动化的、高度集中控制的汽车运行系统。目前已开发的自动驾驶系统具备汽车自动唤醒启动和休眠、自动

---

* 作者简介：徐一宁（1997–），女，汉族，河北唐山人，中国政法大学同等学力研修班2022级学员，研究方向为刑法学。

行驶、自动停车等功能，并具有完全自动化驾驶、部分自动化驾驶、手动驾驶、驾驶中断等多种运行模式，有效实现了节省能源、优化系统能耗和调节速度的合理匹配。

关于自动驾驶等级的分类，国际上普遍采用的是国际汽车工程师学会（SAE）自动系统标准，如下表。

SAE 等级	名称	描述性定义	监控主体
驾驶员实施驾驶任务			
0	非自动化驾驶	所有驾驶任务都由驾驶员完成	驾驶员
1	辅助驾驶	系统对方向盘和加减速中的一项操作提供驾驶辅助，其他驾驶任务由驾驶员完成	驾驶员
2	部分自动化驾驶	系统对方向盘和加减速中的多项操作提供驾驶辅助，其他驾驶任务由驾驶员完成	驾驶员
自动驾驶系统实施驾驶任务			
3	有条件的自动驾驶	在特定驾驶模式下，所有的驾驶任务都由系统完成，在难以作业的场合期望驾驶员作出适当操作	系统（驾驶员随时准备接管系统难以作业的场合）
4	高度自动化驾驶	在特定驾驶模式下，所有的驾驶任务都由系统完成，在难以作业的场合不期望驾驶员作出适当操作	系统
5	完全自动化驾驶	在全部环境、速度、路况和时间条件下，所有的驾驶任务都由系统完成	系统

SAE 分类标准将自动驾驶分为六个等级，SAE 等级 0 到 SAE 等级 2 由驾驶员作为极端情况下的监控主体完成所有或部分驾驶任务，SAE 等级 3 到 SAE 等级 5 由系统作为极端情况下的监控主体完成所有或部分驾驶任务。SAE 等级 0 是非自动化驾驶，所有驾驶任务都由驾驶员完成；SAE 等级 1 是辅助驾驶，系统进行个别操作提供驾驶辅助，其他驾驶任务由驾驶员完成；SAE 等级 2 是部分自动化驾驶，系统可进行多项操作提供驾驶辅助，其他驾驶任务由驾驶员完成；SAE 等级 3 是有条件的自动驾驶，系统完成所有驾驶任务，

但驾驶员需要监控驾驶环境，在难以作业的场合随时准备接管系统；SAE 等级 4 是高度自动化驾驶，在特定驾驶模式下，所有的驾驶任务都由系统完成；SAE 等级 5 是完全自动化驾驶，在全部环境、速度、路况和时间条件下，所有的驾驶任务都由系统自动作业，驾驶员只充当乘客。

在 SAE 等级 0 下，所有驾驶任务都由驾驶员完成。在 SAE 等级 1、2 下，自动驾驶系统对于汽车行驶起到辅助作用，驾驶员作为行为主体感知周遭环境并观察交通路况，控制汽车的运行。在 SAE 等级 3 下，所有的驾驶任务虽都由系统完成，但驾驶员在极端情况下，仍可以接管汽车运行。在 SAE 等级 4、5 下，所有的驾驶任务都由系统完成，驾驶员完全不参与行车作业。由此可见，在发生交通肇事时，SAE 等级的差异将使得各主体的行为对犯罪结果构成的程度也有所不同。

二、自动驾驶车辆是否能够承担刑事责任

在讨论自动驾驶车辆是否承担交通肇事罪这一刑事责任之前，首先要考虑何为刑事主体，自动驾驶车辆能否成为刑事主体。在我国的法律体制中，刑事责任主体是指实施危害社会的行为、依法应当负刑事责任的自然人和单位。

首先，自动驾驶车辆作为人工智能的产物，其本质仍是人所创造出的"工具"。即便是机器人，无论是在哲学或是伦理的范畴内，也不能等同于自然人作为刑事主体存在，所以，适用于自然人的刑法并不能适用于自动驾驶车辆本身。其次，承担刑事责任的前提是具有认知能力和意志能力，能够辨识和控制自我行为。虽然对于人工智能来说，人类的视觉、视觉分析、听觉、逻辑推理等都在此列，但那只是基于程序设定的运行，自动驾驶车辆本身并不具备承担交通肇事罪这一刑事责任的能力。最后，刑罚本质是指国家审判机关对犯罪分子适用的惩罚手段。本文认为，脱离程序控制的人工智能产品，其实只是一台"冷冰冰的机器"，机器由人开发，为人所掌控，现实不同于天马行空的科幻世界，机器也无法感知痛苦，对人工智能进行刑罚更是无稽之谈。

综上所述，自动驾驶车辆作为人工智能的产物，在发生交通肇事时不能作为刑事主体，无法承担刑事责任。本文将在此基础上进一步讨论，自动驾驶车辆在构成交通肇事罪时，驾驶员和肇事汽车生产商两方的责任。

三、自动驾驶车辆交通肇事罪的责任分析

（一）驾驶员责任

在 SAE 等级 0~2 中，驾驶员作为车辆真正的监控主体，自动驾驶系统只作为辅助工具，尚未实现真正的自动驾驶，如发生交通肇事，应当考虑驾驶员对肇事结果主观上有无过失。

在 SAE 等级 3 中，虽然所有的驾驶任务都由系统完成，但是，在难以运作的场合下，驾驶员仍然需要根据环境随时做好准备接管车辆，当系统发出警报时，应当及时改变驾驶模式，接管车辆运行，由于未能及时接管车辆而造成交通肇事的，考虑驾驶员的注意义务和回避可能性。如果驾驶员已预见肇事结果，却因自动驾驶系统故障而未能接管车辆运行，则存在驾驶员以及汽车生产商对肇事结果的责任分配问题。[1]

在 SAE 等级 4、5 中，汽车驾驶处于高度自动化和完全自动化，所有的驾驶任务都由系统完成，驾驶员只充当乘客的角色，不参与汽车的任何驾驶操作，因此即便是引发交通肇事，也应当考虑自动驾驶车辆本身的质量问题，以及程序设定的安全性，责任由汽车生产商承担。

（二）肇事汽车厂商责任

与传统汽车类似，当自动驾驶车辆出现视觉识别错误、路径规划错误、定位失误、死机等由于系统故障导致的事故，应由车企承担责任。首先，汽车厂商要保证其设计的自动驾驶程序合理，能够保证车辆在任何情况下都能安全行驶并遵守交通规则，在特殊情况下作出适当反应。其次，汽车厂商要保证制造产品的原材料或零部件不存在质量问题，制造过程中不存在操作失误。最终，汽车厂商要保证流入市场的自动驾驶车辆产品符合质量标准，并以明确标识说明其区别于传统汽车。[2]

四、总结

本文认为，自动驾驶车辆作为人工智能的产物，在发生交通肇事时不能作为刑事主体，无法承担刑事责任。自动驾驶等级的差异也导致各主体的行

---

〔1〕 参见江溯："自动驾驶汽车对法律的挑战"，载《中国法律评论》2018 年第 2 期。

〔2〕 参见付玉明："自动驾驶汽车事故的刑事归责与教义展开"，载《法学》2020 年第 9 期。

为对犯罪结果构成的程度有所不同，需要分析驾驶员和肇事汽车生产商的责任。

作为未来出行的核心支撑，自动驾驶技术犹如一把打开新兴产业大门的金钥匙，但随之而来也对我国现行法律体系提出了挑战。2022 年 8 月，交通运输部发布《自动驾驶汽车运输安全服务指南（试行）》（征求意见稿），向社会公开征求意见。该指南的推出旨在适应自动驾驶技术发展的趋势，鼓励和规范自动驾驶汽车在运输服务领域的应用，进一步保障自动驾驶汽车的运输安全。相信在不久的将来，类似的法律法规将在全国推行。

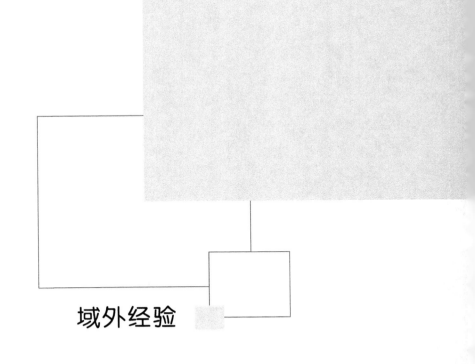

域外经验

论数据可携权的价值与中国化路径

李勇*

（中国政法大学 北京 100088）

摘　要： 数据可携权是欧盟《通用数据保护条例》（GDPR）引入的一项权利，其以个人信息副本获取权和副本转移权为核心内容；我国《个人信息保护法》第 45 条也作出了类似 GDPR 数据可携权的规定。数据可携权对加强数据主体权利、促进数据流通具有重要意义，如能充分利用好数据可携权这项权利，可以促进我国数字经济的发展和繁荣。

关键词： 个人信息副本　数据可携权　数据流通　数据安全

《国民经济和社会发展第十四个五年规划和 2035 年远景目标纲要》提到，"迎接数字时代，激活数据要素潜能，推进网络强国建设，加快建设数字经济、数字社会、数字政府，以数字化转型整体驱动生产方式、生活方式和治理方式变革"。数字经济的发展离不开个人信息的保护和数据的流通。我国《个人信息保护法》第 45 条规定，个人有权向个人信息处理者查阅、复制其个人信息，还有权请求将个人信息转移至其指定的个人信息处理者，此规定类似于 GDPR 中数据可携权的规定。数据可携权制度不仅关系数据主体的个人利益，更是促进数字经济发展的重要手段，但其也可能会造成商业秘密泄露、损害知识产权、增加隐私和数据安全风险。如果数据可携权应用得当，将会承担起促进我国数字经济发展的使命。本文将对数据可携权的价值和在我国的引入和落地进行初步探索。

---

* 作者简介：李勇（1985-），男，汉族，云南昭通人，中国政法大学同等学力研修班 2022 级学员，研究方向为知识产权法学。

一、数据可携权的发展与价值

GDPR 第 20 条对数据可携权进行了规定："该权利允许数据主体以结构化的、通用化和机器可读的格式接收他们提供给数据控制者的个人数据，并且不受阻碍地将这些数据传输给另一个数据控制者。" GDPR 数据可携权主要包括个人数据副本取回权（即数据主体有权取回其提供的个人数据副本）以及数据移转权（即在一定条件下，数据主体可以要求数据控制者直接向其他数据控制者移转其个人数据的权利）。欧盟设立数据可携权的目的是加强个人权利保障和促进数据流动来实现数据产业的竞争，以促进数据产业的发展。[1]先进入市场的企业由于掌握了海量的个人数据，处于事实上的垄断地位，数据可携权能促进个人数据流通至其他数据控制者，是促进数据市场竞争的重要手段。

二、我国引入数据可携权面临的困境

（一）数据主体及数据控制者缺乏可携权意识

在我国施行《个人信息保护法》一个多月后，南方都市报发布《个人信息安全年度报告（2021）》，该报告指出，对来自 10 个行业的 150 款 APP 进行了测试，只有不到四成 APP 承诺提供个人信息副本，仅一成称提供转移途径。对于何为个人信息副本，部分客服称获取个人信息副本的方式为自行"截屏"，还有不少客服直言"不知道什么是个人信息副本"。[2]笔者也曾做过问卷调查，受访人员超过 50 人，均表示不知可携权的概念。

（二）可携权的权利客体内容难以界定，可能侵害他人权益

通常认为，可携权的权利客体包括数据控制者经数据主体"授权"而获取的数据，以微信为例，微信收集的用户名字、微信号、手机号、性别等个人信息属于数据可携权的范围。但数据主体使用数据控制者提供的平台所产生的衍生信息是否属于可携权的范围并没有明确的规则。仍以微信为例，数据主体使用微信聊天时产生的聊天记录数据的主体是否有权请求腾讯公司将

---

〔1〕 付新华："数据可携权的欧美法律实践及本土化制度设计"，载《河北法学》2019 年第 8 期。

〔2〕 "南都报告：不到四成应用落实可携权，有客服不懂个人信息副本"，载 https://www.163.com/dy/article/GRF4AT1705129QAF.html，最后访问日期：2022 年 7 月 31 日。

其转移给其他数据控制者？是否每一个微信群成员都有请求进行数据转移的权利？这些数据的转移可能会侵害其他用户的隐私权、肖像权、知识产权、商业秘密等，因此数据主体或数据控制者都难以判断哪些数据可以转移，哪些不能转移。

（三）缺乏统一的数据传输框架及标准

在实现数据"结构化、通用化、机器可读格式"的基础上，要实现在数据控制者之间的数据转移，最大的问题在于不同数据控制者之间系统不能实现互连互通，不同数据控制者使用不同的 IT 系统，这些系统通常采用了不同的技术架构，使得不同数据控制者的系统相互隔绝。在目前的技术条件下，不同的数据控制者 IT 系统之间的数据传输主要通过 EDI、API 对接等方式进行，因此每一次对接都需要对 IT 系统的接口进行重新开发，以实现系统间的互通性与数据格式的统一。

（四）存在数据泄漏等安全问题，侵权责任主体的确认存在困难

数据主体实现数据可携权时，可能会增加隐私和数据安全风险。数据主体在取回个人数据副本时，数据控制者通常将数据加密后通过电子邮件发送到数据主体指定的电子邮箱内，在此过程中容易出现发错邮箱、发错密码等情形，由此造成的数据泄露可能会给数据主体带来人身和财产损失；个人数据在数据控制者之间传输的过程中由于隐私安全等级较低，不能有效控制个人数据的泄漏风险。

数据主体行使取回权和在数据控制者间进行数据转移的过程中产生的数据安全问题应当由谁承担侵权责任？欧盟第 29 条工作小组认为，应当由数据控制者承担责任。因其应采用安全措施来保证数据移转过程中的安全，对可能产生的数据泄露或安全问题也应当采取相应的措施。[1]但数据转移过程该如何界定，是数据进入后一数据控制者的系统就意味着转移过程的完成，还是需要得到接收者的确认才算完成？如果数据控制者根据数据主体的请求将数据传输给另一个数据控制者后，由于接收方不具备保护其网络安全的能力造成的数据泄露，应该由谁承担侵权责任？

（五）加重企业负担

根据 GDPR 的要求，数据可携权要求数据控制者以"结构化、常用和机

---

〔1〕 金耀："数据可携权的法律构造与本土构建"，载《法律科学（西北政法大学学报）》2021年第 4 期。

器可读"的格式提供个人数据，为了履行此要求，数据控制主体需要构建面向数据产生主体的 IT 系统，开发出"结构化、常用和器件可读"的数据结构，并且需要能兼容不同的系统，才能满足可携权的要求。对于很多中小企业而言，很多业务都还处于"人拉肩扛"的人工时代，很多的业务流程还没有被 IT 化。在这种情况下，中小企业为满足数据可携权对系统兼容性与统一的传输协议的要求，将会投入一笔不小的资金，此举势必增加企业负担。

三、数据可携权在我国的落地探索及建议

（一）加强普法宣传，强化数据主体权利意识，加强数据控制者责任意识

目前我国《个人信息保护法》已实施超过半年，很多人不知道我国法律中已有关于数据可携权的规定，甚至作为市场经营主体的众多企业也不知数据可携权的规定，普法宣传工作任重道远，"法律的生命在于实施"，应当加强对相关法律的普法宣传，强化数据主体权利意识，加强数据控制者责任意识。

（二）构建统一的数据传输框架和数字化、服务化可携权能力中心

数据可携权实施的难点在于实现不同数据控制者间数据格式的兼容以及构建统一的数据传输框架，并同时满足数据传递的安全性和可靠性要求。政府主管部门可主导成立专门的数据可携权管理机构，负责制定统一的数据传输框架。对于不同数据控制者不同的 IT 系统，该主管机构构建的能力中心应当兼容当前市面的主流系统，由该组织来实现不同数据接口的转换。数据控制者只需要按照该标准进行简单的系统改造，就能实现不同系统间的数据转移。同时主管机构还需要建立统一的数据传输安全标准，提供统一的认证服务，所有使用该协议的数据控制者的系统均需要通过该组织的安全性、可靠性测试，确保数据控制者具备基本的保障数据安全的能力。

（三）建立健全数据转移安全机制

对于数据在转移过程中存在的数据泄露、遭遇黑客攻击等风险，数据主体在获取个人信息副本时，应当将数据存储在安全的系统中，妥善保管好账号和密码；数据控制者向数据主体提供个人信息副本时应采用适当的加密方式，同时需要对数据主体的身份进行验证，如发现账号被盗，则应当拒绝传输并进行核实。对于数据控制者间的数据转移，传输前对数据接收者进行身份识别和验证，确保将数据传输给正确的接受者，传输过程中应采取加密技

术以保障数据传输过程的安全性。若数据主体请求转移的数据包含第三方的隐私和个人数据，数据控制者可以拒绝传输数据，除非数据主体已获得第三方主体的同意或授权。

四、结论

数据可携权制度不仅关系数据主体个人利益的实现，更是国家发展数字经济、促进市场竞争的重要手段，其中个人数据副本取回权有利于数据主体权利的实现，并且实施难度不大，可以加大推进力度；作为数据可携权核心的数据移转权，因面临较多实施层面的问题，需要在立法层面和政策层面给予更多的支持。

论我国科学数据出版管理的法制体系建设

刘闯*

（中国政法大学 北京 100088）

摘　要： 科学数据出版是一个新生事物。国务院《科学数据管理办法》指出了科学数据出版的原则与方向。目前，我国公共财政资助项目下的学术论文很多发表在外、关联原创数据存储在外，数据产权和数据质量方面亦存在问题，这与科学数据出版的特点和复杂性有关。对此，本文建议我国应出台《科学数据出版管理条例》，并就该法规的地位和作用进行论述。

关键词： 科学数据　出版　法制体系

一、新事物的出现：科学数据出版

国务院《科学数据管理办法》规定，科学数据包括在自然科学、工程技术科学等领域，通过基础研究、应用研究、试验开发等产生的数据，以及通过观测监测、考察调查、检验检测等方式取得并用于科学研究活动的原始数据及其衍生数据。这些数据依据数据内容和形态的划分可分为元数据、实体数据集和数据论文三种表现形态。

平衡科学数据的保护和共享的关系一直都是科学数据治理的重点。[1] 1994 年《与贸易有关的知识产权协定》首次对数据库的保护作出规定："数据或其他材料的汇编，无论采用机器可读形式还是其他形式，只要其内容的

---

*　作者简介：刘闯（1948-），女，汉族，山西太原人，中国政法大学同等学力研修班 2022 级学员，研究方向为知识产权法学。

〔1〕　See "Science Technology and Law Panel, Policy and Global Affairs, National Research Council", *Access to Research Data in the 21st Century: An Ongoing Dialogue Among Interested Parties: Report of a Workshop*, Washington, D. C. National Academy Press, 2002.

选择或安排构成智力创作，即应予以保护。"[1]然而，对于作为重要知识财产的科学数据，最终目的并非保护而是推动数据进行广泛、充分、有序的应用，从而使公共财政投入产生的科学数据发挥更大效益，这也是科技界一直呼吁数据共享的根本原因。

在协调数据知识产权保护和数据共享关系的过程中，科技界最早是国际科学理事会（ICSU）于 1957 年通过国际地球物理年（IGY）国际合作计划建立的世界数据中心（WDC）。1994 年，美国通过全球变化研究法案，把世界数据中心建设机制推向新的阶段。[2]这种机制的核心是"自上而下"由国家投资建设数据中心，科研人员将科学数据汇交到数据中心，然后通过数据中心服务实现数据共享。2003 年，中国启动科学数据共享工程计划，其核心也是采取"自上而下"的数据中心机制。[3]

2009 年，以数据论文为出版内容的新型数字化杂志《Earth System Science Data》（ESSD）创刊，这是世界首个将数据论文纳入出版轨道的学术期刊。2020 年，《全球变化数据仓储电子杂志（中英文）》创刊，这是世界首个将数字化的科学数据集纳入出版轨道的学术刊物。至此，一个"自下而上"的，即由"数据作者投稿、同行专家评审、有资质的出版单位出版和发行"构成的科学数据出版机制正式建立。该机制既包括实体数据集，也包括数据论文。

2018 年，国务院发布的《科学数据管理办法》规定"主管部门和法人单位应积极推动科学数据出版和传播工作"，这标志着具有里程碑意义的科学数据出版时代的到来。

二、我国科学数据出版过程中的主要问题

（一）公共财政资助项目产生的论文、数据"双在外"

中国科学技术协会发布的《中国科技期刊法制蓝皮书（2021）》指出，2020 年，中国作者发表 SCI 论文 549 845 篇。[4]其中，只有 4.69%（25 766

---

〔1〕《与贸易有关的知识产权协定》第 10 条第 2 款。

〔2〕 See OSTI, "Our changing planet: The FY 1994 US Global Change Research Program", United States, 1993.

〔3〕 参见科学数据共享调研组："科学数据共享工程的总体框架"，载《中国基础科学》2003 年第 1 期。

〔4〕 参见中国科学技术协会主编：《中国科技期刊发展蓝皮书（2021）》，科学出版社 2021 年版，第 3 页。

篇）发表在由中国主办的学术期刊上，而有 52 万多篇论文发表在国外学术期刊上。随着"科学数据 FAIR 原则"[1]和"学术论文开放获取"[2]的推动，越来越多的学术期刊要求作者在投稿发表论文的同时，要把论文关联的原创数据存储到该期刊认可的数据仓储库中。

论文发表在外，论文关联的科学数据存储在外，这是科学数据出版给中国带来的新现象。以在地球系统科学数据（ESSD）数据期刊发表的数据论文为例（论文选取标准为：第一作者为中国学者、作者单位为中国单位，基金资助为中国财政）。该刊在 2016 年时，只有 1 个数据集。但到 2021 年时，已增加到 30 个。这些数据集一般有 2~4 项项目资助，有的多达 5~7 项。其中，大多存储在 Pangaea，Zenodo[3]等国外的数据存储中心。

但是，科学数据对于国家具有重大战略意义。科技部原部长徐冠华早在 2002 年第 196 次香山会议上提出："科学数据是信息时代一种最基本、影响面最宽的科技创新资源，是增强国家科技竞争力和新经济发展最为重要的战略资源。"科技部原副部长刘燕华在 2006 年再次强调："科学数据具有提高国家科技创新能力和国际竞争力的国家科技资源的战略地位。"论文与数据双在外的问题，很大程度上是因为我国在科学数据出版领域的法制体系不完善，导致了由国家财政资助产生的科学数据存储至外国的数据库之中。

（二）数据出版知识产权管理空白

数据出版过程是数据知识产权从作者向出版者、用户传播，或从出版者向用户转让的过程。数据出版的特殊性在于：不仅出版数据论文，还出版数字化的实体数据集。有争议的问题是：数据开放共享过程中，原创作者和出版者的哪些权利需要保护，哪些权利需要转让给用户。《中国科学数据》认为广泛推动科学数据共享的工作应被放在首要位置，因此采取 CCBY 4.0 知识产权管理办法。《全球变化数据学报（中英文）》则认为中国应该在推动数据共享和保护数据作者的原创权和数据出版者对数据的掌控权（即数据再传播的许可权）二者之间保持一个平衡关系，CCBY 4.0 强调的是放弃这二种权

---

〔1〕 See Mark D. Wilkinson et al., "The FAIR Guiding Principles for scientific data management and stewardship", *Sci. Data*, 3 （2016）.

〔2〕 See *Budapest Open Access Initiative*, 2001, https://ww w. budapestopenaccessinitiative. org//read.

〔3〕 See Hao, Z., Jin, J., Xia, R., etc. China Catchment Attributes and Meteorology dataset. 10. 5281/zenodo. 5729444, https://zenodo. org/record/5729444#. Yvhpo9VBbyzc.

利。鉴于目前我国科学数据知识产权管理的复杂情况，而 CCBY 4.0 仅作为中国科学数据出版产权管理政策，故在国家政策没有正式出台前不应贸然全盘采用。此外，科学数据出版还涉及数据存储格式的知识产权管理问题。[1]可见，我国科学数据出版的知识产权管理亦存在法律空白。

（三）数据质量评估与保障

科学数据出版成果是科技产品，产品的质量至关重要，保证出版质量的重要环节是同行专家评审。数据集和数据论文是数据产品两个不同的表现形式。评审数字化数据集与评审文字性的文章不同的是它需要评审数据格式、数据内容以及与其配套的计算机软件系统，评审的难度和专业技术性加大。未经同行专家评审而纳入存储库的数据可视同数据的"预出版"或半成品。这些半成品数据有可能成为"用不敢用、扔不能扔"的"鸡肋"产品。

三、我国科学数据出版的法制体系建设

如何解决上述问题？仅采取行政管理办法是否可行？从前期的实践来看，行政手段虽然可以起到一定的作用，但效果有限。采取同步修改相关法规的办法，操作难度大。对此，本文认为可以单独出台《科学数据出版管理条例》对科学数据出版进行治理。该条例的法律地位应该是国家大数据战略的组成

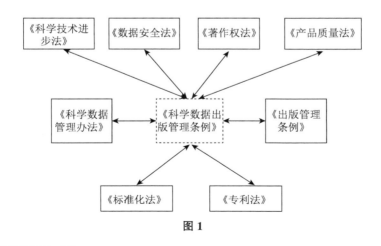

图1

〔1〕　参见张立福等："遥感多维数据格式（MDD）互操作分析软件系统更新版（MARS v2.03）"，载《全球变化数据学报（中英文）》2018年第4期。

部分。它与数据安全、数据主权、科技进步密切相关。它是国家数字化财产管理法规体系的重要组成部分。图 1 总结了拟建议出台的《科学数据出版管理条例》与现行相关法律法规的关联。

四、结语

科学数据出版是科学数据共享管理的新机制，它不仅对数据流通各个环节产生深刻的影响，同时也极大地调动了科技工作者在数据出版和共享方面的积极性和主动性。鉴于科学数据出版涉及问题的复杂性，出台一部具有针对性的、与相关法规相配套的《科学数据出版管理条例》很有必要。它将是规范科学数据出版工作"有法可依、有法必依、执法必严、违法必究"的重要保障。

论网络隐私权的法律保护

蔡乔宇*

（中国政法大学 北京 100088）

摘　要： 网络隐私权在内涵、侵权目的、损害后果等方面与传统的一般隐私权存在区别，需要构建不同的法律保护体系。国际上存在两种主流保护模式，其中最具代表性的国家、地区分别是美国和欧盟，两者分别使用“行业自律模式”与“立法规制模式”对网络隐私权进行保护。前者以网络服务者自我约束为主导，后者以国家制定法律为主导。我国对网络隐私权的保护仍然缺乏专门性法律，应当借鉴美国和欧盟的法律保护模式，结合本国国情，在立法上明确界定网络隐私权，并构建相应的法律保障体系。

关键词： 隐私权　个人数据　网络隐私权

随着互联网进入大数据时代，网络实现了对生活的全覆盖，每个人都是网络信息和数据的制造者。大量信息数据汇聚在各个网络平台，个人信息的曝光度也随之升高，网络中个人信息的保护也显得愈发困难。令人遗憾的是，我国在网络隐私权的法律保护上的理论和实践均不成熟，如何利用法律来保护网络隐私权已然成为学界关注的重要课题。

一、从一般隐私权到网络隐私权

隐私权作为法律规定的最基本人格权利，包括个人生活自由权、情报保密权等。对隐私权的普遍保护，是实现公民人格权利最基本、最重要的法治举措。进入网络社会后，隐私权逐渐发展转变为网络隐私权，相对于一般隐

---

* 作者简介：蔡乔宇（1993-），男，汉族，浙江温州人，中国政法大学同等学力研修班 2022 级学员，研究方向为民商法学。

私权而言，网络隐私权具有一定的特殊性。

首先，"从定义上讲，网络隐私权是指公民在网上享有私人生活安宁和私人信息依法受到保护，不被他人非法侵扰、知悉、搜集、利用和公开的一种人格权；也指禁止在网上泄露某些与个人相关的敏感信息，包括事实图像以及诽谤的意见等"。[1]

其次，行为人对一般隐私权与网络隐私权侵权的目的与造成的结果也存在区别，行为人对一般隐私权的侵害通常出于个人的主观恶意，主要表现为意图对权利人造成主观精神痛苦，一般不涉及财产损害。由于精神痛苦过于主观且难以鉴定，使得对隐私权的法律保护较为困难。而网络空间中个人隐私的内容或多或少存在着经济价值，行为人通常以营利为侵害隐私的主观目的。例如，将权利人的个人身份证号码、银行账号密码、信用卡、性别、姓名、年龄、住址等信息出售给第三方牟利。因而，对网络隐私权的侵害不但会造成权利人精神上的痛苦，更重要的是还会导致权利人财产上的损失。

二、网络隐私权的法律保护现状

由于网络隐私权的重要性和特殊性，有必要建立全新的法律框架用以应对网络隐私风险。各国政府出于对各自国情的考虑，采取了两种不同的政策倾向：一种是以美国为代表的，依靠网络服务者的自我约束和行业协会的监督来实现的"行业自律模式"；另一种是以欧盟各成员国为代表的，主张由国家和政府主导制定法律，从"法律上确立网络隐私权保护的各项基本原则与各项具体的法律规定、制度，并在此基础上建立相应的司法或者行政救济措施的立法规制模式"。[2]

（一）美国的行业自律模式保护网络隐私权的政策

所谓行业自律，是指该网络行业通过自律措施来规范对于数据信息的采集、利用、干涉等行为。在网络隐私权的保护上，美国一直倡导通过行业自律保护网络隐私权，认为通过政府立法的方式解决保护网络隐私权的问题，会使得政府过分干预网络，从而导致政府的干预权膨胀。过分膨胀的干预权

---

〔1〕 赵华明："论网络隐私权的法律保护"，载《北京大学学报（哲学社会科学版）》2002 年第 S1 期。

〔2〕 吕益林、吴子贵："网络隐私权保护模式探析"，载《情报杂志》2004 年第 7 期。

又会对行业整体发展造成不利影响，从而对网络和与网络有关的产业带来负面效果。[1]并且，法律本身的滞后性决定了，立法无法安全跟上网络技术的革新与进步的速度，而行业自律则有着法律无法比拟的灵活性。因此，美国以行业自律规则保护网络隐私权为主导，结合宪法、联邦和各州法规，为网络隐私权提供保护。

美国的行业自律模式主要通过建议性的行业指引、网络隐私认证计划、技术保护等三种方式对网络隐私权进行保护。其中，建议性的行业指引，是指由行业自律组织制订的指导原则，其主要目的是为了行业成员的共同利益、保障本行业的持续健康发展而制订的对全体行业自律组织成员具有普遍约束力的指导原则。网络隐私认证计划，是一种依靠自律而达到事前保护效果的模式，主要表现为那些被许可在网站上张贴隐私认证标志的网站必须遵守它的行为规则，并服从于多种形式的监督管理。[2]技术保护，是一种把隐私权保护的希望寄托于消费者本身的模式，即把选择权交到消费者手中。例如，苹果公司推出的"App 跟踪透明度"功能，用户第一次打开 App 时，会收到"是否同意该应用跟踪用户在其他公司的 App 和网站上的活动"的选择弹窗。

（二）欧盟立法规制模式保护网络隐私权的政策

立法规制模式，是指由国家和政府主导，通过制定立法的方式，来制定保护网络隐私权的专门法律，从而起到保护网络隐私权的作用。欧盟经过多年实践、总结与不断补充、完善，构建了严格且相对完善的法律体系。"欧盟会议 1995 年 10 月 24 日通过的《个人数据保护指令》几乎包括了所有关于个人资料处理方面的规定。其目的在于保障个人自由和基本人权，以确保个人资料在欧盟成员国之间自由流通。"[3]该指令是欧盟在网络隐私权保护上最为重要、最为基础的立法，在此次立法的基础上，欧盟于 1996 年夏天，召集各成员国专家进行研讨，并于 1996 年 9 月 12 日，通过了《欧盟电子通讯数据保护指令》，这项指令作为 1995 年《个人数据保护指令》的补充，其主要目的是赋予成员国电信部门处理数据的权利，确保欧盟整体的网络服务和数据通讯自由，保护公民个人隐私权不受侵害。1998 年 10 月经过修改与补充的

〔1〕 张秀兰："国外网络隐私权保护的基本模式分析"，载《图书馆学研究》2005 年第 5 期。

〔2〕 张秀兰："国外网络隐私权保护的基本模式分析"，载《图书馆学研究》2005 年第 5 期。

〔3〕 王全弟、赵丽梅："论网络隐私权的法律保护"，载《复旦学报（社会科学版）》2002 年第 1 期。

《个人数据保护指令》正式生效。此后，欧盟又在 1999 年和 2001 年分别通过了《关于在信息高速公路上收集和传递个人数据的保护指令》和《欧盟的职能机构处理和传播个人数据的专门规章》。

随着互联网行业的迅猛发展和用户数据的激增，欧盟于 2012 年 1 月提出了对《个人数据保护指令》的修改与补充建议。但经过大幅修改后在 2016 年 4 月才完成了立法程序。[1]直至 2018 年 5 月 25 日，《通用数据保护条例》正式生效。

针对欧盟高标准的网络隐私权保护法律，世界各国都纷纷作出了相应的妥协与让步，"如美国就在欧盟相关规定的压力下，被迫调整了自己的相关做法和政策，以协调与欧盟在网络隐私权保护方面的分歧"。[2]这也证明了网络隐私权保护，正朝着国际化、统一化的方向发展。

三、我国网络隐私权保护的对策和展望

相比于美国和欧盟的立法模式，我国由于历史原因，公民的隐私权意识淡薄，相关的法律法规也不健全。随着《民法典》的颁布，以及《个人信息保护法》等相关法律的出台，我国的网络隐私权保护体系正逐渐成形，但亦存在不少疏漏，主要表现在缺乏对"网络隐私权"这一具体权利的界定和配套规范。

我国《民法典》将人格权独立成编，在第 1032 条中明确了"隐私权"的定义，在第 1033 条中对隐私权进行了归纳和列举。但如上文所述，网络隐私权与一般隐私权存在差异，其法律保护模式也不同于一般隐私权。而我国目前尚缺乏对网络隐私权的专门规定，仅在一些相关法律中涉及了这一问题，在世界各国纷纷承认网络隐私权的当下，不规定网络隐私权，有可能造成与国际社会的脱节，并且，不利于保护我国各类信息、数据以及公民的个人信息。

我国应该结合我国基本国情，密切关注世界各国、地区对网络隐私权的相关立法趋势，做到取其精华去其糟粕，充分吸取对我国有益的经验，加快网络隐私权的立法速度，从而保护公民的网络隐私权不受侵犯。

---

〔1〕 刘泽刚："欧盟个人数据保护的'后隐私权'变革"，载《华东政法大学学报》2018 年第 4 期。

〔2〕 张秀兰："国外网络隐私权保护的基本模式分析"，载《图书馆学研究》2005 年第 5 期。

首先，我国需要明确网络隐私权的定义与法律地位。只有像《民法典》第 1032 条明确"隐私权"的定义一样，明确网络隐私权的法律地位，将保护内容上升到法律的高度，才能使权利人的合法权益得到及时、有效的保护。与通过其他部门法零散描述来间接保护网络隐私权相比，明确网络隐私权的定义与法律地位更有利于对网络隐私权的救济。

其次，在明确网络隐私权的定义与法律地位的基础上，制定保护网络隐私权的专门法律，并对网络隐私权进行归纳和列举，比如详细规定公民对个人信息的占有、使用和排他权利；政府机关在何种情况，经过何种程序可以收集、使用公民个人数据；对侵权的法律救济途径，根据造成后果的不同采取诸如停止侵害、消除影响、赔偿损失等措施，甚至可以与其他部门法相互补充、相互配合严惩侵权行为人。

在网络隐私权保护政策上，可以以法律规制模式为主导，结合行业自律模式，使其既有利于网络经济发展，又能通过法律、法规使网络隐私权的保护得到落实，从而发展出适合我国基本国情的中国特色社会主义管理模式。

四、结语

网络隐私权的保护是一项复杂又艰巨的工作，可以说是一项庞大的系统工程，需要全社会的通力合作，[1]需要政府和人民的共同重视，在政府的领导下，社会各方和公民积极参与，相互协作，这样才能使我国网络隐私权的发展跟上时代的步伐，将网络隐私权的保护落到实处。

---

〔1〕 张秀兰："我国网络隐私权保护的问题及对策"，载《情报科学》2005 年第 10 期。

第二医药用途专利保护客体比较研究

孟志[*]

（中国政法大学 北京 100088）

摘　要： 新冠疫情暴发以来，制药企业和科研机构一直致力于开发可有效治疗新冠病毒感染的疫苗及其药物。在抗新冠口服化学小分子特效药中，大部分为已知化合物用于治疗新冠肺炎的新用途。本文对中国、美国、印度三个国家针对已知化合物的新用途是否属于专利保护客体进行了比较研究，发现在保护客体、新颖性和创造性等方面三个国家存在显著不同。为更好保护企业在第二医药用途方面的创新，企业知识产权管理者应当从专利申请布局、PCT 国家选择和 PCT 文本撰写等角度考虑第二医药用途对不同国家法规政策的要求。

关键词： 第二医药用途　专利护客体　新冠疫情

一、问题的提出——第二医药用途专利保护与公共健康的平衡

根据 WHO 的统计数据，截至 2022 年 7 月 10 日，全球范围内已有超过 5.53 亿人确诊新型冠状病毒肺炎（COVID-19）感染病例，新冠病毒感染已造成超过 630 万人病亡；[1]全球各大制药企业和科研机构一直致力于开发可有效预防和/或治疗新冠病毒感染的疫苗及其药物，根据 Clinical Trials. gov 网站数据显示，截至 2022 年 7 月 16 日，全球共记录了 8040 项与新冠病毒有关

　＊ 作者简介：孟志（1987- ），男，汉族，江苏苏州人，中国政法大学同等学力研修班 2022 级学员，研究方向为知识产权法学。

　〔1〕　WHO, https://www.who. int/publications/m/item/weekly - epidemiological - update - on - covid - 19——13-july-2022.

的临床试验。[1]

在化学小分子药物方面，由疫情初期首个获批且被给予厚望的瑞德西韦（Remdesivir），到莫那比拉韦和帕克洛维德（Paxlovid，为奈玛特韦/利托那韦组合包装的抗新型冠状病毒药物）抗新冠口服小分子特效药，再到2022年7月25日中国首个获批的国产抗新冠口服小分子特效药阿兹夫定；这些药物中大部分为已知化合物在COVID-19中的新用途，如表1所示。

表1 已知化学药物用于治疗COVID-19

药物通用名称	化合物专利申请号	化合物记载的医药用途
瑞德西韦 Remdesivir	PCT/US2011/045102	副黏病毒科病毒
奈玛特韦/利托那韦 Nirmatrelvir/Ritonavir	奈玛特韦：PCT/IB2021/057281 利托那韦：PCT/US1993/012326	奈玛特韦：治疗COVID-19 利托那韦：抗HIV
莫那比拉韦 Molnupiravir	PCT/US2018/064503	抗冠状病毒
普克鲁胺 Pruxelutamide	PCT/CN2012/072091	抗肿瘤
Favipiravir 法维拉韦	PCT/JP1999/004429	抗病毒
Sabizabulin	PCT/US2011/048980	抗肿瘤
阿兹夫定 Azvudine	PCT/CN2008/001239	抗HIV

表1中，除帕克洛维德（Paxlovid）中奈玛特韦（Nirmatrelvir）化合物专利外，其余药物的化合物专利中均未记载用于治疗COVID-19，即这些药物用于治疗COVID-19属于已知化合物的新用途（属于第二医药用途的一种），且均申请了相关用途专利。已知化合物的第二医药用途（second medical use）包括：①药物新的适应征（即狭义的第二医药用途）；②新的给药途径、新的

---

[1] ClinicalTrials. gov, https://clinicaltrials. gov/ct2/results? cond = COVID - 19&term = &cntry = &state = &city = &dist = .

剂量/剂量方案；③新的作用机制。[1]

COVID-19 大流行凸显了已知药物治疗新疾病是否属于专利保护客体讨论的重要性，专利保护在一定程度上提高了药物成本，影响了药物的可及性，使得患者无法获得有效而廉价的治疗药品。为了平衡药品专利权人的个人利益与公众的健康利益，不同国家对第二医药用途是否属于专利授权客体有不同的规定。

二、第二医药用途在不同国家保护现状

（一）中国

我国专利法律法规并未明确定义第二医药用途专利，仅记载了化学产品用途发明的定义：基于发现产品新的性能，并利用此性能而作出的发明。无论是新产品还是已知产品，其性能是产品本身所固有的，用途发明的本质不在于产品本身，而在于对产品性能的应用。我国《专利法》第25条第1款第3项规定了不授予专利权的情形，其中包括疾病的诊断和治疗方法；物质的医药用途如果是用于诊断或治疗疾病，则因属于《专利法》第25条第1款第3项规定的情形，不能被授予专利权。但是由于药品及其制备方法均可依法授予专利权，因此物质的医药用途发明以药品权利要求或者例如"在制药中的应用""在制备治疗某病的药物中的应用"等属于制药方法类型的用途权利要求申请专利，则不属于《专利法》第25条第1款第3项规定的情形。

我国《专利审查指南》（已被修改）第5.4条指出，与原作用机理或者药理作用直接等同的用途不具有新颖性。需要考虑给药对象、给药方式、途径、用量及时间间隔等与使用有关的特征是否对制药过程具有限定作用，仅仅体现在用药过程中的区别特征不能使该用途具有新颖性；在大量专利获权确权的法律实践中，也遵循了这一审查标准。[2]对于已知产品的用途发明，如果该新用途不能从产品本身的结构、组成、分子量、已知的物理化学性质以及该产品的现有用途中显而易见地得出或者预见到，而是利用了产品新发现的性质，并且产生了预料不到的技术效果，可认为这种已知产品的用途发明有

---

〔1〕 谢敏楠、〔德〕Astrid YOUNG："欧洲及中国在医药、生物领域不可专利客体方面的比较"，载《中国发明与专利》2019年第6期。

〔2〕 冯金、许淑文、石瑛："从产业角度看我国对第二医药用途发明专利的保护问题"，载《中国新药杂志》2017年第15期。

创造性。

（二）美国

美国作为制药强国，为医疗用途的发明提供了最广泛的专利保护。《美国专利法》第 101 条规定了方法发明、机械发明、制造物发明、组合物发明，其中方法发明既包括疾病的诊断和治疗方法，也包括医疗用途发明。[1]与世界大多数国家不同，美国允许将疾病的诊断和治疗方法作为专利主体，但同时也免除了专业医务人员在从事医疗活动时使用医疗方法侵犯专利的责任，以避免人道主义和社会道德风险。

在美国的专利审查实践中，可获得授权的新用途专利的范围很广，既有狭义的第二医药用途发明，也有伴随给药方法、给药对象等广义第二医药用途发明。[2]除用途专利权利要求撰写形式和不授予疾病的诊断和治疗方法外，欧洲和美国类似，也对第二医药用途持宽松的审查态度。

（三）印度

印度作为仿制药大国，在未签署 TRIPs 协议并加入 WTO 前，对于药品、食品及农业化学品等产品本身不能授予专利。加入 WTO 后，在 2005 年 4 月 4 日颁布的新专利法修正案中明确表明了对药品、食品和化学制品提供产品专利保护，但仍存在诸多限制性条款，将多种医药申请主题排除在了专利法保护范围之外。

同中国一样，印度对疾病的诊断和治疗方法不授予专利权，《印度专利法》第 3 条及第 4 条详细规定了不授予专利权的客体，[3]其中在第 3 条中规定了与医药相关的不授予专利权的客体，具体为：第 3 条（d）项规定了仅发现一种新形式的已知物质，该形式不会导致该物质的已知功效增强；或仅发现任何已知物质的新功效或新用途；或仅使用已知的方法、机器或设备，除非这种已知的方法可产生新产品，或使用至少一种新的反应物。并进一步说明：就本条而言，盐、酯、醚、多晶体、代谢产物、纯净体、不同粒度、异

---

〔1〕 王颖："第二医药用途的可专利性及其判断——由瑞德西韦专利申请引发的思考"，载《中国发明与专利》2020 年第 4 期。

〔2〕 彭晓琦、邓声菊："中美日欧医药用途发明专利审查制度对比分析"，载《中国新药杂志》2017 年第 7 期。

〔3〕 India Code：Patents Act, 1970, https://www.indiacode.nic.in/handle/123456789/1392? sam_handle＝123456789/1362.

构体、异构体混合物、螯合物、组合物和已知物质的其他衍生物应视为同一物质，除非它们在功效方面的差别很大。即《印度专利法》明确排除了已知物质的新功效或新用途（含第二医药用途专利）不属于专利保护客体。另外，考虑到实际医药研发过程中第一件公开的专利为化合物专利，而《印度专利法》将盐、酯、醚、多晶体、异构体、制剂组合物等和化合物视为同一物质，这就要求在后研发的这些主题必须与化合物在功效方面的差异很大，才可以被授予专利权。

三、针对国内创新药主体第二医药用途专利"出海"的建议

随着我国生物医药产业的蓬勃发展，企业自主创新能力逐渐提高，越来越多的企业会走向海外。基于此，综合前述分析对医药行业相关专利的申请提出如下建议：

（一）合理进行专利布局

第二医药用途专利虽然属于方法专利，较化合物专利保护力度弱，但可以与化合物专利、晶型、制剂组合物专利形成专利组合，医药用途是仿制药企业在上市申报药品时必须在说明书标签中记载的内容，维权举证相对容易；第二医药用途给制药企业带来的经济价值有时比第一医药用途更大，例如瑞德西韦在2021年全球销售额达到55.6亿美元，占比达到吉利德全年所有药品销售总额的20%以上。建议企业及时申请布局第二医药用途专利，以便延长产品专利保护期；同时也应注意对于已知产品联合应用治疗新的疾病这类特殊专利类型的申请。

（二）PCT国家选择

药品专利通常以PCT申请途径向海外申请，然后PCT进入不同国家；此时需要考虑不同国家专利制度的差异，提前确定第二医药用途在PCT成员国是否属于专利保护客体，合理进行专利布局，避免后续完成翻译和申请递交工作进入国家阶段后，在实质审查阶段中当地专利局以不属于专利保护客体为由驳回专利申请。

（三）PCT文本撰写

即便在第二医药用途属于专利保护客体的国家，不同国家对第二医药用途的撰写形式及其新颖性和创造性规定也有所差别。例如，给药对象、给药方式、途径、用量及时间间隔等与使用有关的特征对制药过程不具有限定作

用时，在中国通常被认为缺乏新颖性和创造性而不能够授予专利权，在欧美可以得到保护，但欧洲和美国撰写形式要求又不相同。鉴于，PCT 成员国中存在"修改不得超出原说明书和权利要求记载的范围"等类似条款的规定，所以必须在 PCT 申请文本中记载这些在中国不予认可的、但在海外国家能够认可的用药技术特征，针对同样的发明应当依据各指定国的法规政策进行撰写。

浅析 NFT 著作权问题

乔昆玉*

（中国政法大学 北京 100088）

摘　要：非同质化代币以其基于区块链技术而具有的稀缺性、不可拆分、不可替代的特征，为数字加密行业提供了全新的生态交易模式，并对多行业数字资产的版权问题产生了深刻影响。通过对非同质化代币的发展历史及主要应用场景的介绍，深入考察其对版权制度的影响并分析其成因，进一步对NFT 给版权制度带来的挑战予以回应。

关键词：非同质化代币　NFT 作品　发行权穷尽　著作权侵权

2021 年是非同质化代币（Non-Fungible Token，NFT）元年。是年，诸多 NFT 艺术品的拍卖价格不断刷新。例如，推特创始人杰克·多西（Jack Dorsey）的首条推特"just setting up with my twitter"（刚刚发布我的推特）落锤 250 万美元。作为新兴的领域，NFT 引起了社会各界的高度关注，其中所涉及的版权问题也激发了知识产权法实务界与理论界的浓厚兴趣。本文将从 NFT 及其应用情况概述、NFT 对版权制度的挑战及其回应三个方面对其展开论述。

一、NFT 及其应用情况概述

（一）NFT 的内涵与历史

NFT 是指"非同质化代币"，一种基于区块链数字账本上的资料单位。每一个代币可以代表一个独特的数字资料，作为虚拟商品所有权的电子认证或

＊ 作者简介：乔昆玉（1995-），男，汉族，陕西西安人，中国政法大学同等学力研修班 2022 级学员，研究方向为知识产权法学。

凭证。其特性是不可互换、不可拆分。虽然 NFT 作品本身是可以被无限转移、传播的，但因区块链基底的唯一性且传播链可以被完整追踪，故每一件 NFT 作品都是独立的，其能为创作者、买家提供唯一的所有权属证明，这也使得 NFT 作品具有较高的商业价值，应用范围更加广泛。[1]

NFT 的概念是在 2017 年由线上游戏加密猫 Cryp to Kitties 的创始人迪特·雪莉（Dieter Shirley）提出的，但世界上第一个已知的 NFT 最早可以追溯到 2014 年。[2] 2015 年 10 月，以太坊第一次开发者大会在伦敦开幕，Etheriade 457 块可购买和交易的六角形瓷砖首度亮相，但在当时并没有激起什么水花。2021 年 3 月 13 日，NFT 热潮重新爆发后，以每块 1ETH（以太币）售出，总售价 140 万美元，而这些瓷砖初始价仅为 0.43 美元。[3]

（二）NFT 主要应用领域

截至目前，NFT 主要应用在艺术藏品、游戏、音乐、电影等多个领域。

（1）艺术藏品领域。从近些年苏富比、佳士得这些著名拍卖行及世界各地的博物馆、展览馆、画廊与数字艺术家合作的力度，且运用相关平台来构建集销售、展示、维护一体化的行为也可以看出其在艺术藏品领域应用范围之广、纵向内容之深。尽管据最新消息，全球最大的 NFT 平台 Open Sea 在 7 月 16 日宣布，该公司目前已裁员约 20%，但根据加密数据公司 The Block 官网显示的数据，2022 年年初至今 NFT 艺术品和收藏品的交易量依旧很高，这也代表了 NFT 在艺术藏品领域的高融入度。[4]

（2）游戏领域。当前，基于 NFT 框架下的游戏最主要的特点就是玩家的资产交易去中介化，使得虚拟资产能够在多个游戏中无缝转移和使用，甚至在公开的交易所进行交易，或与现实法定货币产生联系。NFT 使得游戏产业在民主化的道路上向前迈了一大步，玩家真正拥有游戏内的资产，并可在合

---

[1] 参见辛琦："加密、货币、数字、艺术——数字时代 NFT 的高调入场"，载《艺术工作》2022 年第 2 期。

[2] 参见腾讯科技："一文读懂 NFT：全面解析 NFT 发展简史、价值及未来"，载微信公众号"腾讯科技"，最后访问日期：2021 年 9 月 12 日。

[3] 参见王雅茜："大火的 NFT 究竟是'钻石'还是'郁金香'？"，载 https://baijiahao.baidu.com/s? id = 1735773224508103794&wfr = spider&for = pc&searchword，最后访问日期：2022 年 8 月 5 日。

[4] 参见公培佳："裁员 20%！全球最大 NFT 平台 OpenSea 大裁员背后，市场交易量正不断缩水"，载 https://baijiahao.baidu.com/s? id = 1738821150209341041&wfr = spider&for = pc&searchword，最后访问日期：2022 年 7 月 31 日。

法范围内自由交易且各项权益也受到保护，玩家的身份也真正地实现了参与者和拥有者的统一。[1]

（3）其他领域。据一份2021年2月的报道，音乐类艺术家出售的音乐类NFT作品已为音乐产业创造了约2500万美元的产值，而到了2022年5月，Beeple与流行音乐天后麦当娜联手创作了系列NFT《Mother of Creation》，此系列共三项作品，主要由影片加文字或音乐元素来制作。电影方面，大众所熟知的《哥斯拉大战金刚》发布过独家NFT艺术收藏专辑。

从上述情况可以看出，NFT已渗透进多领域且各自形成了持续发展的循环链，但其在看似良性发展的表象下，还存在着我们无法忽视的挑战，以下将从版权制度的角度进行探讨。

二、NFT对版权制度的挑战

（一）NFT作品的产生及特性分析

NFT对收藏家、投资者及交易者都很有吸引力。NFT作品基于NFT的唯一特定性，具有不可复制性与不可篡改性，[2]就像是传统作品对特定拥有者来说是一个认证版本，NFT作品是给所有作品拥有者的认证版本且每个版本都唯一。

（1）不可复制性。正如前文所述，每一个NFT作品在传播、转移过程中外在表现虽然一致，但从区块链的内核角度看，每一个NFT作品的背后都具有不可复制的、唯一的ID、元数据及智能合约代码。

（2）不可篡改性。在NFT作品交易时，交易平台还会和消费群体签订保密合约以确保作品的安全性。此外，确认某一作品交易的过程实则是由一系列计算超高难度的工作量证明机制来实现的，此项机制需要电脑超高的计算能力加上一定的运算时间才能解决，这就使得意图篡改者无法重写、修改历史，除非有相较于比特币"点对点"网络系统更加强大的计算能力，从而能以更快的速度产生区块链。上述机制都由系统自动调节，新区块的生成平均需要10分钟，这一严苛的条件不仅保证了整个交易过程的安全性，更保证了

---

〔1〕 参见张良卫、周良玖、刘睿哲："元宇宙系列研究——区块链游戏"，载 https://pdf. dfcfw. c-om/pdf/H3_ AP202201271542893037_ 1. pdf? 1643273974000. pdf，最后访问日期：2022年7月22日。

〔2〕 参见张程："NFT的价值与风险"，载《检察风云》2022年第6期。

NFT 作品在市场流通时的稳定性。[1]

（二）NFT 对版权制度的具体挑战

（1）NFT 著作权侵权问题。数字艺术在线社区 Deviantart 平台下 Protect 团队于 2022 年 1 月发布的新闻贴中显示，自 2021 年重新爆火后，NFT 侵权的警报数量也从 9 月至 10 月的 30% 增长一路飙升至 12 月中旬的超 300% 增长。这就引申到了网络环境下的作品原件与复制件的问题，传统《著作权法》中的制度对物理形态非常依赖，因为从物权法的理念来看，有了物理形态，作品就有了明确的边界。韦之教授尤其强调，作品的原件须作者亲手完成，是带有作者的人格痕迹和精神层面利益的。韦教授在此阐述的是作品原件的问题而非正品，当今 NFT 作品在概念上是指受到作者认可的"正品"，但"正品"可以有无数份而"原件"只有一份。[2]

（2）NFT 作品权利用尽问题。针对于此，近期最具代表性的便是我国首例"数字藏品 NFT"侵权案。根据杭州互联网法院判决，NFT 数字作品交易不能适用权利用尽原则。理由是：发行权的适用范围只包括了可以控制发行量的有形作品。[3]我国《著作权法》第 10 条第 6 项也有规定，发行权是以出售或赠与方式向公众提供作品的原件或复制件的权利。但由于 NFT 数字作品被界定为无形资产，故在物理意义上不导致作品有形载体的转移。这是有待商榷的，因为载体与形式的不可分性造成了物权和著作权的冲突：从物权角度看，实体作品不是为了内容，而是为了其有形载体。但从著作权保护角度看，保护的是作品形式而非载体，杭州互联网法院选择了从物权角度进行判决。

三、NFT 对版权制度挑战之回应

针对上文所述的问题，本文认为，可以从产业与法律两个层面予以回应。

（1）产业层面，应以平台为"输入—输出"中继站，同步明确告知作者、消费者等各方"须"与"非"的各项行为，而不仅是通过捆绑销售"一

---

[1] 参见辛琦："加密、货币、数字、艺术——数字时代 NFT 的高调入场"，载《艺术工作》2022 年第 2 期。

[2] 参见冯晓青："中国政法大学知识产权法新兴学科建设规划项目——2022 第二十五期知识产权法午后茶会"，载微信公众号"冯晓青知识产权"2022 年 5 月 30 日。

[3] 参见浙江省杭州市互联网法院［2022］浙 0192 民初 1008 号民事判决书。

揽子版权"限制或禁止用户在购买作品后继续进行商业销售。换言之，平台应当加强管理，规范引导平台内 NFT 作品各方的行为。既要实现对 NFT 领域的著作权侵权风险控制，也要促进 NFT 作品的交易以实现产业繁荣。

（2）法律层面，司法机关应当以现有著作权法相关的法律法规为依据，在个案中对 NFT 作品相关的法律问题，如发行权穷尽原则的适用、侵权风险的控制等，进行初步探索。根据实践情况，再判断是否应增加相应的司法解释予以回应。

具体而言，就权利用尽原则能否在 NFT 领域中适用，如上文所述，杭州互联网法院在我国第一例 NFT 作品侵权案的判决中，从载体与内容不可分性的角度给出了否定的答案。但本文认为，随着互联网虚拟产业的迅速发展，作品的虚拟复制件，如 NFT 作品在发行、传播时都是脱离有形载体的。那么，司法机关可以在实践中通过扩大解释，对发行权权利用尽原则的适用范围进行适当扩张，以适应 NFT 领域作品交易的新形式。针对 NFT 作品的著作权侵权风险控制问题，可以借鉴域外相关规定。例如，2019 年欧盟发布的《数字内容和服务供应合约指令》，明确平台必须事先获得作者的授权，之后才可向公众传播由平台用户自行上传的、受到保护的作品。[1]

四、结语

NFT 是指"非同质化代币"，其是一种基于区块链数字账本上的资料单位，逐渐成为艺术藏品、游戏、音乐、电影的应用领域，NFT 作品由此诞生。NFT 作品具有以下特性：不可复制性与不可篡改性。NFT 给版权制度带来了如下挑战：一是 NFT 作品著作权侵权的风险问题；二是 NFT 作品是否适用权利穷尽原则。对此，首先，在产业层面，平台应当加强管理，规范引导平台内 NFT 作品各方的行为。其次，在法律层面，可以借鉴域外相关规定防范控制 NFT 作品著作权侵权风险，可以对发行权穷尽原则作扩大解释从而将其适用于 NFT 作品交易之中。

---

〔1〕 参见申军："当 NFT 遇上发行权，是否适用权利穷尽原则？"，载微信公众号"中国法律评论"2022 年 7 月 21 日。

论人脸识别的法律规制

李辉*

（中国政法大学 北京 100088）

摘　要： 人脸识别技术的发展和应用，可能导致技术滥用，存在较大的安全隐患，必须采取合适的法律技术予以规制。比较法上主要有以欧盟和美国为代表的两种法律规制模式。结合国内外的立法和司法经验，我国规制人脸识别的法律规范应当厘清人脸识别技术收集、存储、使用的界限，并通过举证责任的合理分配完善相关的司法救济渠道。

关键词： 人脸识别　个人信息　个人信息保护法律制度

一、问题的提出

随着我国经济发展以及人工智能、大数据分析等技术的发展与应用，刷脸消费支付、刷脸通关等使用人脸识别技术的生活方式已经成为智能化社会的标志之一，人脸识别技术为社会生活带来便捷并提升效率的同时，也带来了关于公民隐私、财产、人身的安全问题和风险。

（一）安全风险

2020 年 2 月拥有 30 亿人脸数据的 Clearview AI 数据库被黑客入侵，2022 年 7 月 18 日《南方都市报》报道疑似涉及某银行人脸识别漏洞的盗刷案件。人脸信息的唯一性使得其与其他信息不同，丢失后可以进行挂失，人脸信息一旦丢失就是等于把自己的"密码"公之于众。[1]当公众的人脸信息被不法

　＊ 作者简介：李辉（1983-），男，汉族，安徽合肥人，中国政法大学同等学力研修班 2022 级学员，研究方向为民商法学。

〔1〕 参见文铭、刘博："人脸识别技术应用中的法律规制研究"，载《科技与法律》2020 年第 4 期。

分子掌握后，可以远程窃取公众信息甚至是财产，侵害公众的人格权、财产权。因此，如何防范人脸识别技术漏洞引发的安全风险是重中之重。

（二）滥用技术风险

2019年9月《人民日报》报道，在网络商城中有商家公开售卖"人脸数据"数量达17万条，因为人脸信息的获取采取非接触性的方式，往往被采集人在不知情的情形下就被采集了人脸信息。2022年7月21日，国家互联网信息办公室查明滴滴全球股份有限公司过度收集乘客人脸识别信息1.07亿条等个人信息数据。如果不加强相关的监管和立法，公民的知情权和隐私权将无法得到保障。

2019年10月郭某向杭州市富阳区人民法院提起"人脸识别第一案"至2021年4月9日杭州市中级人民法院作出终审判决持续引起广泛的社会关注。近年来强制采集人脸信息的案例时有发生，不少软件甚至采用不授权即无法使用的方式进行强制采集。

因此，对人脸识别技术的限度和法律规制问题亟待完善，我国也陆续出台相关的法律、司法解释及法规，2021年7月28日，《最高人民法院关于审理使用人脸识别技术处理个人信息相关民事案件适用法律若干问题的规定》正式对外发布。2021年8月20日，十三届全国人大常委会第三十次会议表决通过《个人信息保护法》，自2021年11月1日起施行。2021年11月14日，国家互联网信息办公室公布《网络数据安全管理条例（征求意见稿）》，并向社会公开征求意见。种种举措均彰显了我国加强个人信息保护和维护好网络空间的决心，上述法律法规及司法解释实施后如何对人脸识别技术进行体系化的法律规制成为学界讨论的重点。

二、国外人脸识别技术法律规制的情况

人脸识别技术的发展已经势不可当，且人脸识别技术的中性属性决定了不能因为其存在隐患和风险就加以限制，应当厘清技术管理、使用、发展的主体、关系和责任，通过体系的法律规制来解决技术发展与权利、风险的矛盾。从国外经验来看，主要有欧盟、美国两种法律规制代表，欧盟采用全流程管控的模式，美国采用分类监管方式。

（一）欧盟模式

欧盟采取的主要是统一式的立法模式即欧盟直接立法或者各成员国直接

出台的相关保护法律 GDPR（Generral Data Protection Regulation，译为《通用数据保护法规》），GDPR 将个人信息保护的范畴扩大到各种不同种类的个人信息，完善了个人信息的立法保护。人脸信息作为个人信息的其中一项被确定为敏感类信息，遵循"禁止处理""明示同意""法定必须"三大原则，并确定各方之间的权利义务和原则标准，保护了人脸识别运用的整体过程。[1]

但是 GDPR 并未对通过监控摄像收集的视频影像进行规定。根据 GDPR 序文第 51 条"处理照片并不被认为是处理敏感个人信息"可以得知，只有在通过特定技术方式使得能够通过照片识别特定人时，照片才被认为是敏感个人信息，并且需要使用类推推理才能得出通过照片、视频收集的人脸信息也属于敏感个人信息，整体上欧盟严格限制人脸识别数据的使用，但同时也给予成员国放开限制的权利。[2]

（二）美国模式

1. 对于政府部门确立禁止使用制度

美国旧金山市首创的禁止使用制度被美国不少城市效仿，2019 年美国旧金山市的监督委员会通过《停止秘密监控条例》，该条例禁止该市包括警察在内的所有政府部门使用人脸识别技术，并且上述部门还需要对已经使用或计划使用的人脸识别技术进行披露并由监督委员会进行审批，但该条例并不影响个人、企业、联邦政府使用人脸识别技术。同年萨默维尔市通过《萨默维尔市禁止人脸识别技术监控条例》，该条例不仅禁止政府部门使用人脸识别技术，还明确规定了受害人可以对违法使用人脸识别技术的政府部门提出索赔和法定赔偿金。同年奥克兰市也修改了《奥克兰市政法典》，同样禁止了政府部门使用人脸识别技术。除了上述 3 个城市，美国民间反对人脸识别技术用于公共监控的呼声很高，2020 年美国参议院正在审议的《人脸识别道德使用法（草案）》就要求在《人脸识别技术使用指南》制定出台之前禁止通过人脸识别技术获得个人信息。

---

〔1〕 参见王鑫媛："人脸识别技术应用的风险与法律规制"，载《科技与法律（中英文）》2021年第 5 期。

〔2〕 参见洪延青："人脸识别技术的法律规制研究初探"，载《中国信息安全》2019 年第 8 期。

2. 对于非政府部门，分为高强度规章制度与普通规章制度

（1）高强度规章制度。2008 年伊利诺伊州颁布的《生物信息隐私法》（BIPA）是美国州级层面第一部保护人脸识别信息的法律，BIPA 只规范合伙企业、公司等私人实体，要求在收集人脸识别信息前需要书面通知并获得个人的书面同意。同时，BIPA 禁止收集人脸识别信息的实体通过租售、转让或其他方式从收集到的人脸识别信息中获利。BIPA 还规定私人实体违法 BIPA 的任何规定，胜诉的受害人可以获得最高 1000 美元的法定赔偿金或实际受到的损失。

美国国会也两次审议了《商用人脸识别隐私草案》，该草案的主要目的是禁止数据处理者在未明确告知用户和用户明确同意的情况下使用人脸识别技术收集人脸识别信息，并且用户同意使用人脸识别技术的前提条件是：使用人脸识别技术是必要的，不允许不授权不使用的情况，且是用户个别自愿明晰的表示同意。[1]

（2）普通规章制度。以美国《加利福尼亚消费者隐私法》（CCPA）为代表，该法对人脸识别信息的保护强度宽松与其他个人信息一致，该法规定企业年总收入超过 2500 万美元，或每年收集 5 万个消费者信息的都必须遵守 CCPA。每天收集超过 137 人的个人信息的企业也需要遵守 CCPA。

三、人脸识别技术法律规制的建议

国内现行法律法规及司法解释实施后如何对人脸识别技术进行体系化的法律规制成为学界讨论的重点，需要通过体系化的手段形成"组合拳"以解决技术滥用与信息泄露的问题，实现法律与技术之间的良好平衡。

1. 厘清技术收集、存储、使用的界限与规范

结合国内就人脸识别技术已发生的案例及其国外经验，我国应当规范私人主体在收集人脸识别信息时的权限，在通知并获得同意的基础上更进一步禁止私人主体在收集人脸信息的同时收集其他个人敏感信息，且私人主体在收集人脸识别信息前应获得相关资质和技术并得到行政主管部门的行政许可。

在规范人脸识别数据存储方面，应当着重安全性避免数据泄露，禁止将公共事业收集到的人脸识别数据存储在第三方设备，但随着人脸识别技术的

---

〔1〕 参见邢会强："人脸识别的法律规制"，载《比较法研究》2020 年第 5 期。

普及私人主体将收集的数据存储到有资质的第三方设备是不可避免的，因此应规范专业存储机构的审批制度，并形成常态化的风险评估和监管机制，以防止发生危害个人、社会甚至是国家安全的信息泄露事件。

在规范人脸识别数据使用方面，应当禁止私人主体对收集到的人脸识别数据进行检索或者分享。即使在得到个体同意收集人脸信息的情形下，商务活动中收集到的信息也不宜再进一步检索或分享，因为相关信息一旦被任意使用，个人可能会面临巨大的人身、财产安全风险。在公共实务领域，虽然信息化治理是提升治理能力、效率的良方，但政府部门也应当依法使用人脸数据，切实履行"法无授权不可为"的法律规制原则。且为了防止人脸识别信息被滥用，政府部门之间分享分析数据时，采取高规格审批制，且非因国家安全和重大紧急事件原则上禁止政府部门之间共享人脸识别信息〔1〕和深度分析人脸识别数据。〔2〕

2. 完善司法救济渠道

依据现有诉讼法相关规定，当政府部门滥用人脸识别信息造成公民损失时，由被告承担举证责任，原告仅对证明行政违法行为承担补充责任，但在民事诉讼领域，根据"谁主张谁举证"的诉讼规则，原告需要承担举证责任，但因为人脸识别技术信息收集、储存方掌握技术优势，公民缺乏专业知识和技术力量，很容易就会陷入举证不能的不利境遇。鉴介于公民在技术上的弱势地位，我国可以参照行政诉讼法相关规定，即举证责任倒置，技术掌控者需要证明自身行为的合法性与公民损害结果之间并不存在因果关系，否则就应当承担举证不能的法律后果。

---

〔1〕 参见王鑫媛："人脸识别技术应用的风险与法律规制"，载《科技与法律（中英文）》2021年第5期。

〔2〕 参见倪楠、王敏："人脸识别技术中个人信息保护的法律规制"，载《人文杂志》2022年第2期。

现代民商法文化的先进性与局限性

王倾心*

（中国政法大学 北京 100088）

摘　要： 民商法是在我国现代经济社会发展过程中的一个十分重要的法律，对于市场经济的发展以及市场秩序的稳定具有十分重要的作用，但是在实际民商法文化的发展过程中，同样存在一定的局限性，为了能够更好地推广现代民商法文化，需要对其中的先进性和局限性进行综合分析，才能够在一定程度上为现代民商法的发展做好基础性工作。

关键词： 民商法　文化　先进性　局限性

法律是我国经济社会发展过程中推动经济项目开展的一个关键性的部分，为了能够更好地进行我国商业的发展以及国民经济的正常运行，需要通过在民法和商法之间进行相关文化先进性和局限性的探讨，通过更好地发挥现代民商法律对于市场经济发展过程中的作用，来推动我国经济朝着更加健康和平稳的方向进行发展。

一、现代民商法文化的含义

现代民商法是为保障商品经济发展而以民法和商法综合形成的法律学科。民法主要包括财产法和人身法，财产法大体由物权法和债权法构成，具体包括债务转移、合同法、违约责任、所有权等；人身法大体由人格权法和亲属法构成，包括婚姻关系、遗产继承、计划生育、社会保障等。商法是对主体间商业活动进行约束的法律体系，主要包括公司法、证券法、票据法、保险

---

　* 作者简介：王倾心（1986-），女，汉族，广西玉林人，中国政法大学同等学力研修班 2022 级学员，研究方向为民商法学。

法、海商法等。现代民商法能够有效协调商品的生产、交换和出售过程。其中，民法承担着维护商品交易安全的基本作用，商法承担着提高商品交易效率的特殊作用。前者更注重保护公民的个人权益，后者更关注对商品经济的规范管理。民商法不仅在一定意义上能够解决或者调解当前的实际社会经济发展过程中存在的一些问题，并且还能够在一定程度上为人们各项权利的实现做出支撑。

二、民商法文化的先进性

（一）进步性

民商法法文化的进步性是随着经济的不断发展和推进，而法律作为文化中的一个十分重要的组成部分，原本是随着 18 世纪工业革命的出现而产生的，但是随着经济和政治形势的变化进行了一系列的调整和改善。

从文化角度出发，民商法更应当具备先进性的特征，始终以确保人们的合法权益为基础和根本目标，而且能够有效地反映出其自身所具有的严谨性与逻辑性。社会商业形态在不断创新和发展，尤其在进入互联网时代之后，虚拟化的网络交易空间对民商法的落地执行提出了新的挑战，法律制度始终要以社会的实际需求为导向，要具备充分的覆盖范围，新兴的商业领域并非法外之地，这是民商法必须保持先进性的外在驱动力。在进行相关法律法规条文的修改过程中必须要参照相关标准，严谨、严格地进行修订。所以我们可以知道在社会环境不断发展变化的过程中，民商法的相关制度是确保社会发展和快速进步的有力保障，也是不断推动社会主义文明进一步发展的驱动力。

（二）适用性

适用性也是现代民商法律文化先进性的一种体现。这是由于在现代社会的发展过程中，人与人之间存在的一些竞争，一旦在其中产生了垄断或者其他不利于市场经济总体稳定的现象，就会影响市场经济的稳定发展，进而对于各种市场经济主体权益的保护产生不利的影响，中国现代民商法文化的适应性，能够在一定程度上减少在市场经济发展过程中出现的一系列影响市场秩序的现象，还能够通过民商法律的形式调解各种纠纷，确保市场经济在可控的范围内发展，从而通过民商法律文化适应新的方面来体现现代民商法文化中的先进性[1]。

三、民商法文化的局限性

在现代民商法文化发展的过程中，也存在一定的局限性，这是相对于现代民商法文化中先进性所体现的，在实际进行民商法局限性的研究方面需要进行原因的分析，并且通过原因分析之后了解如何通过其他的手段来调节或者改善民商法文化局限性，在市场经济中减轻影响的相关途径。就目前现代民商法文化局限性的表现来看，主要体现在对于弱势群体的保护方面。这是由于在市场经济中，为了能够更好地进行自我发展以及获取更多的经济效益，一些市场主体会在一定程度上损害弱势群体的利益，例如在进行价格调节的过程中，由于供求关系的不平衡会在一定程度上造成价格的波动，那么对于一些弱势群体来说，他们只能被动地接受价格调节的结果。另外，由于信息的不对称会给人们带来一些便利，会使得社会贫富差距不断增大，造成收入差距过大的现象，这实际上也不利于社会经济的发展和平衡，因此为了能够更好改善现代民商法文化的局限性，需要针对此方面的问题进行研究和思考，更好地保护弱势群体的权益，从而促进共同富裕目标的实现以及中华民族伟大复兴的宏伟目标的推进[2]。

四、结语

综上所述，任何事物的发展都具有双面性，在现代民商法文化的发展过程中，需要从先进性和局限性两个方面来看待其发展，并通过研究其中局限性的存在寻找到当前现在民商法文化发展过程中可能存在的一些问题并及时地进行改善，这样能够在一定程度上促进民商法律的发展，为我国各项经济活动的开展及市场经济的稳定做出贡献。

---

〔1〕 朱文洁：“现代民商法文化的先进性与局限性”，载《法制博览》2022 年第 26 期。
〔2〕 武晨：“现代民商法文化的先进性与局限性分析”，载《江西电力职业技术学院学报》2021年第 5 期。